Los valientes están solos

Roberto Saviano

Los valientes están solos

La novela de Giovanni Falcone

Traducción de Juan Manuel Salmerón Arjona

EDITORIAL ANAGRAMA
BARCELONA

Título de la edición original:
Solo è il coraggio
Bompiani
Milán, 2022

Ilustración: mural de Giovanni Falcone © 167/B Street

Primera edición en «Panorama de narrativas»: noviembre 2023
Primera edición en «Compactos»: enero 2026

Diseño de la colección: Julio Vivas y Estudio A

ISBN: 978-84-339-4943-1
Depósito legal: B. 20157-2025

Printed in Spain

Liberdúplex, S. L. U., ctra. BV 2249, km 7,4 - Polígono Torrentfondo
08791 Sant Llorenç d'Hortons

A la sangre derramada que nunca se seca

Esta novela cuenta una historia real. Sobre algunos episodios existen varias versiones y muchas hipótesis; en cada caso he escogido la que consideraba más verosímil y convincente: doy cuenta de esta labor en la nota bibliográfica que acompaña cada capítulo, al final del volumen.

Cuando, con la imaginación, he conectado hechos, colmado lagunas, reconstruido diálogos, supuesto breves escenas o dado cuerpo a emociones y sentimientos, nunca lo he hecho de manera arbitraria, sino que me he basado siempre en testimonios historiográficos y en indicios concretos. En alguna ocasión, he adaptado la secuencia temporal de los hechos a las exigencias narrativas para hacer más lineal una historia vasta, compleja, a menudo enrevesada. Estas páginas son un retablo que he construido con las herramientas que la novela ofrece; todas y cada una de las escenas se enmarcan en el drama de un país en el que la verdad se retuerce tanto que supera la más atrevida de las fantasías.

Todos los personajes existieron, todos los hechos ocurrieron. Todo es real.

ROBERTO SAVIANO

1. FUEGO

Corleone, 1943

Una explosión sacude la tierra y no quedan más que escombros y cuerpos destrozados.

Parecía que ya hubiera pasado todo, que el diablo hubiera guardado su potente tambor, que los silbidos, las explosiones y los destrozos de la guerra hubieran abandonado el camino del cielo; que al menos de arriba no llovía más metal. En el transcurso del verano cesaron también los bombardeos. ¿Qué ha sido entonces? ¿Por qué los crucifijos cuelgan de pronto torcidos de los clavos de la pared?

En la calle Rua del Piano ha ocurrido una desgracia. La casa de Giovanni y de su familia ha desaparecido. Algunas personas miran con horror los escombros y las llamas, y tratan de ver lo que hay detrás de la nube de humo.

De pie, entre los escombros, está el joven Salvatore, que ha sobrevivido. También Gaetano, su hermano, ha sobrevivido y se retuerce en el suelo, cubierto de sangre. Los demás varones de la familia han muerto.

Hasta ahora, las desgracias parecían lejos de Corleone. Aquí se trabaja, se reza y se tiene familia.

Tan plácido es el sueño de esta tierra que los forasteros que vienen por un motivo o por otro la pisan con cuidado por miedo a que de pronto despierte, los terrones rebullan y, en medio de la brisa suave y cálida que sopla por los campos, una voz burlona salga de lo profundo y resuene sobre sus cabezas: «¿De verdad creíais, pobres ilusos, que esta tierra dormía?».

Aquí la tierra despierta mucho antes que el sol. Empieza a respirar cuando aún es de noche. Se despereza, desentumece sus miembros. Parece incluso que bostece, que su aliento caliente se eleve perezosamente por encima de los campos de frutales.

Y, con la tierra, despiertan también los hombres.

Esta mañana, con el sol aún tibio, Giovanni montó a sus tres hijos varones en el carro. La mula echó a andar, cansina, calle Rua del Piano adelante y, con el rumor de los cascos, los tres muchachos volvieron a dormirse, mientras Giovanni, mirando al frente y llevando las riendas, pensaba en el día que le esperaba. Según el carro dejaba atrás las casas bajas y grises, el campo iba extendiéndose a un lado y a otro, más allá de la barrera invisible que forman las iglesias que rodean Corleone: San Miguel Arcángel, San Bernardo, San Nicolás, San Leoluca, Virgen de las Gracias, Santa María Magdalena, María Santísima Anunciada, San Juan Evangelista y de nuevo San Miguel Arcángel. Si las uniéramos, formarían una muralla. Sin contar las que hay dentro del pueblo. Si a veces falta espacio para las personas, en las camas desvencijadas de estas casuchas en las que a menudo viven familias enteras, con perros, cerdos y gallinas, nunca falta para los santos: cuelgan de los cabezales de las camas, de las paredes, se reflejan en los armarios y en los cristales de los aparadores.

Giovanni tiene tres hectáreas de tierra repartidas entre los términos de Marabino, Frattina, San Cristoforo y Mazzadiana. Es poco, pero le basta. Todas estas tierras pertenecieron antaño a varias familias señoriales que presumían de poder ir a Palermo sin salir de sus propiedades. Y era verdad. No sorprende que hoy, en un campo lleno de ovejas, algarrobos, olivos y algún que otro viñedo –todo propiedad de un solo amo, y de otro antes que él, y así sucesivamente–, en una tierra de míseros braceros y arrendatarios, de capataces, de perros que se comen a otros perros para no morir de hambre, no sorprende que poseer tres hectáreas de tierra y comer una vez al día se considere una fortuna.

Giovanni es, a su manera, un hombre afortunado. Entre los pliegues de su rostro, curtido por el sol tras cuarenta y seis años cociéndose a fuego vivo, se esconde algún adarme de gratitud. Algo ha conseguido, después de pasarse la vida trabajando en el campo y con los brazos doloridos por la noche. No recuerda día en el que no se haya partido el lomo y, a veces, se lo partía a otros: los carabineros de Corleone lo tienen fichado como «sujeto capaz de causar daño a personas y patrimonios ajenos».

Lo que Giovanni y sus tres hijos, Salvatore, Gaetano y Francesco, fueron a buscar esta mañana no es patrimonio ajeno. Son dones del cielo, por así decirlo. Bombas americanas. Hierro, pólvora, metal que puedan usar, vender y trocar por otras cosas. Enjambres de cazabombarderos pasaron zumbando por el cielo de Sicilia y depositaron entre los terrones una puesta de huevos de dragón. Y ahora, para quien sabe verlos, esos huevos brillan al sol medio enterrados en los campos.

Después de inspeccionar los alrededores de Corleone, encontraron algo: una bomba *made in USA* y un obús.

Salvatore, al que llaman Totò, tiene doce años. Es el mayor y el más robusto de los hermanos, aunque no llega al metro sesenta. Necesitaron su fuerza para cargar la bomba y el obús en el carro.

–¡Despacio! ¡Despacio, que explotan!

–¡Tú! –le gritó Totò a Gaetano, que se había quedado de rodillas en la plataforma del carro–. ¡Ayuda!

Gaetano y Francesco metieron la bomba y el obús en sendos sacos de tela mientras Giovanni miraba con el alma en vilo.

–¡Cuidado! ¡Que no explote! ¡Que saltamos en pedazos! –De pronto el obús se salió del saco y rodó hasta el fondo del carro–.

¡Ay! –A Giovanni se le pusieron los pelos de punta–. ¡Cuidado os digo! –Los muchachos lo miraron con terror: no temían tanto saltar por los aires como que la mano fuerte y callosa del padre se abatiera sobre ellos–. ¡Bastante tuvimos con las hogueras del día de san Lucas! Volvamos sanos y salvos. ¡Arre!

Y así, con la carga dispuesta y el obús y la bomba acomodados sobre un montoncito de paja para que no rebotaran, todos los varones de la familia se dirigieron a casa cuando ya era media tarde. Les llevó una hora, a paso de mula, volver a ver aquel grupo de casuchas campesinas, grises todas, cubiertas de tejas desportilladas y llenas de santos, crucifijos y plegarias no escuchadas.

Gaetano miraba al frente y hablaba con su padre de que a la mañana siguiente tenían que labrar el terreno de Mazzadiana. Francesco era el único que dormitaba en el camino de vuelta, con los dos artefactos entre los pies. Totò no decía nada. Miraba el cielo, se mordía las uñas. Cuando llegaron a Corleone, le soltó un pescozón al pequeño.

Se bajaron del carro en la esquina de la calle Rua del Piano con la de Ravenna, Giovanni extendió una tela en el suelo, cogió la bomba y la colocó encima. Quería desactivarla allí mismo, en la calle, en la puerta de casa.

Se inclinó sobre el artefacto. Dos viejas que pasaban por la calle Ravenna lo vieron de espaldas ante lo que parecía un torpedo. Trasteaba con aquello como hacía muchas otras cosas: arreglar las tablas del carro, ordeñar las ovejas, coger habas. Solo que ahora jugaba con setenta kilos de explosivo a la puerta de las casas de unos cuantos miles de almas que habían visto ya muchas desgracias. Las viejas miraron a los tres pobres chavales, que se habían sentado en un muro y veían a su padre trabajar. Totò respondió con un guiño, orgulloso de su padre, que desafiaba a la muerte y sabía ordeñarla, quitarle las piezas una a una y convertirlas en dinero.

Giovanni tardó poco en desactivar la bomba. Podría revenderla. A quién, no importaba. Bastaba con que pagaran; después, que hicieran lo que quisieran. Metal, piezas, pólvora: estas bombas de los americanos son como los cerdos. No tienen desperdicio. Son mejores que las trufas y más fáciles de encontrar. Eso sí, pueden explotar.

Pero Giovanni tenía cierta experiencia con las trufas de acero. En unos segundos quitó las espoletas de la boquilla y de la cola: no sabía ni para qué servían, pero sabía cómo desenroscarlas. Ahora la bomba era inofensiva.

El obús también era inofensivo. Tenía una grieta en la punta y no contenía pólvora. Giovanni y los muchachos le dieron varias vueltas, vieron que estaba vacío. Aprovecharían el hierro.

Parecía tan inofensivo que Giovanni les dijo a sus hijos que lo pasaran a la casa, a aquella casa que era mitad establo mitad iglesia, con animales siempre en medio.

Las mujeres no estaban. Maria Concetta había salido a un recado con la hija mayor, Caterina, y la más pequeña, Arcangela. Iban por una de las callejuelas del pueblo, a paso lento y cansado, porque Maria Concetta está de ocho meses y tiene una barriga del tamaño de tres sandías. Así que no vieron cómo Giovanni cogía una piedra, entraba en la casa y daba un golpe seco, decidido, en la punta del proyectil. Pero los varones sí lo vieron. Estaban allí, detrás del padre, cuando el obús explotó con un enorme estruendo y las llamas envolvieron la casa.

Ahora Totò no reconoce el cuerpo de su padre. Hace un momento estaba de pie, murmuraba algo, sus brazos fuertes se movían en el aire, sus dedos nudosos asían una piedra, y ahora hay trozos de él esparcidos por todas partes, por las paredes y el suelo de aquella casa reventada. Y el pequeño Francesco ha corrido la misma suerte. Gaetano yace por tierra y se retuerce. Esquirlas de hierro le han penetrado en la pierna derecha, lo han herido en la cara y el cuello.

Solo Totò sigue de pie, sin un rasguño, en medio de aquel infierno de fuego y destrucción. Él es ahora el cabeza de familia: el único hombre de la familia Riina que ha salido ileso.

Las llamas bailan a su alrededor, pero no lo tocan.

Entre las personas que se han congregado en la calle, en medio de llantos y gritos desesperados, alguien exclama que es un milagro.

2. EL AGUAFIESTAS

Palermo, 1982

¿Por qué tiene que ser hoy distinto de ayer?

Esto va preguntándose el director de la caja de ahorros cuando entra en el bar Miracoli, que está justo enfrente del banco, y el dueño lo saluda sonriendo y moviendo la cabeza. El de la barra también lo saluda.

–Director.

Se quita el sombrero, lo deja en la barra y espera el café y el cruasán de siempre, que le traen en tiempo récord acompañados de un vaso de agua con gas. El director inclina la cabeza y los observa, los examina. Los juzga.

El café es decente. El cruasán, también. Si no estuviera recién sacado del horno, no sería gran cosa, pero está bien calentito y el balance es, pues, positivo. Siempre se alegra de ver un balance positivo, sea de sus cuentacorrentistas, sea de sí mismo.

Así, mientras muerde el cruasán y saborea los granos de azúcar que se le deshacen en la lengua, el director encuentra la respuesta a su pregunta. Hoy no tiene por qué ser distinto de ayer.

El director se pone el sombrero y sale del bar. Cruza la plaza con la mirada gacha y haciendo oscilar la cartera de piel que lleva en la mano derecha.

Cuando llega al lado oeste de la plaza, donde está el edificio de la caja de ahorros de Sicilcassa, de principios del siglo XX y con unas arcadas que le dan un aire pretencioso, el director juega a un juego que repite más o menos igual todas las mañanas. A saber, trata de calcular la diferencia en centímetros que hay entre los pasos que da hoy para entrar y los que dio ayer. Hasta el día improbable en que alcance la perfección y pise exactamente donde pisó el día anterior, nunca sabrá la diferencia. Pero, para él, los juegos funcionan siempre que nadie gane.

Y, sin embargo, hoy es distinto. Cuando franquea la puerta y sigue adelante con los ojos bajos, nota algunas miradas indiscretas. Se siente observado. A unos metros de su despacho ve a dos hombres con uniforme que hablan con la secretaria. Uno de ellos apoya el codo en la mesa y sonríe. Pero, en cuanto lo ven, se ponen serios y se levantan. El compañero del que apoyaba el codo en la mesa le da un sobre sin decir nada.

–Señor director –dice la secretaria–, los agentes traen un...

–Un requerimiento del juzgado –la interrumpe el más bajo de los dos, que sigue muy serio.

El director coge el sobre. Mira a la secretaria y mira a los agentes. Quiere sonreír, pero le sale una mueca extraña.

–¿Y se puede saber qué es?

–Eso preguntaba yo, pero... –dice la mujer.

–Pues eso, una carta del juzgado de instrucción.

–Ya... Pero ¿qué es? –pregunta de nuevo el director, aunque sabe perfectamente lo que es. Tenía que ocurrir tarde o temprano; albergaba la débil, mas no desdeñable esperanza de que no ocurriera. Hoy esa esperanza se ha truncado.

–Léala usted. Nosotros solo se la traemos. Y firme aquí, por favor.

El director firma. Los dos agentes, que tienen ambos cuenta corriente en Sicilcassa, le dan la mano, hacen ademán de descubrirse y se alejan por el pasillo. Los taconazos resuenan y el director y la secretaria se miran, dubitativos.

El director entra en su despacho, se quita el sombrero y lo cuelga de la percha que hay detrás de la puerta. Se sienta a la mesa y, con el abrecartas, abre el sobre. Observa la hoja doblada, le da vueltas como hacen los jugadores con los naipes. La mima, le da unos golpecitos con los dedos como si quisiera amansarla, consciente de que esa hoja marcará su futuro y seguramente el de quienes le sucedan.

Las manos le tiemblan un poco.

Por fin se decide.

Es una carta concisa. Pese a ello, emplea unos minutos en leerla y releerla. En cierto sentido, lo tranquiliza que le haya ocurrido también. La amenaza, dicen, solo existe mientras gravita. Desde este momento ya solo existe un problema:

> El Juzgado de Instrucción del Tribunal de Palermo, a efectos de la investigación que está llevando a cabo, le insta a facilitar al juez instructor Giovanni Falcone, abajo firmante, a la mayor brevedad posible, la lista de todas las operaciones de cambio de divisa extranjera efectuadas por la entidad de crédito que usted dirige desde enero de 1975 hasta hoy.

El director deja la carta sobre la maciza mesa de caoba y se vuelve a la ventana. También hoy, el sol matutino ilumina el amplio despacho que da a la plaza. Coge el teléfono de la derecha –hay otro a la izquierda– y pulsa una tecla.

–Llama al director del Banco de Sicilia. –Tras unos minutos de espera con la mirada perdida y rascándose la barbilla, suena el teléfono. La secretaria le pasa al colega–. Acaba de llegarme.

–Bienvenido al club.

Cuelga sin decir nada y sigue con la mirada perdida. Permanece así más de un cuarto de hora, solo. Nadie entra en el despacho, los empleados saben que a primera hora no hay que molestarlo si no es por algo urgente, porque a esa hora repasa la prensa.

Al final, cuando ya parece que puede olvidarse del asunto al menos durante un par de horas, suena el teléfono.

–Es el director de la Caja Rural y de Artesanos que pregunta...

–Ya, ya, pásamelo.

–¿Te ha llegado también? –le pregunta enseguida. También le ha llegado. Parece que la fiscalía de Palermo ha enviado otra tanda de cartas. Ya tendrían que haber recibido una todos los bancos. La voz del colega suena tensa como la suya, muy distinta de la voz relajada que tiene los jueves por la noche, cuando quedan para echar la partida de cartas.

Parece que, desgraciadamente, hoy será distinto de ayer.

A la mañana siguiente hay un extraño ajetreo ante el Palacio de Justicia, el Palazzaccio, como se llama despectivamente en Italia a los tribunales, especialmente al de Palermo, que tiene su sede en un edificio de mármol y cemento, de fachada austera e interiores desnudos, y de pilares enormes. Como a nadie le gusta que lo lleven a los tribunales, es un nombre más que justificado.

El ajetreo es extraño no porque los que van y vienen vistan distinto –llevan también traje oscuro, corbata, maletín–, sino porque no son los abogados, magistrados, ujieres y secretarios habituales.

Hay coches lujosos aparcados en la puerta. Los chóferes, de pie, apoyados en los vehículos, esperan a que salgan los hombres de negocios a los que han llevado hasta allí.

De pronto se oye un golpe, seguido de una serie de gruñidos, que llama la atención de los transeúntes. En torno a un coche de cristales ahumados se ha formado un corro de chóferes que usan el capó como si fuera una mesa de juego. Uno de ellos acaba de arrojar sobre él un as de bastos, con gran descontento de los demás.

Aún falta para que salgan los hombres a los que han llevado. Los chóferes no saben qué pasa ni cuánto tiempo tendrán que esperar, pero el hecho de que estén allí no presagia nada bueno. O por lo menos nada que vaya a despacharse rápido.

La mayoría de sus jefes son directores de banco, pero también hay algún político local más o menos conocido. Salvo los asiduos del tribunal, nadie que los viera por los pasillos conocería la diferencia.

En el interior del edificio reina un frenesí contenido que difiere de la animación habitual. Si normalmente son los jóvenes quienes corren de despacho en despacho y los ancianos quienes se mueven con lentitud cuando tienen que dejar su sillón, hoy los que se apresuran tienen todos el cabello blanco. Y no son magistrados, por cierto, ni abogados.

–Si no tiene citación, el juez no puede recibirlo –está diciéndole una secretaria a un hombre con chaqueta cruzada que se ha hecho acompañar por quien seguramente es su chófer o su secretario, y que, detrás de él, le lleva el maletín.

–Pues claro que tengo citación. Me ha llegado una carta de Falcone, si le parece poca citación...

–Eso no es una citación, sino un requerimiento. Si quiere usted hablar con el juez Falcone, tiene que pedir...

–No voy a pedir nada. Y hágame el favor de decirle a su señoría Pizzillo, que si no me equivoco es el jefe de este... sitio, que estoy aquí y quiero verlo. Tenga, el documento. Toño, la cartera –le dice al hombre que lo acompaña. Este se acerca a la repisa de la ventana, deja el maletín, lo abre y busca algo.

–Para ver a su señoría Pizzillo tiene que subir a la planta de... Pero ¿tiene cita?

–¿Cita? –pregunta el otro, como con asco.

–Sí. No puede usted presentarse así como así, sin cita.

El hombre de la chaqueta cruzada la mira unos segundos sin rechistar y suspira. Se vuelve a su secretario.

–Anda, vámonos.

Y se alejan por el pasillo.

En eso suena el teléfono de la secretaria, que lleva sonando ininterrumpidamente toda la mañana.

–Juzgado de Instrucción. No, el juez Falcone no... Ya, entiendo, pero el juez no puede recibir llamadas. No, no de usted, de nadie, no...

La secretaria mira hacia arriba con resignación.

Ante el despacho del fiscal general Giovanni Pizzillo esperan unas cinco o seis personas. Un guardia sentado a una mesa de madera les pide silencio de vez en cuando y sigue leyendo el periódico. Dentro se oye hablar acaloradamente a dos personas. Aunque hablan en voz bastante alta, no se entiende bien lo que dicen. Pero, a ratos, algunas palabras llegan a oídos de los que esperan fuera; palabras como «ruina», «investigación», «Sicilia» y muchos «cojones», que los presentes escuchan con gran interés. Y unos asienten y otros van y vienen nerviosos. Llega otro hombre, seguido de su secretario, y los demás lo saludan.

–Ya veis –dice un sujeto flaco que parece que pase hambre, aunque solo lo parece, a juzgar por los gemelos de oro y el reloj de pulsera que lleva–. Solo faltábamos nosotros. Ya puede estar contento el señor Falcone, que nos tiene a todos en la lista. Creo que solo falta... –Pero en ese momento llega otro hombre.

–¡Hablando del rey de Roma...! –le dice un colega y le da una palmada en el hombro. Rompen a reír.

Se abre la puerta del despacho.

–Señoría –dice uno.

–Giovanni –lo saluda otro.

–Presidente –dice un tercero.

El otro los mira a todos, suspira, se encoge de hombros.

–Entrad.

En el despacho del fiscal general, las manos buscan en los bolsillos de elegantes chaquetas oscuras, se encienden los mecheros uno tras otro. En unos instantes aquello se convierte en un fumadero.

–Giovanni, Giovanni... –dice uno, frotándose las manos. Lleva un traje claro y una corbata azul con estampado de caballitos de mar. Es bajo y enclenque y por eso el grueso puro del que acaba de chupar parece aún más grueso–. Nos conocemos desde hace mucho. ¿Me he permitido alguna vez decirte algo? ¿Si esto está bien o está mal? ¿Nos lo hemos permitido alguna vez? –Mira a los demás. Todos niegan con la cabeza.

Otro levanta las manos:

–Tampoco vamos a hacerlo ahora.

–No, señor –conviene el del traje claro–. Pero sí quiero preguntarte una cosa y te la pregunto en nombre de todos estos señores aquí presentes. ¿Podemos? –Pizzillo asiente con aire de suficiencia y le hace señas de que prosiga–. Muy bien. Yo quisiera saber, todos quisiéramos saber si tenemos que cambiar de oficio... qué sé yo, buscar trabajo en correos...

–Yo ya soy viejo, señor presidente –dice otro que está apoyado en una pequeña estantería–. Tendría que jubilarme. –Pizzillo no le hace caso.

–Tenemos que... No lo sé, ¿qué tenemos que hacer? Con todos esos documentos que nos piden, que tenemos que *buscar*... –Gesticula y expulsa otra bocanada de humo–. Esto se va a la ruina.

–Nos pasamos los días buscando cosas –dice el que está apoyado en la estantería–. Señor presidente, nos pone usted a investigar y así no hay quien trabaje.

–Así se va todo a la ruina –repite el otro.

Pizzillo se frota la frente. Guarda silencio y los demás lo miran a través de la nube de humo. Al poco sale de su meditación.

–¿Y qué puedo hacer? No querréis que cierre el juzgado de instrucción.

–¡No, hombre! –El bajito del puro, que le ha leído el pensamiento, se le acerca–. ¡Cómo dices eso, Giovanni! Jamás te pediríamos que ceses a nadie. ¡Qué cosas tienes! Perdona, pero no nos has entendido bien... Lo único que queremos es que nos dejéis... respirar. –Con un gesto aparatoso se afloja el nudo de la corbata–. Respirar –repite expulsando humo de su grueso puro–. Respirar. –Mira a los demás, que asienten, sonríen y aspiran nicotina a pleno pulmón–. Respirar un poco.

–Sí, respirar –repite el colega que está apoyado en la estantería.

Una hora después, Pizzillo despide a sus visitantes y se queda un momento apoyado en la puerta, con la mirada perdida, mientras los otros se alejan murmurando. Cuando ve que el último dobla la esquina del pasillo, cierra la puerta con calma y vuelve a sentarse. Apenas se ha reclinado, llaman a la puerta.

–Presidente.

Es Rocco Chinnici, jefe del juzgado de instrucción. Por su corpulencia, su experiencia profesional y la función que desempeña, Chinnici es muy respetado en el Palacio de Justicia. A su juzgado corresponde la tarea de instruir los sumarios de causas penales, es decir, practicar diligencias, reunir pruebas, organizar el material y establecer los cargos de los imputados con vistas al juicio. Es un trabajo muy delicado. El rigor de las imputaciones y las pruebas es fundamental, sobre todo en una ciudad como Palermo, en la que son incontables los juicios contra mafiosos que terminan en absolución por falta de pruebas. Nadie puede ser juzgado más de una vez por el mismo delito, de modo que, una vez hecho el daño, ya es irreparable.

Pizzillo asiente y le señala el sillón que hay delante de la mesa.

–Ahora iba a verte –dice.

Chinnici entra y cierra la puerta.

–¿Por lo del juez de primera instancia? Hay que sustituir a La Commare, el Consejo Superior de la Magistratura ha decidido que la cosa compete al presidente del tribunal y si no hacemos...

–No, no, siéntate. Antes quiero hablar de otra cosa.

–Pero es que es urgente...

–Esto es más importante. ¿Te sientas o no?

–Claro. –Chinnici se sienta. Empieza a alisarse la corbata con los dedos índice y medio y mira a Pizzillo con aire interrogante.

–A ver, explícame qué estáis haciendo tú y tus... ¿cómo los llamas? ¿Plasmon...?

Chinnici se da una palmada en la pierna y sonríe.

–Plasmonianos, sí. Es un nombre cariñoso que les he puesto, por el anuncio ese de las galletas Plasmon, que hacen a los niños «fuertes y activos». –Chinnici se sonroja un poco–. Son más jóvenes que yo, es un modo de...

–Sí, sí, vale. Llámalos como coño quieras.

Chinnici pasa ahora el pulgar y los cuatro dedos por la corbata, como si quisiera plancharla. Es una especie de tic que sus colegas conocen bien. Cuando está tranquilo usa solo dos dedos, y cuando se pone nervioso, más de dos.

–El problema no es cómo os llamáis, sino cómo trabajáis.

–¿A qué te refieres?

–A que la estáis liando gorda y entiendo por qué. Estoy bien informado.

–Estás en tu derecho de informarte y es tu deber.

–Gracias por recordármelo. –Pizzillo se levanta, mira la foto de Sandro Pertini que cuelga de la pared y da la espalda a Chinnici, que no replica. Pizzillo guarda también silencio unos segundos. De pronto se vuelve y apoya las manos en la mesa–. Siempre os he dado rienda suelta porque quiero que lleguéis al fondo de las cosas, que investiguéis, que aclaréis lo que haya que aclarar. Pero no así. Porque no sé si lo sabes, pero estáis llevando la economía de Palermo a la ruina.

–¿Nosotros? –pregunta incrédulo el jefe del juzgado de instrucción.

–No, yo. ¿Te parece normal que esa gente tenga que ver todos los días a la policía fiscal en sus bancos? ¿Que tengan que pasarse horas buscando operaciones de cambio de divisas, perder días repasando la contabilidad, solo porque... –agita las manos– porque a Giovanni Falcone le da la gana?

Chinnici frunce el ceño.

–Él hace su trabajo.

–Pues lo hace mal. Y como eres su jefe, también tú lo haces mal.

Chinnici sigue alisándose la corbata. Pizzillo levanta las manos como si fuera a decir algo, pero calla. Se vuelve de nuevo a la pared y se rasca la barbilla.

–¿Sabes lo que vas a hacer?

–No.

–Vas a ponerlo a trabajar en serio.

–¿A Falcone? Me parece que ya...

–Vas a sobrecargarlo de juicios, pero de juicios normales y corrientes. –Pizzillo se sienta–. A ver si así hace lo que siempre han hecho los jueces instructores.

–¿Qué han hecho?

–¡Nada! –Da un puñetazo en la mesa.

–No es por llevarle la contraria, pero hemos descubierto el tráfico de droga entre Palermo y Estados Unidos y somos jueces instructores.

Pizzillo apoya los codos en la mesa y mira fijamente a Chinnici. Tiene las mandíbulas apretadas. Se queda así unos segundos. Después de una espera que parece interminable, decide reclinarse en el sillón. Cruza las piernas, tose. Quiere disimular la rabia, pero no puede.

–Así no, Rocco, así no. Voy a controlar vuestro trabajo.

–Tiene facultades para hacerlo.

–Hemos terminado. –Pizzillo señala la puerta. Chinnici se levanta, acerca el sillón a la mesa y sale del despacho.

La procesión de banqueros dura toda la mañana. Poco después de las dos, la secretaria se retira a un cuartito que da al pasillo, justo enfrente del despacho del juez Falcone. Está guardando la fiambrera del almuerzo cuando un hombrón de espaldas anchas, cabeza grande y ceño fruncido se dirige a paso ligero al despacho del juez. En cuanto lo ve, abre la boca para decirle algo, pero entonces reconoce a Rocco Chinnici.

Su manaza ase la manivela de la puerta, que desaparece. Cuando ya casi ha entrado, se acuerda de llamar.

–Rocco –dice el hombre que está sentado en el escritorio, en un sillón negro acolchado. Además de la larga mesa de madera, en el despacho hay una vitrina arrimada a la pared, una caja fuerte, montones de carpetas y una máquina de escribir Olivetti Linea 98. También hay otras dos mesas con varios aparatos y una serie de calendarios de las Fuerzas Armadas que cuelgan de la pared. Y montones de cajas apiladas en el suelo.

–¿Se puede?

–¿Tú qué crees?

Chinnici cierra la puerta y se sienta en la pequeña silla que hay delante del escritorio. La silla cruje. Es un profesional que se curtió durante doce años en Trapani y en Partanna y ha vuelto a Palermo. Ha sido como volver a casa. Nació en un pueblecito cercano, Misilmeri, en 1925, y conoce perfectamente la carretera que lo comunica con la capital: los bombardeos inutilizaron el ferrocarril y, como estudiaba en el instituto clásico Umberto I, tenía que recorrerla a pie todos los días: más de quince kilómetros, unas tres horas, dos veces al día.

–Giovanni, sabes lo que pasa, ¿no?

–¿Que la Juve va a ganar la liga? Sí, lo sé, qué se le va a hacer...

–No, en serio. Esto de mandar cartas a los bancos está complicándose mucho...

–¿A mí me lo dices? –Falcone señala las cajas.

Chinnici se acoda en la mesa.

–Vengo del despacho de Pizzillo.

–¿No me digas?

–Sí te digo.

–¿Y te ha llamado él?

–No, he ido yo.

–¿Querías flagelarte, como buen católico?

–Quería recordarle que tenemos que sustituir a La Commare porque, tras el dictamen del Consejo Superior de la Magistratura, hay que nombrar a otro juez de primera instancia. Pero ni me ha dejado hablar. Me ha dicho que estamos llevando la economía de Palermo a la ruina.

–Ah, ¿ahora se llama así, economía?

–Y me ha pedido que te cargue de procesos de poca monta para que hagas lo que hace un juez de instrucción.

–¿Que es?

–Nada. –Se alisa la corbata con dos dedos, señal de que está más o menos tranquilo.

Falcone frunce el ceño, se pasa la mano por la barba negra. Mira a Chinnici a los ojos. Chinnici tiene unos ojos que intimidan a quien no lo conoce y su corpulencia asusta también.

Falcone está expectante. Quiere sonreír, pero no sabe si puede permitírselo. La jerarquía no deja de ser la jerarquía: es algo en lo que tanto él como Chinnici creen y que los dos respetan.

–¿Y tú lo harás?

Rocco inspira profundamente, echa el aire por la nariz y guarda silencio.

–Ven. –Lo invita a acompañarlo. Falcone se levanta y lo sigue por el pasillo. Llegan al despacho de Chinnici, este abre la puerta y le pide que pase.

–¿De veras? –pregunta Falcone–. ¿A esto hemos llegado?

Que en el tribunal hay envidias y mucha hostilidad más o menos latente es cosa de todos sabida, como es sabido que desde que llegó Falcone las tensiones se han agravado, pero de ahí a creer que haya micrófonos ocultos en los despachos...

–No, ¿qué estabas pensando?

–Ah, yo qué sé, no dices nada, me traes a otro despacho, pensaba que...

–No es otro despacho, es un despacho especial. Es el despacho del jefe del juzgado de instrucción. ¿Y sabes qué es eso? –Señala el sillón.

–El sillón del jefe del juzgado de instrucción.

–El sillón de Cesare Terranova. Ahora mismo tendría que estar sentado en él. Estuvo a punto.

3. LA NOTA

Palermo, 1979

Es una extraña mañana de septiembre en Palermo. Hace calor, pero no mucho. El cielo está gris, pero no mucho. Podría llover de un momento a otro o el manto de nubes que cubre el cielo podría abrirse y dejar paso al sol. Nada se sabe aún.

Giovanna abre los ojos. Ve que Cesare está ya despierto, ha abierto las ventanas y ahora está recostado en la cama. Apoya la cabeza en su pecho y oye los latidos tranquilos y regulares de su corazón. Se asombra de que esté tan tranquilo.

–¿No estás preocupado? –susurra aún medio dormida.

–No –contesta él. Giovanna termina de despertar. Le da rabia.

¿Por qué tiene ella miedo y él no? La mafia ha hablado claro. El arrepentido Giuseppe di Cristina ha confesado que el capo Luciano Leggio, llamado Liggio, ha sentenciado a muerte al juez Terranova y él, Cesare Terranova, por toda respuesta, ha seguido presionando para que lo nombren jefe del juzgado de instrucción de Palermo. Quiere contar con los hombres y reunir las pruebas que necesita para meter en la cárcel a esa chusma. Y no miente cuando dice que no tiene miedo. El latir de su corazón lo confirma. Hace unos días le dijo a Giovanna que estuviera tranquila: «La mafia no mata a magistrados. Los jueces hacen su trabajo y los mafiosos el suyo, como siempre». Pero hoy –será porque el sol no se decide a salir ni la lluvia a caer– Giovanna no está ya segura de nada. Y el hecho de que su marido lo esté, en lugar de tranquilizarla, la irrita un poco.

–He tenido un sueño –le dice de pronto Cesare, con la mirada perdida. Tiene ojos de niño. Los tiene así desde que nació hace cincuenta y ocho años en Petralia Sottana, un pueblecito de las montañas de Madonia, donde en invierno la nieve te llega a los tobillos y en verano, cuando el sol aprieta, la gente mete la cabeza en las fuentes–. Paolo Borsellino era joven. Me lo traían al juzgado por una pelea que había tenido él junto con otros alumnos de derechas, una pelea con los comunistas.

–Pero eso pasó de verdad, ¿no?

–Sí, claro. –Muchas veces se han reído él y Borsellino recordando aquel episodio del pasado. Cesare coge de la mesita de noche sus gafas de gruesas lentes y se las pone. Ya no parece un niño–. Pero esta vez Paolo me daba una nota. –Ríe. La cabeza de Giovanna rebota en su pecho–. Mejor dicho, intentaba dejarme un papel en la mesa, pero los policías se lo impedían. Él insistía, decía: «¡La nota! ¡La nota!», y se lo llevaban.

–¿Y qué decía la nota?

–Pues no lo sé. –Muy pocas veces le miente Cesare a su mujer. Ahora lo ha hecho. Por segunda vez en pocos días.

Se levanta con cierto trabajo de la cama, se pone las zapatillas y se dirige al baño a paso lento. Se siente cansado. Con cincuenta y ocho años, tiene todo el derecho a sentirse cansado. Combatió en la Segunda Guerra Mundial y estuvo preso en África; y, cuando dejó el fusil, emprendió otra guerra, esta vez sin armas: es magistrado desde el 46 y ha sido, sucesivamente, juez de primera instancia en Messina, juez adjunto en Patti, juez de instrucción en Palermo y, por último, fiscal en Marsala. Tiene una gran experiencia. Ha instruido él solo con su santa paciencia causas de enorme importancia contra la mafia palermitana y ha escrito montones de páginas contra los sesenta y cuatro mafiosos que, al mando del capo Lucianeddu, es decir, de Luciano Liggio, hicieron correr la sangre por las calles de Corleone. El mismo Liggio firmó hace un año su sentencia de muerte. Cesare está tan asustado que, cuando lo supo, declaró a un periodista: «Me olvido muchas veces la pistola en casa, pero no tengo miedo. He visto a mafiosos arrodillarse y llorar, por ejemplo, al mismo Liggio. Yo juego al bridge. Me gusta jugar a las cartas y lo hago para ganar. Luciano Liggio perderá también. Nuestra partida no ha acabado, pero no tengo miedo».

Está tan asustado que tiene colgado en su despacho un dibujo que le regaló su amigo el pintor Bruno Caruso. En primer plano se lo ve a él, el juez, con corbata y gafas de sol. Detrás, como una sombra, el capo. Todos los santos días Giovanna le pide que lo quite. Pero a Cesare no le disgusta. Al contrario, ese retrato del capo de Corleone con los ojos muy juntos y cara de bobo le resulta simpático.

Y sigue tan asustado que ha puesto en un marquito de plata la fotografía de Liggio que los colegas le regalaron y le dedicaron: «Con amor, tu amigo Lucianeddu». Cuando la ve, no puede evitar soltar una carcajada. Pero son carcajadas que van dejándole como capas de cansancio, oscuras capas que se depositan sobre sus hombros y cuyo peso, día tras día, capa tras capa, empieza a dejarse sentir. No diría que es miedo, sino algo distinto: desde que empezó a flirtear con la muerte, tiene la impresión de que los inviernos llegan antes y los veranos se van deprisa: pasan, lo saludan y se van, y otra vez viene el frío, la oscuridad.

Por eso es natural que ahora camine arrastrando los pies, como si fuera un hombre más viejo.

Cuando sale del baño, Giovanna está vertiendo café en las tazas. En la cocina hay una luz que no se sabe si es de alba o de crepúsculo.

–¿Vuelves hoy a la carga? –le pregunta. Hay sarcasmo en su voz.

Cesare abre los brazos. Lo sabe, tendría que conformarse: lo han nombrado juez del tribunal de apelación y puede volver a ejercer después de años alejado de la toga. Al principio, sinceramente, no lo echó mucho de menos. Todo empezó con la decepción que supuso el juicio a la banda de Corleone: los sesenta y cuatro imputados, entre ellos Liggio y Riina, fueron absueltos. A Totò Riina solo lo condenaron por robar un carné de conducir. Los jueces alegaron que «la ecuación mafia igual a organización criminal, en la que tanto han insistido los investigadores y que ha dado ocasión al juez instructor de exhibir su capacidad dialéctica, carece de relevancia procesal». Solo faltó que le sacaran la lengua. Pero él se empeña en que no fue un fracaso. «Les he hecho una foto», le dijo a Giovanna al volver a casa, abatido. «No irán a la cárcel, pero les he hecho una foto. Antes no tenían cara, ahora hay una foto de grupo. Alguien la usará.»

Dejó la judicatura, se metió en política y fue diputado por el Partido Comunista Italiano. Formó parte de la comisión antimafia y tuvo la satisfacción de redactar con Pio la Torre un informe en el que acusaban a varios políticos democristianos, entre ellos a Giovanni Gioia, al exalcalde de Palermo Vito Ciancimino y al diputado Salvo Lima, de tener relaciones con la mafia.

Pero ahora echa de menos la toga. Es una obstinación que nadie entiende. Tal vez él tampoco. Quiere volver a instruir causas, luchar en primera línea.

Apura el café. Mientras se ata los zapatos, le viene a la mente la imagen del joven Borsellino dándole la nota.

Se pone la chaqueta y alarga el oído hacia la cocina. Giovanna ha abierto el grifo y está fregando las tazas. Cesare se quita los zapatos y se dirige sin hacer ruido a la estantería del salón. Coge la llave y la abre. Rebusca en sus carpetas. Encuentra la nota. El objeto de su mentira. Cierra la estantería. Vuelve al dormitorio, donde está ahora Giovanna, que ha ido a echar un último sueñecito.

–¿Qué pasa? ¿No encuentras los zapatos?

–Sí, no, es que... Aquí están. –Sonríe, le da un beso en la frente y sale de la habitación. Abre la puerta principal, baja por la escalera desde el tercer piso y sale a la calle.

Fuera lo espera el inspector de policía Lenin Mancuso. Se llama así, Lenin. Este agente de rasgos marcados, que se parece a cierto tipo de ciertos actores de películas del oeste, hijo de un padre que no debió de tener muchas dudas a la hora de votar, es su guardaespaldas. Tendría que ser también su chófer, pero el juez Terranova prefiere conducir él mismo.

Cesare lo saluda dándole dos palmaditas en el hombro.

Caminan un trecho hasta el Fiat 131 Supermirafiori azul del juez, suben, Cesare da marcha atrás.

–Bueno, ¿qué? –Mancuso se frota las manos–. ¿Se sabe ya algo, señor juez? –Se conocen hace más de veinte años, pero Mancuso sigue llamándolo «señor juez» y tratándolo de usted–. ¿Vamos o no vamos a poner orden en este juzgado de instrucción?

–Sí, si Dios quiere.

–Yo ya tengo ganas.

–Lo sé. –Lenin Mancuso no es solo su guardaespaldas. Es también un excelente investigador, cuyo olfato fue decisivo cuando, en el otoño del 71, él y Terranova encontraron a un hombre que secuestró y asesinó a tres niñas. Al presentárselo a Giovanna, Cesare dijo que era su ángel de la guarda. Y así es como ahora se los imagina ella, que, en la cama, con el sabor del primer café en los labios y los ojos entornados, trata de conciliar el último sueño: un juez y su ángel de la guarda en un Fiat 131.

–Pero ¿a qué esperan? ¿No le han nombrado ya?

–Sí, eso parece –dice Terranova que, entretanto, yendo marcha atrás, casi ha llegado a la esquina con la calle De Amicis.

–¿Y entonces?

–Entonces, pues...

Cesare da un frenazo, el inspector se agarra al asiento. De pronto han aparecido dos automóviles que les cortan el paso. Se apean tres hombres con pistola y otro con escopeta. Está claro lo que pasa, no hay tiempo que perder. Mancuso saca su Beretta reglamentaria e intenta cubrir al juez. Quiere escudarlo con su cuerpo. Pero los tiros vienen de todas partes. Cesare nota el aliento caliente de su ángel de la guarda y cómo las balas lo sacuden violentamente. Ve también que abre la portezuela y dispara varias veces, pero en vano. Una pistola nada puede contra una escopeta y menos aún en una emboscada.

Pues ahí está la muerte. Cesare la ve venir. Hacía bien en reírse de ella: no asusta. Es solo una cosa estúpida. Tiene la mirada boba del tonto del pueblo. Como la del retrato que hizo su amigo pintor. Si no le hubieran dado una escopeta, la vería sentada noche y día en el bar del pueblo quejándose del calor y de los achaques de la edad. Pero el caso es que le han dado esa escopeta y con ella dispara ahora una y otra vez, sin saber muy bien por qué, hasta que no le quedan balas.

Cesare piensa en la primera mentira que le dijo a Giovanna, la de que la mafia no mata a magistrados y cada cual hace su trabajo; es mentira porque desde hace unos años la mafia se dedica también a matar a jueces y a policías. La segunda mentira tiene que ver con la nota con la que soñó anoche. Sabe muy bien lo que es. La tiene guardada con llave en la estantería del salón. Dice:

> No poseo bienes inmuebles.
>
> En cuanto a los bienes muebles, deseo que sean todos para Giovanna. Le pido que cuide de nuestra pequeña biblioteca y procure que no se pierdan las numerosas obras literarias e históricas de algún valor que hemos reunido.
>
> También quiero que dé algo, lo que le parezca, a las asociaciones protectoras de animales y de conservación de la naturaleza.
>
> Por último, deseo que me despida de mi madre, que espero que viva mucho, mucho tiempo; de mi madre, en la que pien-

so constantemente con mucho amor y mucha nostalgia de los años serenos de la juventud.

En esto está pensando Cesare, en su buena madre que le sobrevivirá, en los años serenos de la juventud y en aquel pueblecito de las montañas de Madonia en el que en invierno la nieve llega a los tobillos y en verano, cuando el sol aprieta, la gente mete la cabeza en las fuentes. Ahora que la cabeza ha caído hacia delante y las gafas han resbalado hasta la punta de la nariz, se ven de nuevo sus ojos de niño. De niño que duerme entre los brazos de su ángel de la guarda.

La muerte, estúpida y meticulosa, se asoma a la ventanilla del coche y le dispara por última vez. En ese momento el sol desaparece definitivamente tras las nubes y empieza a llover.

4. UNA LARGA CARRERA DE RELEVOS

Palermo, 1982

–Conque, respondiendo a tu pregunta de si lo haré o no, si te pediré que dejes un poco en paz a los bancos, los Spatola, los Gambino, los corleoneses, te digo: sí, tendría que hacerlo. Me lo pide mi jefe, que es la persona a la que rindo cuentas todos los días, de la mañana hasta que se pone el sol e incluso algo más. Pero la persona a la que rindo cuentas desde que se pone el sol y más allá es quien debía ocupar este sillón en mi lugar; tanto quería ocuparlo que lo mataron.

Se abre la puerta y Paolo Borsellino asoma su cara bigotuda.

–¿Hoy hay reunión o qué?

–Claro que hay reunión. Un momento.

–Los muchachos están ya...

–Sí, sí, ya sé. ¿Podéis esperar un poco? –Y le hace señas de que cierre la puerta.

–A sus órdenes.

La cabeza de Borsellino desaparece y la puerta se cierra. En el pasillo se oyen las voces de los otros colegas, Di Lello y Guarnotta, que esperan también. Esto de reunirse una vez a la semana es una costumbre que ha implantado Chinnici. Antes de su llegada, cada juez investigaba el caso que le tocaba y pocas veces, mejor dicho, nunca, se intercambiaba información sobre los distintos sumarios. Tampoco hacía falta, porque, para la mayoría, la mafia no era sino una serie de actos criminales que nada tenían que ver entre sí y carecía del carácter jerárquico que Chinnici le atribuye desde hace años. La mafia eran cuatro campesinos de gatillo fácil y otros tantos atracadores reincidentes. Esto ha cambiado.

En el pasillo se oye una carcajada.

–Vosotros siempre trabajando, ¿eh? –Es la voz de Ayala. Sus pasos se alejan resonando. Dentro, en el despacho, Falcone y Chinnici se miran. Están de pie frente por frente. Rocco se ha apoyado en la mesa. Tras él, en la foto que cuelga de la pared, Sandro Pertini, el presidente de la República italiana, los observa con sus gafas cuadradas.

–Te explico esto porque... –gesticula, se alisa la corbata–. Te lo explico por dos motivos. Uno –levanta el pulgar–: no quiero que creas que aquí cada cual hace lo que le da la gana o que no respeto la jerarquía. Yo creo mucho en la jerarquía y en el orden. ¿Entiendes lo que quiero decir? –Giovanni asiente, pero en su expresión hay cierta duda. Está preguntándose adónde quiere llegar Rocco–. Ahora bien, antes que ante el Estado respondo ante mi conciencia. Pizzillo no es un hombre corrupto, es solo que se ha... acomodado. Se ha vuelto conservador, eso, muy conservador. –Giovanni enarca las cejas. No está muy convencido–. Dos: ¿sabes por qué quiero que trabajemos en equipo? ¿Por qué nos reunimos una vez por semana y compartimos información, nos pasamos expedientes? ¿Lo sabes?

–Porque los casos están relacionados, siempre aparecen los mismos nombres, es un sistema organizado de...

–Sí, eso está claro. –Rocco hace un gesto con la mano–. Pero hay otra razón, una razón más secreta, digamos. –Lo invita a sentarse con un gesto de los ojos. Falcone lo hace. Rocco se sienta también a la mesa y apoya los codos en ella–. La mafia ha cambiado, Giovanni. Esa gente ya no se corta en... Lo sabemos, ¿no? –Chinnici se agarra a los brazos del sillón. La imagen de los dedos hundiéndose en el acolchado hiela la sangre. Falcone ve de pronto a un hombre metido vivo en su ataúd. El sillón es como un féretro precioso: el color, la madera, el lujo...

Giovanni quiere expulsar esa imagen de la mente.

–Me he pasado semanas –prosigue Rocco, sin dejar de apretar los mullidos brazos negros del sillón–, semanas explicándoles a mi mujer y a mis hijos lo mucho que quería este puesto, que era mi destino natural y que no podía rechazarlo. Saben perfectamente lo que le ocurrió a... Lo saben todo. Pero también les he dicho que no tienen que preocuparse, que ahora llevamos escolta y no hay que preocuparse. Ahora bien, seamos realistas. Vengo pensándolo desde la muerte de Cesare. Es importante que, en caso de que alguno caiga, de que alguno de nosotros...

–Ya, ya, entiendo –ataja Falcone. Rocco está más blanco de lo normal y tiene dos grandes ojeras. Giovanni no soporta más la imagen que se le ha clavado en el cerebro.

–Pues eso. Si eso ocurre, lo que hayamos averiguado no debe perderse. Aunque uno caiga, la investigación prosigue. Aunque uno caiga, antes habrá pasado el testigo. –La luz que entra por la ventana se refleja en los ojos de Rocco, que brillan. Se reclina en el respaldo, se hunde en el mullido sillón negro, como si yaciera, y sigue alisándose la corbata–. Así que no solo puedes, sino que debes seguir investigando. Y decirles a los demás, a Paolo, a Giuseppe, a Leonardo, todo lo que...

–Sí, Rocco, está claro. –Giovanni se levanta bruscamente. Se ahoga. Sale del despacho casi corriendo y los colegas que esperan en el pasillo lo llaman. Pero él no los oye, solo nota como un cuchillo en la garganta, una hoja fría y afilada que amenaza su carótida.

5. REHÉN

Favignana, 1976

–Queréis engañarme... ¡Que lo mato! ¡Que lo mato! –Giovanni Falcone está atado a una silla del locutorio de la cárcel de Favignana y tiene un cuchillo puesto en la garganta. Tras él, con ojos de loco y el cuello y los brazos tatuados, está Vincenzo Oliva, que tiene veintinueve años y ha sido condenado a treinta de cárcel por homicidio–. ¡Que lo mato!

El director de la cárcel está en la puerta. No duda de que el preso –un viejo conocido al que trasladaron de cárcel y han vuelto a traer porque en el otro centro se peleó con unos reclusos– va en serio. Oliva, que dice pertenecer a la organización terrorista de extrema izquierda Núcleos Armados Proletarios, está en prisión por haber asesinado a Ottavio Perrone, empleado de gasolinera, el 9 de mayo de 1964 en San Remo durante un atraco en el que robó unas míseras treinta mil liras. Esto es lo que vale para él una vida humana.

La cosa va tan en serio que junto al director de la cárcel están el fiscal de la República, Giuseppe Lumia, que acaba de llegar, y el presidente del tribunal de Trapani, Cristoforo Genna. El problema es que Oliva no quiere negociar con ellos. Les ha dicho que, como entren en el locutorio, se carga al juez. Prefiere hablar con otros dos presos que hacen las veces de mediadores: Peppino Pes, un bandido sardo, y Sante Notarnicola, pullés, brazo derecho de Pietro Cavallero, jefe de la banda de atracadores que nueve años antes asoló Piamonte y Lombardía.

–¿Dónde está la tele? ¿Eh? ¿Me tomáis por gilipollas? –grita Oliva. Giovanni Falcone tiene el pelo pegado a la frente. Está sudando, aunque ya sea bien entrado el mes de octubre, pero no parece asustado. Tenso, sí. ¿Quién no lo estaría si con un brazo le sujetaran el cuello y la punta de un cuchillo le rozara la carótida?–. ¿Y la prensa? ¿Y la radio? ¿Me tomáis el pelo o qué?

–No, no –intenta calmarlo el director de la cárcel–, ya llegan. –Mira al fiscal, que asiente–. Ya llegan, vienen en lancha. –Esto es verdad. Hay unos periodistas a bordo de una lancha que no tardará en llegar a la isla de Favignana, donde carabineros y policías han montado varios puestos de control. Aún no se sabe si se les permitirá entrar en la cárcel: de momento están de camino. La situación cambia de minuto en minuto y podría írseles de las manos.

También Pes y Notarnicola están excitados. De las celdas llegan las voces de los demás reclusos que animan a Oliva y despotrican contra las autoridades. Podría haber un motín de un momento a otro.

El juez de vigilancia penitenciaria Giovanni Falcone llegó a la cárcel al mediodía en su visita semanal. Oliva y otros reclusos esperaban en el pasillo. En cuanto Falcone entró en el locutorio, Oliva se abalanzó sobre él, le puso el cuchillo en la garganta, lo ató a la silla y se atrincheró allí dentro. Exige que lo trasladen a la cárcel de Turín, para estar cerca de su hermana porque, según dice, en la de Favignana quieren cargárselo. Y puede que no le falte razón, dado su talante pendenciero. Pero quiere también que le dejen leer ante la radio y la televisión un comunicado político.

Llegan dos carabineros acompañando a un hombre que lleva un traje oscuro y parece sofocado. Es el abogado Salvatore Ciaravino, conocido porque ya defendió a varios terroristas en nombre de la organización de extrema izquierda Socorro Rojo. Tiene una mirada tranquilizadora. Asoma la cabeza por la puerta. Oliva oprime un poco más el cuello de Falcone, que tose.

–Calma, calma –dice el abogado–. Soy Salvatore Ciaravino, vengo a ayudarle. Ya he...

–Sí, sí –gruñe Oliva–, sé quién eres.

–Bien. ¿Entonces podemos calmarnos un poco? Todo va bien. –Falcone lo mira con estupor–. Todo irá bien –se corrige Ciaravino.

–¿Y la tele?

Con mucha cautela, Ciaravino da un pasito y entra.

–De momento vienen los de la radio. Lo de la tele es más difícil, se necesita más tiempo.

–¡Mentira!

–No, no... Tenga en cuenta que a estas horas nadie ve la tele y en cambio un directo por la radio lo escuchará todo el mundo, incluso los que vayan en coche.

Hay cierta verdad en la mentira del abogado. Oliva lleva más de cuatro horas encerrado en aquella sala. Todos están cansados. Falcone se lleva lentamente la mano a la frente y se la enjuga.

En este tira y afloja, entre gritos y amenazas de que va a rajarle la garganta al rehén, pasa otra hora. Por fin el abogado Ciaravino trae al locutorio un teléfono que conectan con un largo cable a un enchufe del pasillo.

–Puede usted hablar con el redactor de la ANSA.

–¿Qué coño dices? –Oliva revuelve los ojos–. ¿Qué es eso de la ANSA? Yo quiero hablar por la radio y por la tele.

–La ANSA es la agencia de información de la prensa, la televisión y la radio. Más no podemos hacer.

–¡Pero yo no he pedido eso! –exclama el recluso–. ¡Yo quiero la televisión pública, ¿entiendes?!

–La televisión pública es imposible –dice Ciaravino–. Escúcheme, Oliva. ¿Puedo? –Se pone el teléfono contra el pecho y se acerca dando pasitos, con la otra mano bien a la vista–. Es el mejor acuerdo al que podemos llegar: una orden de traslado a la cárcel de Turín ya firmada y que su comunicado se lea por la radio.

Oliva no se convence.

–¿Y quién me dice que lo leerán por la radio?

–Usted mismo escuchará la retransmisión. –El preso duda un momento, alarga la mano y coge el teléfono–. ¿Quién está al aparato? No oigo... Ah, vale. ¿Puedo empezar? –Se da cuenta entonces de que no podrá leer el comunicado si con una mano sujeta al magistrado y tiene el teléfono en la otra–. Cierra la puerta –le dice al abogado. Ciaravino va a hacerlo, pero quedándose él dentro–. ¡Sal! –le grita Oliva. Ciaravino sale y cierra la puerta.

Oliva suelta a Falcone, pero sigue empuñando el cuchillo. Sujeta el teléfono con la barbilla. Con la mano izquierda, saca un papel del bolsillo, lo abre y empieza a leer:

–Hoy, un militante individualista anarquista... –carraspea–. Hoy, un militante individualista anarquista de los Núcleos Armados Proletarios, respondiendo a la brutal represión con la que el Estado intenta eliminar físicamente al combatiente en las cárceles que el poder burgués administra, ha querido responder con una acción revolucionaria a estas gravísimas provocaciones y ha secuestrado al juez de vigilancia penitenciaria de la cárcel de Favignana... –Su rehén lo escucha pacientemente unos diez minutos, cerrando a ratos los ojos y mirando al techo–. A la mínima represión responderá con la acción revolucionaria...

Dos horas después, por fin Oliva se convence de las garantías que le dan. Esperan a que llegue la orden de traslado a la cárcel de Turín. Cuando esto ocurre, el recluso entrega el cuchillo al abogado Ciaravino. Giovanni Falcone puede exhalar un suspiro de alivio y ponerse en pie.

–¿Te encuentras bien? –le pregunta Genna.

–He estado mejor, pero no puedo quejarme.

El otro le pasa el brazo por los hombros.

–Si llega a ocurrirte algo, ¿quién se lo dice a Rita?

Desde que Falcone se ha trasladado a Trapani desde Lentini, donde era juez de primera instancia, se llevan muy bien. El presidente del tribunal visita a menudo la casa de los Falcone, donde Rita hace gala de sus dotes culinarias. En casa de la pareja siempre hay mucha animación. Rita gusta de rodearse de la mejor sociedad de Trapani, muy dada a debatir y opinar, y también Giovanni se complace en salir de vez en cuando de la reserva que lo caracteriza, en abrir una brecha en el muro que, en parte por carácter y en parte por necesidad, ha construido a su alrededor.

A Trapani se dirige ahora. Sale de la cárcel. Llegará al muelle y, por fin, una barca lo llevará a casa, donde verá a Rita. Seguro que está muy preocupada, porque la noticia de su secuestro ha corrido en pocos minutos por toda Sicilia. La han llamado por teléfono para decirle que todo ha acabado bien, pero no contestaba.

Cuando llega al muelle, Giovanni entiende por qué no contestaba. Entre el montón de amigos que lo esperan allí está Rita, que se apresura a abrazarlo. Esa noche habrá fiesta en casa de los Falcone.

6. TRIBUNAL DE MUERTOS

Palermo, 1982

Es extraño volver a sentir, después de seis años, la fría hoja de un cuchillo en la garganta. Hoy no tiene a nadie detrás que empuñe ese cuchillo. Pero la sensación es la misma. Falcone se reclina en el sillón. Mira el techo: un poco de cemento y unos ladrillos más allá de donde está el jefazo. Si presta atención, hasta oye sus pasos.

¿Por qué ha intervenido Pizzillo? Llevan al menos un par de años con esta historia, dos años comprobando cuentas bancarias y libretas de ahorro y solicitando documentación de los bancos; solicitudes que a menudo se olvidan, se rechazan con cartas de abogados o se aplazan hasta que los jueces tienen que presentarse personalmente en las sucursales –ha ocurrido muchas veces– y refrescarles la memoria a los directores de turno, que siempre están muy ocupados.

La única explicación es que van bien encaminados. La investigación ha llegado a un punto que no gusta a los banqueros. Se sienten presionados. Y por eso, con sus métodos bruscos pero eficaces, tratan de descargar parte de esa presión sobre el fiscal jefe, que, a su vez, la descarga sobre sus subordinados.

Falcone lleva dos años instruyendo la causa contra los hermanos Rosario y Vincenzo Spatola y se ha dado cuenta de hasta qué punto el primero sobre todo es un personaje importante en la economía de la región, porque, desde los años setenta, es uno de los mayores empresarios de Sicilia. Su carrera empezó en la posguerra, cuando, siendo un muchacho, vendía leche en su barrio del Uditore. Ya entonces tuvo los primeros problemas con la justicia, porque aguó una partida de leche para venderla en el mercado negro. Se ve que el chico prometía. Hoy, Rosario Spatola es uno de los constructores y contratistas más poderosos de Sicilia: da trabajo a cuatrocientas personas y viaja constantemente de Palermo a Estados Unidos.

Además, este hombre que gasta peluquín, chaquetas oscuras y corbatas elegantes, conoce bien los despachos de la fiscalía de Palermo: desde finales de los años setenta vienen los jueces buscándole las cosquillas y tratando de sacarle alguna verdad, arrancarle alguna confesión. A ambos lados del océano tiene parientes y socios bien conocidos. Se llaman Gambino, Di Maggio, Inzerillo, Bontate, Mangano, tienen nombres italoamericanos, como John Egitto, Gerald Castaldo, Richard Cefalù, sobrenombres como Franky boy. Hace solo unos meses, el empresario organizó un acto electoral en honor del ministro de Defensa Attilio Ruffini, de Democracia Cristiana, en el que pidió a todos los presentes «votar y hacer votar por nuestro amigo en las elecciones europeas».

Pero ahora mismo puede que este sea el asunto menos grave. El nombre de Rosario Spatola está estrechamente ligado al de un banquero, Michele Sindona. Este, al que la revista *Time* llamó «el italiano de más éxito después de Mussolini», el presidente del gobierno Giulio Andreotti «el salvador de la lira» y el embajador estadounidense John Volpe «el hombre del año», aparece también en el sumario. Además, parece ser que organizó un falso secuestro cuando un banco suyo, el Franklin Bank, fue declarado insolvente por quiebra fraudulenta. Gracias a Sindona, conocido de Pablo VI y propietario de un banco financiero privado con el que, en el 69, se asoció el Banco Vaticano, los Bontate, los Spatola, los

Inzerillo invirtieron dinero sucio en sociedades financieras e inmobiliarias mediante operaciones hechas en Florida y en la isla de Aruba.

El caso Spatola es un avispero, una tupida trama de nombres, clanes mafiosos y logias masónicas que se extiende de Sicilia hasta lugares muy lejanos; y lo primero que queda claro es que quien mete la mano en ese avispero muere. Eso fue lo que les ocurrió a Giorgio Ambrosoli, el abogado encargado de investigar las actividades financieras de Sindona, y al fiscal Gaetano Costa. Podrían marcarse con una equis los sillones del tribunal de Palermo y llevar así la cuenta de quienes los ocuparon por muy poco tiempo. Hay un tribunal de vivos que, luchando contra olvidos providenciales y oportunos retrasos, trata de administrar justicia y otro tribunal de muertos que espera que se la hagan.

7. EL AGENTE AMERICANO

Palermo, 1979

«¿Seguro que estás en Italia? ¿No será que sigues en Libia y esto es un sueño? Puede que dentro de un segundo tu padre te despierte bruscamente, ya con su lindo uniforme de marinero planchado y perfumado, y tu madre esté en la cocina calentando el pan, y el tarro de la mermelada esté ya abierto en la mesa.»

Pero no, no, ¡qué sueño!: es Palermo. Es una ciudad italiana, mientras no se demuestre lo contrario. Aunque pruebas que demuestran lo contrario Boris las ve por todas partes. Junto a la ciudad que trabaja –que trabaja tranquilamente, no como otras ciudades del norte que corren como locas tras el beneficio–, hay otra que duerme eternamente en sus viejos edificios desconchados y no quiere despertar.

«Tú también tienes la culpa. Para eso te pagan, para que esto mejore. Tal vez no haces bastante, tal vez...»

Pisa el freno, el coche se detiene en seco en medio de la calle. Boris rechina los dientes y maldice. Dos niños con el pecho descubierto pasan zigzagueando por en medio de la calle en una bici remendada con cinta adhesiva. Uno va sentado, el otro de pie en los pedales de la rueda trasera.

–¡Eh, vosotros! –les grita por la ventanilla.

–¡A la mierda! –le contesta el que va de pie, y los dos siguen adelante, tan tranquilos. ¿Tendría sentido bajar del coche, cogerlos de la oreja y llevarlos a los padres? ¡Quia! Él tiene la casa convertida en una especie de hospicio para niños de la calle. Los llevan a comisaría, donde deberían permanecer hasta que los padres (normalmente pobres desgraciados sin trabajo, alcohólicos y drogadictos) vayan por ellos. Pero él se los lleva a su casa. Los sienta a la mesa con su familia y les da de comer. Sus hijos Alessandro, Selima y Emanuela están ya acostumbrados a trabar amistades que duran medio día y su mujer Inés a poner otro plato en la mesa.

Boris sigue adelante, resopla y menea la cabeza.

«¿Ves? Tú también tienes la culpa de que todo siga igual.»

Se mira en el espejo retrovisor, se atusa el bigote, se arregla el pelo, que lleva muy peinado y engominado, con la raya bien hecha un poco por encima de la oreja izquierda. A estas cosas también aplica su afán de orden y corrección, a su aspecto, a su pelo y bigote, a sus chaquetas, deportivas pero elegantes, a sus camisas siempre bien planchadas, a sus corbatas de tejido fino.

«A lo mejor no haces bastante.»

¡Ya basta! ¿Qué tendría que hacer? ¿Ser policía, padre, asistente social? Lo sería, si por él fuera, si los días duraran más horas y no las veinticuatro que duran. Además, no todo le corresponde hacerlo a él. Ni siquiera es tarea suya la que está desempeñando ahora, se dice mientras aparca el coche en la puerta de la sede de Sicilcassa, la caja de ahorros de las provincias sicilianas, que está justo al lado del mercado de la Vucciria. Aquí, viendo los viejos edificios ruinosos –caserones con las ventanas tapiadas y las paredes hundidas que un remiendo de yeso o un pegote de cemento gris mantiene milagrosamente en pie–, se pregunta de nuevo Boris si de verdad está en Italia; si el edificio que tiene delante, majestuoso, imponente y venerado –al contrario de las construcciones de alrededor– es la sede de un gran banco y no más bien la morada de un despiadado dictador que persigue el interés de pocos en detrimento del bienestar de muchos. ¿O quizá sea ambas cosas?

Se mira por última vez al espejo. Se atusa de nuevo el bigote y se arregla la raya del pelo. Parece todo un agente americano recién salido de un episodio de *Starsky y Hutch*. Está perfecto, pues. Como siempre.

Podría haber enviado a uno de sus hombres, pero quería ir él. Quiere que el director del banco vea que el jefe de la policía judicial se ha tomado la molestia de ir personalmente, que sienta toda la presión posible.

Entra con las manos en los bolsillos. Mira a un lado y otro; su mirada recorre el alto techo, da la vuelta al recinto, pasa por los mármoles y se posa en el rostro de los empleados de las ventanillas. Se queda allí en la puerta un momento sin que nada ocurra. Saca un cigarrillo del paquete blando y lo enciende resguardándolo con la mano, aunque no haga falta. Cuando de nuevo levanta los ojos, ve delante, a medio metro, al guardia jurado que lo observa.

–Policía –le dice, expulsando el humo del cigarrillo, antes de que el otro le pregunte por qué lleva una pistola debajo de la chaqueta. Se abre la prenda con calma para que se vea el arma, la saca de la funda y se la entrega: es un Colt de cinco balas. Le enseña también la placa.

–Buenos días. ¿Usted dirá?

–Quisiera hablar con alguien.

–Ya ve la gente que hay. –Señala las colas de las ventanillas–. Pero, tratándose de usted... Ahora llamo a un empleado. –Le guiña el ojo.

–No, no, no es eso... Estoy de servicio.

–¿De servicio? –El guardia lo mira con aire interrogativo.

–Sí, de servicio. Vengo como policía.

–Ajá.

–Quiero hablar con Lo Coco.

–Ajá. Espere un momento, voy a preguntar. ¿Usted se llama?

–Giuliano, soy el jefe de la policía judicial. Espero aquí.

Boris vuelve a observar el recinto. Allí cabrían dos o tres plantas de esos viejos edificios ruinosos de la Vucciria. ¡Qué techo tan alto! Alto, grande, limpio. Para ver algo que funcione en Palermo, hay que entrar en un banco. El edificio le recuerda la fábrica de la Manin, donde trabajó cuando vivía en Milán antes de hacerse policía. Solo que allí había mucho movimiento. Los obreros iban y venían sin parar, de un lugar a otro. A primera vista, era un lugar más dinámico. Aquí, en cambio, todo está quieto. Lo único que se mueve es el dinero. Eso sí, parece que se mueve mucho.

El guardia tarda unos diez minutos en volver y tiene una expresión muy distinta de la de hace un momento, cuando creía que Boris iba a ingresar dinero o cobrar un cheque.

–El director lo espera.

–Muy amable.

–Sígame. –Se dirigen al ala este del edificio, donde están los despachos. El guardia camina despacio. No tiene prisa por conducir al recién llegado al despacho del director. Sabe que a este no le hará ninguna gracia. Entre policías y banqueros existe siempre esa barrera fina y maleable que es el secreto bancario, un fetiche viejísimo pero que se resiste a desaparecer. Hay cuentas bancarias que son como una olla que nadie quiere destapar.

Boris se atusa el bigote y se alisa el pelo.

–Mucho gusto. Lo Coco –le dice el director tendiéndole la mano en la puerta del despacho.

Es un hombre bajito, con una gran mata de pelo blanco que le hace parecer más viejo. Boris se alegra de que al menos se haya tomado la molestia de recibirlo en la puerta. Lo Coco lleva una corbata con pequeñas golondrinas bordadas.

–Giuliano, de la policía judicial.

Se estrechan la mano con vigor. El director invita a Boris a tomar asiento en el sillón rojo que está delante de su mesa. En el despacho hay otras dos mesas, bajas y para encuentros informales, rodeadas de butacas negras. Pero los dos saben que aquello no es un encuentro informal. Es casi imposible que el jefe de la policía judicial y el director de la caja de ahorros se hagan amigos. Casi.

–Usted es el policía americano, ¿verdad?

Sí. No es casualidad que Boris Giuliano parezca salido de un episodio de *Starsky y Hutch*. Se ha formado en la sede del FBI en Quantico, Virginia. Allí aprendió a ser policía. Allí aprendió a disparar: dicen que con su Colt es capaz de meterle una bala entre ceja y ceja a cualquiera a cincuenta metros. Allí se hizo un experto en seguimiento. Y allí aprendió lo que significa el dicho *follow the money*, cuando de atrapar maleantes se trata. No es de extrañar que, al volver a su país, empezaran a llamarlo «el agente americano». En realidad, los colegas saben que el verdadero «agente americano» es otro. Se llama Tom Tripodi, es un agente del FBI y vino a Italia con Boris porque también investiga a la mafia, aunque en el papel de malo. En ese momento, mientras Boris está sentado en el despacho de Lo Coco, Tom Tripodi se halla en un garaje del barrio de Kalsa que tiene la persiana bajada, y está sentado a una mesa llena de botellas de cerveza con tres hombres, dos de los cuales se apellidan Bontate e Inzerillo. Tom Sing Sing –esta es la historia que de momento se tragan– es un extraficante de Detroit que ha decidido pasarse a la banda de los Gambino, y por tanto a la de ellos. En la jefatura, Tom y Boris son como uña y carne. Algunos compañeros los llaman «los gemelos».

–Veo que está usted informado –dice Boris.

–Palermo es una ciudad pequeña, agente. ¡Somos una familia! –Ríe–. Todo se sabe... Pero, dígame, ¿en qué puedo servirle?

Boris saca del bolsillo interior de la chaqueta un papel doblado, lo despliega, lo deja en la mesa y lo gira para que Lo Coco pueda leerlo en el sentido correcto. Es la fotocopia de un cheque. El director la mira con gran interés.

–¡Caramba! –dice.

–Eso digo yo. –El importe del cheque es de trescientos mil dólares estadounidenses–. ¿Lo conoce?

–¿El cheque? Agente, si tuviera que acordarme de todos los cheques que se ingresan en este banco, no me quedaría sitio ni para el nombre de mis hijos.

–En efecto, se ingresó en este banco. Enhorabuena, lo ha adivinado.

–Como me lo trae usted aquí...

–Pero no me refería al cheque, le preguntaba si conoce a la persona que lo firma, el señor Francesco Giglio.

–Ni idea.

–¿Está seguro?

–Segurísimo.

–No insistiré, muy amable por recibirme así, sin cita.

–Descuide.

–Pero le recuerdo que, si resultara que conoce usted al tal Giglio, si fuera, por ejemplo, un cliente habitual...

–Descartado –lo interrumpe Lo Coco.

–Extraño, porque nadie deposita un cheque de trescientos mil dólares en un banco que no conoce. Nos consta que el tal Giglio ha hecho diversas operaciones aquí.

–¿De veras? –Lo Coco está desconcertado. Se golpetea los dientes con la uña del dedo índice–. Agente, ¿fuma usted? –Lo Coco enciende un cigarrillo y le ofrece otro a Boris.

–Gracias, yo tengo.

–La verdad, no sé... Tendría que...

–Nos consta que ha ingresado veintitrés cheques y que ha repartido el dinero en dos cartillas de ahorro al portador. –Lo Coco se inclina, mira la fotocopia del cheque, aguza la vista–. Es extraño, digo, que alguien que hace tantas operaciones...

–Un momento –dice de pronto el director–, este cheque es de un banco extranjero.

–Sí.

–Ah, claro... De un banco americano.

–Exactamente. ¿Empieza a recordar?

–Creo que sí.

–Estupendo. ¿Y qué recuerda?

–Creo que es un caballero con un fuerte acento americano.

–Ajá, ¿ve como recuerda? ¿Y cómo es este caballero? ¿Puede describírmelo?

–Lo habré visto un par de veces.

–¿Y le bastan para describírmelo?

–Claro, claro. –Lo Coco saca el pañuelo blanco del bolsillo de la chaqueta y se enjuga la frente. Es julio, el sol palermitano pega fuerte y, aunque en el banco se esté más fresco que fuera, también hace calor. El director, al menos, parece que tiene mucho.

–Creo que era un caballero con el pelo blanco, bueno, no del todo blanco...

–¿Con canas?

–Eso, sí, con canas. De mediana estatura...

–Perfecto, perfecto. –Boris sonríe y asiente como si hablara con un niño. Con un niño estúpido, porque los que él se lleva a casa verían a la legua que en esa sonrisa que pone hay no poca malicia–. He cambiado de idea, le acepto un cigarrillo.

–¡Claro! –dice Lo Coco. Se da cuenta de que casi ha gritado y baja los ojos con apuro–. Tenga. –Le pasa el paquete–. Pero ¿es un delincuente, si puede saberse? ¿Cómo es que tiene este cheque?

–Usted perdonará, señor director, pero es información reservada.

–Ah, claro, claro. Olvídelo. –Lo Coco se seca también el cuello con el pañuelo–. Esto es un horno –sonríe–. Se ahoga uno.

Le han pasado la fotocopia del cheque los hombres de la DEA, la Drug Enforcement Administration, que hace un año interceptaron en el aeropuerto JFK de Nueva York cien kilos de cocaína purísima procedente de Palermo. La DEA se incautó también de varios cheques y transferencias de dinero catalogadas como «remesas de inmigrantes» que viajaban en sentido contrario: salían de Nueva Jersey e iban directamente encaminados a la caja de ahorros de las provincias sicilianas, donde a continuación se perderían en los recovecos de diversas operaciones financieras.

Boris piensa un momento en su colega Tom, que está fingiendo ser un mafioso en un garaje del barrio de Kalsa; irá por la sexta cerveza. Puede que sea el que peor esté pasándolo, pero al menos tiene cerveza. Él, en cambio, no ve aquí más que agua de colonia, trajes de sepulturero y mentiras baratas.

–Señor director, he de pedirle que me dé más información sobre el tal Giglio.

–Ya le digo que no sé quién es. Lo único que sé es que tiene el pelo canoso y habla con acento americano.

–¿Y ustedes ingresan cheques de trescientos mil dólares de «americanos» a los que no conocen? O sea, yo vengo, digo «Good morning, how are you?» y deposito un cheque de medio millón de dólares, así sin más.

–Bueno, ya sabe usted lo mal que lo pasa la gente en los tiempos que corren, hasta los bancos tienen problemas...

–No me lo parece.

–No vamos a ponerles impedimentos a los que traen capitales. ¡No somos policías, agente! –Suelta otra carcajada.

–Pero yo sí lo soy, señor director. –Boris apaga el cigarrillo, aún por la mitad, en el cenicero de la mesa.

–Lo sé, lo sé. E investigan, hacen bien. Sé que trabajan mucho, que colaboran con los americanos, ¿verdad? Pero no le he ofrecido nada de beber, usted perdone.

–Estoy de servicio. ¿Por qué dice que colaboramos con los americanos? ¿A qué se refiere? –Lo Coco se levanta, abre el mueble que tiene detrás y saca una botella de Chivas.

–A nada, nada... Ande, tome una copa –dice desenroscando el tapón.

–No puedo, pero gracias igualmente. –Pese al calor, Boris siente un escalofrío que le recorre la espalda.

–Verá que le sienta bien y nos entendemos. Tampoco hay que pelearse, ¿agente...?

–Giuliano.

–Ya, pero ¿cómo se llama? ¿El nombre de pila?

–Agente Giuliano.

Lo Coco menea la cabeza, socarrón.

–Usted perdone, solo quería ser educado.

–No tiene por qué, puede ser maleducado –dice levantándose. Se arregla el pelo, coge la fotocopia del cheque, la dobla y se la guarda–. Lo importante es que me avise si vuelve este caballero, ¿estamos?

–Desde luego. Lo haré. Giglio, ¿verdad?

–Tiene usted buena memoria.

Tom Sing Sing tiene cara de bonachón y algún kilo de más. Nadie diría que es un mafioso; de hecho, no lo es, es un agente del FBI de incógnito, pero es este aspecto poco característico lo que, paradójicamente, lo hace más creíble. En el mundillo lo llaman Sing Sing porque se dice que pasó dos años en la cárcel de Ossining. Los documentos de su reclusión están en regla. Si algún mafioso llegara a verlos –hipótesis más que probable–, sabría que estuvo veintiséis meses encerrado en la prisión de máxima seguridad y que su único compañero de celda era un traficante de crack que murió de sobredosis al poco de salir de la cárcel.

Boris se lo encuentra arrellanado en un sillón del despacho, en la sede de la policía judicial, con los pies puestos en una mesita y un cigarrillo mentolado en los labios.

–Veo que va gustándote el papel.

–He nacido para él –chapurrea con un curioso acento siciliano. Boris se sienta en el sillón de al lado. Las paredes del despacho amarillean y tienen grietas, y en un rincón hay un montón de cascarillas del techo. Entre escudos y calendarios, se ve algún crucifijo. Boris se afloja la corbata, se enciende también un cigarrillo y mira al colega esperando a que hable.

–Hecho, my friend –dice Sing Sing–. Hecho. –Boris sonríe, pero es una sonrisa de preocupación.

–Están preparando un alijo en el almacén de combustible que hay junto al bar... –Saca un papel arrugado del bolsillo trasero de los vaqueros–. El bar Baby Luna. Y otro en el establo que tiene Rosario Spatola en... –Mira otra vez el papel–. En Baida. Y hay otro laboratorio de heroína en un sitio donde tienen una bomba eléctrica con la que sacan el agua directamente del río.

Boris suelta una carcajada.

–Pero ¿dónde?

Tom lee algo escrito en la parte inferior del papel arrugado:

–Acamo.

–¿No será Alcamo?

–Alcamo, sorry. Hay un químico, Ciccio Mannoia, que fabrica ochenta kilos a la semana: cuatro toneladas y media al año.

–¡Fiu!

–El tío se saca cinco millones de liras por kilo.

–¡Joder! Nos hemos equivocado de trabajo –dice Boris, mirando al techo descascarillado y echando el humo del cigarrillo.

–Bontate e Inzerillo venden la heroína a Gambino: cincuenta mil dólares el kilo. Gambino la vende a las familias americanas: ciento treinta mil dólares el kilo.

Boris silba de nuevo.

–¡Qué grande eres, Sing Sing!

Tom quita los pies de la mesita y aplasta la colilla en el cenicero.

–What's up, my friend?

–¿Por qué lo preguntas?

–¿Qué pasa? Te veo un poco... –Gesticula sin acabar la frase. Boris lo mira unos segundos sin decir nada. Se conocen lo suficiente para que Tom comprenda que le ocurre algo–. ¿Qué es? ¿Tu hijo?

–No, ¡qué va! Alessandro es un fenómeno, va muy bien en la escuela. Será policía también, estoy seguro.

–Poor guy.

–Ya.

–¿Y entonces? ¿Cuál es el problema?

Boris se levanta y va a cerrar la puerta, vuelve y se sienta, apoya los codos en las rodillas y se inclina hacia su colega.

–Escucha, Tom –le dice en voz baja, casi susurrando–. Tienes que irte.

–¿Qué? –replica el otro–. ¿Qué dices? –Boris le hace señas de que baje la voz. Tom continúa susurrando, tenso como una cuerda–: ¿Por qué tengo que irme? Estoy obteniendo información que es una bomba.

–Sí, sí, lo sé, estás haciendo un trabajo estupendo, pero tienes que irte. Vuelve a tu casa, aquí ya no estás seguro.

–¿Por qué lo dices?

–En esta ciudad se habla mucho. Demasiado. Y aquí –abre los brazos dando a entender que se refiere a la comisaría–, donde uno esperaría, no sé... Aquí aún se habla más.

Tom se levanta, va a la ventana y enciende otro cigarrillo mentolado.

–¿Quieres decir que hay un topo en la policía?

–No lo sé. –Boris menea la cabeza, abatido–. Pero creo que te han descubierto. Saben quién eres, Tom. Alguien habrá hablado.

Tom se rasca la barbilla. No es un miedoso, pero hace un momento estaba en un garaje con varios peces gordos de la mafia palermitana armados y a cuál más dispuesto a disparar, apuñalar o estrangular a quien sea.

–Esto... –No le sale la palabra. Carraspea–: ¿Sospechas de alguien?

–De nadie en concreto.

–¿Hay alguien que... alguien de quien no te fíes?

–Bruno.

–¿Nuestro Bruno?

–Sí.

–No puede ser. –Tom menea la cabeza–. Creo que te equivocas, Bruno es amigo tuyo, te aprecia.

–Sí, lo sé.

–¿Y entonces?

–No lo sé, Tom, no lo sé. El caso es que tienes que irte.

–Ni hablar.

–Tom, no me obligues a recordarte que estamos en Italia y aquí, técnicamente, soy tu superior. O sea, que estoy dándote...

–Shit! No me voy.

–... una orden. –Se le acerca, le pone las manos en los hombros y el otro se las quita–. Tom. –Le da un cachete en la mejilla–. Tienes que irte. Aquí ya no estás seguro.

–Si es así, si saben quién soy, entonces también irán a por ti. Estamos en el mismo barco, como decís vosotros.

–Pero no es lo mismo, yo soy un policía siciliano.

–Yo también soy un policía.

–Ya, pero no es lo mismo. Yo estoy en casa. Ellos hacen de ladrones y yo hago de policía. Así funciona.

Tom da un puñetazo en la pared. Está enfadado, tiene la cara roja, pero sabe perfectamente que, si es verdad lo que Boris dice, está tardando en irse. Casi es un milagro que siga vivo. Tendría que estar ya en un avión camino de Virginia.

–Va. Coge tus cosas y vete. –Boris le revuelve el pelo–. Nos vemos pronto, amigo mío. Ahora vete.

*

En el garaje del barrio de la Kalsa al que Tom Sing Sing lleva tiempo sin ir hay hoy mucha humedad y todo se vuelve absurdamente pesado. Incluso levantarse, abrir el frigorífico y coger una cerveza les cuesta un gran esfuerzo a los mafiosos de Stefano Bontate.

Bontate es un hombre de aspecto tranquilo, finos modales y cultivado. El hecho de que ahora esté en un garaje oscuro y húmedo encerrado con otros cuatro hombres, bebiendo cerveza y jugando al póquer en una mesa sucia no debe llamar a engaño. Anoche cenó con el príncipe Vanni Calvello di San Vincenzo, apasionado del tiro al plato y gran coleccionista de armas valiosas, y la noche anterior asistió con su mujer a una carrera de coches deportivos en la que participaba el conde Marianello Gutierrez Spadafora. Bontate pasa fácilmente de un mundo a otro y sabe hablar tanto con los invitados de un cóctel elegante como con la chusma con la que está sentado en este momento.

–Conque el americano quería darnos por culo –dice lanzando una jota de corazones–. ¡Somos tan listos que nos dejamos engañar por los americanos!

–Pero ya ve que lo hemos pillado, don Stefano –dice uno con un polo azul que le marca la tripa.

–Menos mal, menos mal. –Lanza una ojeada a los presentes.

–Por cierto, don Stefano, ya han arreglado los hermanos Spatola todo el papeleo. Dos empresas. Ha habido que poner varios nombres, todos de personas de fiar. Lo Presti ha hablado con su señoría, el contrato es nuestro. Está garantizado.

–Yo nunca garantizo nada, Saruzzo, ¿y tú?

–Yo tampoco. Pero los Spatola dicen que es seguro.

–Ya, ya, dicen, hacen... Esta gente hace cosas muy raras últimamente, ¿sabes? –Le pide a uno que le pase una botella de cerveza, da un trago, se limpia la boca con la manga de la camisa de lino–. Pero que muy raras.

–Es verdad, don Stefano, pero... –Interrumpen la frase tres golpes en la persiana. Todos se quedan quietos, se hace el silencio. Se oyen otros dos golpes. El hombre del polo azul se levanta y va a abrir. Al subir la persiana se ven, sucesivamente, dos zapatos negros brillantes, unos pantalones del mismo color, una camisa azul y una corbata con pequeñas golondrinas bordadas. Aparece un hombre bajito con una tupida mata de pelo blanco.

–¡Ciccio! –Bontate se levanta y va a abrazarlo. Le da un beso en la mejilla–. ¿Qué tal? ¡Qué elegante! ¿Veis lo elegante que viste mi primo? –Los demás ríen–. ¿Es que vas de boda?

–Ojalá –dice el recién llegado cogiendo una silla y sentándose a la mesa–. En el banco se trabaja así. Todos los días, de la mañana a la noche. Hasta con cuarenta grados.

–¡Pero tú no sudas! Eres tranquilo, ¡un pedazo de hielo! Dadle una cerveza, anda. –Francesco Lo Coco, al que Stefano Bontate llama cariñosamente Ciccio, es primo segundo suyo. Se criaron juntos. Luego, corriendo el tiempo, el primero se hizo director de sucursal de la caja de ahorros y el segundo capo de la familia de Santa Maria di Gesù, la banda más importante de Palermo. Lo Coco se bebe media cerveza de un trago y suelta un eructo entre dientes.

–Ha vuelto.

–¿Quién?

–El poli. Giugliano, Giuliano, como cojones se llame. Ya es la segunda vez. Traía más cheques.

–¿Otra vez? ¿Y qué quería?

–Estaba cabreado, dice que va a detenerme. Stefano, estamos en apuros.

–¿En apuros? ¿Por qué?

–Ha visto otros ingresos a nombre de Giglio. Me dijo que lo avisara.

–¿Y lo has hecho? –Bontate rompe a reír. Los demás hacen lo mismo–. ¿Le has dicho que Giglio va todos los días? ¿Que va tanto que lo han hecho director?

–¡No te rías! Este me mete en la trena.

–¡Nada menos! –Le echa el brazo por el cuello y lo aprieta contra sí–. No tienes que preocuparte porque no te va a pasar nada. –Bontate se levanta y va por otra cerveza. La abre con el abrebotellas que cuelga del frigorífico y empieza a bebérsela a traguitos. Entre trago y trago, murmura algo. Apenas se le entiende–. Hay polis por todas partes. Polis que se nos infiltran, polis que nos interrogan, polis que nos birlan la pasta, polis que nos tocan las pelotas. Polis por todas partes. ¡Cuánto darán por culo! ¡Pero cuánto! –Se acaba la cerveza, nadie dice nada. Bontate es un hombre frío y calculador, por eso lo llaman el Halcón. Cuando se enfada, más vale echar a correr. –¡Vamos! –Hace señas de que se levanten–. ¡Hay que hablar con los demás! ¡Hasta con los campesinos, porque seguro que a ellos también están dándoles por culo!

–¿Con los campesinos? –le pregunta el primo, inquieto. Bontate frunce el ceño.

–Bueno, no... Quizá con ellos no, no nos pasemos. –Con lo de «campesinos» se refieren a los corleoneses. Alguien como Bontate, que se pasea en sociedad haciéndose llamar príncipe de Villagrazia, no se rebaja a pedir a esa gente una tregua ni, menos aún, una alianza, aunque solo sea para resolver un problema común y espinoso como es el del «agente americano»–. Pero con don Michele sí. El Papa siempre tiene una palabra sabia. ¡Andando!

*

Boris se ha despertado solo esta mañana. La cama de matrimonio le parece enorme ahora que a su lado no está Ines, su mujer. Tampoco se oye a sus hijos, Alessandro, Selima y Emanuela, que en este momento estarían preparándose para ir a la escuela. En la casa reina una paz irreal, un vacío siniestro y hostil.

Pero él lo ha querido y no puede quejarse. Ayer, un colega de la cuarta planta, donde se reciben las llamadas del 113, el número de la policía, bajó a su despacho y le dijo:

–Acabamos de recibir una llamada.

–¡Qué raro!

–Es que... –siguió diciendo el policía, y entrelazó los dedos con aire nervioso, como si fuera a pedirle un día libre, que él no puede conceder, por cierto–. Era un hombre...

–Ya. ¿Y?...

–Y ha dicho: «Decidle a Giuliano que es hombre muerto». Boris tragó saliva. Pero su expresión no cambió.

–¿Y a qué esperabas para decírmelo?

–Pero si he...

–Que es broma, hombre. –Se levantó y le dio una palmada en el hombro.

–Si quiere oír la grabación...

–¿Sabes las veces que me han dicho eso? Sé de uno al que los médicos le dieron tres meses de vida y aún está por ahí dando por saco. –Pero Boris no es tonto. Sabe perfectamente que los pronósticos de los médicos nada tienen que ver con los de la mafia–. Sí, vamos, oigamos esa grabación.

Acompañó al agente a la centralita y escucharon la grabación. Lo único que sacaron en claro es que, en efecto, era un hombre, de unos cuarenta años y con marcado acento siciliano. Están en Sicilia, al fin y al cabo.

En casa, Boris le pidió a su mujer que se llevara a los niños a Piedimonte Etneo, una localidad al pie del volcán. «Será solo por unos días», le dijo. Pensó que allí estarían a salvo.

Por la noche se despidió de Emanuela, de Alessandro y de Selima. La más pequeña tiene siete años. Como siempre al acostarla, le acarició la frente y le contó un cuento. Le cuenta los mismos cinco o seis cuentos una y otra vez, pero a ella no le importa, porque Boris siempre cambia el final. Por ejemplo, aquella noche, el de «Caperucita Roja» terminó con que, al llegar a casa de la abuela, la niña se la encuentra de fiesta con las amigas y los animales del bosque.

Con Alessandro es distinto. Ya no tiene edad para que lo acuesten y Boris lo lamenta un poco. Lo bueno es que puede hablarle como a un adulto.

–Papá está investigando cosas peligrosas de la droga –le dijo.

–¿Y quieren matarte?

–A mí siempre quieren matarme. La primera vez fue cuando rompí con el balón los cristales de tía Rosalia. Tenía tu edad.

Alessandro frunció el ceño.

–Tú siempre de broma.

Boris le dio un pellizco en la mejilla y fue a acostarse. A Ines ya le había contado lo de la llamada al 113. A ella, que al oírlo había dado media vuelta, la abrazó y le dijo lo mismo: que recibían muchas llamadas como aquella, que no significaban nada y que los mandaba a pasar unos días a Piedemonte Etneo solo por «extremar las precauciones».

Por eso esta mañana está la casa vacía y su respiración produce un eco desolador.

Se viste rápidamente, se anuda la corbata, se arregla el bigote y se peina con esmero. Hoy tiene que salir unos minutos antes. Tiene una cita en el bar Lux, el bar de enfrente. Un café rápido y enseguida a la comisaría a ver si aclara de una vez el lío de los cheques del banco, las cartillas de ahorro, los maletines del aeropuerto... Tom Tripodi, al otro lado del océano, espera noticias. Y él, que le ha hecho la putada de mandarlo a casa, se siente en el deber de dárselas. Hoy a lo mejor puede.

Sale de casa. Entra en el bar Lux y todas las miradas se posan en él. Es raro verlo allí. Normalmente sale por el portal, sube al coche y va directo a la comisaría.

Boris pide un café en la barra y espera a la persona con la que ha quedado, su contacto. Vendrá de un momento a otro.

Pero viene otra persona. Él no se da cuenta. Se le acerca por detrás mientras se está tomando el café. Siete pistoletazos. Siete plagas de un apocalipsis que nunca termina.

Al otro lado del océano, en Quantico, en una sala del FBI llena de mesas, Tom Sing Sing espera durante horas una llamada que no llega. Cuando por fin suena el teléfono y se lleva el aparato al oído, el corazón le da un vuelco. Deja caer el aparato en la mesa. Por su cabeza pasan retazos de conversación:

«Saben quién eres, Tom, tienes que irte.»

«Aquí ya no estás seguro.»

«Ellos hacen de ladrones y yo hago de poli. Así funciona.»

Al final las palabras se apagan y se hace el silencio.

8. AVISPERO

Palermo, 1982

El caso Spatola que está instruyendo le parece a Giovanni Falcone un mundo inmenso lleno de territorios sin explorar. Está hurgando en ese avispero hecho de cheques, cuentas corrientes, empresas fantasma, contratos públicos y tráfico de heroína en el que se cruzan tres líneas de investigación: la del policía Bruno Contrada y las de los magistrados Ferdinando Imposimato y Giuliano Turone. Además de inmenso, ese mundo por el que Falcone deambula es hostil y peligroso. Por eso le han asignado escolta.

Es algo que el magistrado ya conoce, desde luego. El miedo es un viejo amigo. La primera vez que recibió cartas en las que había dibujadas cruces y ataúdes fue en noviembre del 67, siendo fiscal en Marsala: es una especie de rito de iniciación de todos los novatos, un bautismo al que los magistrados que investigan a la mafia saben que les toca someterse. Al empezar a trabajar, unos cuentan los kilómetros que hay de casa a la oficina y otros el número de muertos que lo han precedido. Hay sillones en los que solo se sientan quienes tienen la paciencia y el cuidado de quitar antes los cadáveres que se acumulan en ellos.

Además de Boris Giuliano, otro de los caídos ilustres del caso

Spatola es el fiscal Gaetano Costa, asesinado el 6 de agosto de 1980 de tres tiros de pistola P38 –disparados también por la espalda– mientras hojeaba unos libros en un puesto de la calle Cavour, cerca de su casa.

Hay quien dice que Gaetano Costa se lo buscó. No era persona que transigiera con ciertas cosas y quiso dejarlo claro el mismo día que tomó posesión del cargo. «Llego a un mundo en el que no conozco a nadie», dijo en su discurso. «Soy despistado y mal fisonomista. Esto provocará malentendidos. En tales circunstancias, es inevitable que mi presencia cause cierto rechazo. Pero si debatimos con sinceridad, aunque lo hagamos con vehemencia, todo irá bien. En cambio, si lo hacemos dejándonos llevar por enemistades y rencores, llegaremos fatalmente al conflicto.» Y al conflicto llegaron muchas veces, sobre todo cuando se trataba de la mafia. De él «solo se podía comprar la muerte», como dijo uno de sus adjuntos. Todos sabían que era incorruptible, pero la razón por la que muchos dicen que se lo buscó es otra: aunque pudo llevar escolta, consideró que hacerse acompañar por unos hombres armados podía ser peligroso para sus allegados y renunció. Lo mataron después de firmar varias órdenes de busca y captura contra Rosario Spatola y sus socios, los Gambino y los Inzerillo. Las mismas órdenes de busca y captura que sus adjuntos, por un motivo o por otro, se habían negado a firmar.

Se diría que este Estado está enfermo, que algunas de sus células se revuelven contra él y que su sistema inmunitario –hombres como Costa y Terranova, por ejemplo– es un aparato residual, que el mismo organismo aparta, abandona, debilita, que va deteriorándose poco a poco, mutación tras mutación, hasta que resulta difícil distinguir la parte sana de la podrida. La labor de sabotaje de las células buenas es científica y gradual.

Para el puesto de jefe de la policía judicial de Palermo que ocupaba Boris Giuliano han nombrado a Giuseppe Impallomeni, al que apartaron de la policía de Florencia por un caso de soborno, que se pasea con su carné de miembro de la logia masónica P2 y que, del puesto trescientos noventa del escalafón de vicefiscales adjuntos, ha pasado oportunamente, en un santiamén, al puesto trece. Y el cargo de jefe de policía se ha asignado a Giuseppe Nicolicchia, que de momento solo ha presentado la solicitud para ingresar en la P2, solicitud que guarda el maestro venerable Licio Gelli, jefe de la logia, en su fábrica Gioele, en Castiglion Fibocchi, un pueblecito de la Toscana.

Después de Giuliano, hurgó en el avispero el capitán de carabineros de Monreale, Emanuele Basile. Investigó durante meses el tráfico de heroína entre Palermo y Estados Unidos y llegó a la familia de Altofonte, ligada al capo Totò Riina y a la mafia corleonesa, los mismos a los que Bontate llamaba campesinos. Campesinos que, por cierto, saben manejar armas. El día de su cumpleaños, volviendo a su casa de campo en su Giulietta 2000 Super, con un reloj de pulsera Vacheron Constantin que costaba más que el coche y un traje hecho a medida en estampado príncipe de Gales, el príncipe de Villagrazia recibió tantos tiros que quedó casi irreconocible. Los asesinos usaron fusiles kaláshnikov. Era la primera vez que la mafia usaba el arma que, en 1943, en un hospital kazajo donde se recuperaba de las heridas recibidas en combate, el teniente Mijaíl Timoféyevich Kaláshnikov diseñó pensando en ayudar a Rusia a ganar la guerra contra los nazis. Poco importa que la guerra de los corleoneses sea otra: ellos piensan a lo grande. Adiós escopeta recortada, hola kaláshnikov. El capitán Basile, por su parte, detuvo a los miembros de la familia de Altofonte por pertenencia a organización criminal, denunció por el mismo delito a los mafiosos corleoneses Leoluca Bagarella, Antonino Gioè, Antonino Marchese y Francesco di Carlo y puso en manos del magistrado Paolo Borsellino el informe de su investigación sobre los hombres de Totò Riina.

Un cálido atardecer de mayo fueron Basile y su familia a la fiesta del Santísimo Crucifijo, patrón de Monreale. Poco después de la medianoche, cuando los fuegos artificiales, chisporroteando entre los edificios, coloreaban el cielo, el capitán de los carabineros caminaba con su mujer Silvana llevando en brazos a su hijita Barbara, de cuatro años. La calle Pietro Novelli estaba repleta de gente. Nadie se esperaba que un asesino lo asaltara allí por detrás –por detrás otra vez–, abriera fuego y escapara rápidamente en un coche. Su mujer se salvó por lo que muchos, todavía hoy, consideran un milagro: para evitar que le dieran el tiro de gracia a su marido, se interpuso y recibió ella el balazo, pero no la mató porque llevaba una pequeña agenda de tres por cuatro centímetros con tapa de plata que su marido le había regalado y en la que el proyectil se incrustó.

Es normal, pues, que Giovanni Falcone, que en este momento está sentado a su mesa, sienta ese cuchillo en la garganta. Lo siente no tanto porque tema que puedan matarlo –esa es otra cuestión y no es un cuchillo sino una roca, una hipoteca inextinguible que pesa sobre su vida y tiene asumida desde hace muchos años–, como porque tiene la sensación de pertenecer a un organismo en el que las células enfermas atacan a las sanas, como en las peores enfermedades.

Aunque tal vez exagere.

Tampoco hacía falta que Chinnici le contara la conversación que mantuvo con el fiscal Pizzillo. Después de todo, desde que Rocco los protege a él y a los demás, el trabajo sigue adelante, de un modo u otro.

Falcone rodea con lápiz algunos nombres que figuran en los papeles que tiene esparcidos por la mesa. Son nombres de mafiosos, de empleados de banco y de empresarios. Hasta hace poco nadie había pensado que pudieran estar relacionados. Aún hoy les parece imposible a muchos. Y, sin embargo, aunque es una trama enrevesada, hay un hilo que une esos nombres, siempre el mismo. Da muchas vueltas, sí, a veces se vuelve tan fino que casi desaparece, gira sobre sí mismo, se enreda, pero no deja de ser un hilo, un único, maldito hilo, y está hecho de dinero.

Si es verdad que las familias venden heroína en Estados Unidos y que Palermo es el laboratorio más grande de Europa, entonces es lógico pensar que de Sicilia sale tanta droga como dinero tiene que entrar. Dinero que, una vez que los hermanos Spatola lo lavan, queda limpio, pero que viene sucio cuando pasa la frontera italiana. Y así entra en los bancos: sucio. Interceptar estos flujos de dinero es relativamente fácil. Siempre que uno realmente quiera hacerlo. Y por eso Falcone les ha pedido a los directores de todas las sucursales bancarias de Palermo, Agrigento y Trapani que le pasen la lista de todas las operaciones de cambio de divisas –de dólares a liras, en particular– que se han llevado a cabo desde 1975 hasta hoy. No esperaba que eso fuera a suponerles un problema. O tal vez sí lo esperaba y por eso lo ha pedido.

Falcone tiene los ojos clavados en los papeles. Subraya, apunta cosas en los márgenes. Su figura es híbrida: tiene postura de estudioso y espalda de deportista, o al menos de quien intenta hacer deporte con cierta regularidad, pese a los madrugones que se pega y a las noches que se pasa trabajando, como la última, para variar.

Ahora apoya el codo en la mesa y se sostiene la cabeza con la mano. Tienta la mesa con la derecha sin dejar de leer. Toca un papel que no es como las demás hojas. Es un ejemplar del *Giornale di Sicilia* que dejó ahí al entrar en el despacho. Quizá sea hora de hacer una pausa. Cuando la vista se cansa, puede traicionarnos. Se reclina en el respaldo y echa un vistazo a los titulares de portada. Pero de pronto se oyen voces fuera y la puerta se abre.

–¡A lo que hemos llegado! –Es Giuseppe di Lello. Habla con Chinnici, que entra tras él. Los siguen Leonardo Guarnotta, Paolo Borsellino y Giuseppe Ayala. Este último no es juez instructor, sino fiscal adjunto, pero trabaja tanto con el equipo de Chinnici que es como uno más.

–Eso, entrad, no os cortéis –dice Falcone. Los otros no hacen caso y siguen hablando.

–¿De verdad te ha dicho eso? ¿Que estamos arruinando la economía palermitana?

–Tal cual.

–¿Y tú qué le has dicho?

–Que informaría.

–¿Y has informado?

–Ha informado –tercia Falcone, que ha empezado a hojear el periódico. La noticia principal de la crónica de sucesos es el asesinato del secretario regional del Partido Comunista Italiano, Pio la Torre, ocurrido hace apenas un mes. La Torre se dirigía a la sede del partido en compañía de Rosario di Salvo, amigo y chófer. Eran poco más de las nueve de la mañana. En un punto en el que la calle se estrechaba, una moto se detuvo delante del coche y los obligó a frenar. Dispararon una primera ráfaga. Varios hombres más se apearon de un coche dispuestos a rematar la faena. Di Salvo llevaba una pistola: efectuó algunos tiros, pero en vano. Ni él ni el secretario del Partido Comunista Italiano se salvaron.

Al poco, en la calle Turba, multitud de compañeros se congregaban en torno a los dos cuerpos sin vida y al destrozado automóvil. Entre ellos estaban Falcone, Rocco Chinnici y el policía Ninni Cassarà, con caras lívidas y tensas ante lo que era un oscuro presagio de muerte.

Los Grupos Proletarios Organizados reivindicaron inmediatamente el atentado, pero hay sospechas de que los asesinos son otros. La Torre estaba elaborando una proposición de ley que introducía el delito de «asociación mafiosa», un tipo más detallado que el de «asociación criminal», y que contemplaba, por ejemplo, la incautación de los bienes de la mafia.

Falcone termina de leer los artículos que tratan del doble asesinato y pasa las hojas hasta que llega a la sección local. Su mirada recae en una pequeña foto de los ecos de sociedad de Trapani. Se ha celebrado una fiesta en casa de una notabilidad que los invitaba a menudo a él y a Rita, cuando residía en esa ciudad. Por insistencia de ella, aceptaron un par de veces. Parece que a Rita sigue gustándole ir a esas fiestas, porque en la foto se la ve con un grupo de invitados, todos elegantes y sonriendo. Junto a ella, está su nuevo marido, el presidente del tribunal de Trapani, Cristoforo Genna.

Es un trago amargo para Falcone. Está haciendo lo posible por olvidar y, en general, lo consigue. Pero no siempre es fácil. Aunque da muchos pasos hacia delante, a veces tiene que dar uno hacia atrás.

9. EL ANIMAL SOCIAL

Trapani, 1976

No lo pasan mal los «diez magníficos». Es lo que se dice en las reuniones mundanas de Trapani y se dice con razón. Porque, si no fuera así, no les habrían puesto ese mote. Son abogados, magistrados, profesores, algún empresario. Gente que trabaja duro y que, cuando las obligaciones y el tiempo lo permiten, se van a pasar unos días a Favignana, a San Vito Lo Capo, a Mozia o incluso al extranjero. Pero, si solo disponen de una velada, la pasan en sociedad, esa misma sociedad que, cuando Giovanni Falcone, su mujer Rita y las otras cuatro parejas de «magníficos» se van, habla, cotillea y a veces –solo a veces– tiene algunas palabras de admiración para ellos.

Los Falcone son muy conocidos en la ciudad. Llegaron hace diez años, ya casados: Giovanni había sido juez de primera instancia en Lentini, una pequeña localidad de la provincia de Siracusa de la que al final fue trasladado con gran alegría suya, pues en el juzgado solo eran tres; Rita es maestra de escuela que se declara agnóstica y simpatiza con la izquierda. Las esposas gustan de hablar con ella y los maridos también. Es morena, simpática y atractiva. Muy distinta, pues, de su marido, que solo es simpático a ratos, cuando quiere. Hace unos días, por ejemplo, en una fiesta, la anfitriona, Marina Pace Lampiasi, tuvo que preguntarle a Giovanni si le pasaba algo: se había quedado embobado, como catatónico.

No es la primera vez que ocurre. A menudo, en las fiestas, Giovanni se aparta y observa. Hay quien dice que más bien «escruta», como si reflexionara sobre algo que, sin embargo, nunca dice, que se guarda para sí. Hasta que, de pronto, suelta alguna ocurrencia y se une de nuevo a la fiesta.

Por Rita se transforma Giovanni en un animal social, o por lo menos lo intenta, con resultados variables. Por ella organiza cenas y cócteles y transforma casa Falcone en uno de tantos salones en los que se reúne la buena sociedad trapanense para degustar buena comida y vinos sicilianos que propician pláticas más o menos sinceras. En una fiesta, por cierto, se conocieron en el lejano 1962. Dos años después eran marido y mujer.

Forman una extraña pareja, de esas que no se sabe si se mantienen pese a las enormes diferencias o precisamente por ellas. De lo que nunca ha dudado Giovanni es de que Rita Bonnici es la mujer de su vida. Está perdidamente enamorado de ella. Las dudas las tienen más bien sus padres y a veces sus hermanas, Anna y Maria, aunque ninguna de las dos las exprese en voz alta, al menos en su presencia.

Arturo Falcone, de la quinta de 1904, falleció este año. Era director del Laboratorio Provincial de Higiene y Profilaxis del Ayuntamiento de Palermo. Un hombre fuerte, de pensamiento bastante abierto sobre ciertas cuestiones, aunque decididamente cerrado sobre otras. Permitió que Giovanni persiguiera su sueño y se matriculara en la academia naval de Livorno, a cuyas clases asistió cuatro meses. Pero puso una condición: «Tendrás que ser ingeniero naval. Si piensas emprender la carrera militar, que sepas que me opongo». Cuando Giovanni superó todos los exámenes, pruebas escritas, reconocimientos médicos y demás, sus superiores decidieron que tenía grandes dotes de mando y que su futuro estaba en la Marina. Su amor por el mar se nutría de literatura, de las novelas de Conrad, y su gran sueño era navegar, porque el mar ofrecía quizá la única posibilidad de vivir una paz terrenal sin pisar la tierra. Giovanni comunicó a su padre la carrera a la que los comandantes querían destinarlo. Él le contestó: «La Universidad de Palermo te espera». Cuatro años después se licenciaba en derecho e ingresaba en la magistratura.

Su madre, Luisa, de la quinta de 1907, es hija de un conocido ginecólogo. Se declara fascista, pero lo que siente es más bien una firme adhesión a valores morales y religiosos que considera imprescindibles. Luisa no es fascista. Es solo que teme que los valores de su educación se pierdan con el avance de los partidos de izquierda; valores como la familia, la iglesia, la integridad, la firmeza moral. Cuando Giovanni firmó el manifiesto a favor del divorcio, se inscribió en el comité y participó en los debates, no se lo tomó muy bien. Anna, Maria y Luisa no se han opuesto a la relación de Rita y Giovanni, aunque están convencidas de que ella fue la causa, o por lo menos un acicate, de su enérgico giro a la izquierda.

Lo cierto es que Giovanni nunca ha hecho política en los tribunales, aunque de cuando en cuando haya alguien que lo insinúe. Como ocurrió hace poco con la sentencia del caso del empresario Leonardo Rao. Según la investigación, este individuo, a punto de quebrar, negociaba privadamente sus deudas con los bancos para no tener que declararse en quiebra. Pero quienes salieron perjudicados fueron los pequeños acreedores, que quedaron abandonados a su suerte. La sentencia de Falcone obligó a liquidar la empresa y a devolverles el dinero a todos ellos, independientemente de la cuantía. Esto desorientó a muchos miembros de la comunidad de Trapani; en las mismas reuniones mundanas que él y Rita frecuentan, la sentencia se interpretó como un gesto político. Pero, para Giovanni Falcone, nada hay de político en la correcta aplicación de la ley.

Rita y Giovanni viven en un bonito apartamento de Palazzo Venuti, un gran edificio de color claro con franjas rojas que corren por la fachada bajo los balcones que dan a la calle Formica. En la entrada hay un pórtico. Delante de él aparca una fila de coches que pertenecen en su mayoría a los inquilinos. Algunos de ellos, como Falcone, son magistrados. La playa está a unos veinte minutos andando.

Rita da los últimos toques, los invitados llegan dentro de una hora. La mesa está ya puesta. Va y viene de la cocina al salón y prepara los entrantes. Anchoas, ensalada de pulpo y un par de cuencos llenos de croquetas de carne.

–¿Tú estás convencido? Lo importante es que estés convencido –dice volviendo a la cocina. Las últimas palabras se pierden en la distancia, pero Giovanni entiende su sentido. Está sentado en el sofá leyendo unos sumarios que se ha traído del juzgado. Tiene las gafas en la punta de la nariz, la camisa le tira en la tripa, que el deporte mantiene a raya solo en parte. Rita vuelve de la cocina con pan que hay que rebanar–. Si tú estás convencido...

–¿A ti te gustaría?

–¿Yo qué tengo que ver?

–Tienes mucho que ver.

–No. Pero ya que lo preguntas, sí, me gustaría. Si tú quieres. –El asunto es que Giovanni aún no sabe si quiere. Alza la vista de los papeles.

–No sé. –Mira a su mujer. Se encoge de hombros, da un suspiro y sigue leyendo–. No sé. Quizá sí.

–Crees en esos valores, ¿no? Te gusta esa gente. Quiero decir... –Se sienta a su lado. A Giovanni le han propuesto ser candidato de la asociación de magistrados Unidad por la Constitución, de izquierda moderada, que necesita figuras de renombre y probada integridad.

–Sí, sí. Hacen mucho por las mujeres magistradas, por los jóvenes. Pero no sé. Si ya me acusan de hacer política, imagínate lo que dirán si acepto... Y eso que solo...

–¿Solo qué?

–Solo sería un candidato testimonial, digamos. En ningún caso saldría elegido.

Por el balcón se oyen los ruidos de la calle. Trapani es una ciudad llena de vida, de locales a los que ir, de casas que visitar, de círculos a los que pertenecer, de grupos a los que unirse, de simpatías que cultivar. Son simpatías que pueden influir mucho, en un sentido y en otro. Han influido, por ejemplo, en las decisiones profesionales de Falcone. Si se pasó de la sala de lo penal a la de lo civil, en el 73, no fue solo por motivos laborales. Su jefe en lo penal era el fiscal Carlo Alberto Malizia, hermano del general y magistrado Saverio, quien tiene la función de velar por la seguridad y defensa de la nación y que instruyó los sumarios del intento de golpe de Estado de Piano Solo, de la matanza de la plaza Fontana y de muchos otros casos que se enredan en las eternas espirales del «superior interés de Estado». Parece ser que el general Malizia, que es también profesor de derecho en la Universidad La Sapienza de Roma, hizo un buen trabajo. En el caso de Carlo Alberto, exjefe de Falcone, la situación es distinta, pero no tanto. Se murmura que tiene amistades en las altas esferas de la banca, intereses económicos que condicionan su labor, pero son solo chismes, de momento.

Carlo Alberto Malizia y el actual jefe de Falcone, el presidente del tribunal de Trapani Cristoforo Genna, nunca hicieron buenas migas. Por tanto, Falcone tomó la primera decisión política cuando se inclinó por un bando y no por el otro. Y como tenía que inclinarse por uno, eligió el de Genna, un hombre que es todo un referente, de gran experiencia y que tiene muchas cosas que enseñar. Y aunque no es precisamente un novato, Giovanni sabe que aún tiene mucho que aprender, sobre todo en el mundo de la justicia civil, y quiere aprenderlo del mejor.

El interfono suena justo cuando Rita, después de ir y venir varias veces más del salón a la cocina, ha encendido la tele y se ha dejado caer en el sofá. Apaga el aparato, se levanta y va a contestar. Aprieta el botón del portal y se arregla el cabello en el espejo de la entrada.

–¿Quién es? –pregunta Giovanni, que sigue sentado en el sofá leyendo los sumarios.

–¿Tú qué crees?

–Genna.

–Exacto.

–Siempre llega el primero.

–Bueno, es puntual.

Giovanni se levanta con calma, deja los sumarios en la estantería y se dirige a la puerta, que está entreabierta. Rita ya espera allí. El ascensor llega a la planta. Cristoforo Genna viene elegante y risueño. Se pasa la mano por el pelo gris. Besa a la señora Falcone y le da la mano al señor Falcone. Ha traído una botella de vino de pasas, que le da a Rita.

–¿Soy el primero?

–Eso parece –le contesta Giovanni.

–Es la vejez. –Le pone la mano en el hombro.

–Se llama puntualidad –dice Rita entrando en la cocina con la botella de vino. Se oye el ruido de la puerta de la nevera que se cierra. Genna se dirige al balcón, pero espera a que Falcone lo abra. Giovanni ase la manivela. En ese momento suena el interfono.

–Timbre. –Esta vez, Rita espera a que conteste él.

–Si llego a saberlo, espero un par de minutos y no quedo tan mal –le susurra al oído Genna a Rita.

–¡Calla! –ríe ella dándole un cachete en el brazo.

–¿Qué tal te va? –le pregunta Genna a Giovanni cuando este vuelve.

Falcone abre los brazos, suspira.

–Pues ya ves.

–Hombre, mucho mejor que en lo penal.

–Eso seguro –dice Rita.

–Sí, pero echa de menos aquello.

–De eso nada –dice Giovanni.

–Que sí –insiste Genna guiñándole el ojo a Rita–, te digo yo que lo echa de menos.

No es verdad, no echa de menos trabajar en lo penal. No echa de menos las amenazas, la intimidación de testigos, los descuidos de jueces despistados, las absoluciones por falta de pruebas: no echa de menos esa manera provinciana de considerar la mafia una serie de choques entre chusma, de cuentas saldadas a escopetazos entre campesinos violentos. La mafia es organización, centralización, control, poder. Hasta que no lo entiendan, hasta que no quieran entenderlo, no podrán combatirla eficazmente.

Aún tiene fresco el recuerdo del juicio a Mariano Licari. Lo llevará como una herida abierta. Con el tiempo, se transformará en un blasón de guerra, de esos que demuestran el valor del guerrero, pero de momento solo duele.

Licari era un capo importante de la llamada «mafia marsalesa», un hombre distinguido, elegante y educado, que trataba a los jueces con cortesía y no lanzaba frases intimidatorias ni amenazas veladas contra ellos, como hacían muchos de sus «colegas»: ya solo por eso parecía imposible que cometiera los delitos que se le imputaban. Era accionista de varios bancos locales y un activo empresario con participación en diversas sociedades. La poderosa banda de Licari era el nexo de unión entre los violentos del mundo rural y los delincuentes que operaban en la economía italiana. Pruebas de la culpabilidad del patriarca Licari en delitos de sangre, intimidaciones, extorsiones y lavado de dinero había muchas y procedían de varias fuentes. Uno de los testigos de cargo a los que citó Falcone –quien ejercía el ministerio público– era una especie de arrepentido, un tal Biagio Valenti, padre de Gino, asesinado por miembros de la *ghenga* de Licari. Biagio quiso vengar a su hijo y fue también asesinado. Pero dejó escritos unos apuntes con los indicios que iba descubriendo. Este diario de Valenti estaba lleno de pruebas contra el capo y sus despiadados secuaces, pruebas que se sumaban a las que ya habían reunido los magistrados.

La labor del fiscal Giovanni Falcone y del juez instructor Marcantonio Motisi fue enorme y paciente. Motisi se concentró en los movimientos bancarios de Licari y descubrió varios que lo incriminaban sin lugar a dudas. Falcone aprendió de Motisi y del juicio a Licari dos hechos ciertos. El primero: investigar los movimientos de dinero es fundamental para luchar contra la mafia. El segundo: uno puede tener todas las pruebas del mundo, pero si los jueces se hacen los sordos, los capos quedan libres, que es lo que pasó con Mariano Licari. Es, además del savoir-faire de Cristoforo Genna, otra de las razones por las que Falcone se ha pasado a la sala de lo civil y ha dejado atrás causas enteras que se fueron al traste, sentencias disparatadas, pruebas pasadas por alto, montones de números, datos, hechos irrefutables de los que jueces poco objetivos y jurados intimidados hicieron caso omiso, jurados como el que tuvo que pronunciarse sobre Licari y la mafia marsalesa. Al final el caso se trasladó a Salerno. Fue una derrota anunciada.

–No lo echo de menos –dice Giovanni sirviendo una copa de vino tinto a Genna y a su mujer–. No lo echo de menos para nada.

Pero las cosas, ya se sabe, cambian, como las relaciones humanas.

–La señora está encantadora –dice Genna mirando a Rita, que se da la vuelta para que vean el lindo vestido largo que lleva, rojo como el vino de la copa.

–Es verdad –conviene Giovanni, que va a contestar al interfono que ha sonado de nuevo. En el rellano se oyen las voces de los que llamaron antes. En pocos minutos, casa Falcone se llena de colores y de rostros que sonríen, las copas entrechocan, la velada se anima. Por unas horas, el apartamento de Palazzo Venuti, esa casita acogedora y discreta, sin lujos excesivos, se convierte en el centro del mundo. Es lo que le gusta a Rita.

Giovanni está apoyado en el balcón, de espaldas a la calle, y mira el interior de su casa, que se ha convertido en un pequeño teatro. Piensa en su futuro incierto y siente vértigo. Y, observando a los invitados que se divierten, espera a que se le pase.

10. DESAFÍO ENTRE CABALLEROS

Palermo, 1982

Un sol tórrido da de lleno en el enorme jardín y en la fachada de la villa, de arquitectura noble, algo decadente, flanqueada de árboles, plantas y altísimas palmeras de tronco torcido que parece que vayan a desplomarse de un momento a otro. Esta misma impresión dan los policías que, cansados y con el uniforme sudado, rodean el edificio. Villa Malfitano, a la que casi todos llaman Villa Whitaker, es una construcción de finales del siglo XIX, está situada al norte de Palermo y recuerda ciertos esplendores lejanos, pero de ningún modo olvidados. Desde que Delia Whitaker, hija de Joseph Isaac Spadafora Whitaker –conocido en la zona como Pip– la donó hace unos años a la fundación que lleva su nombre, es un edificio oficial de la región de Sicilia. En sus siete hectáreas de jardín –un lado cultivado al estilo inglés, graciosamente asimétrico, el otro cultivado al estilo italiano, geométrico y regular– hay plantas exóticas procedentes de todo el mundo. Pero el interior lo ocupan las oficinas de la policía.

Dos hombres están sentados uno frente a otro en una vasta sala de techo alto y paredes majestuosamente decoradas que da al jardín. Uno se sienta a una gran mesa de despacho y lleva una chaqueta cruzada azul, el otro es un visitante: lleva una chaqueta verde oscuro y una corbata marrón, y tiene un cuaderno de notas apoyado en el muslo. Cruza las piernas en una postura informal pero respetuosa.

El primero es el recién nombrado gobernador de Palermo, el general Carlo Alberto dalla Chiesa; el segundo es el periodista Giorgio Bocca. Parecen muy distintos. Uno tiene la mirada severa y directa del hombre de Estado; el otro tiene unos ojos inquisitivos, la cara chupada y bien dibujada, como la de los actores de antes. Pero en realidad no son tan distintos. Lo que ocurre es que están retándose. Es un desafío entre caballeros: uno lucha por el Estado, el otro lucha por el pueblo. Y es una pena que así sea, porque unas décadas antes ambos combatían por lo mismo en la resistencia partisana. No se han dividido ellos, han sido sus bandos los que, con el tiempo, han seguido derroteros distintos. Se han alejado. O, por lo menos, uno de ellos ha ido alejándose mientras el otro se quedaba donde estaba, desarmado.

–General, voy a hacerle una pregunta comprometida –dice Bocca aguzando la vista–. ¿Está usted aquí porque quiere o porque lo obligan? Esta apuesta casi imposible contra la mafia –agita el bolígrafo–, ¿la hace usted o la hace alguien que quiere desgastarlo? –Se inclina hacia el general–. Su cargo de gobernador, ¿es o no es una trampa?

Dalla Chiesa suspira. Es un poco irritante este Bocca. Si no fuera porque tienen la misma edad –se llevan exactamente un mes: Dalla Chiesa nació el 27 de septiembre de 1920 y Bocca el 28 de agosto del mismo año– y porque el periodista tiene fama de escribir para los pobres, para el pueblo, el general no lo toleraría.

–Pues mire –suspira de nuevo–, soy el primer general de carabineros de la historia de Italia que le ha dicho alto y claro al gobierno: ser gobernador por serlo, aunque sea de una provincia importante, no me interesa. Lo que me interesa es luchar contra la mafia y quiero que me den los medios y poderes necesarios para hacerlo.

–Creía que el gobierno se había comprometido en serio. Si no recuerdo mal, según lo decidido en el consejo de ministros del 2 de abril, su función consistirá en «coordinar la lucha contra la mafia tanto en el plano nacional como en el local».

–No me consta que ese compromiso se haya formalizado aún. –El general mira hacia una pared de la sala. Es la primera vez desde que empezó la entrevista que evita la mirada del periodista. El tema está incomodándolo.

–A ver... –Bocca tamborilea con el bolígrafo en el cuaderno–. ¿Está usted diciéndome que, según la ley, su poder como gobernador es como el de cualquier otro gobernador y se parece al de un jefe de policía? Porque, implícitamente, se entiende que es usted el supervisor, el coordinador.

–Yo prefiero lo explícito.

–Si no lo facultan oficialmente, ¿qué hará? ¿Renunciará al cargo?

–Lo veremos en septiembre. He venido aquí a dirigir la lucha contra la mafia, no a hablar de competencias ni de escalafones. Pero no me haga hablar más, por favor. –Dalla Chiesa se retira un poco de la mesa como dando la entrevista por concluida. Pero Bocca no se levanta. Fuera se oye el trinar de los pájaros. Antes, en un pabellón del jardín situado a pocos metros del edificio principal, había doce mil ejemplares de aves. En la villa, aún se expone una riquísima colección de objetos de arte que el señor Whitaker reunió en sus numerosos viajes al extranjero, además de una serie de pinturas antiguas y de los bellísimos frescos de Ettore de Maria Bergler, el más famoso exponente del modernismo de principios del siglo XX. Este marco confiere al gobernador un aire aristocrático y solemne que aún intimida más. Pero Bocca no parece nada intimidado.

–Sí, hablemos. –El general le lanza una mirada glacial–. Estas cosas típicas de Italia hay que aclararlas. ¿Usted qué pide? ¿Una especie de dictadura antimafia? ¿Los poderes especiales que tuvo el gobernador Mori?

El general cree ver un destello burlón en los ojos del periodista, pero de momento no hace caso.

–No pido leyes especiales, pido claridad. –Se acerca de nuevo a la mesa–. Mi padre, en la época de Mori, dirigía a los carabineros de Agrigento. Mori podía recurrir a él en Agrigento y a otros en Trapani, en Enna y hasta en Messina, donde fuera. Quien piense que puede combatir a la mafia en el terruño palermitano y sin hacerlo en el resto de Italia, se equivoca.

–¿Y qué quiere usted? ¿La misma independencia y capacidad de acción que tuvo cuando luchó contra el terrorismo? –insiste el periodista.

–Tengo las ideas claras, pero entenderá que no pueda explicarlas en público. –Dalla Chiesa guarda silencio unos instantes, esperando que Bocca asienta, se levante y se vaya; que entienda que, aun con toda su buena voluntad, un gobernador no puede comprometerse por conceder una entrevista a *La Repubblica*. Pero Bocca ni asiente ni menos aún se levanta. Dalla Chiesa abre los brazos–. Solo le diré que ya expuse esas ideas en el momento y el lugar debidos. Y espero que se concreten lo antes posible. Si no, no podremos esperar resultados positivos.

–¿Volverá a usar contra la mafia el sistema que usó contra el terrorismo? ¿Crear grupos de hombres de confianza y coordinados en todas las ciudades problemáticas? –El general hace esta vez un ademán brusco, como diciendo basta. Se acabó. Vuelve a hacer el mismo gesto y el silencio se prolonga. No tiene intención de responder–. General, nos conocimos aquí en tiempos de Corleone y de Liggio, estuvo aquí del 66 al 73 con la misión de luchar contra la mafia, era usted como el joven oficial de *El día de la lechuza*. ¿Qué entendió entonces de la mafia y qué entiende hoy, en 1982?

A esta pregunta sí puede responder:

–Entonces entendí una cosa, sobre todo: que lo del arresto domiciliario era una medida que podía tener un efecto bumerán y que no tenía sentido en la época de la revolución tecnológica, la información, los transportes... Recuerdo que los corleoneses contra los que yo luché, los Liggio, los Collura, los Criscione, fueron obligados a residir, curiosamente, en Venaria Reale, a unos kilómetros de Turín, muy cerca de donde estaba Liggio, al que yo denuncié con los demás en Corleone por varios asesinatos en 1949. Pedía noticias de ellos y me decían: «Buena gente. No molestan. Y vienen a firmar cuando deben». Nadie se daba cuenta de que por el día a lo mejor habían venido a Palermo o despachaban en Milán y hasta habían viajado a Londres o a París.

–¿Y hoy?

–Hoy me sorprende lo extendida que está la mafia, incluso la de Sicilia, y esto sí que es un giro histórico. Se acabó la mafia geográficamente circunscrita a la Sicilia occidental. Hoy la mafia también es fuerte en Catania, es más, de Catania viene a conquistar Palermo. Con el consentimiento de la mafia palermitana, las cuatro mayores empresas constructoras de Catania trabajan hoy en Palermo. ¿Cree usted que podrían hacerlo si no hubiera una nueva distribución del poder mafioso?

–Oiga, general. –Bocca se arregla la chaqueta, se acerca a la maciza mesa–. Usted y yo tenemos la misma edad y hemos visto, aunque con ópticas distintas... Hemos visto los mismos acontecimientos, algunos previsibles, otros no. –Los dos saben bien de qué acontecimientos habla. Habla de caras que se arañaban en las zarzas, de trincheras que se levantaban antes de que el sol saliera, de uniformes que se rasgaban, de balas que pasaban zumbando, de absurdas montañas por cuyas laderas rodaban... Habla de partisanos y de lágrimas. Pero los dos, de pronto, apartan la mirada, como si sintieran vergüenza. Un repentino pudor se interpone entre ellos como si fuera una lámina de cristal. Ya pasó el tiempo de ciertas cosas–. Hablemos ahora de los acontecimientos menos previsibles... o de los menos obvios.

–Pues bien –dice el general–, he investigado este nuevo fenómeno: la mafia que asesina a personas poderosas, que apunta a los jueces. Creo que he entendido la nueva regla del juego; se mata al poderoso cuando se da esta combinación fatal: se ha vuelto muy peligroso, pero se lo puede matar porque está aislado.

–Explíquese mejor.

–El ejemplo más claro es el del fiscal Costa.

–Siga.

–Gaetano Costa se vuelve muy peligroso cuando decide, contra la mayoría de la fiscalía, procesar a los Inzerillo y a los Spatola. Pero, como está aislado, pueden matarlo, eliminarlo como si fuera un cuerpo extraño. Es lo que pasó también con Coco: magistratura, opinión pública y vosotros, los garantistas, erais favorables al trueque del juez Sossi por los terroristas del grupo XXII de octubre. Coco dijo que no. Y lo mataron.

–General, ¿me equivoco o tiene usted una idea bastante lata de lo que es un instigador moral y un cómplice indirecto? –Dalla Chiesa abre los brazos y menea la cabeza. Se dispone a despacharlo–. No, no se enfade. Dígame por qué mataron al comunista Pio la Torre.

–Por lo que hizo toda su vida. Pero fue decisiva su última proposición de ley, la de incluir en el código penal el delito de «asociación mafiosa». –Frunce el ceño y mira a su interlocutor como diciendo: ¿es todo?

–General Dalla Chiesa, si usted fuera el protagonista de *El día de la lechuza*, ¿qué pensaría del otro personaje, del mafioso?

–Pensaría que estamos estudiándonos, moviendo los primeros peones. La mafia es cauta, lenta, lo mide a uno, lo escucha, lo tantea. Otro no se daría cuenta, pero yo conozco este mundo.

–Póngame un ejemplo.

–Pues... –Dalla Chiesa se encoge de hombros–. Ciertas invitaciones. Un amigo con el que uno ha tenido alguna relación laboral, de oficina, te dice, como si tal cosa: ¿por qué no vamos a tomar café a casa de tal? Es un nombre ilustre. Si yo no sé que en esa casa se trafica con heroína, digamos, voy y me usan de tapadera. Pero si lo sé y voy, es señal de que podría estar dispuesto a callar.

–¡Qué mundo tan complicado! Quizá era más fácil luchar contra el terrorismo.

–En cierto sentido, sí, porque entonces tenía detrás la opinión pública, la atención de las personas importantes. Las víctimas de los atentados eran muchas y casi todas gentes conocidas, periodistas, magistrados, políticos. Con la mafia es distinto, salvo raras excepciones; la mafia mata a delincuentes comunes, la gente decente puede desinteresarse. Y se equivoca.

–¿Por qué se equivoca?

–Porque la mafia está ya en las grandes ciudades italianas, donde hace enormes inversiones en construcción, comercios y seguramente industrias. –Desvía la mirada con fingida distracción. Dalla Chiesa quiere ocultar la importancia de lo que acaba de decir, disimularla, porque sabe que las personas como Bocca distinguen lo que es importante y lo que no y siempre ahondan. Y, de hecho, los ojos del periodista se hacen cortantes como filos. La noticia está ahí, lo sabe y contiene la respiración, aunque también posea la virtud de dominarse–. Mire –prosigue el gobernador–, a mí me interesa conocer esta «acumulación originaria» del capital mafioso, esa fase de lavado del dinero sucio, esas liras robadas, extorsionadas, que arquitectos y diseñadores famosos transforman en casas modernas u hoteles y restaurantes *à la page*. Pero me interesa aún más la red mafiosa que lo controla todo, que, gracias a esas casas, a esas empresas, a esos negocios que seguramente han pasado a manos de personas de las que nadie sospecha, personas íntegras, ocupa los puntos clave, da protección, facilita los medios de lavado, controla el poder.

–Y deposita el dinero en bancos que se protegen con el secreto bancario, ¿no?

–El secreto bancario. –Dalla Chiesa sonríe con amargura–. La verdadera cuestión no es esa. Hace años que se habla del asunto y los mafiosos ya han tomado sus precauciones. Además, el secreto bancario es un secreto a voces. Los bancos saben perfectamente quiénes son sus clientes mafiosos. La lucha contra la mafia no se libra en los bancos ni en este o el otro lugar, sino de manera global.

–General Dalla Chiesa, ¿de dónde le viene su gran ambición? –El gobernador pone una cara rara, casi de repugnancia, aunque sonríe. Observa al periodista como preguntándose si lo pregunta en serio–. Quiero decir: esta lucha contra la mafia la han perdido todos, desde hace siglos, los Borbones y los Saboya, la dictadura fascista y las democracias de antes y de después del fascismo, el ala socialista del Ejército Voluntario para la Independencia de Sicilia y la izquierda sindical de los Rizzotto y de los Carnevale, la comisión de investigación del Parlamento y Danilo Dolci. Pero usted, Carlo Alberto dalla Chiesa, se pone la chaqueta azul de gobernador y quiere intentarlo de nuevo.

–Pues sí, y lo hago con cierto optimismo, siempre que se definan cuanto antes las facultades de mi cargo. Yo, fíjese bien, no digo que vaya a vencer, a derrotar a la mafia, pero sí voy a contenerla. Me fío de mi profesionalidad, estoy convencido de que, con una hábil y paciente labor psicológica, podemos quitar poder a la mafia. He entendido una cosa, muy simple pero acaso decisiva: gran parte de la protección, de los privilegios que ofrece la mafia, que desde luego pagan los ciudadanos, no son más que derechos elementales de esos ciudadanos. Garanticémoselos, quitémosle este poder a la mafia, hagamos que los que dependen de ella sean nuestros aliados. –Llaman a la puerta–. Ah, por fin...

Un policía asoma la cabeza.

–A sus órdenes, mi general. ¿Había llamado?

–Sí. Pero esta mañana. –Bocca comprende que, ahora sí, tiene que irse–. Entre, entre. –le dice el gobernador al policía que espera en la puerta–. Dele esto al abogado. –Le entrega una carpeta–. Que vaya al juzgado de instrucción y se la entregue al juez Giovanni Falcone. La petición va dentro.

–Desde luego, mi general. –El policía mira a Giorgio Bocca y de nuevo al gobernador–. ¿Aquí el señor se queda? –Evidentemente ha sido informado. Dentro de una hora, en la pausa del almuerzo, irán a comer juntos y Dalla Chiesa le presentará a su mujer, Emanuela Setti Carraro, joven y bella, secreto objeto de deseo de la burguesía palermitana y no solo de ella. Pero, por ahora, Bocca tiene que irse. El gobernador tiene cosas urgentes que despachar.

El periodista sale de la gran sala junto con el policía. El general coge unos expedientes que hay en la mesa y empieza a leerlos. Ya no tiene que rodar por trincheras levantadas antes de que el sol salga, pero se combate igualmente, con fusil y sin fusil, con sol y sin sol. Y ahora que nota la camisa empapada en la espalda, preferiría hacerlo sin ella.

11. A QUIÉN LLAMARÉ QUE ME DEFIENDA

Palermo, 1982

La mesa de Falcone está cubierta de papeles. El aire está quieto, se respira poco y mal, pero al magistrado no parece preocuparle.

Los papeles parecen esparcidos al azar, pero en realidad siguen un orden bien preciso. Considerados individualmente, esos expedientes dicen muy poco. Nada que vaya más allá de su contenido. Y en realidad son piezas de un rompecabezas que compone la imagen de la gorgona Medusa. Quien la mira a los ojos se convierte en piedra y se rompe, cae hecho añicos al suelo. Sería ingenuo pensar que nadie antes de Falcone ha atisbado sus facciones, entrevisto su rostro. Sin embargo, en la mayor parte de los seres humanos prevalece el instinto de conservación. Y ya se sabe dónde están aquellos que se atrevieron a mirar, aunque se hable poco o nada de ellos y, cuando se habla, se haga siempre con humor, con el escudo de la ironía, que es la única forma de exorcismo que tienen los que se dedican a lo que Giovanni se dedica.

Sin quitar los ojos de los documentos, Falcone levanta la mano hacia la bandeja que hay sobre un aparato oscuro, una especie de calculadora que nadie ha aprendido todavía a usar. En la bandeja hay unos cannoli que ha traído Rocco Chinnici de un encuentro que ha tenido con escolares en el colegio Gramsci.

Ha ido a hablarles de la mafia. Es una manía, una rareza que tiene. ¿De qué sirve hablarles de la mafia y de la droga a unos chiquillos que, gracias a Dios, aún no tienen esos problemas? Si no fuera un magistrado de su categoría no se lo permitirían. En el último acto en el que intervino, ante la asamblea de jóvenes estudiantes de Siracusa, un periodista le preguntó por qué lo hacía y él le contestó: «Porque creo en los jóvenes, en su fuerza, en su pureza, en su conciencia. Los jóvenes empiezan a sentir estímulos morales más elevados y verdaderos». El periodista lo miró algo desconcertado, como si la cosa tuviera truco, como si hablara un político que, al final del discurso, fuera a pedirle el voto. Chinnici se encogió de hombros y quiso ser más concreto. «Serán los jóvenes quienes mañana tomen las riendas de la sociedad y conviene que tengan las ideas claras. Cuando les digo que es necesario luchar contra la droga, en realidad estoy diciéndoles que es una de las mejores maneras de combatir a la mafia. Hoy, el mercado de la droga es el instrumento de poder y la fuente de ingresos más importante del mafioso. Solo en Palermo, el volumen de ventas es de cuatrocientos millones al día, y en Roma y en Milán llega a los tres o cuatro mil millones: una riqueza criminal enorme que se vuelve sobre todo contra los jóvenes, contra la vida, la conciencia, la salud de los jóvenes. Rechazar la droga es el arma más poderosa que tienen los jóvenes contra la mafia.»

Lo gracioso –gracioso por así decirlo– es que toda esa droga, la que llega al norte del país y la que consumen los palermitanos, sale precisamente de allí, de Palermo. Está todo escrito en los papeles que Falcone tiene delante. Pero está escrito a trozos, en papelitos que hay que ir juntando. Falcone, por fin, lo ha hecho. Y por eso, junto con las declaraciones, los atestados de transacciones bancarias e incautaciones, las fotografías y demás, hay un auto de procesamiento contra los hermanos Spatola y compañía. Parece que esta vez la *ghenga* tendrá que esquivar un golpe de verdad, si puede. Y él, Giovanni, si puede, tendrá que esquivar un puñado de plomo en la espalda.

A estas alturas todos saben que el caso Spatola es como una carrera de relevos, una larga carrera de relevos en la que todos, cuando pasan el testigo, caen.

Y, sin embargo, aunque parezca extraño, no es esto lo que preocupa a Giovanni Falcone.

Coge otro abultado cartapacio que hay en una esquina de la mesa, en el que pone: «Michele Greco + 161». Lo abre por el punto en el que tiene puesta una hoja en blanco doblada en dos. Hay un nombre marcado con un círculo, el de Salvatore Inzerillo, llamado Totuccio, el mismo que figura en el auto de procesamiento contra los hermanos Spatola, de los que por cierto es pariente. También es primo de Carlo Gambino, jefe de los Gambino de Brooklyn. Inzerillo fue asesinado el 11 de mayo del año anterior, aunque aún no le había pagado a Totò Riina un alijo que le habían encomendado y se sentía, pues, a salvo. Pero, después del asesinato de Bontate, hay guerra abierta: es la segunda después de la que conmocionó Sicilia en los años sesenta y se aplica la lógica de la guerra, sea o no mafiosa: hay que eliminar a cuantos soldados se pueda. Se ataca y se contraataca: Inzerillo ordena matar al fiscal Gaetano Costa –que firmó él solo, en lugar de sus adjuntos, más de cincuenta órdenes de busca y captura contra el mismo Inzerillo, Rosario Spatola, John Gambino y sus socios–, y los corleoneses, para demostrar que no son menos, después de matar a Stefano Bontate, lo liquidan a él a tiros de kaláshnikov cuando sale de su casa con su amante. Pero la novedad importante es la nueva función que desempeñan los primos Salvo, conocidos como «los recaudadores de Salemi», dueños de la agencia Satris que gestiona setenta y cinco oficinas de recaudación de impuestos de la región. Ambos militan en Democracia Cristiana y ahora hacen de enlace entre la mafia militar y la banca y la política; representan una línea directa que parte de Bontate y Badalamenti y, tras el estallido de la segunda guerra mafiosa, se desvía y se dirige a

Corleone; están en excelentes relaciones con Salvo Lima y Giulio Andreotti –quien, por cierto, les envió una preciosa bandeja de plata con motivo de la boda de la hija de uno de ellos– y han intentado varias veces... varias veces...

Falcone se pasa la mano por la frente. La mente piensa en otra cosa, va más rápida que el ojo, que no puede seguir aquel torbellino de nombres y conexiones. Es la tercera vez que lee la misma línea y de momento desiste.

Le cuesta mucho concentrarse. Sabe por qué. Aún le ronda por la cabeza la foto que ha visto en el periódico de Trapani. ¡Qué sonrientes están Rita y Cristoforo Genna! ¿Es eso lo que Rita tanto quería? ¿El amor que buscaba?

Falcone mira absorto por la ventana. No hay pesar en sus ojos. Solo quiere entender. Pero el amor escapa a la lógica que gobierna la ciencia. No es posible repetir el experimento, corregir, reducir el margen de error. Cada vez se empieza de cero. Es lo que está intentando hacer. Hace ya mucho que su corazón dejó de pertenecer a Rita.

Eso no impide que quiera averiguar –averiguar, exactamente, ese es su trabajo– qué fue mal, qué no supo ver, qué habría pasado si hubiera hecho lo que debía en el momento oportuno.

Por lo demás, lo que debe hacer, se dice ahora que el rostro de Francesca invade su mente y expulsa todo lo demás, es esto. Es estar aquí, ahora, con Francesca. De esto no hay duda. No debe haber duda. Los recuerdos de la vida en Trapani son como pequeños flujos de bilis, preguntas desapasionadas, preguntas y nada más. Se van como vienen. Pero de cuando en cuando vienen.

–Su señoría, cuando quiera. Estamos listos. –Aparece en la puerta uno de los carabineros de la escolta que le asignaron hace dos años, cuando se hizo cargo del caso Spatola. Tiene que comer con un cronista del *Giornale di Sicilia* en un restaurante próximo al Teatro Massimo. Pero ya no le apetece.

–Pues, la verdad... No puedo. Me ha surgido un compromiso.

–¿Hay que llevarlo a algún sitio?
–No, no, a ningún sitio.
–¿Seguro?
–Seguro.
–Si tiene que ir a algún sitio...
–No, no es lejos.

Se levanta, se asoma a la puerta y avisa a la secretaria. Entra, coge el teléfono y marca un número. Es una extensión de la fiscalía de menores.

–¿Comemos juntos? –Oye la respuesta, sonríe–. Voy para allá.

Tiene ganas de verla. Y necesita que le dé un poco el aire. Quiere sentir el aire en la cara.

Espera otro cuarto de hora intentando concentrarse en el trabajo. Al final no puede más, coge su bolsa, mete en ella un par de sumarios y sale corriendo del despacho.

A unos metros de la puerta del juzgado lo espera Francesca, que, al verlo, se arregla el pelo. El sol brilla en lo alto del cielo de Palermo, pero a él le parece que acabara de salir. La besa, ahora que por fin puede hacerlo en público.

–¡Qué poca vergüenza! –oyen que les gritan por detrás–. ¡Venga, a trabajar!

Son Alfredo Morvillo y Giuseppe Ayala, que entran riendo en el juzgado. Llevan unos cucuruchos grasientos. Es su desayuno habitual, pan y panelle, desayuno que hoy, evidentemente, han aplazado y se ha convertido en almuerzo.

Ayala es muy alto y delgado. Morvillo no es tan alto como Ayala, pero Giovanni siempre que lo ve se siente algo intimidado: Alfredo es el hermano de Francesca, su actual pareja, y, si ahora son libres de besarse delante de todos, es también gracias a la sutil –franca, pero sutil– diplomacia que ha desplegado con su hermano. Alfredo, hombre de mirada atenta pero tranquila, tiene algo de artista. Cuando no lleva corbata, y sobre todo cuando se lo ve fuera del juzgado, parece un director de cine, recuerda a Pupi Avati.

Giovanni y Francesca se conocieron en una de aquellas cenas de Trapani. Al principio, a Giovanni le costó romper con su vida anterior y, durante algún tiempo, estuvo yendo y viniendo entre Palermo y Trapani, aceptando invitaciones del grupo de viejos amigos –que tampoco son tan amigos, aunque a él le guste pensar que sí– y cuidando de no cruzarse con Rita. Una noche conoció, sentada a su lado, a Francesca, magistrada de la fiscalía de menores de Palermo.

Las copas y los cubiertos tintineaban, las conversaciones eran animadas, pero Francesca apenas participaba en ellas. Entre ella y su marido trapanés, que aquella noche se había quedado en casa, las cosas no iban bien. Se veía en su cara. Y si no se hubiera visto ese día en su cara, se habría visto poco después en la demanda de separación.

Tenía el pelo rubio y un aire abatido, hablaba poco o nada y se limitaba a los gestos de cortesía que son de rigor en las ocasiones mundanas. Giovanni la observaba hacía rato, disimuladamente.

–Hoy tengo el día libre –le dijo y ella lo fulminó con la mirada–. ¡Entiéndeme! Quiero decir... que no tomo declaración. Que puedes hablar, vamos.

–Ah –dijo ella, aliviada–. Pero yo sí podría tomarte declaración.

–¿Aunque tengas el día libre?

–Pues claro... Depende del delito.

Desde que salían, y aunque Francesca estaba ya oficialmente separada, seguían viéndose medio a escondidas. Para comer juntos tenían que hacer verdaderas acrobacias, excusarse con los colegas, poner reparos o directamente mentir. Hasta que una mañana Falcone cogió el teléfono, marcó el número del colega Alfredo Morvillo y le preguntó si podía bajar un momento. Morvillo salió de su despacho de la segunda planta, sede de la fiscalía, y bajó dos plantas, al juzgado de instrucción. Falcone estaba ya esperándolo en mitad del pasillo.

–Tengo que decirte una cosa, Alfredo. –Lo cogió del brazo y echaron a andar por el pasillo. La explicación duró varios minutos, interrumpida a ratos por un «Hola» o un rápido movimiento de la cabeza dirigidos a los colegas con los que se cruzaban. Al final, Alfredo estaba desconcertado.

–Giovanni, no sé qué contestarte. Todo esto me pilla desprevenido. –Era verdad. Nadie sabía nada de aquella relación que había nacido clandestinamente entre los despachos del juzgado. Los dos habían aprendido, acaso de sus imputados, a callar, a disimular, a esquivar a quienes los seguían–. Ahora me entero de que hay algo entre Francesca y tú... No tengo mucho que decir. Solo una cosa: Francesca es una mujer que no ha tenido una vida feliz. –Alfredo entrelazaba los dedos, se miraba las manos, alzaba la vista, la bajaba–. De niña tuvo una educación muy rígida, mis padres eran muy exigentes. Luego se hizo mayor, sí, pero sin salir de esa burbuja protectora, ¿entiendes? –Giovanni asentía, preguntándose adónde quería llegar el colega–. No iba a bailar, tenía pocos amigos... Tampoco es que tuviera mucha libertad. Esa es toda su experiencia, vamos: estudiar, sacarse la carrera, casarse. Con su marido le ha ido mal y esto le pesa mucho. Quiero decir que... ¿Entiendes lo que quiero decir?

–Tal vez.

–¿Tal vez sí o tal vez no?

–Tal vez. Si me lo explicas mejor, tal vez sí.

–Otro desengaño no le haría ningún bien. ¿Me entiendes ahora?

–Sí.

–¿Sin tal vez?

–Sin tal vez.

–Yo no... No sé qué decirte, Giovanni. Solo te pido que te lo pienses bien antes de hacer nada que pueda perjudicarla.

Falcone sonrió, como si estuviera más tranquilo. Le estrechó la mano y le dijo:

–Estate tranquilo, lo entiendo perfectamente.

Y, a partir de aquel día, Giovanni y Francesca fueron oficialmente pareja.

–¡Mira qué pillos! –dice Giovanni, señalando a Morvillo y Ayala, que entran en los juzgados–. ¡Si han salido a comer! Que se esperen a cenar.

–Nosotros también salimos a comer.

–¿Y qué?

–Por cierto... –Lo mira preocupada.

–No pasa nada. –Giovanni, que no debería moverse sin escolta, la tranquiliza con un ademán.

–¿Te lo permiten?

–Me he escapado. –Francesca se da una palmada en la frente. Aceleran el paso. Las tripas empiezan a gruñirles.

Hace un calor infernal. Falcone se pregunta por qué se ha traído la chaqueta, que lleva sobre el hombre derecho. Caminan cogidos de la mano por la calle Pagano. Nota que la camisa se le pega al cuerpo. La mano izquierda, en la que lleva cogida la de Francesca, está caliente y sudada.

Entorna los ojos, deslumbrado por el sol, y se hace la pregunta de siempre, la que lleva haciéndose desde el momento en que pisó el juzgado de instrucción y que, de tanto repetírsela, ha perdido todo carácter dramático y se ha transformado en algo normal: ¿qué pasaría si lo mataran ahora? Quiere decir: ¿quién acudiría primero en su ayuda? ¿Quién haría la primera foto del cadáver? ¿En qué postura caería al suelo? Puede que, por una ventana abierta, se oyera en la radio el «Dies irae» de Giuseppe Verdi, su aria preferida del *Réquiem*:

> Vendrá el día de la ira
> y convertirá el mundo en cenizas,
> como anunciaron David y la Sibila.
>
> ¡Cuánto terror cundirá
> cuando venga el juez severo
> a juzgar todas las cosas!

Ha sido un idiota por salir solo con ella. Un idiota y un egoísta. Tenía muchas ganas de verla. Tenía necesidad de verla. En la calle Porta Carini se oyen los gritos del mercado del Capo. Nota que Francesca tira de él en dirección contraria, como si le hubiera adivinado algún absurdo deseo. Si la mano que lleva cogida fuera de Rita, ¿hacia dónde lo arrastraría?

Giovanni mira a lo lejos los vivos colores de los puestos de venta, las frutas, el pescado, las personas que se aglomeran. Es absurdo pensar que un lugar así pueda significar muerte para nadie. A la derecha, en cambio, se extienden, largas y desoladas, las paredes de San Vito, una calle como otra cualquiera, en la que hay unos coches aparcados, matas de hierba y plantas secas que cuelgan de las fachadas desconchadas. Es absurdo pensar que un lugar así pueda significar vida para nadie. Y allá van. El restaurante La Cala está ahí, unos cien metros más adelante.

–Pero ¡qué...! –Francesca se asusta, se vuelve un poco. Giovanni nota que le aprieta la mano. Se vuelve también lentamente. Cuatro hombres caminan tras ellos, a cierta distancia, a unos metros uno de otro. A Giovanni se le acelera el corazón:

> ¿En ese momento qué podré decir yo, mísero de mí?
> ¿A quién llamaré que me defienda,
> cuando el justo apenas pueda sentirse a salvo?

Giovanni aguza la vista, mira mejor. Se da una palmada en la pierna y susurra:

–¡Me cago en...!

–Perdone su señoría, pero no podíamos...

–Ya, claro. Venid.

Son sus escoltas.

12. DESVENTURADA LA TIERRA QUE NECESITA HÉROES

Palermo, 1982

La calle Notarbartolo, con las que la continúan con otro nombre, es una calle larga y recta que recorre la parte norte de Palermo y traza una recta que empieza en las laderas del monte Cuccio y llega al mar. Como su paralela, la avenida Lazio, cruza un gran número de callejuelas y otras vías más o menos grandes, más o menos importantes, y dibuja un tablero cuyos límites superior e inferior son, respectivamente, la calle Principe di Palagonia y la calle Libertà.

Es muy distinta de la zona en la que se crió Giovanni: su casa natal, entre la calle Castrofilippo y la plaza Magione, en el barrio de la Kalsa, era una vieja vivienda que perteneció al hermano de su abuela, el alcalde Pietro Bonanno, tenía las paredes decoradas con frescos y era un nido acogedor, con un padre firme y autoritario, una madre devota y dos hermanas amorosas –Anna, la primogénita, y Maria, la pequeña–, mayores que él, un poco maternales también, que se pasaban horas asomadas al balcón mirando la iglesia de la Santísima Trinidad. Allí reinaba un ambiente de pueblo, de vecindario de antes, mientras que aquí la atmósfera es más urbana. Pero no sabría decir si le es más familiar aquel barrio, con su intimidad decadente, o esta larga calle de tiendas y grandes edificios que se suceden sin interrupción. Lo cierto es que ha vivido más tiempo aquí que en la Kalsa. Se mudó con sus padres y hermanas cuando era niño, vivió luego con Rita, su exmujer, nada más llegar de Trapani, cuando la cosa ya iba mal pero quizá aún podía arreglarse, y ahora reside con Francesca.

Es un excelente lugar donde vivir, pero hay algo más en esta obstinación que tiene por residir siempre en la misma calle, que lleva el nombre de la primera víctima notable de la mafia, el exalcalde de Palermo Emanuele Notarbartolo, asesinado en el lejano 1893. ¿Será que busca un punto firme –aunque esté unido a un pasado funesto– cuando todo a su alrededor se escapa o se desmorona, se desvanece o se hunde? ¿Es, por así decirlo, su palafito en medio de un mar siempre agitado? En cualquier caso, aquí ha elegido vivir y nada tiene de sorprendente que no quiera renunciar a este lugar.

Está sentado en el balcón de su casa, tiene el brazo apoyado en la barandilla y un cigarrillo encendido entre los dedos que cuelgan sobre el vacío. Si explaya la mirada al oeste llega a ver el monte Cuccio. Dentro se oyen voces, de una docena de personas al menos, y las notas explosivas de «The Freeze» de Spandau Ballet que suenan de fondo. La luz de la luna ilumina la cara de Giovanni, que apoya la barbilla en el antebrazo y mira a los lejos. Es una imagen fija, su cuerpo está quieto, casi inmóvil, pero sus pensamientos bailan frenéticos como las notas de Spandau:

Unpack my case one more time,
I'll cancel my train once again.
Destiny give me a day,
the watching is frozen again [...].

–¿Qué tal, tío? –Paolo Borsellino le pone la mano en el hombro.

–Aquí. ¿Quién ha cogido el cenicero?

–¡Peppino Ayala! Me arrepiento. –Borsellino se lleva la mano al corazón–. Lo vi por ahí con el botín –señala el interior del apartamento–, pero luego se dio a la fuga, como Masino Buscetta. Y nadie ha vuelto a verlo.

–Lo dije desde el primer día... –suspira Falcone sacudiendo la ceniza en una maceta que cuelga de la barandilla. En algún momento debió de haber una planta en esa maceta, pero ahora solo hay tierra seca.

–¡Aquí viene! –Borsellino señala a Ayala, que se para en el umbral del balcón con el cenicero.

–¡¿Qué haces?! –Mira a Giovanni con los ojos desorbitados–. ¿Por qué tiras la ceniza en la planta? Como te vea Francesca...

Falcone lo mira, luego mira a Borsellino y se da una palmada en la frente.

–¡Alfredo, Alfredo! –Ayala llama con grandes ademanes al amigo, que está en medio del piso vertiendo vino de una copa en otra. Morvillo levanta la cabeza y derrama un chorro de vino que le cae en los zapatos.

–¡Jod...!

–¡Llama a tu hermana! –le dice Ayala–. ¡Corre, llámala!

Francesca acude segundos después sin que su hermano Alfredo la haya llamado. Los gritos de Ayala se han oído hasta en la planta baja.

–Acabo de verlo, y hay testigos que pueden confirmarlo, echando la ceniza en la planta.

–¿Qué planta? –pregunta Giovanni mirando la maceta vacía. Sabe perfectamente que todo es una pantomima y que alguien, seguramente Paolo Borsellino, viéndolo solo y triste en el balcón, les ha dicho a los demás que vayan a hacerle compañía. O puede que haya sido Francesca, sí, seguro que ha sido ella. ¿Acaso no ha improvisado esta cena por eso? Quiere que no eche de menos su vida anterior, que la vida presente se parezca a la que hacía en Trapani, cuando jugaba al futbolín con sus amigos en el bar Pizzimenti, cuando iba a bailar a Erice, al Ciclope o al Villaggio Turistico, donde había una gramola y, por mal que se presentara la cosa, siempre podía uno mover el esqueleto, cuando pasaba las veladas en el Lions Club, asistía a los carnavales, cenaba en Titta, en Pizzolungo, pasaba el día en alguna cala de Levanzo bajo el sol tórrido... Francesca sabe que ella no forma parte de esa vida pasada y que, en cualquier caso, no podría ser de otra manera: no es Rita. Por eso, cuando piensa en esa vida de Giovanni, por una parte, desea que sea eso, vida pasada, pero, por otra, y contra sus propios intereses, intenta recrearla para que Giovanni no sienta que la ha perdido por estar con ella, para que no la recuerde con nostalgia.

Pero no es fácil, no es nada fácil.

Francesca le pasa su copa. Giovanni da un trago y, al devolvérsela, le acaricia la mano.

–¡Qué cariños, madre mía! –se burla Ayala.

–A ver, por favor –añade Alfredo–, esas cosas, cuanto estéis solos.

Destiny give me a day,
Erogenous zones win again.
Blue sing la lune sing lagoon,
these visions are making me stay [...].

–¿Quién ha subido el volumen? –pregunta Giovanni, sin dirigirse a nadie en particular.

–¿Qué pasa? ¡No seas aguafiestas! –Ayala está animadísimo. Se mueve, bailotea, se balancea como un junco de metro noventa de altura. No se puede organizar una fiesta sin él. Es seguramente quien más le recuerda sus años de Trapani. Francesca debe de haberlo adivinado hace tiempo. Giovanni la mira, ella hace una mueca y entra a bajar el volumen.

–Ya me gustaría verte a ti.

–Yo también llevo escolta, ¿qué te crees?

–Ya, pero seguro que tus vecinos no son como los suyos –dice Borsellino.

–Seguro que sí, son todos iguales. Solo que a lo mejor los suyos no se atreven a quejarse. –Giovanni se refiere a una carta de una vecina que publicó hace unos días el *Giornale di Sicilia*. En su *j'accuse*, la mujer escribía: «Todos los días sin falta (no nos libramos ni los sábados ni los domingos), mañana, tarde y noche (a cualquier hora), me veo asaltada por el ruido ensordecedor de las sirenas de los coches de policía que escoltan a unos jueces. Y me pregunto: ¿cómo es posible que no pueda una descansar un poco cuando no trabaja o, por lo menos, ver la tele en paz, ya que, aun con las ventanas cerradas, el ruido se oye fortísimo? ¿No podrían irse "sus señorías" a vivir a algún chalé de las afueras para que los ciudadanos que trabajamos estemos tranquilos y de paso más seguros, dado que, siempre que hay un atentado, nos vemos afectados sin tener ninguna culpa?».

Así que, como parece ser que su presencia molesta y dada la imposibilidad práctica de «irse a vivir a un chalé de las afueras», Falcone anda de puntillas por su casa, pone la música floja y siempre levanta las sillas para no arrastrarlas por el suelo. Si pudiera pedirles a sus escoltas que bajaran el volumen de las sirenas para no molestar a los vecinos, que podrían estar viendo una película o echando la siesta, lo haría. Pero no puede.

Tampoco puede decirles nada a los hijos de Borsellino que dan brincos por toda la casa, aunque sepa que mañana se le quejarán o, más probablemente, escribirán una carta al presidente de la comunidad. Esos golpes en el suelo, esos sonidos frívolos de la despreocupación deben de resultarles insoportables a los vecinos. Es obsceno que una persona como él se divierta. No tiene perdón de Dios. Los ciudadanos no le pagan la escolta para eso, sino para que padezca y acepte el sufrimiento. Si tienen que sufragar su supervivencia, si su vida depende de esa especie de accionariado popular, que no defraude a los inversores. Porque si también él se pone a bailar, si también él se divierte, ¿sobre qué hombros recaerá el peso de la pasividad social? ¿Quién se encargará de subir la montaña con la piedra a cuestas si hasta él, que cobra por hacerlo, se pone a bailar y a beber margaritas? Si «desventurada es la tierra que necesita héroes», la que se encomienda a los mártires vive muy bien. Se aprovecha del sistema de delegación y lo usa en las cuestiones de conciencia.

A Francesca, además, le gustan los niños –aunque salten como energúmenos– y a él le gusta verla sonreír.

Francesca nunca ha sacado este tema, por cierto. Fue él quien, un día que estaban viendo el telediario de la noche, de repente, le dijo:

–No se traen huérfanos al mundo.

–¿Eh? –preguntó ella, sorprendida.

–Que no se traen huérfanos al mundo –repitió él apoyando la cabeza en su hombro–. Al mundo se traen hijos, no huérfanos.

Ella se puso a acariciarlo, con la mirada perdida. Desde aquel día no han vuelto a hablar de esta cuestión.

Se han quedado los dos solos en el balcón y miran la silueta oscura del monte Cuccio.

–Tendríamos que mirar hacia aquí –dice Francesca volviéndose al este, al mar–, no hacia allí.

–También está bien que miremos hacia allí de vez en cuando.

–Pero solo de vez en cuando.

–¿Interrumpo? –Leonardo Guarnotta posa la mano en el hombro de Francesca y pasa el brazo por la espalda de Falcone, sujetando con los dedos el pie de una copa llena de vino tinto. Con su frente despejada y su pelo peinado hacia atrás, tiene la elegancia de un actor de los de antes.

–Sí interrumpes.

–Pero es por un buen motivo. –Se apoya en la baranda–. Acaba de llamarme Rocco, dice que seguramente sabe quién es Roberto.

Falcone abre mucho los ojos.

–¿De veras?

–Yes.

También Francesca cambia de expresión. Aunque ella trabaja en la fiscalía de menores, participa en las investigaciones del grupo antimafia, o al menos conoce los nombres y los hechos principales que investigan, como en este caso.

Hace tiempo que vienen preguntándose quién es este misterioso Roberto; concretamente, desde que hallaron un papel con varios números de teléfono en el bolsillo del capo Totuccio Inzerillo, muerto por disparos de kaláshnikov delante de la puerta de la casa de su amante. Uno de esos teléfonos era el del ingeniero Ignazio lo Presti. Falcone pidió que se interviniera y así descubrió la policía no pocas cosas interesantes. Para empezar, que el teléfono de Lo Presti suele usarlo uno de los «recaudadores de Salemi», los primos Salvo, con quienes está emparentado. Ignazio Salvo llama a menudo al despacho de un asesor fiscal de Milán y pregunta si puede hablar con Roberto. No se sabe quién es este Roberto y los dos, claro está, se cuidan mucho de mencionar su verdadero nombre. Ahora parece que esto ha cambiado.

Guarnotta estrecha a Falcone y a su mujer en una especie de abrazo, como haría un entrenador de rugby.

–Por fin da Roberto señales de vida, desde Brasil.

–¿Desde Brasil?

–Lo que oyes. Y adivinad quién es.

–¿Quién? –Guarnotta se toma su tiempo, bebe tranquilamente un trago de vino, guarda silencio–. ¡Va, di! ¿Quién coño es?

Guarnotta sigue callado y, cuando ve que Giovanni empieza a impacientarse, dice:

–Don Masino.

Giovanni mira a Francesca, incrédulo. Mira de nuevo al colega.

–¿Tommaso Buscetta?

–El mismo. –Guarnotta sonríe, todo contento.

–¿Y está en Brasil?

13. COMO UN MOSAICO

Palermo, 1982

–Somos los únicos que quedamos, Rocco. Hasta los capos se van. Hasta ellos ven lo que pasa.

–¿Y? ¿Es que tienes miedo?

–Pues claro. ¿Tú no?

–Yo también. –Rocco Chinnici se frota la cara, baja los ojos–. Yo también –repite–. ¿Y quién no tiene miedo? ¿Borsellino? ¿Guarnotta? ¿Di Lello? ¿Peppino Ayala?

–A Ayala lo matarán las panelle antes que la mafia.

–¡Qué va! Dos metros de tío. Puede comer lo que quiera. –Se levanta, se acerca a la ventana, mira por ella. Septiembre empezó hace tres días. Tres días en los que tendría que hacer un poco de fresco, pero eso es solo en teoría, porque la realidad es que parece aún pleno verano. Se ve algún transeúnte, pero, aunque atardece, son pocos los que desafían el calor. Pasan un par de mujeres con sus cochecitos y se detienen de vez en cuando para secarse la frente–. ¿Tienes dudas, Giovanni? ¿Es eso lo que quieres decirme? –Se vuelve hacia él–. Porque si tienes dudas, dímelo y puedo...

–Tengo dudas de todo, Rocco, pero de todo: de la corbata que he de ponerme, del auto que debo dictar, hasta de cuánta sal debo echar a la carne.

–Poca.

–Pero no de esto: ni una sola vez he pensado en pedir el traslado. Ni una. Te lo juro.

–Te creo. Aunque sería humano.

–¿Y quién dice que no? Pero estoy bien aquí.

En rigor, no es así. Falcone no está bien donde está. Nada bien. Si estuviera bien, sería fácil. Y es difícil. Lo es por la mañana, cuando abre los ojos, se vuelve hacia Francesca y se pregunta si volverá a verla esa noche. Lo es cuando sale de casa y procura sonreír, aunque se hayan peleado –es más, sobre todo si se han peleado–, porque siempre es importante dejar un buen recuerdo. Lo es cuando sube al coche, el chófer arranca y es como jugar a la ruleta rusa. Lo es cuando entra en los juzgados y camina con la cabeza gacha queriendo no oír lo que murmuran y cuchichean: «¡Ahí llega Batman!», «¡El justiciero de la noche!», «¡El juez estrella!»...

El asunto no es estar bien o estar mal, el asunto es hacer lo que hay que hacer. Cuando se hizo cargo del caso Spatola, oyó una especie de clic, un chasquido. Era como el ruido de una pieza que encajaba. Luego, las presiones, los intentos de obstaculizar su trabajo, la intervención del fiscal Pizzillo no han hecho sino consolidar ese mosaico. Ahora ya nadie puede separar las piezas. Ya no hay piezas. Ahora solo hay un cuadro. Y no es un cuadro alegre, apacible, reconfortante. Es un cuadro y nada más. Tiene una estética exacta, una lógica compositiva oscura pero irrefutable. Hoy, en este instante, en este lugar, todo es exacto. Giovanni lo siente y no le importa que sea triste, peligroso o esté cargado de oscuros presagios. No podría hacer nada que no fuera lo que está haciendo.

–¿Has visto como al final Inzerillo ha cantado? –Chinnici se refiere al papel hallado en el cadáver del capo Totuccio Inzerillo en el que figuraba el teléfono del ingeniero Lo Presti. Gracias a él ha podido el juzgado de instrucción ordenar la intervención del teléfono de él y de los Salvo.

–Ha cantado ya muerto, querrás decir.

–¡Qué más da, Giovanni! Ya te decía que era buen tipo. En todo mafioso hay un alma honrada. Solo que a veces sale cuando muere.

Al menos a ellos, a los mafiosos, cuando los asesinan, les dispensan respeto y honores, les hacen largas procesiones, funerales lujosos con gran derroche de dinero. Cuando mataron al colega Pietro Scaglione, en el 71, los representantes del Estado no asistieron al entierro. El presidente del gobierno, Emilio Colombo, no fue al funeral, y eso que se encontraba en Sicilia dando un mitin. No se presentó ni el ministro de Justicia ni el de Interior, Franco Restivo, palermitano.

–¿Cómo es que no caímos?

–¿En qué?

–En que el tal Roberto podía ser Buscetta. Podíamos haberlo sabido.

–El llamado «capo de los dos mundos».

Rocco asiente y se rasca la barbilla.

–Me pregunto si...

–¿Qué?

–Pues... si querría...

–¿Colaborar?

–Sí.

–¿Buscetta? Ya ves. Bastante milagro es que siga vivo. ¿Lo habrá perdonado?

–¿Quién, Riina?

Chinnici se da cuenta de la ingenuidad de su pregunta y menea la cabeza. Riina no perdona a nadie. Si acaso mata de más, nunca de menos. En la estrategia del Corto, como llaman a Riina, es mejor pasarse que no llegar. No hace falta que Falcone se lo explique. Tal vez antes, cuando la dirección de la mafia, la «Cúpula», la ocupaban Bontate, Badalamenti y Liggio, habría sido posible algún tipo de mediación. Un acuerdo, por ejemplo: tú desapareces para siempre y nosotros no te matamos. La guerra, mientras se pudiera, había que evitarla, tanto la guerra entre mafiosos como la guerra contra el Estado. La mafia debía existir dentro del Estado; ayudarlo, incluso, si había una recíproca conveniencia. Pero ahora que Liggio ha dejado el poder en manos del Corto y de Binnu Provenzano, no hay paz que valga. Mafiosos, magistrados, policías, testigos incómodos, políticos, son solo materia orgánica, cachos de carne, exactamente igual que las bestias que degollaban en los campos de Strasatto; peones que derribar por capricho o porque conviene.

También ellos dos, Giovanni y Rocco, son dos cachos de carne, dos cuartos de ternera, dos lobos a los que pegar un escopetazo para que no se coman las gallinas del corral.

–Dalla Chiesa ha pedido el informe de Michele Greco y los ciento sesenta y uno. –Falcone se enciende un puro, da un par de chupadas–. Mejor dicho, ha mandado a un agente.

–Bueno, estará ocupado. Es el gobernador.

–Ya, ya, claro.

–¿Y para qué lo quiere?

–Ah, creía que lo sabías tú.

–Yo no sé nada. Estará interesado... Querrá hacerse una composición de lugar.

Leer el llamado informe «Michele Greco + 161» es la mejor manera que tiene el gobernador Dalla Chiesa de formarse una idea de las alianzas mafiosas y de los equilibrios que existen entre las diversas familias sicilianas: es un largo expediente que lleva las firmas del subjefe de policía Ninni Cassarà y de un informador suyo, un tal Prima Luce, cuya identidad el policía nunca ha querido revelar. No puede decirse que Cassarà tenga un carácter fácil, por cierto, que sea un tipo que se deje manejar. Falcone lo conoció en Trapani y los dos se trasladaron luego a Palermo, Falcone por decisión propia, Cassarà por mandato del jefe de policía, después de que el agente, aunque muchas veces instado a no molestar a los del círculo cultural trapanés Scontrino, llevara a cabo una redada y registrara lo que era, en realidad, la sede de siete logias masónicas vinculadas a la P2 –Iside, Iside 2, Osiride, Ciullo d'Alcamo, Cafiero, Hiram, Loggia C–, sede que visitaba nada menos que el maestro venerable Licio Gelli.

Tras este episodio, Cassarà fue trasladado a Palermo, donde, al contrario de lo que algunos esperaban, no se estuvo quieto. A este tipo de personas no se las domestica así como así.

El 25 de marzo de 1982 fue arrestado el asesino Salvatore Totuccio Contorno, que había salido milagrosamente indemne de una emboscada con fuego de kaláshnikov gracias a su conocida sangre fría. Contorno no es un pez gordo, pero sus proezas le habían valido el puesto de guardaespaldas del capo Stefano Bontate. Cuando los corleoneses se cargaron a Bontate, Contorno tuvo literalmente que esquivar las balas para salvarse. Los asesinos lo esperaron a la puerta de la casa de sus padres, en la calle Ciaculli, pero no calcularon que el ojo de un sicario experimentado se parece al del buen ajedrecista, que siempre sabe lo que ocurre en todas las casillas del tablero.

Lo primero que hace sospechar a Contorno es un coche que va delante y circula muy despacio. Lo adelanta y reconoce al conductor. Es una cara conocida, un tipo del mundillo. Cuando cruza el puente elevado que lleva de la calle Ciaculli a la de Giafar, Totuccio repara en otro hombre, conocido también, que está asomado a una ventana del sexto piso del edificio que da al puente. Si no parece extraño el hecho de que esté asomado, sí lo es su actitud: parece vigilar. Se nota mucho.

Un poco más adelante, Contorno ve a otro conocido que espera tras la verja de un jardín privado. Por último, de un callejón sin salida sale una moto de gran cilindrada en la que van los asesinos Giuseppe Lucchese y Pino Greco, llamado Scarpuzzedda. Ya están todos. Totuccio se dispone a pasar a mejor vida. Así lo han decidido el Corto y sus hombres. Y de nada sirven las precauciones que ha tomado el mafioso, como la de hacerse acompañar siempre por un niño, pues a quien va con un niño –así dice la «ley» de la vieja mafia– no se lo puede matar.

Pero la mafia se ha renovado.

Junto a Totuccio Contorno, sentado en el asiento del pasajero, va Giuseppe Foglietta, un niño de once años amigo de su hijo que –dice Totuccio– ha «insistido» en volver a casa con él. Cuando Totuccio ve llegar la primera ráfaga de metralleta, suelta el volante y se arroja sobre el niño. El de la motocicleta sigue adelante, pero enseguida ve Contorno, por el retrovisor, que da la vuelta. Va a dispararle otra ráfaga. Contorno avanza con el coche unos cien metros, frena, arroja al niño fuera y sale él también empuñando su calibre 38 de cinco balas. La metralleta abre nuevamente fuego, otra lluvia de proyectiles se abate sobre el coche de Contorno y sobre el edificio de detrás, y perfora la pared y una persiana. Scarpuzzedda es alcanzado: la bala impacta en su pecho y cae de la moto, de espaldas. Por suerte, lleva un chaleco antibalas.

Totuccio le grita al niño que corra. Y corren, corren, corren, hasta que se salvan.

Pese a su proverbial sangre fría, este soldado de la mafia no habría tardado en caer si la policía no le hubiera echado el guante el mes de marzo.

En su chalé de Bracciano, que compró por doscientos veinte millones de liras, la policía halló dos coches blindados, dos utilitarios, ciento cincuenta kilos de hachís, dos kilos de heroína, armas y munición de varios calibres, treinta y cinco millones en efectivo y diversos documentos falsos.

Y ahora, los corleoneses, como no pueden vengarse en él, están matando uno tras otro a todos sus parientes. Pero lo que nadie esperaba, siendo como es un «hombre de honor», es que se decidiera a cantar, ¿y quién lo ha convencido para hacerlo? Cassarà.

Prima Luce –«primera luz», el primer rayo de luz que se filtra por la espesa costra de silencio que envuelve a la mafia– ha pronunciado un nombre, el del capo Michele Greco, llamado el Papa, que queda así relacionado con la mafia. Pero, con el de Greco,

Contorno ha soltado un rosario de nombres de capos y asesinos que son como las palancas y engranajes que hacen que la máquina mafiosa funcione. De sus confidencias, hechas en voz baja al subjefe de policía Cassarà, nació el informe «Michele Greco + 161».

Y ahora el nuevo gobernador de Palermo, Carlo Alberto dalla Chiesa, que tomó posesión del cargo poco antes del verano, ha enviado a un agente al juzgado para solicitar una copia del informe.

–Y ha pedido también un auto de procesamiento contra Rosario Spatola.

–¿Lo ves? Quiere saber más. Dalla Chiesa sabe lo que hace. A gente así necesitamos, Giovanni. Yo que tú no me preocuparía.

–No me preocupo. Lo único que digo es que podía haberse pasado él, ¿no te parece?

–¡Va, hombre! –Rocco hace una bola con un papel y se la lanza–. Tú también tienes un carácter difícil, que lo sepas. Nosotros nos conocemos, pero esos de ahí –hace un gesto amplio dando a entender que se refiere al juzgado en general–, tus colegas, y no digamos los de fuera, creen que vas de juez estrella, que quieres hacerlo todo tú y no dejarle nada a nadie, que eres un acaparador. ¿Eres un acaparador?

–¿Yo? –Falcone se lleva la mano al pecho–. ¿Un acaparador?

–¿Eres o no eres un acaparador?

–Yo me levanto al amanecer, llevo escolta hasta para ir al váter, mis vecinos me...

–Ya, ya, ¡cua, cua, cua!... –Chinnici imita con la mano el pico de un pato–, todos llevamos escolta, nos levantamos al amanecer y demás. ¿Eres o no eres un acaparador?

–¡No!

–¡Pues Dalla Chiesa tampoco! Deja que trabaje y dale todo lo que necesite.

–¡Vale, vale!

El teléfono de la mesa de Chinnici suena cuando Falcone se levanta y se dispone a salir.

–¡Ah, señor gobernador! –dice Chinnici por el teléfono. Mira a Falcone y tapa el micrófono con la mano–. Hablando del rey de Roma...

–Suerte.

–Pásemelo, sí. Páseme... –La mirada de Rocco se ensombrece. Falcone, que ya ha asido la manivela de la puerta, se detiene. Su jefe le hace señas de que se siente–. Entiendo, entiendo –sigue diciendo Rocco por el teléfono, sin dejar de mirarlo con ojos tétricos. Cuelga el aparato despacio–. Lo han matado. A él y a su mujer.

Giovanni se deja caer en la silla. En su cabeza oye como un son de campanas que doblan a muerto:

> ¿[...] qué podré decir yo, mísero de mí?
> ¿A quién llamaré que me defienda,
> cuando el justo apenas pueda sentirse a salvo?

–Ni los nazis pudieron con él, ni los nazis.

Rocco se afloja la corbata, pero se ahoga. No puede tragar saliva. Nota como una soga al cuello.

Se miran en silencio, sin decir nada, porque están preguntándose lo mismo: a quién de los dos matarán primero, cómo lo harán, en qué postura quedarán, con qué expresión, si en el coche o tirados sobre el asfalto, solos o...

El teléfono vuelve a sonar, pero ninguno de los dos hace por cogerlo.

El pasillo se anima. Hay ruido de puertas que se abren y de tacones que van y vienen. Voces alarmadas.

Pero Rocco y Giovanni no oyen nada. Un entierro, lento y desesperado, pasa por la cabeza de los dos. ¿De quién es la cara que la tierra va a tragarse?

14. PODERES ESPECIALES

Palermo, 1982

El Autobianchi A112 color crema del general Dalla Chiesa salió de Villa Whitaker hacia las 21 horas. El techo y el parabrisas estaban cubiertos de una capa de arena fina como azúcar en polvo que el siroco había depositado esa tarde sobre los coches aparcados en el patio de la comisaría y sobre todo Palermo. Emanuela Setti Carraro, la mujer del general, arrancó el motor, le dio al limpiaparabrisas para quitar la arena del cristal y se pusieron en marcha. Conducía ella.

Mientras maniobraban, otro coche se puso en marcha. Un Alfetta azul empezó a seguir al A112 a unos metros de distancia. Todo normal, todo como siempre. Era el agente de policía Domenico Russo, el escolta.

–¿Viene? –le preguntó el general a su mujer tratando de ver el coche azul por el retrovisor–. No lo veo.

Ella miró también por el retrovisor.

–Sí, va detrás.

El general asintió, bajó el cristal de la ventanilla y ajustó el espejo.

–¿Tienes hambre? –le preguntó a su mujer.

–¡Mucha! –contestó Emanuela, sonriendo. Salieron del patio

de la comisaría y avanzaron despacio por la calle Dante Alighieri. Tras ellos, el agente Russo los observaba sin perderlos de vista. Pero no era el único–. ¿Tú no?

Dalla Chiesa se encogió de hombros.

–Sí. No sé.

–¿No sabes si tienes hambre? –Su mujer se volvió a él y sonrió con aire interrogativo.

–La verdad, no lo sé. Estos días llevo un nerviosismo encima... Es desesperante.

–Lo siento.

No hacía falta que le explicara por qué. Ya lo había hecho muchas veces aquellos cien días pasados desde que tomó posesión del cargo de gobernador de Palermo. Pero quiso hacerlo de nuevo, más por desahogarse que por otra cosa.

–Me mandan a hacer la guerra con el culo al aire.

–Es verdad.

–Me mandan a... «coordinar la lucha contra la mafia tanto en el plano nacional como en el local» –prosiguió, enfatizando las palabras–, pero aún no sé qué tengo que coordinar ni cuáles son esos poderes especiales que iban a darme. No hay nada oficial. Soy un gobernador como cualquier otro, no hay jerarquía. El jefe de policía o el gobernador de otra ciudad pueden hacer lo que les dé la gana y su autoridad vale tanto como la mía. No entiendo –movió la cabeza–, no entiendo qué hago aquí. Están riéndose de mí, esa es la verdad.

–Ahora nos metemos un pescadito frito entre pecho y espalda y verás como...

–Es una gran farsa. Es lo que tenía que haberle dicho a ese Bocca que me entrevistó. Decirle: «Mire usted, Bocca, escuche y escríbalo tal cual: esto es una gran farsa. Ni lucha contra la mafia ni poderes especiales. Aquí nadie quiere luchar contra nada».

–Eso nunca lo harías. Un hombre de Estado no dice esas cosas.

–Un hombre de Estado... El Estado... He repetido tantas veces esta palabra que ya no sé qué significa.

–Estuviste en la guerra, Carlo. Por algo sería, ¿no? –Emanuela le acarició la cara, pero él se apartó. No quería que lo compadecieran.

–¡Bueno, sí, sé perfectamente lo que es el Estado! El que parece que ya no sabe quién soy yo ni me reconoce es el Estado. –Guardó silencio unos instantes y prosiguió–: ¿La guerra? –Y emitió un gruñido–. Al menos allí sabías por quién combatías. Había trincheras. Había uniformes. Y eran distintos, a un lado y al otro. Eran distintos.

El general y su mujer habían reservado mesa en la terraza de un restaurante que da al golfo de Mondello. Sardinas, pulpo, calamares fritos, una brisa melancólica y ociosa que cura heridas y sana rencores.

Carlo miró por el retrovisor. El Alfetta azul del agente Russo seguía detrás. Él y Emanuela tendrían que haber ido en ese coche, el modelo típico de la policía, y no en el A112 color crema, pero el general siempre creyó que viajar en un coche cualquiera era más seguro que hacerlo en un coche reglamentario. Un razonamiento correcto, en principio. Si no fuera porque el agente Domenico Russo no era el único que conocía esta circunstancia, no era el único que los vio subir al A112 y no era el único que los observaba avanzar lentamente en medio del tráfico, ya por la calle Carini.

Hacía horas que otras personas vigilaban los movimientos del general, incluso en el interior de la comisaría.

Cuando salieron de Villa Whitaker y el Alfetta se puso detrás, una moto empezó a seguir al Alfetta a una distancia prudencial. En la moto iban dos asesinos. El primero, el conductor, era el campeón italiano de kickboxing Giuseppe Lucchese, alias Ojos de Hielo. El segundo era Giuseppe Greco, alias Scarpuzzedda, el mismo que un año antes estuvo a punto de liquidar a Salvatore Contorno, que se libró de milagro.

Pero los «milagros», para quien cree en ellos, son sucesos extraordinarios. La lógica con la que ocurren es inescrutable. A veces puede parecer perversa.

En la calle Carini los coches redujeron la velocidad. La moto de Lucchese y Greco se puso al lado del Alfetta del agente Russo. Scarpuzzedda levantó el cañón del kaláshnikov y disparó una ráfaga. El policía no tuvo tiempo de reaccionar ni de saltar del coche, como hizo en su día Prima Luce. No tuvo tiempo de hacer ni de entender nada.

Tampoco Emanuela Setti Carraro ni su marido Carlo Alberto dalla Chiesa, gobernador de Palermo desde hacía solo cien días, tuvieron tiempo de entender nada. Ni siquiera de preguntarse de dónde venía el fragor de aquella ráfaga de metralleta, porque, justo cuando el agente Russo era acribillado a balazos, un BMW 518 en el que iban los asesinos Calogero Ganci y Antonino Madonia adelantó al A112 y se detuvo enfrente. Otro kaláshnikov, esta vez empuñado por Madonia, ametralló el parabrisas del Autobianchi y alcanzó a Carlo y a Emanuela unas treinta veces.

El A112 se desvió y chocó contra un Fiat Ritmo que había aparcado en la calle. Se hizo el silencio.

Al final, el comando solo usó la mitad de la potencia de fuego que había preparado. Otro coche, ocupado por los asesinos Francesco Paolo Anzelmo y Giuseppe Giacomo Gambino, seguía al coche del gobernador, dispuesto a intervenir si el agente Russo reaccionaba. Pero no fue el caso.

Hecho el trabajo, Scarpuzzedda bajó de la moto, dio la vuelta al coche, que estaba hecho un colador, se asomó por las ventanillas y por el parabrisas y observó atentamente al general y a su mujer para cerciorarse de que no daban señales de vida.

Llevaron a otra parte el coche y la moto empleados en la emboscada y les pegaron fuego. Tres coches conducidos por Gaetano Carollo, Vincenzo Galatolo y Raffaele Ganci, padre del asesino Calogero, acudieron oportunamente a recoger a los mafiosos que habían hecho el trabajo. Padre e hijo se felicitaron por el buen resultado de la operación.

Mientras los hombres de honor volvían a su casa, con su familia, las llamas se alzaban de la motocicleta y del BMW y difundían un humo negro y malsano. De vez en cuando alguien lo olía y se tapaba la nariz. Sentía náuseas. Pero no decía nada ni llamaba a la policía. Sabía que era mejor callar y esperar a que todo pasara. Las llamas tardan muy poco en rodear también la casa de uno. Basta con decir una palabra de más o incluso simplemente una palabra. Las que el general había escrito en sus documentos, por cierto, desaparecieron, no se sabe cómo, de su caja fuerte.

Así terminó el mandato del gobernador Dalla Chiesa, con un fuego, tres ataúdes y una caja fuerte vacía.

En eso quedó la lucha contra la mafia que le habían encomendado.

En eso quedaron sus «poderes especiales».

15. COGER ROSAS

San Ciro (Palermo), 1982

Tiene la disposición de estos pétalos una complejidad que recuerda los techos abovedados de algunas catedrales. Parece mentira que una estructura de células pueda desarrollarse siguiendo líneas tan exactas. Esto es la belleza, reflexiona Rocco. Es la ilusión de un orden, o por lo menos la representación de un orden. Nos dice que la realidad se asienta firmemente en los pilares de la lógica. Nos dice que todo, al final, es justo. Que existe una justicia, independientemente de lo que hagamos.

Ni siquiera se ha arremangado la camisa. Está inclinado sobre un rosal y corta los tallos con unas recias tijeras, bajo un sol de justicia del que no parece darse cuenta. A sus pies, junto a la cesta en la que deposita con delicadeza las rosas que va cortando, hay otra cesta llena de naranjas e higos chumbos.

Caterina, la hija mayor, le ha llevado ya dos veces una camiseta de algodón y le ha preguntado si no querría ponérsela para estar más fresco, pero nada. Tiene plantados más de cien rosales en el jardín y los cultiva con mucho cariño, y dice que las rosas hay que cogerlas con camisa de vestir. Caterina y Elvira van y vienen de la cocina trayendo los cubiertos y los platos aún vacíos y de rato en rato miran a ese hombre que recoge fruta y rosas y las pone en cestas de mimbre. Si no supieran quién es, no sabrían qué pensar.

Agata, su mujer, está preparando los entrantes. Han puesto la mesa fuera, en el patio de la casa de campo de la familia Chinnici. Hay árboles, explanadas, arbustos, follajes verdes que dan color a las pendientes y al peñasco sobre el que se erige la casa.

Giovanni, el benjamín de la familia, está sentado con las piernas colgando en el muro que rodea el patio.

–Ya vienen –dice de pronto.

Rocco se yergue y mira por la verja hacia el camino de entrada. El coche de Alfredo Morvillo se acerca lentamente, levantando una polvareda. Apenas se han apeado él y su mujer, Anna, cuando el ruido creciente de una potente moto anuncia la llegada de Giuseppe Ayala. Del coche de los Morvillo baja también Gaia, una niña de seis años con el pelo largo, que lleva sujeto con una diadema de corazoncitos. Esperan a que Ayala, que también viene envuelto en una nube de polvo, se quite el casco, desmonte de la moto y eche el caballete.

–¿Qué tal? –dice Alfredo Morvillo.

Ayala besa a la señora, le da un pellizco en la mejilla a la niña y todos juntos entran en la propiedad de Chinnici. Rocco los espera en la puerta con un par de gruesos guantes puestos.

–No os doy la mano...

–Lo hace adrede –le dice Ayala a Anna–. Los lleva también en el trabajo.

–Doy fe –asiente su marido.

–¡Vaya par! –Rocco se quita un guante y le tiende la mano a la señora, pasando de los otros–. Estoy cogiendo rosas.

–Igual que en el trabajo. Siempre dice lo mismo: rosas.

Rocco se acuclilla y se queda mirando muy serio a la pequeña Gaia:

–¿Y tú? ¿De dónde sales? La última vez que te vi fue hace... ¡veinte años!

Gaia ríe y se agarra de la pierna de su madre.

–¡Mentira!

–¿Cómo que mentira? ¡Veinte años!

–¡Si tengo seis!

–Pues entonces me equivoco... ¡Qué grande eres!

Gaia mira a su madre con aire interrogativo. Anna sonríe y encoge los hombros.

–Soy pequeña –aventura ella tímidamente.

Rocco hace como que cuenta con los dedos.

–Hum... –Se rasca la cabeza–. Puede que tengas razón. Pero dime una cosa: ¿eres demasiado pequeña para coger rosas?

–¡No!

–¡Bien! ¡Pues vamos!

Parece una reunión familiar y en realidad lo es. A la mesa se sientan también Giuseppe di Lello y Leonardo Guarnotta. Son unos doce invitados. Borsellino y Falcone, que acaban de llegar, intentar reprimir las ganas de atacar una enorme bandeja de tostadas de sardina y tomate. Están todos. Solo faltan el amo de casa y Gaia, la hija de los Morvillo, que están unos metros más allá –él agachado, ella de pie– delante de un rosal.

–Estas tostadas están impresionantes –dice Ayala limpiándose los labios.

–Y aún no ha probado el plato fuerte –le dice Caterina.

–¿En serio? –Borsellino abre mucho los ojos.

–¿Sí?... –Falcone los abre también.

–¿No me digas que comeremos...? –Morvillo le toca a Anna, su mujer, en la rodilla.

–¡Eso mismo! –Caterina ríe.

–¡Macarrones a la Chinnici! –exclama Falcone con la boca hecha agua.

Nadie sabe cuál es el secreto de la pasta con salsa de carne que guisa Rocco, pero quienes la han probado, como Paolo y Giovanni, hacen correr la voz de despacho en despacho, voz tanto más tentadora cuanto más se acerca la hora de comer y más rugen los estómagos.

–Dicen que hace una semana estuvieron a punto de detenerte por ladrón, ¿es verdad? –pregunta Morvillo con la boca llena. Su mujer le da un codazo.

–¿A mí? –pregunta Ayala.

–A ti, a ti. Peppino Ayala, conocido como el «terror sobre ruedas».

–Lo niego en redondo, señor juez.

El más joven de los Chinnici, Giovanni, mira con curiosidad primero a su madre y luego a sus dos hermanas, pero tampoco ellas saben de qué están hablando. Caterina sonríe. Hoy está más radiante que de costumbre. Va a casarse. Querría anunciarlo a todos, aunque no sorprendería a nadie, porque en los últimos días Rocco ya se lo ha dicho a los más íntimos, que son los que se sientan a la mesa. Ellos fingen que no lo saben, por si ella no quería que el padre lo dijera. Y así este secreto a voces flota en el ambiente y se guarda por diplomacia familiar.

–Iba aquí el menda a una velocidad de locos con ese... –Morvillo señala la motocicleta aparcada fuera– con ese cacharro, cuando de pronto...

–Oye, que ese cacharro...

–... Pasa un coche patrulla por la calle Libertà. Total, que ponen las luces y se lanzan a perseguirlo...

–¡Y un coj...! ¡Ay, perdón! –se excusa Ayala–. Nada de eso, mentira...

–«¡Pare! ¡Pare!», le gritaban por la ventanilla.

El hijo de Rocco ríe escupiendo migas.

–Lo niego de principio a fin. Los agentes me reconocieron y educadamente, mejor dicho, obsequiosamente, me saludaron.

–Obsequiosamente –repite Borsellino, metiéndose una tostada en la boca–, nada menos.

–Obsequiosamente. «Su señoría» por aquí, «su señoría» por allá...

–Hablando de señorías, ¿y Chinnici?

–Cuidado, que tiene espinas, ¿ves? –Rocco coge con su manaza la manita de Gaia. Ojalá su Caterina se volviera también niña y se quedara en casa otros quince o veinte años. Luego ya podría irse tranquila donde quisiera y con quien quisiera. Pero no...–. Son bonitas, ¿eh?

Gaia asiente con enérgicas cabezadas.

–¿Por qué les has puesto espinas? ¿Para que no te las roben?

–No se las he puesto yo. Las rosas nacen ya con espinas.

–Sí, sí, lo sé –asiente la niña con aire triste–. Pero es una pena.

–Es lo que pasa con las cosas bonitas. Hay que tener cuidado. Ponla aquí. –Señala la cesta de mimbre en la que ya hay una docena de rosas–. ¿Sabes? Solo las flores más bonitas tienen espinas.

–Mentira.

Chinnici calla, tiene razón la niña.

–Bueno, tendré que ir a cocinar.

–¿Cocinas tú? –Gaia lo mira maravillada.

–Sí, ¿te extraña? ¿Tu padre no cocina?

–No.

–Ya hablaré yo con ese sinvergüenza.

–¿Y qué cocinas?

–Macarrones a la Chinnici. Invento mío. Verás lo buenos que están.

–Hum. –Gaia se lleva el pequeño dedo índice al hoyito de la mejilla derecha–. ¿Y tiene espinas?

–No. Digo que tienen espinas las cosas bonitas, no las buenas.

–El pescado es bueno y tiene espinas.

–Eso no son espinas, son raspas.

–Es lo mismo.

–Venga, corta esa y vamos a comer. Mejor dicho, corta la que quieras. Es para tu mamá. Así se la das tú.

–¿Y eso? –Gaia señala la cesta de naranjas e higos chumbos.

–Eso es para los papás. Las rosas para las damas, la fruta para los caballeros.

–Nosotros ya tenemos fruta, ¿puedo cogerme otra rosa?

–Vale, pero la fruta os la lleváis también, seguro que tu padre la quiere. Ahora he de ir a cocinar.

–Voy contigo.

–Pues sí que ha acabado pronto vuestro noviazgo. Siempre he dicho que mi hermana es una persona sabia. –Alfredo asiente, pensativo, para dar más efecto a la frase.

–Tu hermana trabaja también los domingos, no como tú. Cuando yo me venía, aún tenía la mesa llena de papeles. –Giovanni se sirve una copa de vino tinto–. Unos trabajan con menores de edad –se la bebe de un trago– y otros con menores de mente. ¿Qué tal el trabajo? –le pregunta a Caterina, que ha decidido seguir los pasos de su padre y es también magistrada desde hace tiempo–. ¿Tienes que vértelas con la misma gente?

–Más o menos.

–Aún estás a tiempo de dejarlo.

–Sí, y Rocco sería el primero en alegrarse –interviene Agata. Es una frase irónica, pero el efecto que produce es un silencio que dura una eternidad. Habían necesitado esforzarse mucho y hacer chistes uno tras otro para conjurar los malos pensamientos, como si nada hubiera ocurrido, como si no hubieran matado al gobernador de Palermo a tiros de kaláshnikov solo unos días antes. Por eso los ha invitado en realidad Rocco a San Ciro. Porque a este tipo de cosas se responde con la unión. Pero basta poco para caer en una insoportable angustia.

–¿Y Rocco? –Di Lello rompe el silencio.

–Es un perfeccionista –dice Ayala.

–Voy a ver. –Agata va a levantarse, pero Caterina se lo impide.

–No, ya sabes que no quiere. Es una receta secreta.

–Pero está con la niña.

–Es muy pequeña, no se entera.

–Es verdad –susurra el padre de la niña.

–Voy al baño –dice Giovanni levantándose.

Rocco está en los fogones, de espaldas. La niña está de pie en un taburete y sigue sus movimientos en silencio. Giovanni los ve al pasar por el pasillo camino del baño.

–Si no haces esto, queda muy líquido.

–Yo no voy a cocinar nunca.

–Pásame eso. –Gaia coge una sopera y se la da–. Ahora encendemos el fuego por última vez...

–Digo que no voy a cocinar, ¿me oyes?

–No te lo aconsejo. Nadie se casará contigo si no sabes cocinar.

–Me casaré con un señor que cocine.

–No hay muchos.

Giovanni no quiere pararse a escuchar, pero la tentación lo vence.

–¿Tú trabajas en lo mismo que mi papá?

–Sí, más o menos. Pero él es mejor que yo. Es el mejor.

Diría lo mismo de cualquiera, piensa Giovanni apoyándose en la puerta, y eso lo honra. Rocco debe de haber sido un excelente padre para Caterina, y debe de serlo aún para los otros dos hijos. Por un instante, Giovanni se pone en el lugar de Rocco. ¿Es serenidad lo que cree que siente?

«No se traen huérfanos al mundo.» No tiene ningún mérito pronunciar esta frase. Es una frase estúpida, que encierra una paradoja estúpida.

–¿Vendrás a verme a casa?

–Claro, pero ahora pásame ese cuenco.

¿Entonces ha traído Rocco huérfanos al mundo? No parece que sus tres hijos lo sean.

–¿Vendrás cuándo?

–Cuando quieras, hay tiempo.

A lo mejor Rocco no piensa en el dolor que causará a sus hijos cuando suene el teléfono. A lo mejor aún espera salir vivo.

La niña sale de la cocina dando saltitos. Rocco se vuelve y su mirada y la de Giovanni se cruzan. En las pupilas de este hombrón con mandil que lleva platos de pasta ve Giovanni algo que espanta. Un pozo sin luz, una trampilla que Rocco, creyéndose no visto, estando ensimismado, ha olvidado cerrar.

De pronto Giovanni siente verdadero terror.

Ha visto que todo ese dolor, ese desgarro que algún día le abrirá las carnes y le partirá los huesos, lo lleva ya dentro Rocco. Es su dolor y no quiere compartirlo con nadie.

–Vamos, Giovanni, que se enfría.

16. VIDA PRIVADA

Palermo, 1983

–No está bien, os lo digo como amigo. Yo puedo hacer la vista gorda, pero se comenta. Incluso han venido a hablar conmigo.

–¿De nosotros dos?

–Sí, de vosotros dos.

–¡Pero si todo el mundo sabe que salimos! –Falcone va a reír, se vuelve a la derecha y mira a Francesca, que calla y tiene una expresión incrédula–. Hasta a su hermano se lo hemos dicho, oficialmente.

–¡Ay, Giovanni, Giovanni! –Pizzillo se levanta de su gran sillón, se pasa la mano por la cara, asiente–. Tú usas la palabra «oficialmente» muy a la ligera.

–¿Por qué lo dice? Yo ya no estoy casado ni ella tampoco. Además... A ver... –Abre los brazos, confuso, mira de nuevo a Francesca–. Es nuestra vida privada, ¿o no? Me parece que...

–Un momento, porque ahí hay un par de errores. Empecemos por el segundo: es tu vida privada, «vuestra» vida privada... –Le lanza una ojeada a Francesca–. Pero sois magistrados y en cuanto tales debéis dar ejemplo de rectitud.

–¿Rectitud?

–Presidente –interviene Francesca, pero se queda sin voz. Tose un par de veces para aclararse la garganta–. Eso tendría sentido decírselo a quienes dejan que pasen los plazos para pedir prisión preventiva...

–Y a los que «pierden» expedientes –añade Giovanni–, y a los que...

–¿Tenéis nombres y apellidos? –Pizzillo apoya las manos en la mesa y se inclina hacia ellos. Los dos callan. Giovanni mira a los ojos al fiscal, sin moverse, y al final menea la cabeza, desconsolado.

–Perfecto. A lo que íbamos: rectitud. Y esa es otra: ¿estáis casados?

–No, señor presidente, no estamos casados.

–Somos novios. –Ella le coge la mano. Pizzillo no acierta a disimular cierto desprecio.

–De acuerdo, pero os pregunto otra cosa: ¿estáis divorciados por lo menos?

–Pues... estamos esperando... –Giovanni se da unas palmadas en las rodillas–. No me creo que estemos hablando de esto.

–Los dos estamos esperando el divorcio –le responde Francesca–, ya hemos firmado los papeles.

–Pero aún no estáis divorciados.

Falcone lo mira y mueve de nuevo la cabeza.

–No.

–Muy bien. ¿Entendéis ahora lo que quiero decir?

–Francamente, no –contesta Giovanni.

–Pues conviene que lo entiendas, Falcone. –Ahora Pizzillo se dirige solo a él, que es un magistrado de su juzgado–. Porque si no tendrán que explicártelo otros. Por ejemplo, los del Consejo Superior de la Magistratura.

–¡¿Eh?! –exclaman a la vez Giovanni y Francesca.

–Sí, los del Consejo Superior de la Magistratura. –Pizzillo se enciende un cigarrillo–. ¿Fumáis? –Les ofrece el paquete. Ellos mueven la cabeza, aunque se mueren de ganas de dar unas caladas–. Es un caso de conflicto de intereses.

–No lo creo... –dice Francesca.

–Todo esto es surrealista –dice Giovanni.

–¿Y te parecería también surrealista que te trasladaran a otro juzgado? Falcone, ya sabes que cuando hay conflicto de intereses...

–Nosotros... –balbuce Falcone. Mira a Francesca y vuelve a mirar al fiscal–. Nosotros no vemos nada escandaloso. Usted haga lo que crea que deba hacer.

La entrada del juzgado está muy concurrida. Muchos de los que pasan buscan la mirada de él o de ella para saludarlos, pero ambos tienen los ojos bajos y fuman en silencio. Pasan más de diez minutos sin que ninguno de los dos abra la boca más que para fumar un cigarrillo tras otro. De pronto, como si se hubieran puesto de acuerdo, dicen a la vez:

–No me lo creo.

–¡Esto parece una escena de *Los novios* de Manzoni!

Es una novedad este celo, si así puede llamarse, por parte de Pizzillo. En un juzgado donde hay decenas y decenas de acusados que terminan absueltos por falta de pruebas, el fiscal se fija en la vida sentimental de Giovanni Falcone y Francesca Morvillo.

–¿Nos habremos equivocado? –pregunta ella. Se refiere al hecho de haber dado a conocer su relación. Pues los amoríos entre colegas están a la orden del día y son más o menos sabidos, pero nadie los reconoce abiertamente.

–Eso nunca. –Giovanni le acaricia una mejilla. Nota que está húmeda–. ¡Eh! –Le coge la cara–. Eso nunca. –La besa. Ella hace por retirarse–. ¡Eh! –le susurra.

–Lo digo por ti. Si te trasladan...

–¡Da igual! No hemos hecho nada malo. No somos dos adúlteros, somos dos personas honestas, ¿entiendes? –Acerca la cara a la de ella hasta que las narices se rozan–. Somos dos personas honestas y la honestidad tiene un precio. Si no, sería muy fácil. El que algo quiere, algo le cuesta. Si tenemos que pagar ese precio, lo pagaremos. –Ella emite un sollozo. Da una calada al cigarrillo–. ¿Te asusta? –Francesca menea la cabeza–. A mí tampoco. Pues adelante.

La noche cae sobre Palermo como gelatina sobre una tarta. El calor no da tregua, Giovanni siente en la piel como una capa de grasa. Va pensando en darse una ducha. Se levantó a las cinco de la mañana, como de costumbre, hizo su gimnasia cotidiana, se tomó un café y trabajó hasta las ocho y media, hora a la que los escoltas fueron a recogerlo y lo llevaron al juzgado. A las dos volvió a casa para comer con Francesca antes del encuentro con Pizzillo a primera hora de la tarde.

Ahora son las nueve de la noche. Cuatro coches oscuros conducidos por agentes con chaleco antibalas circulan a gran velocidad por el carril bus de la calle Libertà con las luces y la sirena puestas. Al poco, cuando, con gran fastidio de los vecinos, lleguen a casa, Giovanni entrará en el ascensor con tres escoltas y otros dos subirán por la escalera. Cuando lleguen al piso, uno de esos agentes se sentará delante de la puerta y allí se quedará hasta la mañana siguiente.

Giovanni querría darse una ducha, pero lo espera una mesa cubierta de papeles y fotocopias de cheques dispuestos según un orden preciso. Es su novela, en la que trabaja también de noche. Pero no hay nada inventado en ella. Tras ese orden hay una historia larga y complicada que otros antes que él empezaron a contar. Otras voces, otros narradores, que ahora cantan una triste *Antología de Spoon River* sepultados bajo un metro de tierra. A él le corresponde la tarea de concluir esa historia para que todos la conozcan. Su tarea es recoger el testigo y dar fin a esa carrera de relevos, llegar a la meta de pie... o como sea.

17. HEROÍNA

Palermo, 1983

–En 1970 había en Italia unos doscientos toxicómanos. Doscientos. Ahora os parecerá absurdo si os digo que eso tendría que haber dado la señal de alarma. La cultura del consumo que estaba extendiéndose, las modas que llegaban de Estados Unidos, de Inglaterra, del norte de Europa... ¿Por qué no iba a venir también eso? Fueron los años del boom económico, circulaba mucho dinero... En fin, que se daban todas las condiciones. Solo que aquí, en el país de la inventiva, del espíritu emprendedor, digamos, ocurrió algo peor: no nos conformamos con ser consumidores de heroína, sino que quisimos ser un gran centro productor... No podemos pedirle a un país que solo sea genial en arte, en ciencia. Y así nos ha ido.

Rocco pasea los ojos por el aula magna. Está llena de estudiantes. Los que no han encontrado butaca están sentados en el suelo, sobre la mochila, o de pie apoyados en la pared. Lo escuchan como puede escucharlo una muchedumbre de jóvenes universitarios interesados, curiosos, pero que no dejan de ser jóvenes. De rato en rato recorre la sala un murmullo, al que Rocco no hace ni caso. Nadie le ha pedido que vaya allí, a la Universidad de Palermo, a hablar de droga y delincuencia, robando tiempo a las horas de clase. Lo ha pedido él. Por eso habrá unos que hayan ido a escucharlo, otros a pasar el rato con los amigos y a relajarse; a descansar, en fin, sin temer la mirada inquisitiva de un profe que, de todas maneras, les pondrá un suficiente en los exámenes. Pero la mayoría presta atención. Parece que el tema los fascina. A saber a cuántos les han propuesto ya «meterse un chute», solo una vez, por probarlo.

–Cientos de kilos, puede que toneladas de heroína llegan todos los años a América procedentes de Palermo. Los delincuentes más peligrosos han establecido su base aquí en Sicilia. Se han descubierto algunos laboratorios, pero otros, yo diría que al menos cuatro o cinco, siguen funcionando a pleno rendimiento. Un kilo de heroína pura producido en Palermo, que aquí se vende por medio millón de liras, vendido al detalle rinde el doble o el triple. Por otro lado, no todas las drogas son iguales. Cuando hablamos de droga no siempre tenemos las ideas claras. La droga ligera, como el hachís o la marihuana, ni siquiera crea dependencia.

El aula magna resuena con risas y palmadas en la espalda. Estalla un nutrido aplauso. Rocco levanta la mano, severo, e impone silencio.

–El heroinómano, en cambio, padece un síndrome de abstinencia horrible. He interrogado a varios, por trabajo, cuando estaban en pleno síndrome: os aseguro que es un espectáculo espantoso. Incluso he visto llorar a muchos padres, a padres de chavales como vosotros.

Mira al auditorio, quiere mirar a los ojos a los de la primera fila y a los demás, quiere mirar a los ojos a todos los presentes.

–Muchas veces vienen a pedirme soluciones, o que revoque la orden de libertad concedida a un hijo toxicómano. Quieren que los encierren en la cárcel. Pero la solución no es esa, no. La solución tenemos que encontrarla nosotros. Y aquí es donde entráis vosotros. La mejor arma para combatir la heroína es rechazarla. Rechazarla. Sois... –Hace una breve pausa. Pasea de nuevo la mirada de un chaval a otro, de una cara a otra–. Ha sido un placer estar aquí con vosotros. Sois muy buenos. No tenéis más que seguir siéndolo.

Resuena otro aplauso en el aula magna. Esta vez los jóvenes dan también con los pies en el suelo. La sala tiembla, Chinnici baja de la tribuna con las manos levantadas, dando las gracias, y procura, camino de la salida, mirar a los ojos a todo el mundo. Un hombre bajito con una chaqueta oscura y unas gafas de lentes gruesas se encamina a la tribuna que han colocado en medio del aula. Rocco ha querido que el encuentro se desarrollase así y no, como suele ocurrir, con los conferenciantes sentados a la larga mesa de madera que hay al fondo. De camino, el hombre bajito, que ha escuchado con atención su intervención, asintiendo de vez en cuando, le estrecha la mano y le da una palmada en la espalda a la vez que le susurra algo, seguramente una felicitación. Es un médico, de esos que se pasean por los centros educativos para decirles a los jóvenes, muchas veces en vano, que no se acerquen a las drogas. Al parecer dirigió un par de centros de rehabilitación de drogadictos y fundó luego una organización sin ánimo de lucro.

El hombre carraspea un par de veces, observa a los jóvenes unos segundos, sin decir nada. Asiente, se mira la punta de los dedos. La calva le brilla muchísimo. La luz artificial, que han encendido pese a ser de día, le dibuja una medialuna resplandeciente en el cráneo alargado, que tiene forma de limón. Se ajusta las gafas, golpetea con la uña el micrófono para comprobar que esté encendido y empieza a hablar.

–La llaman «caballo», «jaco», «burro»... Pero no es un animal. Nace en la tierra, como los tomates, las patatas, las coles, la lechuga... Y como las amapolas. Y en estas precisamente, en las amapolas, reposa, metida en sus bulbos. No tiene prisa por despertar.

El conferenciante parece más interesado en la parte narrativa de la charla que en la científica.

No es el único. Los jóvenes lo escuchan atentamente. No parece que para ellos haya mucha diferencia entre escuchar a un médico y escuchar a un narrador. Aunque, si solo hablara en calidad de lo primero, más bien se aburrirían.

–Las semillas de las que nace pueden dormir muchos años enterradas en el suelo, esperando el momento oportuno. El tiempo es un problema humano, muchachos, solo humano.

Entre párrafo y párrafo, no se oye una mosca. El médico usa las pausas para sondear al auditorio. Si oye un murmullo, si advierte la menor falta de atención, se rasca la cabeza hasta que reina el silencio.

–A finales de abril, millones de campesinos, repito, millones, en distintos rincones del mundo, Afganistán, Kazajistán, Irán, Paquistán, India, Tailandia, Laos, Birmania, se recorren los campos de adormidera armados de un pequeño cuchillo o de alguna herramienta rudimentaria, de fabricación casera, hecha, por ejemplo, en una choza, e inciden la cápsula de la planta aún tierna, que es una bolita verde parecida a un gran chupachús. Por la incisión practicada sobre el fruto sale un líquido denso y blanquecino que, cuando se seca y fermenta con un hongo, el *Aspergillus niger*, se convierte en opio.

»Es un ritual que se repite desde tiempos inmemoriales. Pensad que se han encontrado cápsulas de adormidera en las chozas del hombre de Cromañón, que pobló la tierra hace treinta mil años. Fijaos bien: treinta mil años. Los sumerios transmitieron el uso de esta planta a los caldeos, asirios y babilonios y estos lo introdujeron en Egipto. Pero ya Erasístrato, fundador con Herófilo de la escuela de medicina de Alejandría, en el siglo tercero antes de Cristo, prevenía a sus alumnos y colegas contra el uso frecuente de la adormidera o planta del opio como remedio contra el dolor.

–¿Luego nos pasan un examen? –grita alguien al fondo de la sala.

–Pocos lo escucharon –continúa el conferenciante, haciendo

como que no ha oído o quizá precisamente para que el de la pregunta se dé por aludido–. Hay quien dice que en China se conocía dos mil años antes de Cristo. Marco Aurelio, Avicena, Coleridge, Baudelaire, De Quincey, Oscar Wilde... El opio, conocido también con el nombre chino de *o-fu-jing*, «veneno negro», ha seducido incluso a grandes figuras, que le han dedicado poemas, cuentos, canciones, «confesiones». Paracelso murió intoxicado por láudano, una tintura de opio, cuya invención se le atribuye.

»Del opio se obtiene la morfina y de esta, mediante un proceso que requiere instrumentos sofisticados, la heroína. «Sin interés» –sonríe con amargura–, dijeron en 1874 cuando un inglés, Charles Romley Alder Wright, sintetizó la primera molécula de heroína y experimentó la sustancia en animales. «Sin interés.» Veintitrés años después, el químico alemán Felix Hoffmann, que trabajaba para la Bayer, usó el proceso de acetilación sobre el ácido acetilsalicílico y creó la aspirina. Once días después, aplicando el mismo proceso a la morfina, obtuvo heroína. Otra vez heroína. Solo que esta vez estaba claro que podía calificarse de todo menos de «sin interés».

Se inclina para coger una botella de agua que una asistente le lleva al pie del estrado. La mujer le da también un vaso, pero él lo deja sobre el atril que tiene delante y bebe directamente de la botella. En la sala se hace de nuevo un silencio sepulcral, que solo el crujir de las butacas en las que los estudiantes se acomodan, cruzando las piernas o reclinándose, interrumpe a veces.

–Pareció un remedio formidable contra la tos. La Bayer lo comercializó con el nombre de «heroína», del alemán *heroisch*, heroico, un remedio estupendo contra los problemas respiratorios y sin los efectos secundarios de la morfina, como el de la dependencia, por ejemplo.

»Empezó a emplearse para tratar todo tipo de dolores, incluso en ginecología. Fue el fármaco más vendido, el heroico remedio de todas las dolencias. Tardó poco en suplantar a su hermana mayor pero más débil, la morfina. Y, siempre a la chita callando, sin hacer ruido, conquistó también a gran parte de los consumidores de opio. Cuando se dieron cuenta de que la dependencia de la heroína era mucho más rápida y traicionera que la de la morfina y el opio, porque bastaban cantidades mucho más pequeñas, el uso del «caballo» se había convertido en una emergencia sanitaria. El mundo estaba lleno de mujeres y de hombres con las pupilas reducidas a un puntito y los brazos agujereados que se arrastraban por las ciudades en busca de la droga. La llamaban *brown sugar*, *black tar*, *china white*, *big H*, *Harry*, según la calidad y la jerga del lugar. No importa el nombre, el efecto siempre es el mismo: a partir de cierto momento, el heroinómano deja de ser la persona que era. Ya nada le interesa más que la heroína. Dejan de amar a los demás porque la heroína, podríamos decir, es monógama. Se fuma o se inyecta. Hay cierta diferencia, pero luego ya da igual. ¿Quién no querría olvidarse del dolor? ¡A ver! ¿Hay aquí alguien que no querría dejar su dolor fuera? –Señala la puerta del aula magna. Transcurren unos instantes en los que, claro está, nadie contesta–. Sería perfecto que dentro de unas horas, solo unas horas, no tuvierais que salir de esta sala. Los días dejarán de existir. Este recinto se convertirá en un marco y todo lo que quede fuera se desvanecerá, dejará de tener sentido. Perdonadme que lo diga así... Puede parecer que exagero, pero es exactamente así. Creedme. Las personas que hoy son protagonistas de vuestra vida, la familia, la novia, los amigos, se convertirán en comparsas. Más aún, se convertirán en instrumentos, en simples medios para conseguir heroína. ¿Alguno de vosotros tiene un amigo drogadicto? –El hombre espera un minuto largo y nadie levanta la mano.

–Lo sé. No esperaba que dijerais que sí. Os entiendo. Os entiendo bien. –Hace otra pausa, como si la cuestión lo afectara personalmente, pero no explica por qué. Prosigue con lo que estaba diciendo–: Al final siempre pasa lo mismo. Creemos que la controlamos y nos parece bonito. Pero es ella la que nos controla y esto... esto no, muchachos, esto no es nada bonito.

»Estados Unidos, China y Gran Bretaña fueron los primeros países que comprendieron el peligro. En 1912 firmaron el primer acuerdo internacional que limitaba la producción y distribución de estupefacientes. Y en 1919, al término de la primera guerra mundial, ese acuerdo quedó contemplado en el tratado de Versalles. Fue entonces cuando las mafias se interesaron por la droga. Sobre esto podría decir más su señoría Chinnici. –Mira a todos lados buscando a Rocco, pero este ha corrido ya al juzgado–. Que, por cierto, es un hombre serio y debía volver al trabajo. Pues os diré yo dos cosas. Muchos de los soldados que habían participado en el conflicto y habían sido curados con morfina o heroína sentían un «vacío», decían. No sabían bien qué era, pero sabían que solo podían colmarlo con una inyección. Los que tenían contactos en Estados Unidos y estaban dispuestos a asumir grandes riesgos a cambio de obtener beneficios no menos grandes, dieron un paso al frente. ¿Y quiénes parecían hechas para el caso? Pues las familias italoamericanas, que vivían entre Sicilia y Norteamérica. En Italia, hasta 1951, nada ni nadie impidió a las compañías farmacéuticas producir heroína con fines médicos. Lucky Luciano, a quien, al acabar la guerra, devolvieron a Italia como a muchos otros colegas mafiosos, se embarcó en el negocio. Según informes del Federal Bureau of Narcotics, en Palermo se asoció con la familia Gambino. Las compañías farmacéuticas del norte de Italia suministraban la heroína a Luciano y los Gambino la enviaban a Nueva York por conducto de los inmigrantes clandestinos que se embarcaban con sus maletas de cartón llenas de naranjas, quesos, anchoas, aceitunas... Tuvieron mucha vista Lucky Luciano y los Gambino, desde luego. Talento empresarial. Al principio, la heroína se vendía sobre todo en los guetos negros y puertorriqueños y era, pues, un negocio marginal para las familias sicilianas, pero a partir de 1956, con la implantación en Estados Unidos de castigos mucho más severos en materia de tráfico de estupefacientes, los mercaderes de la muerte estadounidenses delegaron el trabajo sucio a quienes estuvieran dispuestos a arriesgar más, y fue entonces cuando los sicilianos empezaron a enriquecerse de verdad. La adormidera se convierte en opio, el opio se convierte en pasta bruta, la pasta bruta llega al laboratorio y se transforma en heroína, lo que multiplica su valor exponencialmente. ¿Os dais cuenta? Era un mercado que se basaba en una demanda en constante crecimiento. Cuanta más oferta había, más aumentaba la demanda. Era el sueño de cualquier empresario, frenado, eso sí, por uno de los factores de la ecuación: el coste humano.

Lee unas cifras de la hoja que tiene en el atril:

–Se calcula que, en 1971, entre el diez y el quince por ciento de los soldados estadounidenses consumían heroína. El ejército de muertos vivientes que deambulaba por las calles del país acabó impresionando a la opinión pública. Richard Nixon lanzó su famosa guerra contra la droga y el blanco elegido fue el circuito Turquía-Marsella-Nueva York, la llamada «French Connection». Turquía recibió ayuda financiera de Estados Unidos para frenar el cultivo de opio, y la red de narcotraficantes corsos que lo distribuía vía Francia fue desmantelada. Los químicos fueron arrestados o se quedaron sin trabajo. Aunque solo por un tiempo. La mafia vio enseguida el potencial que tenía la droga, reclutó a los narcos y buscó nuevas rutas. Los escépticos han perdido, ¿verdad? Pero no podemos echarles la culpa a los escépticos, porque siempre pasa lo mismo. El hombre es escéptico por naturaleza. Lo es incluso con las estadísticas, con Erasístrato y con Paracelso. El mundo está lleno de escépticos. Y a la droga le encantan los escépticos. Muchos creen que son más fuertes que ella. O se sienten tan heridos que deciden echarse en sus brazos y vivir como aletargados. Habéis estudiado a Verga, ¿verdad? ¿Recordáis el cuento del avaro que, cuando muere, lo único que lamenta es dejar todos los bienes que ha acumulado y dice: «Venid conmigo, venid conmigo»? Pues creedme si os digo que los ojos de muchas de esas personas... y he visto muchos, cientos, cuando se cierran, cuando se empañan y, por desgracia, muchas veces se apagan, dicen lo mismo.

El aplauso tarda esta vez en llegar. En cuanto se oyen las primeras palmas, el conferenciante, como si quisiera interrumpir el aplauso, se pone a dar las gracias, larga e inútilmente, a la universidad, al rector, al consejero de educación, al juez Chinnici, al tribunal de Palermo, hasta al último de los porteros. Sin embargo ahora habla mirando al suelo, como si estuviera pensando en otra cosa, como si el largo aplauso lo incomodara.

Otra cosa ocupa su mente; otra persona, quizá.

En todas las guerras se pierde a un amigo, a un pariente, a un ser amado.

18. EL INFILTRADO

Palermo-Nueva York-Milán, 1979-1980

> *Out of the tree of life I just picked me a plum,*
> *You came along and everything's startin' to hum* [...].

–Ta-ta, ta-ta... Es la nueva Ella Fitzgerald... –Filippo tiene una cara ancha que metería miedo a cualquiera que se la encontrara a unos pocos centímetros. Nariz voluminosa, frente despejada, boca grande. Hasta los poros de la piel son grandes: con un poco de paciencia podrían contarse.

–Es negra –susurra el tipo que tiene sentado al lado en el viejo sofá de piel gastada.

–¿Eh? –dice Filippo distraído, cautivado por los movimientos sinuosos de la joven.

–Que Ella Fitzgerald es negra.

–¿Y qué, tío? –Le suelta una violenta palmada en la espalda y sigue escuchando. Tiene una sonrisa pintada en el rostro y da cabezaditas tarareando la letra en inglés.

Ante ellos hay un cristal insonorizado que ocupa toda la parte superior de la pared. Tras el cristal, está ella, la nueva Ella Fitzgerald, que, por cierto, es blanca como la leche.

Still it's a real good bet, the best is yet to come [...].

–*Ta-ta... ta-ta... tucom...* –canturrea Filippo, chasqueando los dedos–. *Ta-ra-ta-ra-ta-ra... ta-ta... ta-ta...*

El otro, en cambio, está quieto y parece incluso algo molesto.

A la derecha del sofá hay una salita con la puerta abierta y dentro de ella un enorme mezclador y varios aparatos más. Sentado al mezclador hay un joven con camiseta de tirantes, pelo moreno recogido con un pasador y las mejillas picadas de acné. Está inmóvil y tiene la cabeza inclinada sobre el aparato. Pero los ojos miran a la cantante, que de vez en cuando se pasa la mano por los largos cabellos rubios. La joven lleva una minifalda de látex negra y una camisa azul con una fila de botones que le llega a la cintura.

The best is yet to come and babe, won't it be fine?
Best is yet to come, come the day you're mine.

–Bien –comenta Filippo irguiéndose–. ¡Muy bien! –Y se da una palmada en el muslo. Ella, al otro lado del cristal, no puede oírlo. La música continúa a ritmo de swing, el plato de la batería suena como una campana, sigue rápidamente el contrabajo. Entran con fuerza unos acordes de piano que acompañan las frases, pero lo hacen torpemente y ahogan la voz. Parece que el pianista no se entere. Y así es. No hay pianista. La música está grabada, la muchacha está cantando sobre una base:

Come the day you're mine, I'm gonna teach you to fly,
We've only [...].

–¡No, no! –La muchacha menea la cabeza. La música prosigue unos segundos. El joven del pelo recogido la mira, desconcertado–. ¡No! –grita ella de nuevo–. ¡Empieza otra vez!

–Pero... –El técnico de sonido abre los brazos.

–¡¿No oyes lo que dice?! –vocea Filippo. El de al lado se sobresalta–. ¡Que empieces otra vez!

El otro le hace también señas de que ponga de nuevo la base.

–¡Va!

El joven aprieta un par de botones, con fastidio.

–¿Te pago o no te pago? –le pregunta Filippo al que tiene sentado a la derecha. El tipo asiente enérgicamente–. ¿Entonces?

–Nada... ¿Quién dice nada? Tranquilo.

Miran a la joven, que canta «The Best Is Yet to Come», cuando el plato de la batería vuelve a sonar a destiempo.

–¡Joder! –suspira Filippo–. Es que, sin músicos de verdad, no puede ser.

–Para eso se necesita más pasta.

Filippo se vuelve de pronto y el otro, instintivamente, se aparta. Filippo vuelve a mirar a la cantante.

– Yo te daré pasta... –murmura. Vuelve a sonreír–. Yo te la daré. –Y le envía un beso a la joven, que sonríe y sigue cantando:

> *The best is yet to come and babe, won't it be fine?*
> *Best is yet to come, come the day you're mine* [...].

*

Frank Rolli siente náuseas desde hace un mes. Se ha pasado la última semana errando entre el césped de Bridge Park, al pie del puente de Brooklyn, los bancos de Fort Greene Park y Brighton Beach. Y aun así no se tranquiliza. Y la semana anterior estuvo emborrachándose en Boo's, adonde no va un italiano ni aunque lo maten. La regla es esta: no aparecer por los lugares que los italianos frecuenten, lo cual es un problemón para un italiano.

Los Gambino son muy listos y seguro que se han olido algo. Se encontró con dos de los muchachos en Elizabeth Street y lo saludaron como si nada: «¡Hombre, Frankie! Te invitamos a un café», pero él se excusó y siguió su camino. Ahora está convencido de que era una farsa, un truco para que creyera que todo está bien, que no tiene que preocuparse, y cargárselo cuando menos se lo espere.

Falvey y Wilson le dicen que se relaje, que duerma a pierna suelta, que la DEA –la agencia antidroga americana– se encarga de protegerlo y que está a salvo. Pero él conoce a muchos que estaban a salvo y acabaron metidos en una caja de madera o embutidos en un pilar de cemento.

Le dicen que, cuanto más se relaje, más creíble resultará. «Esa gente huele el miedo», dice Wilson. Falvey asiente, como siempre. «No hay nada que temer, nadie habla, nadie sabe nada, no te han descubierto», dice Falvey. Wilson añade: «Exacto. No te han descubierto. No tienen nada contra ti. Ya ves, los demás van a la cárcel y tú no. Eso pasa. No sería la primera vez». No, no será la primera vez que la DEA pilla a algunos y a otros no, pero es que él solo forma parte a medias de la banda. No es un mafioso ni pequeño ni grande. Es un pobre diablo que trabaja en el almacén de la compañía aérea italiana Alitalia del aeropuerto JFK y echa una mano a los muchachos a traer la droga. Es un peón sacrificable. O quizá no, quizá no lo sea.

Frank ya no está seguro de nada. Lo único que quiere es vomitar, pero nada, no lo consigue. Tiene que aguantarse las malditas náuseas.

A saber desde cuándo le tenían echado el ojo esos cabrones de Falvey y Wilson. Lo saben todo. Saben incluso que ha cometido un montón de estafas y no lo han pillado, al menos de momento. Pero un día, maldita sea su suerte, se presentaron en el almacén, se incautaron de los paquetes, fueron a detener a los muchachos y luego, cuando él salió del trabajo, sin que nadie los viera –al menos eso dicen–, fueron a su casa.

–Que sepas que también traemos unas esposas para ti –le dijo Wilson. Incluso se las enseñó–: Mira. –Las movió y tintinearon. Frank sabía que lo decían en serio. Hace tiempo que la DEA colabora estrechamente con unos jueces palermitanos que no hacen más que tocar los huevos y a los que les encanta volar; pasan de la pereza, del sol de Palermo y demás. Por ejemplo, está ese Falcone que cada dos por tres se sube a un avión y aterriza en el JFK, trae unos expedientes y pide otros. Les ha dado por trabajar en equipo. Y los resultados, para desgracia de Frankie y de sus amigos italoamericanos, a la vista están–. ¿Sabes cuánto te cae por tráfico de heroína?

–De kilos y kilos de heroína –añadió Falvey. Y pusieron sobre la mesa, literalmente, todos los cargos que se le imputan casi desde que nació. Son tantos que, si fuera a la cárcel, saldría ya con dentadura postiza y pelos en las orejas.

–Vale. ¿Y qué queréis?

–Pues... –Falvey suspiró, asintió, miró la pequeña cafetera requemada que había sobre el fogón y se reclinó en la silla–. Dicen que los italianos hacéis buen café...

–¡Hombre, Frankie! ¿Sigues vivo? ¿Dónde coño te metes?

–Ema... Ema... –balbuce él. El reloj despertador marca las 4.47 de la madrugada.

–Sí, soy yo, Ema, Ema... ¿Estás tonto o qué?

–Es que son las cinco menos cuarto de la ma...

–¿Y cómo coño te pillo si no es a estas horas? Llevo dos días buscándote, tío. No has ido ni a trabajar.

–Ya, es que... es que...

–¡Es que nada, tío! Bueno, ¿qué tal? ¿Todo bien?

Es la llamada que estaba esperando. Mejor dicho, es la llamada que estaban esperando Falvey y Wilson. La llamada que, según ellos, lo salvará, le quitará de encima los cargos que pesan sobre él y lo convertirá en un hombre libre, libre para siempre. Para él, en cambio, es la llamada de la muerte, la que lo obligaría a hacer testamento si aún poseyera algo, si los de la DEA no le hubieran confiscado hasta las monedas de diez céntimos.

–Sí, todo bien, Emanuele. Estaba un poco asustado, no sabía si me habían descubierto también...

–No creo, ¿a ti qué te parece?

–Yo creo que no, que no saben nada de mí. ¿Y tú qué tal?

–Yo, muy bien. He tenido un poco de «gripe»... Pero nada, ahora sano como una manzana. –La «gripe» ha sido que los agentes de la DEA se han incautado de un alijo de heroína que venía de Palermo. Esto le habría costado muy caro a una organización pequeña, que habría sido desmantelada. Pero los Gambino no son una organización pequeña. Son una familia, una familia grande y rica–. Esto no puede ser, Frankie. No podemos meter la pata otra vez. Tú y yo tenemos que hablar. ¿Cuándo quedamos?

–Pues... no sé. ¿Dónde?

–En mi pizzería.

–Vale. Digamos...

–Esta noche. Hasta luego. Aparca delante.

*

–Pero si tuviera un grupo de músicos de verdad... –Rosaria moja el cruasán en el granizado de almendra. Está enfurruñada. Da un mordisco desganado al cruasán–. Con músicos de verdad...

–Mía, de eso ya hemos hablado. –Así la llama Filippo, Mía, con un simple adjetivo posesivo.

–Ya, pero...

–Pero ¿qué? –Se le acerca–. Pero ¿qué? –repite acariciándole la nuca–. Eres muy buena, eres la reina, eres mejor que esa inepta de Ella Fitzgerald, incluso mejor que... –Filippo agita las manos, no sabe qué otro nombre citar.

–Pero necesito un grupo... Porfa...

–Ya sé que era una base, pero lo has hecho genial. –Se besa los dedos índice y medio.

–Ya, pero...

–¡No hay pero que valga! –Filippo da una palmada en la mesa–. Te dije que iba a ser así. De momento no hay más pasta. Cuando haya más, te contrato a unos músicos. –Rosaria moja de nuevo el cruasán en el granizado. Tienes los ojos húmedos–. Así es el bisnes y lo sabes. De momento eres una artista emergente y no podemos gastar más. Ahora bien, si sigues cantando así... –Suelta una carcajada, los demás clientes del bar se vuelven, él fulmina a unos cuantos con la mirada y todos siguen a lo suyo. Saben quién es Filippo Ragusa–. Si sigues cantando así... –Agita las manos describiendo remolinos–. ¡Nos forramos!

Le da un beso en la frente. Ella asiente, poco convencida. En silencio, se come el cruasán hasta que solo deja un trocito en el plato. Es hora de comer, pero ella se ha pedido un cruasán y un granizado. Le apetecía algo dulce.

–¿Cuántos discos vamos a grabar?

–Muchos.

–Ya, pero ¿cuántos?

–Cien por lo menos.

–¿Solo cien?

–Mira, Mía: en cuanto vayas a América y te escuchen un par de personas, ¡bum! Eso sí, cuando empieces a salir en la tele, ¡no te olvides de mí! –Filippo suelta otra sonora carcajada y le da otro beso, esta vez en la cabeza–. De momento vamos a ver a gente importante en Milán. –Se queda pensativo, asiente para sí.

–Tendré que ponerme algo...

–De eso me encargo yo, ya te compraré dos o tres cosas bonitas... Ya está, lo tengo. Un abrigo de piel. ¿Quieres un abrigo de piel? Aprovechando que vamos a Milán, te lo compro. ¡Un abrigo de piel!

Pone una sonrisa radiante. Tiene la frente cubierta por una capa de grasa, los dientes grandes y blancos.

–¿Un abrigo de piel?

–Sí, un abrigo de piel. ¿No quieres un abrigo de piel? Todas las mujeres quieren un abrigo de piel...

–O sea, ¿tienes dinero para comprarme un abrigo de piel y no tienes dinero para contratar a unos músicos?

–¡Qué tiene que ver! Me ca... –Da una palmada en la mesa,

se muerde los labios–. ¡Maldita sea la...! ¿No ves que no es mi dinero? El del abrigo de piel sí es dinero mío, pero el de la música no. ¿Es que no lo entiendes? Es una inversión, no puedo ir a América y decirle a ese: «Hola, Joseph. Que dice Rosaria que es poca pasta, que si puedes darnos más» –Mueve las manos–. Porque me diría: «Iros a la mierda tú y esa golfa de Rosaria». –Ella frunce el ceño y le lanza una mirada ofendida, pero luego baja los ojos y su mirada se pierde entre el canto de la mesa y sus finas rodillas de piel clara–. ¿Qué decías? –Hace como que empuña un micrófono y sonríe enseñando sus dientes grandes y blancos–. *Ta-ta... ta-ta... tucom... Ta-ta... ta-ta... tucom...*

*

Frank Rolli pasa por delante del restaurante una primera vez sin aparcar. Quiere predecir su futuro. ¿Será el trastero de la pizzería Tiffany su tumba?

Da otra vuelta a la manzana y, esta vez sí, aparca delante de la puerta, en la acera de enfrente.

Emanuele lleva un polo blanco y unos vaqueros. Cuando ve a Frank en la puerta del local, se pasa las manos por el pelo corto, abre los brazos e inclina el tronco hacia atrás.

–¡Hombre, Frankie! ¡Por fin se te ve el pelo! –Frank sonríe y se deja abrazar–. Ven, siéntate y cómete una buena pizza. ¡Carmelo! –le grita al pizzero.

–No, Emanuele, gracias, no tengo apetito.

–¿«Apetito»? –Emanuele lo mira con sorpresa y cierto asco–. ¡Qué finolis te has vuelto! Pues nada. Hablemos. –Se lleva la mano a la rodilla. Frank solo ve que la mano derecha desaparece debajo de la mesa. Es la segunda vez que ocurre desde que se han sentado–. A ver, dime, ¿por qué has desaparecido?

–Pues... la verdad, Emanuele, no lo sé, no quiero mentirte.

–No, mentirme, no, Frankie. A mí, siempre la verdad. Con nosotros, siempre la verdad...

–Ya, por eso... –Frank se da cuenta de que está sudando. Nota la espalda mojada. Se apoya en el respaldo de la silla. Así, no se le verá hasta que terminen de hablar y se levanten. Emanuele lo mira fijamente. No le quita los ojos de encima. Y ha metido otra vez la mano debajo de la mesa–. No quiero mentirte... Voy a hablarte con el corazón en la mano. –Se lleva la mano al pecho. Hace una breve pausa, baja la mirada, como si le diera vergüenza lo que va a decir–. Tuve miedo, Emanuele... –Siente deseos de abrazar a Emanuele Adamita, de refugiarse en sus brazos... El gran Emanuele, el rey del narcotráfico entre Nueva York y Sicilia, el pupilo de Joseph Gambino–. Tuve un miedo horrible. –Dice, en efecto, la verdad. Otra cuestión es de quién tuvo miedo... y sigue teniéndolo.

Emanuele lo mira. Aguza la vista. Está examinándolo. Sigue con la mano derecha debajo de la mesa.

–¿Miedo?

–Sí, miedo. Pensaba que la poli me había descubierto también. Miraba a todos lados, los veía detrás, siguiéndome, los veía por todas partes...

–Ya. Pero ¿los veías porque estaban o los veías en tu cabeza? –Se inclina sobre la mesa y le da con el índice en la frente, mirando a la vez por la ventana a dos de sus hombres que están fuera fumando y vigilando. Ese dedo que le golpea la frente no le gusta nada a Frank, pero por lo menos ha sacado la mano de debajo de la mesa.

–No, no, no estaban. Los veía en mi cabeza.

Emanuele saca un paquete de Camel arrugado del bolsillo de los pantalones, coge un cigarrillo y lo enciende. Apoya los codos en la mesa y se queda mirando a Frankie a través de la nube de humo. Y así se queda, expulsando humo y mirando a Frank, hasta que consume medio cigarrillo.

Al cabo de una eternidad dice:

–Frankie, tú y yo tenemos que hablar en serio. –Frank asiente. Por fin se le distienden un poco los hombros y los tendones del cuello–. Lo que ha pasado... no es nada. Pero no puede volver a pasar. No podemos dejar que esos capullos de la DEA nos birlen la pasta y la mercancía, ¿entiendes? Óyeme bien, Frankie. Eso tiene que cambiar y tú vas a ayudarnos.

–¡Coño, Emanuele, claro que sí! –Frank empieza a relajarse tanto que teme mearse encima, que la vejiga se le afloje de pronto y se ponga perdidos los pantalones.

–Dime cómo podemos esquivar a esta gente. Estos pájaros –imita con los dedos el pico de un pájaro– se dicen cosas, hablan con los palermitanos, se pasan papeles... Por eso hay que encontrar el sistema perfecto.

–El sistema perfecto... Si lo hubiera, lo sabría, pero no lo hay. –Se frota la punta de la nariz con los nudillos. Reflexiona–. Lo que sí puedo decirte es cómo reducir riesgos.

–Pues venga, di. Por algo se empieza. Te escucho.

Abre los brazos y se reclina en la silla.

–Pues... esto...

–¿Quieres una cerveza? Tómate al menos una cerveza, hombre. ¡Dos cervezas! –le grita al pizzero, que está apoyado en el horno de brazos cruzados–. ¡Mejor dicho, tres! Yo tomaré dos.

–Los paquetes no hay que enviarlos como «efectos personales» ni dirigidos a destinatarios desconocidos. Antes era fácil, ahora estos cabrones... –Piensa en los agentes Falvey y Wilson y se alegra de darles el tratamiento que merecen–. Estos cabrones han entendido el juego. Antes era fácil: los paquetes con destinatario desconocido los devolvían al almacén de Alitalia, yo los cambiaba por otros llenos de cualquier cosa y os daba a vosotros los que venían de Palermo. Pero esto se ha acabado.

Llega el pizzero con tres jarras de cerveza llenas hasta el borde. Emanuele coge una, brindan.

–Por que las cosas cambien.

–Por que las cosas cambien. –Frank da un trago y se limpia los labios con el dorso de la mano–. O sea, el problema es ese: que ahora controlan todos los paquetes enviados como «efectos personales», sobre todo si vienen de Palermo con destinatario desconocido.

–Ya veo...

–Tienen que ser envíos comerciales, Emanuele. Paquetes con mercancía declarada. Y no deben remitirse desde Palermo. Enviadlos... no sé, desde Milán. Y el destinatario debe ser real, porque si no salta la alarma.

–¿Algo más?

–Sí. El valor de los paquetes no debe superar los doscientos cincuenta dólares, porque, si los supera, tiene que revisarlo un agente de aduanas.

–¡Joder! –Emanuele se acaba la primera cerveza, reprime un eructo y da un trago de la segunda–. ¡Joder! –repite–. ¿Doscientos cincuenta dólares? ¿Y qué coño meto en un paquete por menos de eso? ¿El culo del juez Falcone? ¿Qué otra cosa puedo meter?

–En realidad es fácil. Hay que enviar más paquetes con el mismo contenido, es decir, dividir el valor. Eso sí... –Frank se apoya en la mesa y se inclina hacia Emanuele. Ahora es él quien tiene la sartén por el mango y quiere aprovecharse–. Uno debe contener mercancía legal. –Levanta el índice–. Uno. El que yo haré que inspeccionen. Los demás me los llevo al almacén y hacemos lo de siempre.

–Ya... –Emanuele asiente. Enciende otro Camel. Ya no mete las manos debajo de la mesa cada dos por tres. Frank se alegra–. Muy bien, Frankie, muy bien. ¿Puedo darte un abrazo? –Sin esperar respuesta, Emanuele se levanta y lo abraza. Frankie nota en el pómulo la culata fría de una pistola–. Ya sabía yo que valías mucho. Hasta a Joseph se lo dije: ese vale mucho.

–Es mi trabajo.

Él trabaja en el almacén de Alitalia del aeropuerto JFK de Nueva York. Por eso le paga la principal compañía aérea italiana, no por traficar con heroína para los Gambino. Pero esto son simples detalles.

–Y otra cosa, Frankie. ¿Qué hacemos con tus... «honorarios», digamos? Como dicen los abogados, «honorarios» –repite, como si le pareciera una palabra muy fina.

–Pues mi... –Está a punto de decir «paga», pero se corrige por agradar a Emanuele– ... mis honorarios... –Si quiere seguir vivo, tiene que ser creíble. Y, para ser creíble, tiene que arriesgar–. Pues es un trabajo delicado, Emanuele... –El otro lo mira como si fuera a arrojarle la mesa encima. Pero Frank aguanta–. Y ten en cuenta que casi me descubren, luego arriesgo el doble. –Bien podía haber quitado el «casi».

–Entiendo, Francuzzo. ¿Cuánto quieres?

–Treinta mil.

–¿Treinta mil dólares? –Lo mira sorprendido.

–Treinta mil. Independientemente de la cantidad de mercancía que entre. Aunque solo fueran tres gramos, treinta mil.

–Coño, Frankie. –Emanuele se rasca la barbilla–. Coño... –Frank se encoge de hombros–. Eso tengo que consultarlo con los demás.

–Vale, sin problema.

–Hablamos, Frankie. Nos vemos el domingo.

Frank conduce hasta Brighton Beach sin respirar y mirando al frente. Aparca con dos ruedas en la acera, cierra dando un portazo y echa a caminar por el paseo marítimo. Pasea unos minutos, entra en un bar y pide un burbon doble con un vaso de agua y hielo. Mientras se lo sirven, va al teléfono e introduce nerviosamente dos monedas.

–Aquí Falvey.

–Acabo de hablar con Emanuele. Le he dicho cómo tienen que hacer los envíos ahora y le he pedido treinta mil.

–¿Y qué ha dicho?

–Hemos quedado el domingo a comer en la cafetería Milleluci. Creo que no vendrá solo.

Frank entra en la cafetería Milleluci –un bar normal y corriente, bien decorado, con fotos de Italia colgadas de las paredes y velas encendidas, aunque es mediodía– y encuentra a Emanuele sentado con otro hombre.

Joseph Gambino tiene un rostro radiante, no hermoso pero que da gusto ver. La nariz larga y fina, las orejas algo salidas, una sonrisa tranquila y alguna arruguilla en la comisura de los ojos castaños.

Frank no sabe qué hacer. Estúpido de él que no se ha preparado nada, un saludo, una frase. Suponía que iría algún pez gordo, pero no esperaba que fuera nada menos que el sobrino de su majestad Carlo Gambino.

–Él es Frankie –lo presenta Emanuele.

–Un placer. –Frank tiende la mano al jefe, que se la estrecha sin levantarse.

–Hablan bien de ti –le dice Gambino asintiendo levemente.

–Gracias.

–También dicen que ha habido un problema.

La sonrisa va desvaneciéndose lentamente, línea tras línea, arruga tras arruga, y Frank teme que desaparezca por completo.

–Sí, es verdad... Y lo siento. Pero es que podríais organizaros mejor, hacer mejor las cosas –dice. Pues sí: la sonrisa ha desaparecido por completo y ahora en la cara del capo se pinta otra cosa... ¿Rabia? Es evidente que le ha molestado esa segunda persona del plural. Es como si les hubiera dicho que ellos, no él, no se organizan bien, que lo que ha pasado no ha sido culpa suya.

A Frank le late el corazón como si fuera un tambor. Se pregunta si lo oirán Emanuele Adamita y Joseph Gambino.

Después de un silencio que se hace eterno, dice Emanuele:

–Pero, hombre, Francuzzo...

–A ver, ¿explícanos cómo podríamos organizarnos mejor? –pregunta el capo.

–Es lo que le decía a Emanuele...

–¿Y puedes repetírmelo a mí? –Habla Joseph Gambino con una extraña cadencia, rápida y ligando sonidos. Los italoamericanos llaman a los inmigrantes de última generación siciliana como él, que gravitan en torno a la cafetería Giardino y tienen nombres americanizados, los *zips*, porque hablan rápido y a veces no se les entiende.

–Por supuesto. –Frank le repite a Joseph Gambino lo que le dijo a Emanuele días atrás–. Lo importante es no enviar nada desde Palermo –insiste–. Es fundamental.

–No te preocupes, Frankie –dice Emanuele–, hemos decidido que enviaremos desde Milán...

–Y los destinatarios tienen que...

–Sí, sí... –Emanuele hace un gesto irritado–. Ya lo sabemos. Lo enviaremos a una empresa real, Arcobaleno italiano. Es de un amigo mío. Se llama Cesare y dice que no quiere saber lo que llevan los paquetes, que él solo me avisa cuando lleguen. Buen tío.

Frank se alegra de que Emanuele ya haya pensado en eso. Da a entender que lo tienen todo planeado y aceptan pagarle los treinta mil.

–Y los paquetes deben ir sellados...

–Sellados, ya... Tranquilo. Herméticamente. A ver qué hacen esos putos perros... Usan hasta animales. Otra cosa, Francuzzo... –Emanuele se inclina sobre la mesa–, querido Francuzzo... –Se inclina otro poco. Las narices casi se tocan–. ¿Quieres venirte conmigo? –Le envía un beso y rompe a reír. Pero Joseph sigue serio y Emanuele vuelve a guardar la compostura–. Di, ¿quieres venirte?

Frank palidece. ¿Por qué se lo pregunta? ¿Ir adónde? ¿Qué están pensando?

–¿Ir adónde?

–Te necesitamos como consejero, digamos... como experto.

–Pero ¿y mi trabajo?

–¿Qué pasa con tu trabajo? ¿No es esto también un trabajo? ¿O es que no quieres trabajar con nosotros?

–No, no, es que...

–No se hable más –dice Gambino–. Te vas con Emanuele. Necesitamos que los... aconsejes sobre el terreno, desde el punto de partida hasta el de llegada.

El capo se levanta y enseguida hace lo mismo Emanuele.

–Ah, Frank –dice Gambino–, lo de tu parte: imposible.

Frank abre mucho los ojos.

–Pero...

–Es demasiado. Treinta mil es demasiado.

Gambino aguarda de pie, inmóvil, con los ojos clavados en la cara del empleado de almacén Frank Rolli. Quien, con todo, hace un último y desesperado intento:

–Con todos los respetos, yo arriesgo mucho, don Giuseppe. –Es la primera vez que lo llama por su nombre, con lo que le recuerda que es italiano, y usando el «don». Tal vez se ha extralimitado, pero quiere ser coherente y sigue tensando la cuerda–. Y, además, soy el mejor, como sabéis.

A Emanuele se le hinchan las venas del cuello.

–¿Qué quieres decir, Francuzzo, que si no trabajas para nosotros puedes trabajar para otros?

–No, no... –se apresura a aclarar Frank–, eso nunca. –Pero lo dice mirando no a Emanuele, sino a Joseph–. Si no me queréis, me retiro. ¿Qué voy a hacer? Quiero decir que me retiro. Y sigo haciendo mi trabajo de siempre en el almacén, cobro mi sueldo y punto.

Joseph mira a Emanuele, que se encoge de hombros y solo espera a que el jefe le dé la orden. Pero el jefe mira a Frank, que repite:

–Con todos los respetos.

Gambino suspira. Se pasa la mano por la frente, se arregla el pelo. Está reflexionando.

Tras unos segundos, que para Frank duran un siglo, se sienta.

–Vamos a ver. –Tabalea con el dedo índice en la mesa y habla sin dignarse mirarlo a los ojos–. El asunto, amigo Frank, es que yo quiero enviar cuatro o cinco kilos. –Emanuele, que sigue de pie, menea la cabeza. No le gusta que el jefe le dé tantos detalles. ¿No será envidia eso que se ve en sus ojos?–. Y no puedo pagarte treinta mil dólares por cuatro o cinco kilos de mercancía, estarás de acuerdo, ¿no? Lo siento. –Abre los brazos–. Lo siento. –Suspira–. Así que, amigo Frank... –y pronuncia su nombre con una especie de desdén aristocrático–, hay dos posibilidades. Una es que si no haces lo que te digo te mato, yo mismo, con mis propias manos. ¿Me crees? –Frank traga saliva–. La otra –prosigue el jefe haciendo una larga pausa– es que enviemos más mercancía, mucha más, que justifique tus treinta mil.

–Pues... –dice Frank como un imbécil.

–Te decimos algo. Estate al tanto.

Emanuele le lanza una mirada de hielo. Por esa mirada comprende Frank que han aceptado sus condiciones y se ha salvado.

Aguarda a que los otros salgan del Milleluci y corre a Boo's dispuesto a pillar la mayor borrachera de su vida.

*

En Milán hay cantidad de músicos extranjeros, tiene razón Filippo.

Por la veintena de clubes de jazz que hay en la ciudad –Capolinea, Club 2, Studio 7, Le Scimmie, Swing y demás– pasan los grandes nombres del panorama internacional: Chet Baker, Bill Evans, Charles Mingus, Phil Woods, además de los italianos Franco Cerri, Renato Sellani... Rosaria se ha preparado un pequeño repertorio de tres temas de los que grabó en el estudio y podrá cantarlos en directo si, en una jam session, la invitan a subir al escenario.

The frozen mountain dreams
of April's melting streams,
how crystal clear it seems,
you must believe in Spring [...].

Canta pintándose las uñas. Quiere creer en esa primavera de la canción. Está harta de pasear por la avenida Umberto, de ver ventanas medio cerradas tras las cuales resuenan zuecos de mujer sobre suelos limpios, pulidos, y televisores a todo volumen que hablan de lugares donde suceden cosas, cosas de verdad, cosas que no son tiroteos, venganzas de honor, canciones tradicionales sicilianas y fiestas de la Virgen de los Dolores. En realidad, por eso, cuando Filippo arrimó su nuevo Lancia a la acera y le preguntó si quería dar una vuelta, le contestó con un «no» que quería decir «sí, pero tendrás que insistir». Esperaba que el Lancia de Filippo corriera tanto como para levantar una gran nube de polvo que acabara cubriendo la avenida Umberto, las ventanas medio cerradas, los suelos pulidos y las fiestas de la Virgen de los Dolores.

Pero para llegar lejos no basta un buen coche. Se necesita también un buen conductor.

Coge el pintalabios, le saca la punta girándolo con las dos manos y empieza a pasárselo por los labios. El canto pasa a ser tarareo.

Pronto lo verá. Podrá cogerlo, darle vueltas y... No, no está pensando en Filippo.

Lleva un par de botas de gamuza con cremallera. Será un largo viaje. Tiene pensado quitárselas en cuanto suba al coche. Milán está muy lejos de Palermo. Ha metido en una bolsa de tela unos diez casetes con temas de Ella Fitzgerald, Nat King Cole, Billie Holiday, Sarah Vaughan, Betty Carter, Tony Bennett. Lleva también «Sultans of Swing» de los Dire Straits, porque Filippo, cuando oye esta canción, empieza a canturrear: no entiende la letra, pero la chapurrea y sigue el ritmo, como hace con «The Best Is Yet to Come», y así por lo menos no se mete con ella. Si quiere destrozar algo, que destroce la canción...

Rosaria oye el motor del Lancia Delta que ruge en la callejuela. Filippo está dando acelerones. Le ha dicho mil veces que no lo haga, que molesta a los vecinos, pero mejor habría hecho en no decírselo, porque, desde ese día, lo hace a propósito, está segura.

–¡Ha llegado Filippo! –le grita su madre.

Él la espera sentado al volante, con unas grandes gafas de cristales de espejo y una cadenilla de San José colgando del retrovisor.

–¿Qué llevas ahí, Mía? ¿Todo el armario? –le dice por la ventanilla.

Ella se acerca lentamente al coche, deja la maleta en la acera y se asoma por la ventanilla trasera.

–¿Y?

–Y ¿qué? –Él no se da por enterado.

–¡Enséñamelos!

–¿Que te los enseñe? ¿Qué quieres que te enseñe?

–¡Va! –Da un puñetazo en el techo del coche.

–¡Eh, tranquila!... Primero mete la maleta en el maletero.

–¡Venga, jo!

Filippo menea la cabeza.

–¡Chis! Primero la maleta, te digo.

Rosaria exhala un hondo suspiro y coge la maleta de la acera con ambas manos. Es verdad que pesa mucho.

–¿No vas a echarme una mano?

Filippo repite:

–¡Chis!

Tira de una palanca que hay debajo del volante y el maletero se abre con un chasquido. Rosaria arrastra la maleta resoplando y, cuando levanta la portezuela, los ve. Son sus discos, apilados en tres grandes cajas llenas por la mitad. En la portada, de color azul oscuro, se la ve a ella sentada a un piano de cola. Calza unos zapatos negros de tacón muy largo y puntiagudo con los que parece que apuñale la corteza del mundo y que, mientras ve brotar la sangre, cante una linda canción.

Se titula «The Best Is Yet to Come».

Inspira un par de veces por la nariz que suenan como dos gruñiditos y rompe a llorar.

*

–¿Sabes lo que me gusta de Italia, Francuzzo?

–¿Las mujeres?

–¡Ja, ja, ja! Las mujeres también, ¡qué tío! –Le da una palmada en la espalda–. Y la familia. Pero lo que más me gusta es... cómo te diría... que es un país duro, ¿entiendes?

–Pues...

–Que es duro, firme. –Aprieta el puño–. Que existe de verdad, ¿entiendes? No sé si me explico...

–Sí, creo que te entiendo.

–Aquí en América ganamos pasta, hacemos bisnes y no digo que se viva mal, pero es como la oficina. Italia es la casa. ¿Me entiendes?

–Sí, perfectamente.

–Y de vez en cuando hay que poner los pies en el suelo, ¿no?

Frank asiente:

–Claro, los pies en el suelo.

El vuelo 603 de Alitalia con destino a Milán-Malpensa está a punto de despegar del aeropuerto JFK de Nueva York. Son las siete y media de la tarde. Emanuele y Frank saben que dentro de poco pasará una azafata con la cena y están deseándolo. Ha sido un día de preparativos. Mejor dicho, toda una semana. Y lo que les queda. Hasta dos días antes no se enteró Frank de que los kilos de heroína que tienen que cargar en el avión no son cuatro ni cinco, sino doce. Su responsabilidad es mayor. Es mayor el perjuicio que causará a la familia si la DEA los pilla. Y mayor sería también su seguro de vida, si tuviera uno.

–¿Qué te pasa, Frankie? ¿Estás cansado?

–¿Cansado? –Suspira, mira hacia arriba y se ve deslumbrado

por las luces de los asientos–. Cansado es decir poco. Estoy destrozado. He tenido que doblar turnos para pedirme estos días libres.

–Yo también estoy hecho polvo. –Le da una palmada en el muslo–. Pero ahora a relajarse. –Emanuele acciona la palanca del respaldo, el cual se abate y se detiene de golpe, casi rebotando. Se asoma al pasillo–. Usted perdone –le dice al que va sentado detrás, un hombre con una sudadera de los Boston Celtics blanca y verde–. Usted perdone –repite.

–De nada –responde el otro.

–Perdón –le dice también al que va sentado junto a la ventanilla, detrás de Frank, que lleva una chaqueta verde de tweed y un jersey de cuello alto blanco. El hombre levanta la mano. Emanuele sube el respaldo con un chasquido–. ¡Joder, qué mal funciona esto! –Frank ha cerrado los ojos. No duerme, pero hace como que duerme o, por lo menos, como que quiere dormir. El caso es que Emanuele se calle un momento–. Frankie... –Emanuele le toca el hombro–. Frankie... –Frankie suspira y abre los ojos–. Francuzzo, antes de que te duermas tengo que decirte algo importante.

Frank se yergue y se frota los ojos.

–Dime.

–Ya eres de los nuestros. –Lo mira esperando una respuesta, pero esta no llega–. ¿Entiendes lo que te digo?

–Sí, que...

–Que eres de los nuestros. Los muchachos me han dicho que te dé recuerdos. Hasta Saro. Me han dicho, literalmente: «Dale recuerdos a Frankie y dile que ya es de los nuestros, que lo apreciamos». –Lo mira unos segundos. Frunce el ceño–. ¿Entiendes?

–Sí, sí, entiendo, Emanuele. Que soy... Gracias, no sé qué decir. Recuerdos a ellos también, a Saro... Para mí es un honor. –Se lleva la mano al corazón–. Me siento honrado.

Emanuele le da una ruidosa palmada en la espalda.

–Ya puedes dormirte. Bueno, no, espera, una última cosa.

–No quiero dormirme, solo cerrar un poco los ojos.

–En Milán... –Emanuele se da cuenta de que está hablando muy alto y baja la voz–. En Milán habrá una reunión. Tú no puedes asistir. Sé que te parecerá extraño después de lo que acabo de decirte, pero estate tranquilo. Además, no es por nada. Estarán los de Knickerbocker Avenue, ya los conoces.

–Sí, ya.

–Pues eso. Yo pasaré la noche en casa de mi madre y tú en un hotel. Toma, este es el número de la casa de mi madre, por si acaso. –Le pasa una servilleta de papel arrugada con un número escrito con bolígrafo. Frank la coge y se la mete en el bolsillo. Cierra los ojos.

Pasan unos minutos y nota que le tocan el codo por detrás. Es el individuo que va sentado tras él, el del jersey de cuello alto blanco. Frank entreabre el ojo izquierdo, ve que Emanuele ha reclinado también la cabeza y quiere dormir. Saca del bolsillo el papel con el número de teléfono y se lo pasa al agente Falvey, que a su vez se lo pasa a Wilson, sentado al lado. Wilson se tapa la cabeza con la capucha de la sudadera y trata también de echar un sueñecito.

Cuando el avión aterriza en el aeropuerto de Malpensa, una luz tibia ilumina el cielo de Milán. La primavera también ha llegado a estas latitudes. El mismo asfalto parece oler a muguete.

Emanuele y Frank van en taxi a Vanzaghello, una población de cincuenta mil habitantes al norte de Milán, no lejos de Varese. Se apean en casa de la madre de Emanuele, una mujer bajita de ademanes graciosos que abraza y besuquea a su hijo, da la mano a Frank y enseguida se pone a hacer café. Apenas se sientan, dicen unas palabras de circunstancia y se comen unas galletas de mantequilla, suena el timbre. Son Domenico y Antonio, los hermanos de Emanuele.

Domenico y Antonio visten ropa de trabajo. Se saludan con una extraña formalidad, conversan un momento. De pronto suena el teléfono. Es para Emanuele.

–Esta noche en Il Vecchio 400 –dice cuando vuelve al salón. Los hermanos asienten–. Frankie no viene. Tú lo llevas al hotel –le dice a su hermano Antonio.

–¿A qué hotel?

–Al Astoria, en Busto Arsizio. Te apunto la dirección.

–Han quedado esta noche en un restaurante, Il Vecchio 400. Debe de estar en Milán.

Frank Rolli está tumbado en calzoncillos en la cama de una habitación del hotel Astoria. Le encantan los hoteles.

Sería todo perfecto si, al otro lado de la línea, no hubiera dos agentes de la Drug Enforcement Administration que le recordaran que tiene una deuda con el Estado y que, cuando la pague, contraerá otra con personas mucho más peligrosas.

Tiene instrucciones de no llamar a nadie, ni amigos, ni exnovias, ni putas, a nadie. Se pasa una hora bebiendo botellines de vodka, burbon y ginebra, tirado en la cama delante de la tele. En Antenna 3 Lombardia, un grupo de jovencitas en biquini se disputan el título de Miss Bustarella, mientras los que concursan por teléfono intentan ganar un automóvil que regala el concesionario que patrocina el programa. En RAI1 emiten un episodio de *El show de los Teleñecos*. Frank deja el mando en la cama y coge una lata de cerveza del minibar. Se olvida un momento de por qué está allí, en Busto Arsizio, encerrado en una habitación de hotel. Se olvida también de lo que le espera. Se duerme con el sueño pesado de quien ha cambiado de zona horaria.

–Coño, Frankie, ¡qué asco! –Emanuele entra sin llamar y se sienta en la cama. Lo siguen Antonio y Domenico. Miran a un lado y otro con repugnancia. Debe de apestar a cerrado, además, claro, de al montón de botellines que hay tirados por el suelo.

–Vístete –le dice Antonio.

Frankie ha abierto mucho los ojos y trata de recordar dónde está. Emanuele fulmina a su hermano con la mirada. Solo él puede tratar así a Frank. Es suyo. Suyo y de Joseph Gambino.

–Eso, Francuzzo, vístete –repite. Parecen tensos. Algo debe de haber ido mal en la cena. Frank coge los pantalones de la moqueta y se los pone.

–¿Pasa algo, tíos? –acierta a preguntar por fin.

–No, nada... Todo bien.

–¿Venís a decirme algo?

–No, nada... –Emanuele se encoge de hombros. Pero Frank sabe que algo pasa. Si no, no se habrían presentado los tres en la habitación a las... ¿Qué hora es? ¿Medianoche? Ya no esperaba verlos esa noche.

–Ha cambiado una cosa, un simpe detalle. Lo demás sigue igual. –No tiene Emanuele cara de que haya cambiado un simple detalle, ni la tienen sus hermanos. Domenico se rasca nerviosamente la barbilla, Antonio se mira las rodillas. Frank espera sin decir nada. Emanuele suspira–. La carga. Ha cambiado un poco. Pero para ti no cambia nada. Tú sigues llevándote treinta mil.

–¿La carga? ¿Qué pasa con la carga?

–Pues...

–¿En qué ha cambiado? –Los tres hermanos Adamita se miran. Tiene que decírselo Emanuele.

–En que ya no son doce kilos. Son unos pocos más.

–¿Unos pocos más? ¿Cuántos más?

–Unos pocos.

–¿Cuántos?

–Cuarenta.

–¿Cuarenta kilos?

–Yes.

–¡No jodas! –Frank busca con los ojos una botella llena, pero todas las que ve están vacías.

–Tú dijiste que querías treinta mil fueran los kilos que fueran, ¿no?

–Bueno...

–¿Sí o no? –Emanuele se inclina hacia el otro lado de la cama, donde está sentado Frank.

–Sí.

–Pues no se hable más. Nos vemos mañana. Abur.

Emanuele se levanta y los tres hermanos Adamita salen del cuarto.

*

–¿Cuánto falta para llegar a Milán?

–Poco. Pero primero nos pasamos a ver a Gino.

–¿A Gino?

–Si, un amigo mío. Tiene una tienda de discos, muy buena, ya verás.

–¿Y no está en Milán?

–No, pero está cerca. En Gallarate.

Rosaria resopla y se enciende otro Merit, total, no tiene que cantar al día siguiente, ya lleva los discos. Pero es que está harta. Ha sido un viaje larguísimo y parece ser que aún no termina. Cada tantos metros, las luces de la autopista iluminan el perfil derecho de Filippo. Él también está cansado, pero algo lo mantiene muy despierto. Parece más excitado que ella.

–Luego vamos al hotel y mañana por la mañana... ¡a ver la catedral!

–Y a comprarme el abrigo de piel.

–Sí, mujer, sí, el abrigo de piel, el abrigo de piel. Filippo Ragusa siempre cumple su palabra, ¿qué te crees?

Rosaria expulsa una bocanada de humo, da un par de caladas más y le pasa el cigarrillo, cuya ascua roja y larga parece una bengala.

–¿Y el Gino ese trabaja de noche?

–¿Cómo que si trabaja de noche?... Ah, ya. No. Es que me espera. ¿No te digo que es un amigo?

Es medianoche pasada, el tal Gino debe de apreciarlo mucho.

–Yo pensaba que estaba en Milán.

–¡Pues está en Gallarate! ¿Tienes algo contra Gallarate? –Se vuelve hacia ella. Rosaria le indica con la cabeza que mire al frente.

Gino está apoyado con el pie en la pared gris de un edificio bajo, junto a una persiana metálica cerrada en la que pone Magic Music. Filippo y Rosaria pararon en un área de servicio poco antes de desviarse hacia Gallarate y lo llamaron para decirle que estaban llegando.

Se acerca al coche con desgana, lleva los hombros caídos y una chaqueta vaquera gastada. Filippo baja del coche, se dan la mano.

–Hola, tío. –No hay nadie en la calle, la ciudad está desierta. Solo a lo lejos se oye ladrar un perro. Rosaria mira por el parabrisas. No parecen muy amigos, la verdad–. Te presento a Rosaria. –Pero cuando se vuelve no ve a nadie. Se asoma por el parabrisas–: ¡Eh! ¿Sales o no?

Rosaria se apea lentamente, con el ceño fruncido, la cara cansada. Bosteza y le tiende la mano a Gino.

–Mucho gusto –dice este–. ¿Y bien? –le pregunta a Filippo.

–Todo perfecto. –Va al maletero, lo abre y le enseña a Gino las cajas de discos. Gino coge uno y lo sopesa. Murmura algo.

–¿Cuántos hay?

–Cien.

Gino menea la cabeza. Rosaria lo mira contrariada. Esperaba un poco más de entusiasmo.

–Me quedo setenta.

–¿Setenta? –pregunta Filippo.

–Setenta.

–Vale. –Filippo se pasa la mano por el pelo–. Setenta –repite en voz baja–. ¿Puedes contarlos mientras mi amigo y yo hablamos un momento? –le pregunta a Rosaria.

Ella se queda mirándolo como si no entendiera nada. Filippo se vuelve a Gino y señala la persiana cerrada. Gino saca un gran manojo de llaves y la abre. Rosaria se sienta en el borde del maletero y empieza a contar los discos.

–Uno, dos, tres, cuatro, cinco, seis... –Va sacándolos de las cajas y apoyándolos en grupos de diez en la pared del maletero.

No sabe por qué, pero ya no se alegra tanto de separarse de esos discos.

Se pone a cantar, pero susurrando. Su voz es como un soplo sutil que se desvanece nada más salir, suave como la brisa tibia de primavera que le acaricia los brazos desnudos pero que, en vez de mecerla, le pone la piel de gallina:

The frozen mountain dreams
Of April's melting streams.
How crystal clear it seems,
You must believe in Spring [...].

*

El garaje de los Adamita es espacioso y está lleno de herramientas. En medio hay una furgoneta, una Ford Transit roja, que tiene la portezuela trasera abierta. Dentro hay media docena de bolsas de plástico envueltas en metros y metros de cinta adhesiva. Están llenas de heroína *brown sugar* que se cultivó en Afganistán, se elaboró en Egipto, se envió a Italia a través de Turquía, se refinó en Palermo y llegó a Lombardía cargada en una furgoneta precedida por un coche.

Emanuele y Antonio han comprado cajas de cartón, trozos de poliestireno, recipientes de zinc y demás material, como varillas de metal para soldar el zinc. Frank sujeta los recipientes y Antonio los suelda con cuidado de no quemar la bolsa que han metido dentro. Frank tiene la cara vuelta para no quemarse.

La operación se desarrolla en religioso silencio durante al menos dos horas. A la hora de comer, están los tres empapados en sudor.

–¿Comemos? –pregunta Frank secándose la frente con el

antebrazo. Antonio menea la cabeza, irritado. Tiene los brazos llenos de quemazos de las chispas que le han saltado.

–¡Nada de comer! –dice Emanuele desde el fondo del garaje–. ¡A trabajar! Esta es la dirección. Hay que enviarlo ahí.

Le pasa un papel a Frank y este lo lee.

–¿Ha cambiado? ¿No era Arcobaleno italiano?

–¡Eso da igual! –Emanuele abre los brazos.

–¿Centro nastri italiani? –Se inclina y mira dentro de una caja–. ¿Discos?

–Sí. Discos de jazz.

–¿Rosaria... Ferrara? ¿Y esta quién es?

–¡Y yo qué coño sé! –Emanuele se encoge de hombros–. Creo que es la novia de Filippo. Música buena y barata... Mercancía para inmigrantes.

Frank conduce la Ford Transit a la sede de la empresa Jumbo Freight Forwarders de Gallarate, la única que hay allí que hace envíos al almacén que la compañía Alitalia tiene en el aeropuerto JFK de Nueva York, donde trabaja Frank. Emanuele y Antonio lo siguen con los paquetes ya completamente embalados.

–Pues nada, Frankie. –Emanuele lo abraza en la puerta del hotel–. Da gusto trabajar contigo, gusto de verdad.

–Gracias, Emanuele. Lo mismo digo.

–Te apreciamos mucho, Frankie. Nos vemos al otro lado del charco.

Pero hay un cambio. Y esta vez no viene de los Gambino, sino de Frank Rolli.

–Listo –dice por teléfono mientras se tumba en la mullida cama del hotel, que alguien ha hecho antes de que él volviera–. Jumbo Freight Forwarders, Gallarate. Ha dado su documento de identidad. La heroína va en los paquetes. Los cuarenta kilos.

–¡Coño, Frank! ¡Enhorabuena! Estamos allí en veinte minutos. Tú sales dentro de dos horas. Estate preparado.

En el mismo instante, unos diez coches de policía se dirigen a toda velocidad a casa de los Adamita. Y otros corren al centro de Milán, donde una joven palpa con disgusto un suave abrigo de piel blanco.

–Ya no lo quiero –le dice a su novio, que la mira sorprendido–. Da mucho calor.

No era la primavera que quería. Rosaria no sabe si decirle que espera un hijo suyo. Hace días que se lo propone. Pero ya no tendrá ocasión. El viaje ha terminado, él ha dejado de necesitarla.

19. SUEÑOS

Palermo, 1983

Parece un adivino el hombre que se inclina sobre la mesa llena de papeles y recortes dispuestos en un orden que no es nada casual. Los mueve, los recoloca. Quita uno y pone otro. Está componiendo la negra historia de la heroína que parte en forma de larva desde las mesetas de Oriente Medio, llega a Egipto, donde sale del capullo y muestra su verdadero rostro, viaja por Turquía, llega a Palermo y de aquí cruza el océano hasta Estados Unidos. El dinero, que hace el trayecto inverso y de Estados Unidos vuela a Italia, es invertido y lavado por el constructor Ignazio lo Presti, pariente de los primos Nino e Ignazio Salvo, quienes, gracias a los muchos contactos que tienen en Democracia Cristiana –partido al que dan apoyo, ayuda económica, mordidas y hacen favores varios–, facilitan los contratos públicos que permiten que el dinero circule, se lave y, por qué no, crezca. Encima, las obras públicas que se conceden a las empresas de los Spatola y de Lo Presti ofrecen la posibilidad de repartir puestos de trabajo en una región crónicamente afectada por el desempleo. En Sicilia, los empleos –de capataz, de aparejador o de simple peón– valen su peso en oro. Quien consigue uno está más que dispuesto a devolver el favor en la cabina electoral, marcando la casilla del partido del benefactor. Es un sistema circular perfecto que da de comer a todo aquel que forma parte de él.

Casi parece que no cause víctimas, piensa Giovanni, expulsando una nube de humo que viaja hacia la puerta del balcón del despacho coloreándose de gris y de azul; si se prescinde, claro, de los miles de personas que mueren con los brazos como acericos; de quienes luchan contra el crimen y acaban también con el cuerpo agujereado, aunque esta vez a balazos, y de quienes, aun formando parte del sistema, de pronto resultan peones incómodos. Uno espera siempre no tener que ver a ninguna de estas víctimas. Es una lotería al revés. Lo que muchos, demasiados, aún no entienden es que a quien juega a esta lotería le toca, tarde o temprano, una papeleta con una calavera pintada. En el mejor de los casos, unos cavan la tumba de otros.

También la hija de los vecinos de Rocco, que desapareció hace un tiempo, fue hallada muerta de sobredosis en el zaguán de un edificio, cerca de la universidad. La misma universidad a la que fue Caterina. ¿Quién cavó la fosa de esta joven? ¿El camello que le vendía la droga? ¿Los primos Salvo? ¿Rosario Spatola? ¿Ignazio lo Presti? ¿Democracia Cristiana? ¿Los Gambino, los Adamita, los Bontate, los Inzerillo...? Giovanni recuerda la escena final de *Asesinato en el Orient Express*. ¿Se puede arrebatar el cuchillo de las manos a todo un país? Quizá no. Pero se puede cerrar la fábrica de cuchillos.

Giovanni sonríe para sí. Se ríe de sí mismo y de su ingenuidad. También es cierto que, de momento, sus papeles, las fotocopias de los cheques, los informes de la policía, los atestados de los interrogatorios, todo esto justifica que se presente con una orden de cierre en la fábrica de los cuchillos, y quiere hacerlo.

Sonríe de nuevo. Mejor dicho, ríe abiertamente, con sus dientes blancos y su cara redonda. Tose, echa un poco de humo y menea la cabeza.

Sí, quiere hacerlo, quiere cerrar la fábrica de los cuchillos.

Y no le importa que se burlen. Está acostumbrado. Además, lo intentará acompañado de los mejores.

En la mesa que hay junto a la puerta del balcón se ve una jarrita en la que Francesca pone las rosas rojas que Rocco le regala de vez en cuando. Aún queda una. Empieza a mustiarse, pero aguanta. Cuando doble cabeza, podrán conservarla seca.

Rocco y él eran compañeros de celda. Esta noche Giovanni soñó que estaban en la cárcel del Ucciardone, él, Borsellino, Chinnici, Di Lello, Guarnotta y Ayala. A Rocco lo habían condenado a cadena perpetua y era el preso más viejo del pabellón. El escenario del sueño era extraño, como lo eran los delitos por los que habían sido encarcelados. Unos estaban allí por homicidio, otros por extorsión, otros por «investigar»; otros, como Guarnotta, por «escribir» (el sueño no daba más detalles sobre este curioso delito). A Ayala lo habían encerrado por «desertor» –ausentarse del trabajo para ir a comprar panelle al bar de la esquina se consideraba un delito militar– y a Di Lello por robar un lápiz del despacho del fiscal Pizzillo.

Bueno, no, a Borsellino también lo habían encerrado por un delito vagamente relacionado con algo real, como en el caso de Ayala: por participar en una reyerta durante una manifestación estudiantil. Eran, pues, cargos y delitos extraños pero igualmente graves y odiosos –como que los demás reclusos los miraban mal– que el código penal y el militar castigaban con la cárcel. En cierto momento parecía que Borsellino quería evadirse con un grupo de mafiosos del barrio de Passo di Rigano.

Aunque algunos elementos del sueño, vistos a la luz del día, sean indudablemente cómicos, lo que produce a Falcone una extraña inquietud es la cárcel misma, el Ucciardone. Cada vez que va a interrogar a un recluso, se pone nervioso. Y no es de extrañar que así sea, pues en este centro penitenciario de Palermo sufrió hace unos años un segundo atentado. Había ido a interrogar al constructor Ignazio lo Presti, precisamente. Estaban hablando en el locutorio, con expedientes extendidos sobre la mesa, cuando otro recluso, un tal Salvatore Sanfilippo, mafioso de Borgo Vecchio, entró en la sala. Por misterios de la administración penitenciaria, Sanfilippo había podido introducir en la cárcel una pistola calibre 38. Fue Lo Presti, puede decirse, quien le salvó la vida. Cuando el constructor vio entrar a Sanfilippo, le dijo a Falcone: «Cuidado que viene por nosotros». Giovanni se levantó al instante y, de una patada, cerró la puerta, tras lo cual él y Lo Presti se refugiaron en un cuarto interior. Sanfilippo, descubierto, se inventó un absurdo numerito: apuntó con la pistola a otro magistrado –que había ido a hablar con un preso– y pidió que lo trasladaran a otra cárcel. A todos les pareció extraño que un recluso como Sanfilippo, que, por pertenecer al clan al que pertenecía, vivía allí a cuerpo de rey, se hubiera metido en aquel lío solo porque quería que lo trasladaran de cárcel. Mucho interés debía de tener el mafioso de Borgo Vecchio en hacer lo que había intentado hacer.

Es, pues, normal que la imagen del Ucciardone –después de que en la de Favignana lo amenazaran con degollarlo– pueda hacerle empezar el día con mal pie.

Se despertó al alba, como siempre. Francesca dormía junto a él, vuelta del otro lado. Se lavó y se vistió con un sabor de boca repugnante, como si tuviera una papilla viscosa en la lengua que no se le fue pese a los muchos y abundantes pases de dentífrico. Aunque grotesco y en muchos sentidos cómico, el sueño le había causado una gran angustia.

El sol aún no había salido y ya tenía lista la bolsa de la piscina. De un tiempo a esta parte, si quiere nadar un poco, tiene que ir muy temprano, a la hora de la comida o por la noche. Cuando va en horas punta, la mirada de los bañistas se parece mucho a la de los presos imaginarios de la cárcel del Ucciardone. Lo mismo ocurre en el cine, al que ni él ni Francesca van desde hace casi un año. No recuerda ni la última película que vio en una sala. Cada vez que iba, los escoltas tenían que despejar cuatro filas de asientos para crear a su alrededor una barrera de seguridad. A restaurantes tampoco va. Ya es habitual que cuando llega Giovanni con la escolta, la gente se levante y se vaya, para gran alegría, como puede imaginarse, de los dueños, que ven cómo, gracias al juez tocapelotas, se les esfuman pingües ganancias.

La soledad de sus papeles, su retroceder en el tiempo siguiendo la ruta de la heroína, de los cheques y de los vuelos entre Italia y Estados Unidos es también como un puerto franco. Es un lugar al que puede ir cuando todos los demás le están vedados. Le pasa lo que a Buscetta, que está exiliado en Brasil.

Traficar con drogas, cometer asesinatos, investigar. Son muchos los delitos por los que pueden encerrarlo a uno.

El sol traspone lentamente los edificios de la calle Notarbartolo y el azul claro del cielo va dando paso poco a poco al azul oscuro. Casi parece que aquí puedan hacerse las cosas tranquilamente; que existe, digamos, un poco de clemencia. Todo ha ido como debía ir, los papeles del proceso Spatola están en orden: los cheques, los atestados, los documentos de la DEA, el testimonio del infiltrado Frank Rolli... Las condenas de los acusados serán ejemplares, no cabe duda. El planteamiento de la acusación es firme. No tiene puntos débiles. A través de los Spatola podrán remontar la cadena, llegar a la política, a las personas importantes, puede que a los dirigentes de Democracia Cristiana y al jefe de este partido en Sicilia, Salvo Lima.

Aun así, Giovanni siente un malestar que no se explica. ¿Cómo es posible que persista la mala impresión que le dejó ese sueño absurdo y disparatado ahora que es casi de noche? Recuerda que había hasta ternura en la manera como Rocco controlaba a los muchachotes de la cárcel. No cabe duda: si uno tiene que encerrarse –ya sea en sueños o en el despacho de un juzgado–, lo mejor es que lo haga en compañía de una persona como Chinnici. Normalmente, pensar en él le sienta bien, lo relaja. Piensa en ese hombretón que cultiva rosas para regalárselas a las mujeres de los amigos y se serena. Nunca olvidará la imagen de Rocco agachado ante el rosal con la pequeña Gaia. Ni que luego, en la cocina, le reveló el secreto de los macarrones a la Chinnici.

Y entonces, ¿por qué ahora, cuando piensa en Rocco, siente que la inquietud aumenta en vez de disminuir? No es miedo, angustia ni nada parecido. No es tan intenso. Es más bien una sorda desolación, un leve temblor de las manos, de la punta de los dedos. Dentro de poco, cuando venga Francesca, se sentará a cenar y se olvidará. Ni siquiera se acordará a la mañana siguiente, cuando lo llamen para decirle que han matado a Rocco y que su cuerpo carbonizado yace hecho pedazos sobre el asfalto.

20. SIN PROTECCIÓN

Palermo, 1983

Lo que Rocco no dijo es que tenía mucho miedo. No tanto como para dejarse paralizar por él, claro, pero sí mucho. Y es que nadie asociaría la palabra «miedo» con aquel hombre grande y recio como un roble. Desde que el general Dalla Chiesa, gobernador de Palermo, fue muerto a tiros, Rocco sabía que no escaparía. Ya estaba claro que no había límites, que los justos caminaban con una cruz negra pintada en la espalda y la escoria, la hez de la sociedad, el grado cero de la evolución humana enarbolaba metralletas y entonaba alabanzas a los malditos jueces que los absolvían, a los policías que miraban para otro lado, a los políticos que les regalaban contratos públicos y con los que se codeaban. Rocco Chinnici tenía ya claro dónde estaba el infierno. Después de Dalla Chiesa, también habían asesinado al amigo y colega Giangiacomo Ciaccio Montalto. Acababa de pedir el traslado a Florencia, donde esperaba trabajar con tranquilidad, cuando lo mataron también como a un perro rabioso en la puerta de su casa con una metralleta Luger y dos pistolas. Los asesinos le dispararon a la una y media de la madrugada, pero su cadáver no fue hallado hasta las seis y media por un pastor. Los vecinos, a pesar de haber oído los disparos, dijeron que no avisaron a la policía porque creyeron que eran cazadores furtivos.

Cada muerte es como un sello más que se estampa en la orden de liquidar a Chinnici y compañía.

Todos están expuestos. Nadie puede ya sentirse a salvo. Si los corleoneses quieren, pueden poner una escalera en la catedral de Monreale, subir al paraíso y pegarle un tiro a Dios. Si Riina lo desea, puede reventar la bóveda celeste de un cañonazo. Si a Liggio le viene en gana, puede pegar fuego a las pilas de agua bendita.

Lo que Rocco no dijo es que las llamadas nocturnas de alguien hablando en voz baja le daban miedo. La carta que recibió, en la que decía: «Bienaventurado quien te haga daño, bienaventurado quien hable mal de ti, bienaventurado quien te destruya...», como si fueran las siete bienaventuranzas, también lo asustó. Porque el asunto no es tanto quién tiene miedo y quién no, sino quién carga con el peso de sus miedos y quién prefiere descargarlo en otros. ¡Cuántas veces no se ha escudado Rocco en el secreto profesional para no contar a los suyos la forma que tenían sus miedos, el rostro, el nombre y los apellidos, y cuántos cadáveres se habían cobrado!

¡Cuántas veces dijo que estaba cansado, cuántas veces desatendió sus rosales o aplazó un viaje al campo para quedarse solo en casa con sus papeles! Rocco no contó que se había convertido en un blanco móvil, que ni loco le haría nadie un seguro de vida. Se le habrían reído en la cara. «Aunque llevo escolta», dijo en una entrevista, «sé que pueden atacarme en cualquier momento. Espero que, si eso ocurre, no les pase nada a mis escoltas.»

Lo que Rocco no dijo es que, cuando se despedía de la gente en el vestíbulo y no en la calle, lo hacía porque temía que, si atentaban contra él, pudieran alcanzar a otros. Quería enfrentarse solo a la ira de los dioses mafiosos. Expiar su culpa, cumplir su condena. El Estado, por cierto, lo ayudó en esto cuando retiró la guardia que había montada en su puerta. El sentido de la oportunidad es una gran virtud de ciertos políticos italianos. Los domingos siguió cocinando macarrones a la Chinnici metido en su cocina mientras los pensamientos daban vueltas en su cabeza.

Lo que Rocco no dijo es que, al día siguiente de la boda de su hija Caterina, un hombre de la familia Madonia –una de las familias implicadas en el proceso contra Michele Greco y los ciento sesenta y un imputados más, incoado el año anterior– fue visto merodeando el edificio. Cuando el portero le preguntó quién era, el hombre desapareció sin contestar. Caterina nunca lo supo. Su vestido de novia era demasiado bonito, su felicidad demasiado importante.

Lo que Rocco no dijo, porque no tuvo tiempo, es que volvería a hacer lo que había hecho, que haría más si pudiera, que encerraría a más gentuza de esa, que se incautaría de más kilos de droga, incluso aunque fuera un solo gramo más. Tal vez alguien se salvaría. La hija de los vecinos o cualquier otra persona. Porque, ahora que Rocco no está, siguen muriendo jóvenes con una aguja clavada en el brazo. Siguen llegando kilos de heroína a Palermo, donde se queda una parte y de donde otra parte sale para Estados Unidos. Llega dinero a raudales, brotan nuevos edificios, corren nuevos coches por las calles como en un desfile de costosa miseria, relojes de lujo adornan la muñeca de los capitostes de Democracia Cristiana. Los políticos siguen dándose la gran vida, los constructores siguen construyendo. Parece que nada haya cambiado. Pero Rocco plantó una semilla. «Este año han muerto trece jóvenes por sobredosis», dijo en un congreso. «Trece que sepamos, porque ¿y esos jóvenes que, por piedad, decimos que mueren de hepatitis y otras causas aunque sepamos que también son víctimas de la droga? ¿No somos todos responsables de esas muertes? Pues yo digo esto: yo sí me siento responsable.»

Bien está que haya plantado una semilla, que sirva de ejemplo, que sea valiente y demás. Pero ¿quién regará ahora sus lindos rosales?

21. CRÁTER

Palermo, 1983

Todo se ha quemado en la calle Pipitone Federico. Una explosión ha estremecido los edificios de abajo arriba, una explosión de una violencia obscena, innecesaria para la púdica estrechez de esta callecita cercana a la calle Libertà, apartada, modesta, tranquila. Y ahora, después del estampido que ha atronado el cielo a las ocho de la mañana, quemando, pulverizando, rompiendo, reventando, desgarrándolo todo, y que ha dejado un cráter en el suelo, chatarra de coches humeantes, persianas destrozadas y polvo de cosas que antes tenían sentido y ya no lo tienen, ahora solo se oye un rumor. Es el rumor que producen quienes han salido a la calle, cientos de pequeños seres humanos que hablan con miedo, inseguros y temblando, que pueblan esta especie de colonia marciana.

Se han roto las ventanas de las casas en un radio de unos cuatrocientos metros. Había setenta y cinco kilos de trilita en el coche que ha explotado en la puerta del edificio donde vivía Rocco Chinnici. Era un Fiat 126 que había aparcado allí, a unos metros de la puerta, tan pequeño y verde que parecía un inofensivo guisante. Los cuerpos que yacen esparcidos por la calle y cuyas facciones cuesta reconocer son los del juez instructor Rocco Chinnici, de los carabineros Mario Trapassi y Salvatore Bartolotta, miembros de la escolta, y del portero del edificio, Stefano Li Sacchi, que también ha muerto. El único superviviente de la escolta es el joven conductor Giovanni Paparcuri, herido de gravedad.

Los primeros que han corrido a la calle han sido Elvira y Giovanni Chinnici. Veinticuatro y diecinueve años. Carne de su carne, que ya no existe.

La pesadilla de Rocco, que alguien de su escolta muriera con él, se ha hecho realidad. Es lo que este atentado quería ser: una pesadilla. Además de una inauguración. Empieza la temporada de las bombas. Ya no es necesario que los telediarios den la noticia de los asesinatos: se dan a conocer ellos solos. El terror se anuncia a sí mismo. Se abre paso como si fuera un gigante teledirigido que aplasta edificios, vuelca coches; ni siquiera repara en las «víctimas colaterales» a las que aplasta con sus enormes suelas. Es más, cuantas más haya, mejor.

A ver si así funciona, dice alguien en este momento en la oscuridad de su madriguera. A ver si así aprendéis. Ahora mismo hay gente brindando en el barrio del Capo. Gente que está de fiesta, que ríe, que grita con una alegría loca, que escupe gotitas de vino, come y hace un ruido de mil demonios. Hacen tanto ruido que tiene que ir la policía a decirles que se callen, que tengan decencia, que se acuesten ya. Eso es lo que hará Billy, el perro de Rocco, aunque él sin comer ni beber: se acostará a la puerta del despacho de su amo y se quedará allí una semana.

A Elvira y a Giovanni se los lleva la policía del lugar de los hechos aún en pijama. Caterina viene corriendo de Caltanissetta; su madre, Agata, que formaba parte de un jurado examinador en un colegio público de Trapani, acude también. La panadería de abajo ha quedado completamente destrozada. Hay diecisiete personas heridas, entre ellas dos niños. Hasta los árboles se han quemado. Los cuerpos de las víctimas, que la policía ha cubierto piadosamente con unas lonas blancas, han quedado despedazados, desfigurados, mutilados.

Sin embargo, el verdadero drama no son estas ruinas humeantes. La señal de la derrota no son estos escombros. Hay un drama, sí, el drama de una familia destruida, de un hombre bueno, honesto y servicial que ha sido barrido de la faz de la tierra, hecho pedazos; el de los dos carabineros de la escolta que llevaban a casa un sueldo del Estado y han sido asesinados también a sangre fría; el del portero –la persona que se supone que debía vigilar y proteger la casa– que ha muerto en un instante, abatido por el trueno feroz de la trilita; el del conductor, Paparcuri, el de los demás heridos, el de los dos niños, el de las tiendas destrozadas, los cristales rotos, el cráter en el asfalto y los árboles caídos. Pero el verdadero drama o, mejor, la verdadera tragedia no es solo la de una familia, una calle, una ciudad o una región del país. El verdadero drama es que, mientras el humo se eleva de estas ruinas, mientras el templo envuelto en llamas se hunde con todos los fieles dentro y el hedor de los cuerpos quemados se extiende en forma de nube negra sobre las cabezas de un pueblo desdichado, aún hay quien cree que en esta Babilonia se puede vivir bien, puede buscarse un rinconcito tranquilo, un refugio al que las llamas nunca lleguen y, si algún día llegan, no pasa nada, bastará con mirar para otra parte.

Este es el verdadero drama, este agnosticismo de la conciencia. El verdadero drama es que hay gente tan necia que no cree en nada.

Sigue el murmullo en la calle Pipitone Federico. Es un murmullo contenido y sereno. La gente llena la calle y parecería un cortejo fúnebre si, en medio de la multitud, no hubiera restos de coches y montones de escombros.

Nadie teme que explote otra bomba. Lo que debía suceder ha sucedido. Misión cumplida. Rocco Chinnici es ya pasado.

22. EL MONJE

Palermo, 1983

Es de noche y lleva un abrigo negro. Un hombre con uniforme de la policía fiscal abre la puerta trasera del coche de cristales ahumados, él saca un pie lentamente y luego el otro.

–¿Quiere que le compremos algo de cenar? –le pregunta el joven agente, pero él hace un gesto con la mano. No quiere nada. Hoy no cena. Se pone de pie, también muy despacio. Un sombrero de fieltro le cubre la cabeza calva. Es 9 de noviembre. En Palermo empieza a hacer fresco. Otro agente, el que conducía, se apea y se coloca junto al primero. –¿Está seguro? Es un momento.

El hombre agita otra vez la mano. Lleva la cabeza gacha. Hay algo en su aspecto que lo asemeja a un monje.

–Por aquí –dice uno de los dos hombres uniformados. Se dirigen a la entrada del cuartel de Cangialosi, sede de la policía fiscal.

El patio interior está rodeado de un gran claustro. El cielo es negro y estrellado. El hombre del abrigo se detiene de pronto, los dos agentes se dan cuenta cuando se han adelantado unos metros. Se vuelven. Tiene la cabeza erguida, como si oliera algo, y mira hacia arriba. Se le acercan. También ellos, ahora, caminan despacio, pisando con cuidado para no hacer ruido.

–Era un convento, ¿verdad? –pregunta él mirando el claustro con cierta fascinación.

–Sí, un convento dominico. Aquí al lado está la iglesia de Santa Cita –contesta uno extendiendo el brazo.

–Luego fue hospital militar –añade el otro.

El hombre que parece un monje se quita el sombrero, hace señas a los agentes de que continúen. Ya no es joven, pero tampoco tan viejo como parece. Su actitud, sus movimientos acompasados le hacen aparentar muchos más años de los que tiene. También su acento es peculiar. Es toscano, pero no puro. En su sobrio hablar resuena un deje siciliano.

–Esta es su habitación. –A los dos hombres de uniforme se ha unido un tercero, de más edad y más corpulento, con insignias de general–. Nos damos perfecta cuenta de que es un alojamiento sencillo, pero es provisional, hasta que...

–Sencillo –lo interrumpe él–. Esa es la palabra. Es una palabra que me gusta. –Sonríe a la luz débil que entra por la puerta. Tiene una sonrisa extraña, muy dulce, que, sin embargo, transmite decisión.

Arrimada a la pared de la derecha hay una pequeña cama sin cabecero, con unas sábanas blancas bien planchadas y una manta gris que cubre la mitad de ella, y una mesita de noche. A la izquierda hay un armario de madera. Junto al armario, hay una mesa y dos sillas, también de madera. Entre la pared de la derecha, donde está la cama, y la de la izquierda, donde está el armario, hay una pequeña ventana, estrecha y alta, que da al exterior. De una pared a la otra habrá como mucho dos metros y medio.

–Mañana, si quiere...

–Aquí estaré muy bien. –Sonríe de nuevo–. Muchas gracias.

Los dos agentes que lo han llevado al cuartel miran discretamente al general.

–Bien, pues si no necesita nada más, le damos las buenas noches. –Le tiende la mano, él se la estrecha. El general da unos pasos, se detiene y se vuelve al huésped, que ha ido a mirar por la pequeña ventana.

–Es un honor tenerlo aquí –le dice, como si se acordara ahora de esta formalidad que, después de todo, no es indispensable. Asiente, da un taconazo y sale del cuarto seguido de sus hombres.

Se llama Antonino Caponnetto y nació hace sesenta y tres años en Caltanissetta, pero ha vivido casi toda su vida entre Pistoya y Florencia. Por eso habla con acento forastero.

Nadie se opuso a que ocupara el cargo de Rocco Chinnici. No hubo ningún problema. Si Caponnetto quiere que lo maten, allá él. Le deseamos lo mejor. Y tampoco parece que pueda causar grandes daños en el tiempo que dirija el juzgado de instrucción del tribunal de Palermo. El Consejo Superior de la Magistratura nunca fue tan unánime: veintiocho votos a favor, ninguno en contra y tres abstenciones. Así que Caponnetto, fiscal adjunto de Florencia, se despidió de su mujer, de sus hijos y de los animales que pacían y escarbaban en el corral, se subió a un coche oficial y se puso en camino hacia Palermo. Además de lo estrictamente necesario, se llevaba dos libros. Ahora abre la maleta de piel que los agentes le han traído a la habitación, saca esos libros y los deja en la mesita de noche. Uno es *En busca del tiempo perdido*, de Proust; el otro, las *Confesiones* de San Agustín.

Sombrero y abrigo cuelgan de la percha que hay detrás de la puerta. Caponnetto se quita los zapatos, los deja debajo de la mesa y se sienta en la cama. Permanece así unos instantes, con las manos en el regazo, mirando la puerta del armario. Tiene la piel muy clara, de una palidez antigua. Quizá es eso lo que le hace parecer más viejo.

De pronto, exhala un leve suspiro, coge el libro de las *Confesiones* de encima de la mesita de noche y lo abre por una página que, como muchísimas otras, tiene la esquina marcada. Empieza a susurrar. Solo si acercáramos el oído a sus pálidos labios entenderíamos lo que dice, las palabras que pronuncia. Parece una letanía. Las ha leído tantas veces que la página escrita ya no es más que un fetiche. De hecho, de vez en cuando levanta la mirada del libro y sigue murmurando sin tener que leer:

> Y ligado a la enfermedad de la carne arrastraba mi cadena con mortífero deleite, temeroso de ser desatado y rechazando, como en una herida inflamada, las palabras del buen consejero igual que si fueran las manos del sanador [...].

El cuartel está sumido en un silencio irreal. El cuarto del juez no debe de ser distinto de aquellos que antiguamente ocupaban los monjes. Incluso es más que probable que lo único que haya cambiado sea la pintura de las paredes. Solo se oye una gota lejana que, como un tictac, acompaña el susurro del juez. Alumbra el cuarto la luz tenue de una lámpara de mesa que hay conectada a un enchufe de la pared, pintado también de blanco.

> ¿Dónde, pues, está el mal y de dónde y por dónde se ha infiltrado aquí? ¿Cuál es su raíz y cuál su semilla? ¿O será que no existe en absoluto?

Cuando, en el último momento, se lo dijo a su mujer y esta, enfadadísima, le preguntó por qué quería irse a Palermo, por qué maldita razón había pedido el traslado a aquella ciudad donde acababan de matar al jefe del juzgado de instrucción y habían matado a tantos policías, carabineros y representantes del Estado, Nino le contestó que, al enterarse de la muerte de Rocco Chinnici, tuvo «un impulso» que no pudo reprimir. Este impulso, añadió, estuvo precedido por varios días de «dolorosa meditación» y de angustias que prefirió ocultarle.

Muchos otros sí pudieron reprimir ese impulso. Todas las solicitudes anteriores fueron retiradas y Nino fue el único que se presentó, además del presidente del juzgado de menores. Al final ganó él.

La noche envuelve el antiguo convento de Santa Cita. En el silencio solo se oye el tictac lejano y regular de una gota y una voz que susurra. Es una voz débil pero obstinada que, sin saberlo, renueva un ritual, un ritual de preguntas y respuestas que se funden y se elevan, tímidas, pero obstinadas también, hacia el cielo negro:

> Y en todo el amargor que desde tu misericordia seguía nuestros actos mundanos, cuando considerábamos la finalidad por la que padecíamos esas cosas, nos invadían las tinieblas [...].

De pronto la gota deja de oírse. Y solo queda la voz susurrante de un hombre que, sentado en una cama, encorvada la espalda, sostiene un libro:

> Y apartábamos la mirada sollozando y decíamos: «¿Hasta cuándo esto?».

23. POCOS AMIGOS

Palermo, 1983

También Rocco Chinnici dejó preparado un pequeño artefacto antes de irse. El jefe del juzgado de instrucción tenía la costumbre de anotar en un diario –una breve agenda, de pocas páginas– los hechos que creía más significativos.

El diario de Rocco revela la vida interior de un hombre perseguido. Perseguido por mafiosos, por muchos colegas, por políticos, por empresarios. Un hombre de carácter férreo y altruista que, en vida, sabía refrenar sus impulsos. Pero ahora que ha muerto, sale a la luz la inconveniencia e irracionalidad de algunos de sus pensamientos, de algunas de sus sospechas. Hay incluso quien utiliza el diario como si fuera un arma arrojadiza.

Y es que el diario de Rocco no deja títere con cabeza. Hasta sacude a Giovanni Falcone por tomar medidas sin consultar con él, llevarse sumarios a casa, no hacerle partícipe de ciertas reflexiones. Lo que ocurre es que Rocco dejaba constancia de las dudas, los conflictos, las sospechas y no de los momentos de sintonía, que eran muchos y limaban todas las asperezas. Esto convierte su diario en una gran arma en manos de quienes quieren sembrar discordia, que lo usan para atacar a este o a aquel magistrado, lo que crea malestar y agrava las tensiones que ya existen en la fiscalía de Palermo, a la que por algo la prensa ha dado en llamar «el palacio de los venenos».

Este es el clima que reina cuando Caponnetto toma posesión de su cargo.

La ceremonia es pomposa y redundante. Contrasta con la sobriedad de los tribunales toscanos a la que el juez está acostumbrado. Cuando, después de muchos discursos, presenta a Caponnetto a las numerosísimas personas presentes, el abogado general del Estado Carmelo Conti dice que «ya se ha hablado mucho de él».

–Quizá demasiado –lo interrumpe Caponnetto. Algunos ríen, pero el nuevo jefe del juzgado de instrucción no quería ser gracioso. Caponnetto está cansado y abatido. Después del largo viaje, durante el cual el coche blindado se averió y tuvo que ser reemplazado por otro, ha dormido poco y mal en su habitación del cuartel de Cangialosi, que, por cierto, la policía fiscal ha puesto provisionalmente a su disposición, dado que los carabineros se han negado a alojarlo. Por eso él se ha «olvidado» de asistir a una comida a la que lo han invitado algunos oficiales del cuerpo de carabineros y ha preferido ir a la organizada en su honor por los colegas en un chalé privado.

Y hay más. Justo antes de empezar la ceremonia, en el pasillo, el juez adjunto Marcantonio Motisi le ha dicho a Caponnetto que recurriría su nombramiento. «Con todos los respetos», le ha dicho, «no puedo hacer otra cosa. Para mí es una cuestión de principios.» Él le ha contestado con mucha calma que ni siquiera será parte en el juicio. Que no se opondrá, vamos. Si Motisi cree que tiene más derecho al cargo, adelante.

La llegada de Nino Caponnetto ha sido, pues, todo menos tranquila. Pero, claro, ya sabía él que no venía a Palermo a descansar y disfrutar de la vida.

Cuando por fin las aguas se calman y la multitud de togados se dispersa por las dependencias del tribunal, el juez instructor se dirige a su despacho. Un joven magistrado con el pelo cortado a cepillo abre camino y lo conduce, yendo siempre un paso por delante de la secretaria, al despacho del entresuelo.

–Aquí es... –dice la secretaria extendiendo el brazo hacia la puerta.

–Este es el despacho que... –intenta de nuevo adelantarse el joven del pelo corto. Pero Caponnetto levanta las manos.

–Gracias, pero querría estar solo un momento.

–Ah –dice la secretaria–. Sí... claro.

Ella y el joven se miran con odio y se alejan en direcciones opuestas. Caponnetto gira la manivela y entra en el despacho que fue de Rocco Chinnici.

Cierra la puerta tras de sí sin volverse y se queda mirando la gran mesa de madera y el sillón negro. Da unos pasos y se detiene en medio de la estancia. Se da la vuelta lentamente, mira a un lado y otro. Ve los calendarios conmemorativos de las fuerzas del orden, triunfales y vagamente chovinistas, que cuelgan de las paredes. Tuerce el gesto y sonríe, benevolente. Se acerca a la mesa, extiende la mano para tocarla, pero antes de que las yemas de los dedos entren en contacto con la madera la retira. Se queda así, de pie, mirando en torno, unos minutos. Desde el entresuelo se ve la calle y desde la calle se ve el despacho. Se supone que el gran cristal de la pared está hecho a prueba de balas, pero si hicieran estallar un coche bomba ahí fuera no serviría de mucho.

Caponnetto suspira y se vuelve de nuevo a la mesa. El cabello blanco, con entradas, brilla como nieve al sol. Tiene la cara cansada. Querría reposar, pero sabe que ni ahora ni en adelante podrá permitírselo. El recibimiento que ha tenido es toda una declaración de intenciones.

Sobre la mesa hay un montón de papeles y telegramas que la secretaria ha dejado. Agarra –no sin vencer cierta resistencia– un brazo del sillón y se da cuenta de que es el primer objeto del despacho que toca.

–Rocco –dice en voz alta, sin darse cuenta. Toma algunos telegramas, los repasa sin abrirlos. Son de gente que lo felicita por su nuevo cargo. Ve uno del alto comisario para la lucha contra la mafia, Emanuele de Francesco. Lo abre.

El comisario, con frases lacónicas, se congratula de su nombramiento y le dice: «Le deseo suerte». Pero hay algo raro. A Caponnetto se le hiela la sangre. Un escalofrío lo recorre de pies a cabeza. Sobre la palabra «suerte» han pegado una tira de papel adhesivo en la que dice: «muerte». El telegrama de De Francesco termina, pues, con la frase: «Le deseo muerte». El juez traga saliva varias veces. Se levanta con intención de pedirle a la secretaria que se lo lleve al fiscal jefe, pero vuelve a sentarse. Y hace bien, porque tendría que haberle pedido lo mismo al menos otra vez. Antonino Faro, Vincenzo Andraus y Cesare Chiti, los «asesinos de la cárcel» que han matado a varios reclusos en la prisión sarda de Badu'e Carros, amenazan con liquidarlo a él también muy pronto.

–No hagas caso, siempre escriben este tipo de cartas. –El fiscal Vincenzo Pajno es un hombre enjuto que lleva el pelo peinado hacia atrás, tiene un rostro felino, algo chupado, y las orejas grandes. Está sentado enfrente de Caponnetto en el despacho que fue de Chinnici. El nuevo jefe del juzgado de instrucción está serio; se diría que, como mucho, triste, pero no preocupado. Tiene la expresión que tendría un abuelo cuya nieta acabara de caerse y se hubiera desollado la rodilla. Da vueltas al telegrama manipulado y a la carta de los tres asesinos de la cárcel–. Estas cartas buscan una cosa concreta: que se incoen diligencias contra los autores para que los trasladen a otra cárcel donde seguramente quieren matar a algún recluso. Esta gente tiene planes complicados. Si quieres un consejo: no hagas caso. –Caponnetto enarca una ceja. Asiente en silencio y deja la carta y el telegrama en la mesa. Los coge otra vez. Los observa y suspira–. De la carta olvídate.

–Vale.

–Y sobre el telegrama... Ya he pedido explicaciones. Todo está claro, no hace falta que informemos a Caltanissetta. Estate tranquilo. Es normal. Todo regular.

–¿Todo... regular? –Caponnetto frunce el ceño. No entiende cómo puede ser «regular» que un juez que acaba de tomar posesión de un cargo reciba cartas amenazadoras de tres delincuentes a los que llaman «asesinos de la cárcel» y que alguien se introduzca en un juzgado y manipule el telegrama de un alto comisario para la lucha contra la mafia. El asunto es que Pajno, desgraciadamente, tiene razón.

Es todo normal: es decir, entra dentro de la norma.

Es todo regular: es decir, entra dentro de la regla.

Ya es de noche cuando el juez vuelve a su habitación del cuartel de Cangialosi. El cielo es de una negrura límpida. Por el ventanuco se ven algunos grupos de estrellas que, aunque no las conoce, Caponnetto supone que son constelaciones. Sobre la mesita de noche, al lado de la almohada de funda roja y blanca, lo espera el libro de las *Confesiones* de san Agustín, abierto por la mitad y vuelto, y el de la *Recherche* de Proust, que tiene varios papelitos a modo de puntos de lectura. El juez pone orden en las pocas cosas que tiene sobre la mesa que hay pegada a la pared y se asoma a la ventana. Espera a un amigo. Se conocen poco, nunca se han visto y no puede decirse que el otro tenga una gran fe religiosa, pero hay algo que los une. Por eso Nino lo espera como se espera a las personas que son especiales: vaciando la mente, llenándola de silencio.

Falcone llega algo sofocado y sonriente. Es exactamente como en las fotos de la prensa. No sabría Nino decir qué es, pero siente que lo acompaña una sombra, o una barrera, un muro sutil que se interpone entre su persona y el mundo e impide que sus pensamientos se desborden y lo inunden todo. Lo primero que piensa cuando le estrecha la mano es que es una persona reservada. Giovanni estuvo ocupado con las declaraciones y no pudo asistir a la ceremonia de toma de posesión ni a la comida en el chalé. Se ven ahora por primera vez.

–Perdón por el humilde aposento –dice Nino.

–La humildad no tiene por qué pedir perdón.

También se ve que Falcone es una persona segura de sí misma. La exposición mediática a la que está sometido por los juicios contra la mafia le da una conciencia de las cosas distinta de la que tiene la mayoría de sus colegas, más temerosos y apocados.

–Las *Confesiones* –dice mirando el libro que hay sobre la mesita de noche.

–Mi libro preferido. ¿El tuyo cuál es?

–No tenemos los mismos gustos. –Sonríe y coge una de las dos sillas que hay en la mesa. Nino coge la otra.

–¿Por qué? ¿Cuál es?

–*Cosecha roja*, Dashiell Hammett.

–No lo conozco.

–Es una novela de detectives. Está publicado con el título de *Plomo y sangre*.

–No, no la conozco. Por desgracia, no puedo ofrecerte mucho... Quieres...

–Descuida. ¿Cómo ha ido la toma de posesión?

–Bien... Pero mejor cambiemos de tema. –Ríe–. Gracias otra vez por lo de antes, muy amable por tu parte.

No se conocían, pero han hablado por teléfono. Giovanni lo llamó nada más conocer su nombramiento para felicitarlo y decirle que hay que moverse. «Está pendiente el caso de Michele Greco y los ciento sesenta y un imputados más», le dijo. «Desde que mataron a Rocco todo está parado y eso no puede ser.» Caponnetto está de acuerdo y ha tenido una idea: ¿Por qué no adoptar en la lucha contra la mafia el sistema de trabajo en equipo que tan bien ha funcionado en la lucha contra el terrorismo?

Nino y Giovanni, sentados a la mesa, hablan sin mirarse, porque mientras hablan apuntan nombres y datos en dos gruesos cuadernos de hojas rayadas.

–Quiero a Di Lello. Lo he escuchado en un par de congresos

y me ha gustado mucho. Chinnici era muy listo, tenía mucha vista.

–Sí –suspira Falcone.

–Y también a los otros. Guarnotta es el mayor, el que más experiencia tiene. Y cuenta además con una gran preparación jurídica.

–Estoy de acuerdo.

–Y estás tú, que... En fin, que con el equipo de Chinnici formamos nuestro grupo antimafia. Habrá que evacuar diligencias, claro.

Giovanni suspira, coge el puro que ha dejado en el cenicero y da una chupada.

–No será fácil. Aquí nada es fácil.

–Me ayudarán Caselli e Imposimato. Haré lo mismo que hicieron ellos en la lucha contra el terrorismo.

–Y está la cuestión del juez monocrático...

–Sí, ya... –Nino hace un ademán con sus manos blancas y finas. Los dedos nudosos se agitan en el aire como ramas sacudidas por el viento–. Verás lo que haré... –Coge a Giovanni de la muñeca. Este, instintivamente, se pone tenso, aunque al instante se arrepienta de esta reacción que puede parecer de rechazo. Nino lo nota y retira la mano, coge otra vez el bolígrafo y empieza a golpetear con él en la mesa–. Yo me asigno el procedimiento a mí mismo, ¿de acuerdo? Con esto respeto el carácter monocrático y el juzgado sigue quedando a cargo de un solo juez, que es el que decide. Sigo siendo el que manda, vamos. Pero, dada la complejidad del procedimiento y los muchos casos que habrá que instruir, etc., etc., delego la responsabilidad de cada caso en cuatro magistrados de plena confianza que colaboran conmigo. –Nino acompaña las frases con sendos movimientos del bolígrafo. Va dando con la punta en la hoja como si quisiera dejar bien sentado todo lo que dice, con lo que deja el papel lleno de puntitos que se parecen a las estrellas del firmamento que se ven por el ventanuco–. Seguramente nos lo pondrán difícil, lo sé.

–Sí, seguramente.

–Pero al final lo conseguiremos.

–Otra cosa quería decirte, Nino. Sobre el grupo antimafia. Creo que tendrías que rescatar a Paolo Borsellino.

Caponnetto aguza la vista. Se quita las gafas y las deja en la mesa.

–¿Rescatar? ¿En qué sentido?

–En el sentido de que, desde que se ocupó del homicidio del capitán Emanuele Basile, lo han..., cómo diría, apartado. Solo trabaja en casos menores.

–¿Y cómo es eso?

–Es... –Giovanni levanta las manos–. Está desanimado. Como que lo han apartado de todas las causas mafiosas. Pero el asunto no es si está desanimado, si es injusto y demás. El asunto es que es un magistrado de primer orden.

–Lo sé.

–Hemos crecido juntos, es un hombre de gran valía. Podría desempeñar una función importante, ¿no te parece?

Nino se rasca la sien.

–Pues sí, ya lo había pensado y ahora que lo dices...

–Claro que lo digo, con mucha razón.

–De acuerdo. Así, pues: Falcone, Di Lello, Guarnotta y Borsellino.

Apuntan el último nombre de la lista, dejan los bolígrafos y se estrechan la mano.

Se quedan en silencio un rato, hojeando cada uno sus apuntes. Cuando el puro, que ha llenado el cuartito de volutas de humo gris, queda reducido a una gruesa colilla, Giovanni lo apaga. Se levanta, coge su bolsa del suelo y, de pronto, dice en voz baja, como si confesara algo:

–Nino, sé a lo que te referías.

–¿Cuándo?

–Antes, antes... –Mueve la mano–. Cuando has hablado de tu toma de posesión...

–No he dicho nada.

–Ya. Pero he entendido lo que querías decir. En este momento yo solo puedo contar con unos pocos amigos. Con Paolo, por ejemplo. Y a ti te pasará lo mismo. Solo podremos contar con unos pocos amigos.

Caponnetto no contesta. Giovanni sale, él cierra la puerta y se sienta en la cama.

Extraño lugar, reflexiona. En Florencia asisten cinco o seis personas a la toma de posesión de un cargo. Aquí se organizan grandes ceremonias y banquetes, pero no puedes fiarte del vecino.

24. ADELANTE

Palermo, 1983

Ha sido un iluso si creía que el avispero en el que se ha metido le arrebataría solo la alegría; que solo le taparía los ojos para que no viera esos atisbos de felicidad que a todo el mundo, incluso a los más desgraciados, les es dado ver. Ahora la cuestión es otra. Ahora Giovanni se da cuenta de que tampoco el dolor es como debiera, de que las heridas no son heridas de verdad, profundas, sangrantes, de esas que abren las carnes, pero luego, poco a poco, cicatrizan. Son más bien molestas llaguitas purulentas que se forman casi a flor de piel, lesiones no mortales pero que persisten y se eternizan.

Habría querido llorar el cadáver de Rocco. Prorrumpir en un llanto incontenible delante del cuerpo destrozado el día del crimen o, luego, en la capilla ardiente que instalaron en el juzgado. Pero no pudo. No estaba. El día que lo llamaron para decirle que habían matado a Rocco, Giovanni estaba en Bangkok interrogando a Koh Bak Kin, un importante narcotraficante chino que ayudó a la mafia siciliana cuando se descubrieron y cerraron los laboratorios de Palermo. El dolor no salió por su garganta. Lo acometió, pero no lo traspasó. Fue como una bala que hubiera penetrado en su cuerpo pero no hubiera salido: ese plomo estaba destinado a alojarse dentro.

En esto está convirtiéndose su vida: en ausencia. Mientras su imagen aparece cada vez más en la prensa, él desaparece. Se ausenta de sí mismo. Se ausenta de los lugares, se ausenta de la alegría y se ausenta también del dolor. Sufrir estando ausente, sufrir a medias. Sufrir siempre.

¿Qué ha sido del juez que se iba de juerga y brillaba en las noches trapanenses como una estrella? ¿Acaso le pasa como a las estrellas de verdad? Sería lógico, después de todo. Si es verdad que la luz más intensa de una estrella llega al ojo humano cuando hace tiempo que explotó, entonces todo cuadra. Lo que la gente ve en los periódicos, el protagonismo del que muchos lo acusan, la imagen de magistrado soberbio en el culmen de su carrera, de paladín de la lucha contra la mafia, no es otra cosa que el resplandor de una estrella extinta.

–Acabo de cruzarme aquí abajo con Ciccio la Licata.

Giovanni se da una palmada en la frente y murmura media palabrota.

–Tranquilo, le he dicho «No comment». Y que podía irse porque ni tú ni yo tenemos tiempo. Pero lo sabía todo, te lo aseguro. ¿Cómo coño se entera?

–Eso quisiera saber yo. ¡La de veces que se lo he preguntado!

–Bueno, hace su trabajo.

–Y lo hace bien, la verdad. Cada vez que publica algo en el *Giornale di Sicilia*, le pregunto por sus fuentes y siempre me dice: «Secreto profesional». Le he preguntado más a él que a los mafiosos de Villagrazia. Pero no hay manera.

–Ya veo. Pues nada. –Ninni Cassarà lleva una chaqueta de pana. Tiene la mirada vivaz y el pelo negro, brillante, peinado con brillantina y crencha a la derecha. Toma una de las dos tacitas de café que hay sobre la mesa del despacho y la levanta como si brindase. Giovanni coge la suya. Beben café y se encienden un cigarrillo.

–¿Y qué tal Caponnetto? –pregunta Ninni en voz baja.

Giovanni sonríe.

–Es más duro de lo que parece.

–¿Eso quiere decir que seguimos adelante?

–Claro que seguimos adelante. No podemos hacer otra cosa. –Coge la taza y la apura. Se queda en silencio unos instantes. Entre ambos flota una densa nube de humo gris–. Yo... –Se calla. Mira por la ventana, da una calada al cigarrillo–. Me pregunto si Rocco tuvo tiempo de pensar en algo antes de...

–Ya –lo interrumpe Ninni.

–Por una parte espero que no, que muriera sin darse cuenta. Sin dolor.

–Es posible.

–Pero por otra parte espero que sí. Porque si es así, si tuvo un momento de lucidez, si tuvo tiempo de pensar en algo, además de en Agata, Caterina, Giovanni, Elvira... Si tuvo tiempo de pensar en su vida, que era su trabajo... Porque su vida era su trabajo, ¿no?

–Sin duda.

–Si pensó en su trabajo, en nuestro trabajo, pensaría también que todo lo que hizo, el tiempo que dedicó, el sacrificio... Que todo eso seguiría adelante gracias a nosotros y que quizá su muerte nos daría otra razón para seguir. A lo mejor fue un consuelo para él, bueno, tal vez no un consuelo, pero...

–¡Joder! –Ninni mira también por la ventana. Ahora hablan sin mirarse. La luz del mediodía baña el rostro de ambos, que aun así es sombrío–. Esto se ha convertido en una especie de carrera de relevos. Cada uno recorre un trecho, pasa el testigo al siguiente y desaparece. ¿Entiendes lo absurdo?

Falcone abre una carpeta, mete un par de hojas selladas y firmadas, cierra la carpeta. Apaga el cigarrillo en el cenicero.

–No, no lo entiendo.

Ninni apaga también su cigarrillo.

–Pues leña al mono. ¿Cómo te sientes?

–Bien... ¿Y tú? ¿Cómo te sientes tú? El caso de Michele Greco y los otros ciento sesenta y un imputados es obra tuya, tuya y de Di Lillo.

No es falsa modestia. El trabajo de investigación que hay detrás del contenido de la carpeta que en ese momento reposa sobre el taburete que hay junto a la mesa es impresionante. Ha costado días y noches siguiendo a personas, recabando información confidencial, redactando atestados, tomando fotografías. Y ha costado la vida de Lillo, el agente de policía Calogero Zucchetto, que se recorría los barrios de Palermo con su moto o con la Vespa de Cassarà buscando a huidos de la justicia. Fue Lillo quien se puso en contacto con Totuccio Contorno, que luego se convertiría en el confidente Prima Luce. También fue él, que se conocía Palermo como la palma de su mano –que conocía a todos los asesinos, mafiosos y prófugos por su sobrenombre y por su cara y era capaz de encontrarlos estuvieran donde estuvieran; que se pasaba noches enteras en discotecas, bares y billares, siempre ojo avizor; que tenía informantes en el mundo de la prostitución y de las apuestas y hasta en el mercado de frutas y verduras–, también fue él quien murió tiroteado por sicarios el 14 de noviembre pasado en la calle Notarbartolo, la misma en la que vive Giovanni. A la edad de veintisiete años, Lillo fue asesinado en la puerta del bar Collica de cinco pistoletazos en la cabeza.

Ninni baja la mirada. Giovanni se arrepiente de haber mencionado al joven colega. La herida sigue abierta. Pero, en realidad, lo estará siempre, como la que en él ha dejado la muerte de Rocco. Ninni y Giovanni podrían crear un pequeño cementerio personal hecho de las tumbas de amigos y colegas.

El informe denominado «Michele Greco + 161» es como una enciclopedia de la mafia siciliana y no solo siciliana. Está todo: el organigrama de las familias palermitanas, el ascenso de los corleoneses durante la guerra mafiosa que empezó hace dos años, los homicidios, las alianzas. En el expediente –de cuya existencia, gracias a algunas filtraciones del mismo juzgado, están ya al corriente los mafiosos– aparece por primera vez la figura de Michele Greco, el Papa, como eje en torno al cual giran las bandas. Figuran los nombres de Liggio, Riina y Provenzano. Y, sobre todo, el informe de Cassarà y Zucchetto en el que estaba trabajando Rocco Chinnici cuando lo asesinaron da una idea de la mafia completamente nueva que viene a corroborar lo que Chinnici afirmaba: la mafia no es un conjunto de células sin relación entre sí. No está compuesta por fragmentos. Los hechos y las dinámicas que condicionan su evolución no son casuales. Existe un esquema, hay una dirección. Y existen objetivos muy concretos.

–No sé cómo me siento. –Ninni se da unas palmadas en las piernas–. ¿Cuánto tiempo llevamos preparándonos para esto?

–Toda la vida. Tú lo has dicho: es como una carrera de relevos.

–Toda la vida, exacto. Lo único que temo es que algo falle.

–Yo tengo confianza. Todas las carreras de relevos terminan tarde o temprano.

–Ya. Pero hay que ver cómo terminan.

–Si no seguimos, nunca lo sabremos.

–Pues allá vamos.

–Allá vamos. –Giovanni coge el teléfono y marca un número.

25. DON MASINO

São Paulo (Brasil), 1983

Don Masino Buscetta se siente un cobarde por estar donde está mientras el Corto deja una estela de cadáveres descuartizados, disueltos en ácido, quemados vivos, que se apellidan Inzerillo, Bontate y hasta Buscetta, como él. Se siente un cobarde, pero por lo menos es un cobarde vivo que tiene el culo posado en una tumbona y los pies puestos en la baranda de un balcón con vistas a São Paulo.

No quiere admitirlo, pero cuando uno es el menor de diecisiete hermanos se acostumbra a ver morir gente. Le resulta un poco más tolerable. Por eso prefiere hacer las maletas, rezar por todos los valientes o los tontos que se enfrentan al Corto y darse el piro.

Miró a Totò a los ojos y comprendió que de nada serviría cargar la pistola y subirse a un coche blindado, esconderse en una casa de campo, irse a otra ciudad...

Si uno no se apellida Inzerillo, Contorno, Bontate o Buscetta, tal vez pueda jurarle lealtad eterna y esperar que no vea en sus ojos algo raro, que no le guste o le sugiera extrañas ideas; que no lo invite a su chalé a comer espaguetis con sardinas y arancine para, acto seguido, estrangularlo con sus propias manos. Pero cuando uno se apellida como no debe, no hay escapatoria.

El Corto ha ordenado que maten a toda su familia hasta el vigésimo grado de parentesco, porque «no debe quedar ni la semilla». Los quiere muertos a todos, cueste lo que cueste, sin excepción. Y son muchos los que llevan la semilla Buscetta. Por eso Tommaso, el menor de diecisiete hijos, ha hecho lo necesario para evitar que el último cadáver que quede tirado en una calle de Palermo, desfigurado a balazos, sea el suyo. Ni más ni menos. Y mientras raptan, torturan, matan y queman a sus hijos; mientras cosen a pistoletazos a su yerno Giuseppe y a sus primos Antonio y Orazio en una pizzería; mientras los sicarios del Corto asesinan a su hermano Vincenzo y a su sobrino Benny, él, Roberto –mejor dicho, Paolo Roberto Felici–, vive en São Paulo con su tercera esposa, Cristina de Almeida Guimarães, y sus tres hijos, va de fiesta en fiesta tomando caipiriñas, se codea con políticos y hombres de negocios y mueve grandes capitales de inversión y enormes alijos de droga.

Dieciséis parientes suyos han sido abatidos a tiros por Totò Riina. Dieciséis. Pero él sigue vivo.

Solo con que el Corto tuviera una vaga idea de su paradero, Masino está seguro de que iría a buscarlo a São Paulo con tanques y hombres armados con bazucas. Nadie podría protegerlo.

Sin embargo, de momento no lo sabe. Y los primos Salvo tienen ganas de que vuelva a Palermo.

–*Meu amor*... –Cristina dice esto cada vez que se le acerca por la espalda, como ahora. Es una pequeña precaución que él le ha pedido que adopte. El tiempo transcurre dulcemente en São Paulo, los buenos días pueden embriagarlo a uno y un hombre ebrio es un hombre distraído. Cristina posa la mano en su hombro y contempla también la vista. Tommaso coge la mano de su tercera esposa, se la acaricia y se la aprieta.

–Papá da mañana una fiesta.

–¿Otra?

–Pequeñita. –Cristina sonríe y junta el pulgar y el índice–. Con unos amigos.

Tiene una sonrisa que quedaría bien en la portada de *Vogue*. Una cara graciosa como de muñeca. Solo a veces pone una expresión propia de latitudes más severas: cuando nadie –o casi nadie– la ve, frunce los labios con un rictus amargo, como de persona del norte de Europa. Ahora, sin embargo, esos labios son dulces como un brigadeiro de chocolate.

El padre de Cristina es abogado. Y no es un abogado cualquiera. Asesora a gente importante. Así, además de percibir pingües honorarios, se gana también su respeto. Ella y Tommaso andan siempre de fiesta en fiesta –cuando no son ellos los que dan cenas y cócteles en la terraza– y esto, sobre todo al principio, le vino muy bien a don Masino. Hay mucha gente interesada en invertir a cambio de un trozo del pastel. Gente que a lo mejor no ha visto un gramo de droga en su vida, pero tiene dinero para llevarla de un rincón a otro del planeta, y obtener así grandes beneficios. Son verdaderos accionistas, llevan siempre corbata y a veces hasta pajarita.

–¿Por qué estás preocupado?

–¿Yo? –Cristina mira a un lado y otro como si buscara a alguien y sonríe. Están solos–. Yo no estoy preocupado. –Masino hace un gesto con la mano, como desechando la pregunta de su esposa.

–Sí lo estás –insiste ella. Le acaricia la nuca y apoya la mejilla en la tupida cabellera azabache de él.

–¿Y Leo?

–No cambies de tema. Leo se ha acostado, le he preguntado si quería un café y ha dicho que no. Está cansado, ayer llegasteis tarde. Bueno, ahora dime: ¿por qué estás preocupado?

–Vale, sí. –Abre los brazos–. Estoy un poco preocupado.

–¿Ves? ¿A que te conozco mejor que nadie? –Él sonríe–. ¿Eh? Di.

–Sí.

–Eso.

Masino coge el grueso puro a medio fumar que tiene en la

mesita de al lado de la tumbona, lo enciende y da unos chupetazos.

–Amor, mi tierra –dice expulsando una nube de humo denso y picante–, mi tierra está convirtiéndose en un infierno.

–¿Y no puedes hacer nada? Tú siempre lo solucionas todo.

–No, esta vez no, *minha querida*, esta vez no.

–No me lo creo.

–Esta vez no.

–¿Y no podría ayudarte yo?

Masino suelta una carcajada, se atraganta con el humo y empieza a toser. Los ojos le lloran y dos lágrimas le resbalan por la cara. Cristina se pone seria y lo mira con enojo.

–No, amor, entiéndeme... Tú eres un encanto. –Le acaricia la mejilla–. *Maravilhosa*. Pero... nadie puede hacer nada.

–Explícate.

Masino mira al frente. En São Paulo los rascacielos brotan como champiñones y descuellan por encima, muy por encima de las favelas. São Paulo es una ciudad que quiere decir lo que no es verdad, que muestra, que ostenta sus rascacielos, mientras los cánticos desesperados de una legión de parias se elevan del suelo y corrompen el aire de abajo. No es fácil que los de los pisos altos los oigan. Los edificios modernos y esbeltos, las construcciones nuevas, señal del progreso, hacen más ruido. Sí, São Paulo ahoga los lamentos de sus gentes con el vozarrón de sus guardianes de cemento, tutores de la apariencia; el Mirante do Vale, ciento setenta metros de altura; el Edifício Itália, ciento sesenta y cinco; el Altino Arantes, ciento sesenta y uno. Así quiere decir lo que no es verdad. Como hace Masino.

–¿Sabes lo que significaba tener tres hectáreas de tierra en Corleone en 1943? Significaba tener algo. Poco, poquísimo, pero algo. Significaba que se había uno pasado la vida desollándose las piernas en el campo, tostándose la cara al sol, partiéndose el lomo..., pero por fin tenía tres hectáreas de tierra y su familia podía comer una vez al día. ¿A que es poco? *Uma coisinha de nada*.

Pero... pero es algo. Yo sé lo que vale tener un plato una vez al día. Mejor dicho, sé lo que es no tenerlo. Soy el menor de diecisiete hijos, mi padre era vendedor de cristales... Estaba tan acostumbrado a que me rugiera el estómago que cuando no lo oía me preocupaba. Hemos olvidado lo que es el hambre, para nosotros comer es automático como respirar. Pero ¿y si te dijeran que respirar no es automático, que tienes que ganártelo? ¿Qué sentirías? Yo te lo digo: sentirías miedo. El hambre da miedo, hace que nos tiemblen las piernas. Y por eso vale mucho tener un plato una vez al día, tener esa seguridad. Vale muchísimo. Para alguien que se crió entre dos montones de tierra en Marabino, moscas que le zumbaban todos los días en los oídos y dos perros bastardos que estaban en los huesos... y eso que al menos los animales podían comer la carroña que encontraban en el campo... vale mucho. Vale más que nada.

»Giovanni Riina era eso, un hombre que estaba siempre currando en el campo y que, con esfuerzo, sudor y alguna que otra mala treta, había podido comprar tres hectáreas de tierra. Su mujer y sus hijos, Totò, Gaetano y Francesco, dependían de él. Mi madre, mis hermanos y yo también dependíamos de mi padre, pero por lo menos nosotros vivíamos en Palermo y no en Corleone, el culo del mundo.

»El caso es que un día, el 11 de septiembre de 1943, bien lo recuerdan en Corleone, Giovanni Riina encontró medio enterrados una bomba americana y un obús. Totò, que aunque bajo era el mayor y el más fuerte, cargó todo aquello en el carro, con ayuda de Gaetano y de Francesco. El padre llevó el carro con la mula a la casa y desactivó la bomba allí mismo, en la calle. La pólvora que sacó le serviría para la escopeta y el rifle y con el hierro, que escaseaba y era muy caro, podría arreglar herramientas. Cogió luego el obús. Creyendo que estaba vacío, lo golpeó con un pedrusco y aquello estalló. Dicen que las tripas salieron despedidas por la puerta. Francesco, el hijo pequeño, también murió. Gaetano salió herido en el cuello y la cara y con metralla en la pierna. No se salvó ni la mula del carro, murió también. Solo uno no se hizo ni un rasguño: Totò el Corto. Pero una cosa sí le pasó: vio como todo saltaba por los aires en... ¿cuánto? ¿Una décima, una milésima de segundo? Todo. El padre, el hermano, la mula, el plato de comida diario. Con doce años, Totò descubrió que todo puede acabarse en un momento, así, ¡paf!... y *boa noite*. Y alguien que descubre esto de tan joven... alguien como él, que ya tenía cierta predisposición, digamos... ¿qué puede pensar? Que si todo puede dar el pedo de un momento a otro, hay que coger lo que se pueda, sin esperar, sin hablar mucho, sin perder el tiempo. ¿Qué diplomacia vas a enseñarle a alguien que ha visto cómo su familia saltaba por los aires?

»Eso sí, Totò también era inteligente, muy inteligente. Se puso al servicio de Michele Navarra, el Doctor. Lo llamaban así porque era médico, ¿entiendes? El médico del pueblo era también el capo mafioso. Totò estaba a su servicio, siempre obedientes él y sus amigos Binnu Provenzano y Lucianeddu, que trabajaban quitando malas hierbas en el campo, que robaban ganado... Eso es lo que siempre ha salvado al Corto, que los de Palermo lo han visto como alguien de pueblo, un aldeano medio tonto que no levantaba un palmo del suelo. Hasta cuando él y sus compinches se cargaron al «padre», al Doctor, y empezaron a extender su dominio más allá de Corleone, con empresas y demás, decían los de Palermo: «Nada, cuando empiece a estorbar lo eliminamos». Él se aprovechaba de esto. Cuando tenía que pedir algo a los jefazos, el Corto se achantaba, decía humildemente: «No es para mí, es para los muchachos que están en la cárcel y sus familias, que tanto sufren por esta Cosa Nostra»... Y así un clan le daba dos hombres, otro clan otro... Hasta cuando tuvo que huir de la justicia por cargarse a tanta gente con aquellas manos de labriego que tenía y porque había estado en la cárcel y no quería volver, cuando huyó de la justicia, digo, mandaban hombres a que lo protegieran. ¿Y sabes lo que hacía? Dar las gracias, daba las gracias siempre, humildemente. Luego llamaba a los hombres que habían mandado a protegerlo y les decía, con mucho secreto: «Voy a hacer esto y lo otro, algún día yo seré el jefe y si te quedas conmigo te daré esto y lo otro». Y así, poco a poco, enfrentando a unos contra otros, a siervos contra amos, jugando a ser el comunista del crimen, se ha hecho cada vez más fuerte. ¡Pero hay más! Resulta que de pronto mataba a alguien sin pedir permiso, porque le daba la gana, porque le había parecido un traidor o le había mirado mal, y los de Palermo decían: «No pasa nada, no nos metamos con estos cuatro campesinos porque siempre pueden servirnos»... Y ahora que se ha hecho fuerte, ahora que los campesinos tienen muchos hombres que les son fieles, están forrados y temen al Corto, son ellos quienes están yendo a por los palermitanos.

»Ellos, Totò el Corto, Binnu Provenzano y Luciano Liggio. Han convertido mi tierra en un infierno, *meu amor*. Y no hay quien los pare. El Corto va a hacer saltar por los aires todo, mafiosos, polis, magistrados... como le pasó a su familia. Para ese, el mundo es *uma pinhata* que hay que reventar para que suelte la pasta.

–¿Y tú no puedes pararle los pies?

–¡Ja, ja, ja!... No, querida, no. Nadie puede, es lo que intentaba explicarle a Leo. Ni nadie quiere.

–¡¿Cómo?! ¿Nadie va pararle los pies a ese...?

–¡¿Qué pasa?!

–No... *não sei*...

–¡La puerta!

La elegante entrada del chalé de Buscetta parece el vestíbulo de un teatro, con su ancha escalera de mármol que sube por la pared del fondo y una serie de personajes de uniforme dispuestos aquí y allí, debidamente caracterizados. Pero no es una obra de teatro. Es la pura realidad. La puerta está abierta de par en par, hay una bisagra rota y del exterior entra un sol cegador. Unos cuarenta hombres rodean el chalé. Parece mentira que no hayan hecho ruido.

–*Tomaso Busqueta*, enséñeme sus papeles. Los auténticos. No perdamos tiempo.

–Le digo que me llamo Paolo Roberto Felici y mis papeles son esos que tiene usted en la mano, debe de haber un error.

–No hay ningún error, señor *Busqueta*, traigo una orden de registro...

Cristina oprime contra sí a sus dos hijos, un niño y una niña, que la miran aterrorizados. No entienden lo que está pasando. No tienen ni la más remota idea. Ella les acaricia distraídamente la cabeza, pero mira a Masino y a los agentes. De pronto recuerda algo y el terror se le pinta en el rostro. Da un paso, se detiene.

Leo.

Seguirá durmiendo en su dormitorio. Mejor dicho, no. Lo habrá despertado el estrépito de la puerta al ser derribada y ahora... ¿Dónde estará ahora?

–¿La señora quiere indicarnos o vamos nosotros?

–Sí, enseguida –dice Cristina. Ya no sonríe. Ahora su rostro es duro y anguloso–. Yo les indico, vengan...

–¡*Capitão*, aquí! –El grito llega del interior de la casa. Lo que el capitán no les ha dicho a los señores Buscetta es que sus hombres llevan ya un rato registrando la casa–. ¡Aquí!

Los agentes se dirigen a la escalera de mármol. En lo alto de esta, un policía apunta con la metralleta por la espalda a un hombre con las manos en alto.

–¿Y este quién es? –pregunta el capitán.

–Leonardo Badalamenti –dice el hombre con toda tranquilidad–, Leo para los amigos. O sea, para ustedes, Leonardo.

Lleva una camisa hawaiana medio desabotonada que deja ver su pecho peludo, bermudas blancas y chanclas. Parece que acaba de despertar.

El capitán lo observa. Reflexiona. Esto sí que no se lo esperaba.

–Bueno, bueno, bueno, señor *Busqueta* –dice volviéndose a Masino y moviendo la cabeza–. Ahora va usted a acompañarnos...

–¡Buscetta, coño! ¡Buscetta! ¿No sabe usted decir Bus-cet-ta? ¡Buscetta, no *Busqueta*!

Cuando sale del chalé con las esposas puestas por la puerta derribada, don Masino siente alivio.

Podía haber sido peor, mucho peor.

Podía haber sido el Corto.

Y no. Es solo que lo arrestan por enésima vez.

Brasilia, 1984

–Si habla, nos toca la lotería.

–Por probar nada se pierde. Pero no nos hagamos ilusiones.

El fiscal adjunto Vincenzo Geraci tiene una edad indefinida. Unos cuarenta años, parece; ojillos redondos y nariz chata. Lleva una chaqueta color gris claro y una corbata a rayas diagonales que de vez en cuando se afloja nerviosamente. Tanto él como Giovanni Falcone notan el desfase horario y están algo aturdidos. El viaje a Brasilia ha sido largo y tenso, no por el viaje en sí, sino porque los dos esperan que sea decisivo. Han cogido un vuelo oficial para evitar que su presencia en uno regular llamara la atención. Los contactos con Buscetta, sea cual sea el resultado del encuentro, han de permanecer secretos. Hay mucho en juego: además de la investigación misma y del riesgo de que haya filtraciones –y los mafiosos escapen–, peligra la vida de muchas personas. Tommaso Buscetta no es un mafioso importante, pero sí lo que en el mundillo llaman un «hombre de honor»; un hombre muy conectado con las familias palermitanas, bastante respetado y que conoce muchos secretos. Se dice que se ha hecho la cirugía plástica y hasta se ha operado de las cuerdas vocales para cambiar de voz. Sobre su cabeza pendía una orden de busca y captura emitida por la fiscalía de Palermo. Por fin esa orden se ha cumplido.

Geraci y Falcone caminan a paso ligero hacia la puerta de la Corte Federal. Hace calor y es probable que dentro haga más. Aquí el clima es muy distinto del que respiran los mafiosos en el «Grand Hotel Ucciardone», donde gozan de infinitos privilegios, se pasean en bata de raso y se hacen traer la comida y la cena de los mejores restaurantes.

–Te agradezco que hayas venido, Vincenzo.

–Nada. Es mi deber. Somos un equipo. Ganamos o perdemos todos.

–Ojalá ganemos, amigo. Ojalá ganemos.

Le da una palmada en la espalda.

Por una ventanilla de seguridad le entregan los documentos al agente que vigila la puerta lateral. El guardia vuelve un minuto después y les deja pasar. Entran en un vestíbulo donde hay una garita de cristal y otro agente. El primero, el que los ha acompañado, les hace señas de que esperen. Ruido de llaves, de metal que entrechoca, de pasos fuertes y acompasados. Parece aquello una vieja fábrica. De la pared cuelgan dos fotos: una es del presidente João Figueiredo y otra del Cristo de Río de Janeiro. En la pared de enfrente hay una fila de sillas. Se miran y están preguntándose si ir a sentarse cuando se abre una puerta al fondo y sale un hombre en uniforme que les tiende la mano.

–¿A qué vienen, señor Falcone? Yo no soy un delator.

Buscetta es un personaje extraño. Lo es su rostro, su voz, su aspecto. Parece que se interprete a sí mismo. Será porque le ha cambiado el acento vivir en Brasil, su segunda patria –de la que ya a principios de los años setenta lo extraditaron a Italia, al descubrir la policía en un laboratorio suyo heroína por valor de veinticinco mil millones de liras–, será porque quiere fingirse otra persona, será por las relaciones que ha trabado en salones y terrazas de Río de Janeiro, lo cierto es que Buscetta parece una caricatura. La cabellera morena se ve mal teñida, descolorida; un poblado bigote sobre sus labios carnosos le da un aspecto que quizá habría resultado atractivo hace diez o quince años, combinado con la chaqueta cruzada blanca y la corbata azul oscuro a juego con la camisa.

Parece muy tranquilo, lo que contrasta con su apariencia descuidada. Tiene señales en la cara y –Giovanni lo ha advertido al verlo entrar en el locutorio– camina con dificultad, como quien fuera descalzo por un suelo que quemara. También en los brazos y muñecas presenta marcas y cardenales.

–¿Puede enseñarme los pies, señor Buscetta?

–¿Los pies? Señoría, a mí... ciertas cosas... –Y sonríe.

–Se lo ruego, Buscetta, no se haga el gracioso. ¿Quiere enseñarme los pies?

–No.

Falcone mira a Geraci, que menea la cabeza, resignado. En la puerta del locutorio hay un funcionario de prisiones armado que conversa con un policía que ha acudido a presenciar la entrevista. El policía no habla italiano, pero entiende algunas palabras.

–Buscetta, ¿no será...? –Giovanni se inclina sobre la mesa y baja la voz–. ¿Le han hecho algo? ¿Aquí, en la cárcel? ¿No será...?

–No, no me han hecho nada.

–¿Seguro? Desde luego, si no quiere...

–Esto no es nada, señoría. Me he caído.

–Vale.

Giovanni resopla y da un manotazo en la mesa. Mira a Buscetta a los ojos. Conoce el valor de ciertas actitudes y gestos mafiosos, que significan mucho más que las palabras. Aunque él no es un mafioso, está hablando con un mafioso. Por tanto, si quiere sacar algo, tiene que cambiar de terreno de juego, porque el otro nunca lo hará. Seguro que la policía brasileña lo ha torturado para hacerle confesar. Pero lo único que don Masino ha confesado hasta ahora es su nombre y su apellido, su fecha de nacimiento y el nombre de sus padres. No debe de fiarse mucho de los investigadores. Si ya caminaba por la otra orilla del río, ahora parece que quiere alejarse todo lo que pueda del río. Para bien y, sobre todo, para mal, ese hombre ha vivido más y ha visto más miseria, sangre y champán que ninguno de los policías que puedan interrogarlo. Y también que él y que Geraci.

Nació hace cincuenta y seis años en el seno de una familia de lo más humilde, hijo de un cristalero y de un ama de casa, el menor de diecisiete hermanos. Se casó por primera vez a los dieciséis años y empezó su larga carrera fecundadora engendrando cuatro hijos, dos de los cuales «desaparecieron» con lo que los periodistas palermitanos llaman el sistema de la *lupara bianca* o «escopeta blanca». Luego, sin divorciarse, se casó en México con una mujer a la que conoció en una mesa de juego, con la que tuvo dos hijas. Por último, con Cristina, su actual pareja, ha tenido otros cuatro hijos. Empezaron pronto a llamarlo «don Masino». Ya lo hacían cuando, bajo el régimen fascista, robaba comida y falsificaba cartillas de racionamiento de harina. Es un delincuente de poca monta, pero bastante respetado. Ha viajado por Argentina y Brasil, ha emprendido mil actividades que han fracasado estrepitosamente. Menos una: la del narcotráfico. En esto no le gana nadie. También es experto en eliminar a gente. Ha matado a muchas personas, aunque esta parte de su currículo es menos conocida. Es un talento que tiene bien escondido y por el que, hasta ahora, no ha sido condenado. Otro talento, que se ve en sus ojos y es de todos sabido, es el de saber gozar de la vida, con fiestas, mujeres, trajes y cenas caros. En el seno de la mafia, en ese ejército que los hombres de Riina, Provenzano y Liggio diezman cada día, no ha pasado del grado de «soldado». Y no podía ser de otra manera, porque esa costumbre que tiene de casarse una y otra vez y traer hijos al mundo está muy mal vista por los capos de la Cúpula. Es una señal de degradación moral, es un insulto a los valores tradicionales de la mafia, valores que un verdadero capo debe defender, encarnar y transmitir.

Todo esto no impide que Giovanni, mirando a ese hombre que expulsa el humo de un cigarrillo arrugado con aire arrogante, vislumbre en el fondo de sus pupilas algo que le es familiar. No ve un alma afín, desde luego. Pero sí tiene que reconocer que ve algunas consonancias, pocas y remotas, pero que existen. Tiene que reconocerlo aunque le cueste. Porque reconoce en ese hombre una parte de su ser ligada a otros tiempos y a otros lugares –a las noches trapanesas en las que tintineaban las copas y la vida tenía el sabor salado de un margarita, el ritmo de una pista de baile–, ligada a otras trayectorias, a otras vidas posibles.

Si Buscetta quisiera hablar...

–Que sepa que el Estado protege siempre a quien colabora –interviene Geraci, que está de pie apoyado en la pared.

–¡El Estado! –Buscetta ríe–. Me han matado a más parientes que personas conocen ustedes.

–Pero no porque haya colaborado.

–No, no... –Menea la cabeza y echa el humo hacia arriba para que no le dé en la cara a Falcone, que está sentado enfrente–. No porque haya colaborado. Si lo hubiera hecho, ya no quedaría nadie que se apellidara Buscetta. –Ríe de nuevo–. ¿Qué puede hacer el Estado? ¿Puede devolverme a mis hijos? ¿Puede devolverme a mi mujer? ¿Saben cuánto tiempo llevo sin ver a mi mujer? Digan, digan...

–¿Y sabe usted cuánto llevo yo sin ver a la mía? –dice Giovanni.

Buscetta lo escruta en silencio. Se quedan así unos segundos, mirándose y echando el humo hacia la pared o hacia arriba, para no molestarse uno a otro. También Buscetta ve algo en los ojos de Falcone. Sabe que no está mintiendo. Giovanni no es el único que, obligado por la vida y el trabajo, sabe quién dice la verdad y quién miente. Una media sonrisa pasa por el semblante del mafioso. ¿Es un atisbo de entendimiento?

Es verdad: Giovanni no sabría decir dónde está Francesca. Está ausente de todo. De Palermo, de su familia –hará un mes que vio por última vez a sus hermanas Maria y Anna–, de la vida de su mujer. Incluso de su casa. Entre volar a Estados Unidos, viajar a Roma y trasladarse periódicamente a cárceles de medio mundo para interrogar a sospechosos y colaboradores de la justicia, la palabra «ausencia» es la que mejor describe su vida privada, en la que es como una figura etérea, evanescente. Si hasta hace poco su futuro con Francesca al menos era una pequeña certeza en medio de esa gradual e inevitable deriva de los continentes que es su vida, ahora también esa certeza empieza a vacilar. Francesca ya no es una niña. Tiene derecho a un hombre con el que pueda compartir las alegrías y las penas del día a día. Y él, aunque tiene muchas penas, cada vez es menos capaz de compartirlas. Y menos capaz también de escuchar las de ella, que seguro que no faltan. Las veces que trabajan juntos –cuando, por ejemplo, hay un menor implicado en algún delito mafioso–, sienten más la tristeza de ver que la mesa de trabajo es el único espacio que comparten, que la felicidad de compartirlo.

–Señor Buscetta, ahora mismo no puedo comprometerme a nada con usted, no puedo prometerle nada sobre su futuro judicial, pero sí le digo que el Parlamento podría aprobar una ley que va a conceder beneficios a quienes colaboren con la justicia. Si usted considerara...

–Ya, ¿y por eso tendría que colaborar, según ustedes? ¿Por los... beneficios?

Si este hombre hablara, el grupo antimafia por fin podría echarle el guante al exalcalde de Palermo, Salvo Lima. El nombre de Lima aparece en muchos sumarios de juicios contra mafiosos. Es hombre de confianza de Giulio Andreotti, líder de Democracia Cristiana, y el nexo de unión, al parecer, entre las familias sicilianas y la política nacional. Por debajo de él están, primero, los primos Nino e Ignazio Salvo; luego, empresarios mafiosos como Lo Presti y Francesco Vassallo; y, por último, los asesinos de la escopeta. Podrían reconstruir muchos eslabones de la cadena de mando. El problema es que Lima parece intocable, tan intocable o más que los primos Salvo. Los primeros informes que lo relacionan con la mafia se remontan a 1963. Sobre el particular han escrito Cesare Terranova y Pio la Torre en sumarios e informes políticos. En 1974, el economista Paolo Sylos Labini presentó personalmente a Giulio Andreotti su dimisión del comité científico-técnico del ministerio cuando este nombró a Lima subsecretario de Hacienda. Había ya preparadas cuatro peticiones para proceder contra Lima por malversación de caudales públicos, abuso de cargo público y falsedad documental. Andreotti lo despachó sin escucharlo. Sylos Labini se dirigió entonces al presidente del gobierno, Aldo Moro, que directamente le dijo que Lima era «demasiado fuerte y peligroso» y no podían deshacerse de él.

–Buscetta, usted sabrá sus razones, lo que nosotros queremos es llegar a un acuerdo para...

–No soy un arrepentido, señor juez. Yo siempre he respetado a la familia, siempre he sido leal. Más bien ha sido la familia la que... –Agita las manos, no sabe cómo seguir–. En fin, dejémoslo estar.

–Continúe, por favor.

–No, señoría... Mejor que no, créame. Ya he dicho todo lo que tenía que decir. Además... –Suelta una risotada amarga–. Necesitaríamos toda la noche. Ahora, si me permiten, estoy muy cansado. No he dormido bien.

–Mala suerte, Giovanni.

En la calle el sol ha empezado a pegar fuerte. Geraci y Falcone caminan protegiéndose los ojos con la mano hacia el coche que los espera.

–Hemos hecho muy bien en venir, de esto no cabe duda. Pero no solo es Buscetta. –Un policía le abre la portezuela a Geraci y otro a Falcone. Se sientan, el coche arranca y se incorpora al tráfico ruidoso de Río de Janeiro–. Volveremos a verlo, ya verás.

Geraci frunce el ceño.

–¿Tú crees?

Giovanni mira el crucifijo que cuelga del retrovisor. Se pregunta qué estará mirando Francesca en ese momento. Seguramente un sumario. O quizá un plato de espaguetis con erizo de mar, lo que sería mucho mejor. Giovanni lo espera de todo corazón.

–¿Tienes hambre, Vincenzo? ¿Comemos algo?

27. NINNI

Asinara, 1985

–¡Mira! ¿Ves la forma que tiene? –Las aspas del helicóptero hacen un ruido ensordecedor. Falcone y Borsellino miran hacia abajo, uno por un lado y otro por el otro, y hablan por el micrófono de los grandes cascos negros que llevan puestos–. ¿Lo ves? –repite Giovanni. Paolo asiente–. ¿Sabes por qué tiene esa forma? –Paolo menea la cabeza–. Porque Hércules cogió la punta de Cerdeña y la apretó con tanta fuerza que se desprendió un trozo. ¿Ves las tres ensenadas? –Paolo asiente. La vista es impresionante: por la forma que tiene la isla de Asinara, parece, en efecto, que una mano gigantesca hubiera asido la punta noroeste de la isla y hubiera apretado hasta arrancar un trozo–. Tienen la forma de los dedos de Hércules.

Sentados detrás van los tres jóvenes hijos de Paolo: Manfredi, Lucia y la pequeña Fiammetta, y detrás de estos, Francesca, su madre, y Agnese, la mujer de Paolo. El espectáculo es precioso, el agua cristalina. Por las crestas de la isla se ven correr animales salvajes, asnos blancos, muflones de cuernos largos y retorcidos, y el mar está en calma, solo rizado aquí y allí por las leves olas que levanta la brisa.

–¡Creo que no hacía falta traer ya puesto el bañador! –grita Giovanni volviéndose hacia atrás.

–¡Hace calor! –le contesta Francesca–. ¡Estamos en agosto!

–¡Pues nada! –Giovanni menea la cabeza–. ¿Nos tiramos al agua? ¿Eh? ¿Nos tiramos desde aquí?

Los chavales ríen.

–Papá, ¿vamos a ir a los karts? –pregunta Manfredi, que se ha puesto unas grandes Ray-Ban de aviador para presumir de piloto de helicóptero.

–¡Sí! –grita Paolo.

Giovanni frunce el ceño. A lo mejor se equivoca, pero, que él sepa, en Asinara no hay karts. Van, por cierto, en un modelo de helicóptero extraño, que Giovanni no había visto nunca. Es mitad turístico y mitad militar. Los asientos son como los de una furgoneta o un microbús.

El aire es delicioso. El aroma del mar entra en la cabina. La camisa blanca que lleva Giovanni se infla y ondea como una bandera sobre su pecho. Justo debajo del helicóptero hay una casita blanca con una gran terraza a pie de playa. De la casa al agua no habrá más de treinta metros.

–¡¿Llevas puesto el bañador?! –grita Francesca desde atrás. Giovanni no recuerda si se lo puso. Tiene que meter la mano por el pantalón y comprobarlo. No lo lleva. Hace señas de que no.

–¡Póntelo!

–¿Cómo?

–¡Póntelo! –grita también Agnese–. ¡Nosotros nos lanzamos!

–¡Sííí! –chilla también Fiammetta. Su pelo rubio, por efecto de la luz del sol, resplandece.

–¡Yo sí lo llevo! –dice Paolo. Y, en efecto, también él, no se sabe cómo, se ha cambiado y ahora va en bañador.

–¡Pero ¿qué hacéis?! –exclama Giovanni.

–¡Uno! ¡Dos! ¡Y tres! –Se lanzan todos y él se queda solo viendo cómo caen al agua desde una altura de al menos trescientos metros. Mira la cabina y ve que los pilotos también han desaparecido. Va solo en el helicóptero, pero, por alguna razón, el aparato sigue volando.

En esto Giovanni abre los ojos poco a poco. Se queda mirando los puntitos de luz que se filtran por los orificios de la persiana. Francesca yace a su lado y duerme. Le viene a la mente el rostro de Ninni Cassarà, como le ocurre muchas veces al día, desde hace una semana. Siente un sabor amargo y un nudo en el estómago.

La noche anterior se quedó dormido en mangas de camisa. El viaje a la isla de Asinara fue muy distinto del viaje del sueño, como una pesadilla que tuviera despierto. El plano onírico y el real se invirtieron. Sendos grupos de hombres con pasamontaña y metralleta irrumpieron en las casas de Falcone y de Borsellino. Si no hubieran llevado uniforme de policía, ambos habrían creído que venían a secuestrarlos. Arrancados a la extraña paz de un día de mediados de agosto, los dos magistrados fueron llevados a toda prisa y sin explicaciones, en furgonetas blindadas, al tribunal de Palermo. Y allí les explicó Caponnetto lo que había ocurrido.

Por un colaborador suyo Nino se enteró de que en la cárcel del Ucciardone circulaba una nota en la que se ordenaba asesinar a Falcone y a Borsellino. El jefe del juzgado de instrucción creyó desde el primer momento que la amenaza iba en serio y no era como las que los jueces palermitanos están acostumbrados a recibir. El informe sobre Michele Greco y los ciento sesenta y un imputados ha dado pie a una investigación en la que se han ordenado ya cientos de detenciones y que está convirtiéndose en algo mucho más grande y articulado. Los mafiosos tienen miedo. Temen por su vida y, por tanto, para salvarse y perpetuarse, se la quitan a los demás.

Últimamente han matado a tres personas: a los policías Beppe Montana y Roberto Antiochia, y a Ninni Cassarà, pilar fundamental de la investigación. Son tres cadáveres unidos por un único hilo rojo, un reguero de sangre que los conecta con diabólica precisión.

La primera víctima fue el comisario Montana. Beppe estaba

trabajando en la captura del asesino Scarpuzzedda, alias Pino Greco, y de muchos otros hombres de Michele Greco. Parece que estaba a punto de convencer a Mimma Miceli, la amante de Scarpuzzedda, de que lo traicionara y revelara su paradero. Ya había detenido a varios hombres del capo. El cerco en torno al Papa y a sus hombres más leales se estrechaba más cada día. Y seguramente habría conseguido atrapar a Scarpuzzedda si poco más de dos semanas antes, en Porticello, cuando volvía de dar un paseo por el mar con su novia, mientras amarraba la lancha, una 357 Magnum y una 38 con balas expansivas no hubieran acabado con él.

Un hombre que se hallaba en el lugar refirió que los asesinos huyeron en un coche que había aparcado allí y dio los primeros números de la matrícula. El coche figuraba a nombre de Salvatore Marino, un futbolista de veinticinco años, hijo de unos pescadores de Romagnolo. En la comisaría, Marino dio coartadas y excusas que resultaron falsas, fue desmentido por los mismos testigos que citó y, sobre todo, no acertó a explicar por qué tenía en su casa treinta y cuatro millones de liras en billetes nuevecitos. Primero dijo que se los habían dado los del club de fútbol, pero estos lo negaron. Tampoco pudo explicar por qué había en su casa una camiseta manchada de sangre. Los agentes de policía, llevados por el odio y la rabia que la muerte de Beppe les había causado, lo torturaron. Y se les fue la mano.

Cuando Ninni lo supo, se vio en un dilema: ¿qué hacer? ¿Decir la verdad o salvar a sus hombres?

Giovanni quita la cafetera del fuego y se llena la taza. El aroma del café humeante invade la cocina. Pero la angustia no se le pasa. Él también se vio en un dilema. Se lo planteó Ninni Cassarà.

Se bebe el café mirando la pared gris. La persiana está subida a medias, y de momento prefiere dejarla así. Sabe que darle vueltas al asunto no lo ayudará, pero no puede evitarlo.

Era poco más de medianoche cuando Ninni tocó el timbre. Le abrió, lo invitó a sentarse, le sirvió algo de beber. Intentaba tranquilizarlo, pero Ninni se levantaba, iba y venía, se sentaba, volvía a levantarse...

–¿Vas a calmarte o qué? Tranquilo. Tómate otra copa, anda.

–Giovanni, tú eres mi amigo, ¿verdad?

–Pues claro. –Se sentó a su lado y le puso la mano en el hombro–. ¿No ves cómo voy? –Iba en pijama, descalzo y tenía unas ojeras enormes–. Si no fuera tu amigo ya te habría matado.

–No bromees, Giovanni, no bromees.

–¿Qué pasa, Ninni? Va, habla. No te hagas de rogar.

Y Ninni le contó lo que había ocurrido. Le contó que sus hombres habían golpeado salvajemente a Salvatore Marino y que, cuando vieron que estaba muerto, lo habían arrojado al mar. Le contó que, en un primer momento, habían pensado decir que se había ahogado. Luego decidieron que esperarían unos días, «encontrarían» el cadáver y dirían que era el de un pescador tunecino. Ninni lo contó todo. Empezó a hablar y ya no se interrumpió. Giovanni lo escuchó rascándose nerviosamente la barbilla y mirando al suelo. Cuando Ninni concluyó, Giovanni tenía otra cara.

–¿Por qué has venido, Ninni?

–Porque eres mi amigo, quería que me aconsejaras algo, no sé...

–¿Aconsejarte qué?

–Algo, no sé qué hacer...

–Creo que lo sabes perfectamente. Acabas de decir lo que quieres hacer... lo que «queréis» hacer...

–¿Y tú qué crees que debería hacer? ¿Joder a mis hombres? ¿Mandarlos a la cárcel porque se han cargado a un asesino de la mafia? ¿Ir yo también?

Ninni empezó otra vez a ir y venir.

–Han matado a un hombre, Ninni. Sería un asesino, pero antes que un asesino era una persona. Y eso se llama homicidio. ¿Lo has olvidado? –Ninni menea la cabeza sin responder. Se pasa la mano por el pelo–. Y ahora te lo pregunto otra vez: ¿por qué has venido?

–Porque eres mi amigo, ¿o no lo eres?

–Sí, soy tu amigo.

–Pues entonces tienes que ayudarme.

Se volvió y se quedó mirándolo con rabia, como acusándolo de algo.

Giovanni se levantó también, se encaró con él.

–¿Y cómo debería ayudarte? La elección no es si salvar a tus hombres o mandarlos a la cárcel, no es eso, te lo aseguro. La elección es si a la cárcel van solo tus hombres, que han matado a Marino, o vamos también tú y yo, ¿está claro, Ninni?

Le puso la mano en la nuca. Ninni tenía el cuello sudado y la cara blanca como la de un cadáver.

Y no tardó mucho en serlo.

El fiscal Pajno no perdonó a los asesinos de Salvatore Marino. No hubo clemencia. No hubo trato de favor. La prensa local difundió la noticia de los policías que mataron al joven futbolista y del jefe que quiso protegerlos. Hubo protestas, la indignación cundió por las calles de Palermo, por los partidos políticos, por los editoriales de los periódicos. Circuló el rumor de que la policía judicial eliminaba deliberadamente a los mafiosos que detenía, hubo quien afirmó que la lucha contra la mafia ponía en peligro la vida de los ciudadanos. El ataúd blanco de Salvatore Marino, seguido del líder del partido de los Radicales Italianos, desfiló por la ciudad al grito de «Policías asesinos». El ministro del Interior, Oscar Luigi Scalfaro, cesó al jefe de la policía judicial, a un director de la sección de robos y a un capitán de carabineros, que fueron acusados de homicidio imprudente y detenidos.

La tarde del día siguiente hubo dos cadáveres más en las calles de Palermo: el de Ninni Cassarà y el del agente Roberto Antiochia, quien acababa de apearse del coche para abrirle la portezuela al primero. Ocurrió delante del edificio en el que vivía y dispararon más de doscientos tiros de kaláshnikov. Todas las puertas y ventanas permanecieron cerradas, todos los balcones desiertos.

Llegó entonces el soplo de la cárcel del Ucciardone: hay que eliminar a Borsellino y a Falcone, primero a Paolo y luego a Giovanni, en este orden. Nada tienen que ver con el caso de Marino, pero van a por el Papa, están asaltando la casa de los capos, arrestando a los muchachos, revolviendo en las cuentas. Están preparando algo gordo, algo enorme.

28. QUEMAR SANTOS

Roma, 1984

–Para convertirse en un hombre de honor hay que prestar juramento ante cinco o seis miembros de la familia: llevan al... candidato, digamos, a un lugar aislado, normalmente la casa de alguien. El más anciano le dice una serie de cosas: que el fin de Cosa Nostra es proteger a los más débiles y eliminar a los opresores...

Falcone reprime una sonrisa. Frunce el ceño y esa es la única expresión que Buscetta ve en su semblante. Al «capo de los dos mundos» le cae bien el juez Falcone. Parecerá extraño, pero es verdad. Le recuerda al protagonista de una película de Pietro Germi que vio hace muchos años, *En nombre de la ley*: la historia de un joven juez palermitano, Guido Schiavi, que investiga una serie de asesinatos mafiosos y consigue imponer la ley del Estado sobre la de los hombres de honor. Contra lo que esperaba, Falcone le inspira confianza: su aire tímido, su carácter más bien esquivo, el hecho de que nunca le falte al respeto, le hacen pensar en la fuerza tranquila de la justicia. Sí, sobre esta idea reflexiona cuando mira a Falcone a los ojos, sobre la «fuerza tranquila de la justicia». En la Sicilia como de lejano oeste de Germi, el jefe de la mafia local, Turi Passalacqua, se deja convencer por el joven magistrado y se entrega a la justicia. Es precisamente lo que está pasándole a él.

Todo el mundo sabe, sin embargo, que don Masino no es ningún santo. Eso se nota ya en sus movimientos, en la manera que tiene de sentarse, de mirar a un lado y otro. No es que sea torpe: es que es lento. Es una lentitud medida, estudiada al detalle. Una lentitud que le permite calcular. Buscetta es de los que reflexionan y calculan bien antes de hablar. Al verlo entrar en la sala de interrogatorios con su paso tranquilo –con aire de no llevar ninguna prisa, porque sabe que es el dueño de la situación–, Falcone ya sabía que iba a tratar con un mercader, con alguien que vende droga o información, lo mismo da. Eso no significa que no sea de fiar. Todo comercio tiene sus leyes, incluso el mercado negro, que se basa en la confianza. No hay protección ni red de seguridad para quien infringe las reglas. No hay segunda oportunidad. La confianza lo es todo. Buscetta ahora también está aplicando las reglas del mercado negro, las únicas que conoce. Si Falcone quiere convencerlo, tiene que jugar a su juego.

–¿Y qué pasa entonces?

–Le pinchan en un dedo con un alfiler. Dejan que la sangre caiga en una imagen devota, cogen la imagen y le pegan fuego, de este modo. –Buscetta hace como que sostiene en la mano algo que quema–. El candidato debe sujetar la imagen devota pasándosela de una mano a otra hasta que el fuego se apague.

–¿Y dice algo durante el juramento?

–Sí, claro. El nuevo miembro jura que será fiel a los principios de Cosa Nostra y declara solemnemente: «Que mi carne arda como esta estampa sagrada si no soy fiel a este juramento». Al acabar la ceremonia, y solo entonces, es presentado el hombre de honor al jefe de la familia. Porque hay otra regla: un hombre de honor solo puede hablar con otro hombre de honor después de que se lo haya presentado un tercer hombre de honor conocido de ambos, una especie de garante... que debe responder ante los dos del otro, ¿me explico? O sea, la confianza tiene sus riesgos en ciertas situaciones. Se necesitan garantías.

La confianza, siempre la confianza.

Falcone lo anota todo con su letra redonda y pulcra. Mira alternativamente los apuntes y a Buscetta, que habla con solemnidad y quiere dar el mayor énfasis a sus palabras, que son la mercancía más cara que tiene. La única condición es que la compraventa no lo perjudique más de lo necesario; que el tiro no le salga por la culata.

–¿Qué se le pide a un hombre de honor? ¿Hay pruebas, hay...?

–Lo más importante que debe hacer un hombre de honor es convertirse en asesino. –Se lanzan una mirada. Buscetta ha sido un hombre de honor y, por tanto, habrá observado las reglas que se les imponen a los «afiliados». Todas las reglas, sin excepción. Aunque esta mercancía está excluida del trato–. Todo hombre de honor, para ser miembro de la familia, tiene que matar al menos una vez en nombre de Cosa Nostra. Puede que no sepa que lo hace en nombre de la familia, que crea que lo hace por un amigo...

–¿Y esta afiliación es por tiempo indefinido? ¿Puede cesar o es para siempre?

–Una vez que alguien se hace hombre de honor, lo es para toda la vida. No he conocido nunca el caso de un hombre de honor que haya ido a ver al jefe de la familia y le haya dicho: «Ya no quiero ser de Cosa Nostra». Si un hombre de honor es detenido, no cambia nada, sigue formando parte de la familia: incluso en la cárcel sigue siendo un hombre de honor y teniendo autoridad. Puede ocurrir que la vida personal... puede ocurrir que algo le impida estar activo, participar en los asuntos de la familia, esto puede ocurrir. Pero, aun así, en el momento en el que se le necesite, esté donde esté, se le puede pedir que haga algo. Y él no puede negarse. Si está usted preguntándome si, espontáneamente, un hombre puede abandonar la familia... No, eso no puede ser.

Falcone anota, anota, anota. Tiene algo de entomólogo, de botánico, de naturalista que registra nombre tras nombre. «Si no conocemos el nombre», decía Carlo Linneo, el padre de los géneros y las especies, «no conocemos la cosa.» Por eso Giovanni lo apunta todo. Toma nota de los ritos, de la «iniciación», de los «afiliados», de los «representantes», de la obligación absoluta de guardar «silencio» y de los «secretos». Toma nota de la organización, de los «soldados», que se dividen en «decenas» y «jefes de decena». Toma nota de las bandas locales, de los *mandamenti*, barrios o zonas que las «familias» se reparten, de los capos que se apoyan en «subjefes» y «consejeros». Desearía que Buscetta no supiera la importancia de lo que está diciéndole, del libro que está abriendo, pero don Masino lo sabe perfectamente. Desde hoy la mafia deja de llamarse mafia, que es una palabra que usan los periodistas. Desde hoy se llama Cosa Nostra. Este es su verdadero nombre. Y este –el retrato que Buscetta está dibujando línea a línea, palabra a palabra– es su verdadero rostro. Desde hoy, el que tenga valor para mirarlo a los ojos, puede hacerlo.

29. SOLOS

Asinara, 1985

–Te digo que no nos llegarán los papeles.

–¡Calla! –Paolo le da con el puño en la espalda–. ¿Y qué van a hacer, desaparecer, evaporarse?

Giovanni lo mira muy serio:

–¿Por qué, te extrañaría?

Están los dos fumando. Aquí en Asinara, aparte de fumar, mirar el mar desde la terraza o los asnos de los pastores desde una peña, jugar a las cartas con los niños y darle cuatro patadas al balón, no hay mucho que hacer.

–Estamos perdiendo el tiempo, Paolo. Quieren jodernos. Por eso nos han mandado aquí. Cada minuto que pasamos aquí sin hacer nada es un minuto que esa gente campa a sus anchas.

–¡Qué va! Con el material que tenemos, no se nos escapan. Tenemos toda la historia de las familias palermitanas firmada por Tommaso Buscetta. –Giovanni no contesta–. A propósito... ¿dónde está ahora Buscetta? ¿Llegó ya a América?

–Sí, sí, llegó.

Giovanni lo sabía. Las autoridades italianas pidieron la extradición de Buscetta y, en cuanto la obtuvieron, don Masino fue como un libro abierto para Falcone. Páginas y páginas en las que se describen minuciosamente los ritos de afiliación, los homicidios, los parentescos, las venganzas entre clanes... Y a esto se suma el material que reunieron Ninni Cassarà y Calogero Zucchetto, el de Rocco Chinnici, los informes del proceso Spatola, las confesiones del traficante de heroína Koh Bak Kin, las de los colaboradores Gasparini, Totta, Calzetta, Sinagra, los pinchazos telefónicos, los interrogatorios de los primos Salvo y de la mujer de Lo Presti... Este maremágnum de información puntual y detallada que el exchófer de Rocco Chinnici, Giovanni Paparcuri, con un trabajo inmenso, ha pasado a formato digital, constituye lo que se prevé que sea el mayor proceso contra la mafia de la historia.

Giovanni, Paolo y los demás lo llaman «el monstruo». En esto están trabajando y por esto se ha dado orden desde la cárcel del Ucciardone de eliminarlos. Y por esto también un grupo de policías con pasamontaña los sacó de su casa y los llevó a un lugar seguro. Ya todo gira en torno al llamado «Maxiproceso». No puede haber imprevistos ni obstáculos. Aunque ya ha surgido el primer problema. Sin los papeles, sin esa mole inmensa de carpetas llenas de autos y sumarios, los jueces Falcone y Borsellino no pueden más que rascarse la barriga.

–Este proceso no irá a ningún sitio, Paolo. Los primos Salvo, Salvo Lima... ¡Andreotti! La política no cambia de la noche a la mañana. Siempre son los mismos.

–Pero ahora el alcalde es Leoluca Orlando, o sea... –Paolo suelta una carcajada–. ¡Mira que decirlo yo! ¡Ni que lo hubiera votado! Pero es evidente que Leoluca no es como los otros. ¡Si hasta quiere personarse como acusación particular contra Cosa Nostra! Lo nunca visto. Y además está Caponnetto. Nino nunca lo permitiría. ¿No te fías de Nino?

–Claro que me fío de Nino. Es el mejor que podíamos tener, después de Rocco. –Contemplan el mar unos segundos–. Lo que pasa es que Nino no es Dios. A él también pueden presionarlo.

–Nino es una roca.

–Habéis hecho buenas migas Nino y tú, ¿no? San Agustín, a misa los domingos...

–Sí, la verdad. Y a ti también te vendría bien.

–¿Ir a misa los domingos?

–Exactamente.

El sol empieza a declinar, de la casa llega traqueteo de sillas y de pronto la música de *El equipo A*. Fiammetta les grita algo a sus hermanos, pero no se entiende qué.

–Mis hermanas se alegrarían, eso seguro.

–¿Cómo está Maria, por cierto?

Giovanni suspira. ¿Por qué todos los temas de conversación, todos los rostros, le traen a la mente la palabra «ausencia»? ¿Por qué cuanto más aparece su cara en las páginas de los periódicos y más noticia son sus pesquisas en las ediciones principales de los telediarios, más le parece que su vida se desarrolle según un mecanismo de sustracción progresivo e imparable?

Como si lo hiciera aposta, Francesca sale también a la terraza. Aunque está allí, aunque está presente, parece que haya caído también en el torbellino de la sustracción. Desde que están en Asinara, ella tampoco puede hacer otra cosa que contemplar el paisaje o, cuando le apetece, darse un baño. Se ha traído trabajo, pero, como en el caso de Giovanni, su labor requiere que esté en el juzgado. Tiene que consultar autos, documentos, expedientes, hablar con los colegas. Y allí está prohibido hasta usar el teléfono. Están completamente aislados de todo, ausentes de todo. Ni siquiera pueden ir al pueblo, porque tienen vedado hasta el contacto con los lugareños. Y más aún con los reclusos de la cárcel que hacen trabajos en la isla. En la cárcel local está, entre otros, Raffaele Cutolo, un capo de la Camorra. Encontrarse con esta gente sería poco deseable en la situación en la que se hallan.

Francesca se sienta entre Paolo y Giovanni.

–Esta noche, espaguetis a la carbonara.

–¡Guau! –dice Paolo–. ¡Qué emoción!

El comedor de la cárcel de Asinara les provee del rancho diario. Un par de veces el director de la cárcel le ha propuesto dar una vuelta en barca con los guardias, pero Giovanni ha declinado la invitación. No está de humor.

Paolo lo sabe y, como si quisiera consolarlo, comenta:

–Por lo menos aquí no hay periodistas. Echas de menos a La Licata, di la verdad.

Giovanni lo mira frunciendo el ceño.

–¿Te denunció al final? –le pregunta Francesca.

–¡No, hombre! Lo decía en broma.

Tras las primeras confesiones de Buscetta, el grupo antimafia emitió cientos de órdenes de busca y captura y organizó una gran redada. Todo estuvo a punto de irse al garete por culpa de Francesco la Licata, corresponsal del semanario *L'Espresso* que, una tarde, se presentó en el despacho de Giovanni –que a esas alturas era un búnker, con un sistema de cámaras vigilando las puertas y las cajas fuertes donde se guardaban los documentos– y empezó a hacerle preguntas extrañas, escurridizas, que daban a entender que conocía al menos en parte lo que se proponían hacer. En un primer momento, Giovanni lo negó, pero luego no pudo aguantarse y montó en cólera. «Vas a quedarte aquí conmigo hasta que haga un par de cosas», le dijo, y se encerró con él en el despacho.

«Que escapan todos, ¿entiendes?», le gritó. «¡Vas a joder la operación!» Aunque la redada estaba prevista para mediados de octubre, Giovanni avisó a sus compañeros del grupo y dejaron a La Licata encerrado en el despacho hasta un momento antes de que, aquella misma noche, sacaran a Di Lello de la cama y este corriera al juzgado a firmar todos los documentos pertinentes. Cuando abrieron la puerta y el periodista pudo salir, le dijo: «Voy a denunciarte por secuestro». Giovanni le contestó humildemente: «Te pido perdón». Al final, la mayoría de las órdenes de busca y captura se cumplieron y ahora hay unos doscientos mafiosos más en el talego.

–¿Ah, lo decía en broma? –dice Paolo–. A mí me pareció que lo decía muy en serio.

–Ciccio y yo somos amigos.

El sol se ha puesto y en la oscuridad brillan a lo lejos los faros de la barca que patrulla los alrededores del albergue de la cárcel, donde se alojan Giovanni, Francesca y la familia Borsellino. Hay otros guardias inspeccionando la zona y hasta algunos agentes de las fuerzas especiales. Es casi imposible que nadie arribe a Asinara sin ser visto. Pero solo casi. El espacio aéreo de la isla está cerrado. Si algún sicario consigue desembarcar y acceder a donde están ellos, o es un mago, o alguien le ha dejado entrar.

Lucia, la hija mayor de Paolo, retira los espaguetis con el tenedor como si buscara algo en el fondo del plato. El telediario da las noticias de la noche.

–Tesoro, ¿no te gustan? –le pregunta su madre, Agnese. Tiene una larga mata de pelo moreno, el rostro afilado, de líneas severas, aunque ahora mira a su hija, a la que no parece convencer mucho la comida, con una expresión dulcísima. Lucia tiene el pelo claro y la nariz algo aguileña. La lámpara del techo proyecta la sombra de su rostro sobre el plato de espaguetis que se ha enfriado. Se lo piensa un poco y menea la cabeza–. ¿Y eso? –Agnese se inclina desde el otro lado de la mesa y le acaricia la cabeza. Ella se aparta. Agnese retira lentamente la mano–. ¿Qué pasa?

–Nada. No pasa nada. Estoy muy bien. –Emite un pequeño gruñido. Paolo se pasa la mano por el pelo y le lanza una mirada a Giovanni.

–¿Está enferma? –pregunta Fiammetta.

–No, no está enferma –le contesta su madre.

–¿Tiene fiebre?

–No, no, no. No tiene nada.

Fiammetta asiente enérgicamente y sigue comiéndose sus espaguetis. Tiene toda la cara untada de huevo.

–¿Es que los suyos llevan pimienta? –pregunta Paolo.

–Claro que llevan. ¿Es que podemos pedirles que no echen? –dice Agnese.

Paolo mira al techo y da un golpecito en la mesa.

–Pues... –empieza a decir Manfredi y se calla. Al poco, lo dice–: Pues está claro que algo pasa.

–Está claro, sí, Manfredi, está claro –le dice su padre–. Gracias por decirlo.

–De nada.

–Me voy a mi habitación. –Lucia se levanta y se va.

–Lucia –la llama Paolo.

–Déjala –le dice Agnese–. Luego hablo con ella.

Manfredi coge el plato de su hermana y echa el contenido en el suyo. Comen en silencio. Durante varios minutos solo se oye el tintineo de los tenedores contra la porcelana. De pronto, Francesca se vuelve hacia la ventana y ve una luz en la oscuridad. Se levanta y se asoma. Los demás, uno tras otro, hacen lo mismo. Es un barco militar que se aproxima al puerto.

*

–Míralos... Como si les trajeran los regalos de Navidad.

Francesca y Agnese ven a sus parejas subir y bajar del barco con el director de la cárcel, un hombre bajito de pelo moreno y espalda ancha.

–¿Lo ves?

Paolo hace amago de darle a Giovanni un puntapié en el trasero. Dos hombres de uniforme van y vienen también del barco al muelle transportando grandes cajas.

–¿Quedan muchas? –pregunta el director de la cárcel.

–¡Muchísimas! –grita Giovanni todo contento.

–¡Ea! –dice jadeando el director–. Pues sigamos.

En el suelo hay ya varias cajas que contienen al menos dos docenas de carpetas. Paolo también está alegre, pero su alegría se tiñe de preocupación. Es el segundo día consecutivo que Lucia no come. En ese momento, la madre de Francesca estará con ella en su habitación. Si es que la ha dejado entrar.

Media hora después, alumbrados por la luz artificial y envueltos en una nube de humo de tabaco, Paolo y Borsellino se hallan en un cuartito donde hay dos mesas y dos sillas y un mar de carpetas esparcidas por el suelo. En el comedor, Agnese y Francesca juegan al alto el lápiz con Manfredi y Fiammetta, que se inventa nuevas capitales y provoca la hilaridad de todos.

–¡Cuánto material, Giovanni! Aquí hay para parar un tren.

–A veces me pregunto si no es demasiado.

–Puede. –Paolo asiente y apaga el enésimo cigarrillo en el cenicero lleno hasta los topes–. Pero es lo que necesitamos. Es como tener el panorama completo de la mafia...

–¡Exacto! Porque todos los procesos, grandes y pequeños, fracasan siempre por falta de pruebas o porque un abogado...

–Ya sabemos por qué.

–Sí, es lo que tú dices. Hasta ahora no hemos hecho más que ver detalles: un árbol, un monte, un caminito... Pero nosotros, aquí, tenemos el panorama completo. Un árbol aislado no significa nada: ¿en qué ciudad está? ¿En qué época? ¿Por qué está allí?...

–Sí, sí, eso.

–Ahora todo tiene sentido: ahora vemos que esos detalles, que por sí solos no significan nada, que un abogadote sin escrúpulos puede descartar, están relacionados. La heroína, las venganzas, el dinero de los contratos públicos, la política, la organización... ¡Y aún hay quien pone en duda que la mafia exista! Pues nosotros decimos que sí, que existe, que es una estructura jerárquica que se rige por reglas precisas, y decimos también cómo se llama: Cosa Nostra. Los corleoneses, los palermitanos, el ascenso de Riina, Provenzano, el papel de Liggio, el de Michele Greco... –Giovanni se mueve enérgicamente. Sus manos se agitan en medio del humo gris de los cigarrillos que encienden y apagan sin parar.

Está excitado. Está incluso exaltado. A Paolo le parece que es un Frankenstein que acaba de crear al monstruo y está deseando verlo salir del laboratorio, caminar por sí solo, revolucionar todo el conocimiento que se tenía hasta entonces. Pero es que él también se siente un Frankenstein. Sabe que están a punto de franquear una puerta y que, una vez franqueada, no habrá vuelta atrás. No la habrá para nadie. Ni para el Estado, con sus aparatos, ni para ellos. ¿Cómo será el mundo cuando traspasen esa puerta? ¿Será un mundo nuevo, un mundo más libre? ¿O será una isla aún más pequeña y perdida que esta en la que se encuentran ahora, segregada del cuerpo de la humanidad, marginada, exiliada, desterrada, rodeada de soledad y burla?–. Ahora se ve que todo está relacionado –continúa Giovanni–. Todo tiene sentido. Es verdad que, si falla algún detalle, falla todo lo demás, pero si el material es bueno... y lo es, Paolo, porque Buscetta dice la verdad, Contorno dice la verdad... entonces el panorama tendrá una fuerza arrolladora. Nadie podrá destruirlo. Será infalible. Espero.

–Yo también lo espero.

–Y lo espera Nino. Y Leonardo, Giuseppe, Peppino Ayala... Todos lo esperamos. Incluso los muertos lo esperan, Paolo. Incluso Rocco, Cesare, Ninni, Boris, Gaetano... Todos lo esperamos. Todos a una. –Giovanni se reclina en la silla y mira las volutas de humo que casi no dejan ver el techo–. ¿Qué más podemos hacer? ¿Persignarnos?

–Tú no puedes.

–Pues persígnate tú por mí.

30. MAXI

Palermo, 1986

–*Can we go there? Is it dangerous?* –Los periodistas americanos que van y vienen en torno a la cárcel del Ucciardone van vestidos como corresponsales de guerra. Llevan chalecos antibalas, se mueven con cautela y cada vez que pasa una Vespa o un ruido de la calle los sobresalta, exclaman: «Oh!», «God!», «Jeez!» y miran asustados. Francesco la Licata, su colega de *L'Unità* Saverio Lodato y el corresponsal de *La Repubblica* Attilio Bolzoni también merodean por las calles aledañas de la cárcel. Llevan en la mano, como cetros, tres gruesos bocadillos envueltos en papel de aluminio y a medio comer. Llegaron de madrugada.

–*Go, go* –dice Ciccio la Licata.

–*Really?* –pregunta uno de los americanos, un tipo alto y rubio que parece el trasunto asustado de Patrick Swayze–. *Are you sure?*

–*Go!* –repite La Licata señalando la calle.

–*This is not Saigon. Relax* –dice Bolzoni y le da un mordisco al bocadillo.

–*Hum.* –Lodato pone cara de inquietud–. *Not dangerous?* –Mira al colega–. *Are you sure? I don't know...*

–¡Calla, hombre! –Bolzoni le da un golpe en la espalda–. ¡No los asustes! ¿No ves cómo están?

–*Go, go...* –Lodato ríe–. *It's OK, I'm joking. Want some?* –Le ofrece el bocadillo.

Los alrededores de la cárcel bullen de coches y furgonetas blindadas, de equipos de televisión, de transeúntes que se paran a mirar y que, en muchos casos, como no tienen nada que hacer, se ponen a la cola para entrar en la llamada «sala búnker». La RAI ha montado una redacción en el edificio frontero de la cárcel. Y en muchas furgonetas hay instalada una antena parabólica, señal de la gran expectación que ha despertado en todo el mundo el Maxiproceso, llamado en Palermo sencillamente el Maxi.

Los obreros, dirigidos por técnicos e ingenieros, han trabajado todos los días, domingos incluidos, de las seis de la mañana a las diez de la noche, para construir ese edificio gigantesco, que ha costado 36.000 millones de liras, que ha requerido instalar 850 metros cuadrados de cristal blindado y que los periodistas llaman «la astronave verde». Se erige junto a la cárcel y, al parecer, es la única solución que se ha encontrado para albergar un juicio en el que comparecen 475 imputados –con cargos que van del homicidio al tráfico de estupefacientes, pasando por la extorsión y la asociación mafiosa– y doscientos abogados defensores. Por primera vez en la historia, el solo hecho de pertenecer a la mafia, aunque no haya más cargos, se considera un delito. Y en Italia hay mucha gente en esa situación.

Todo es difícil en el Maxiproceso. Todo es enorme. Todo cuesta muchísimo.

Ha costado muchísimo, por ejemplo, encontrar un juez que presida el tribunal. Ninguno quería. Para hallar a uno que fuera lo bastante valiente o lo bastante loco, ha habido que recurrir a la justicia civil, hasta dar con Alfonso Giordano. También ha costado un esfuerzo ímprobo formar el jurado popular. Los jueces aún cuentan con algún tipo de protección, funcione o no, pero los ciudadanos de a pie no disponen de ninguna. Con todo, al final, de una manera o de una otra, se ha constituido el jurado popular. En él hay tres mujeres. La presidente también es mujer. El juez adjunto es Pietro Grasso y Giuseppe Ayala y Domenico Signorino ejercen el ministerio público.

Hoy, 10 de febrero de 1986, se celebra la primera vista del Maxiproceso.

Para Giovanni Falcone es un día como cualquier otro, al menos aparentemente. El cielo está gris, unos nubarrones amenazan lluvia inminente. Giovanni está sentado en el sillón de su despacho. De vez en cuando garabatea algo con lápiz en una hoja llena de apuntes, deja el lapicero en la mesa y se vuelve a la ventana. Haciendo este pequeño y neurótico ritual –que ha repetido decenas y decenas de veces desde que entró en el despacho–, ya ha roto dos veces la punta del lápiz. El cenicero, como siempre, está lleno de colillas.

–¿Emocionado? –Nino abre la puerta sin llamar y entra, un pequeño privilegio que solo les concede a él, a Borsellino y a los demás miembros del grupo antimafia.

–Algo fallará.

–¡Pero hombre!... Sé un poco positivo.

–Giordano se asustará y renunciará, o se lo dejará a otro. Todos sabemos que esos van a por quien quieren. Fueron a por Rocco, Terranova, Ninni... No les costará ir a por otro juez, por un miembro del jurado...

–Por cierto, ya tenemos a los suplentes.

Nino se sienta enfrente. Gracias a un decreto de última hora se ha aprobado el uso de «suplentes»: en caso de que falten o les ocurra algo, el presidente del tribunal, el juez adjunto, los secretarios y hasta los miembros del jurado popular pueden ser reemplazados sin mayores problemas. Porque eso es lo que buscan los abogados defensores, problemas. Algunos de ellos han tomado a su cargo verdaderos «paquetes» de imputados y defienden a veinte o más, y todos están en pie de guerra, husmean el terreno como perros en busca de algún detalle, algún pretexto que les permita anular el juicio o por lo menos estorbarlo. Saben bien que el aparato jurídico que sustenta el Maxi es muy frágil, precisamente por su tamaño mastodóntico.

–Se han vuelto todos locos. –Giovanni suspira–. Eso me dice Peppino Ayala, que se han vuelto todos locos.

–¿Por qué lo dices? –Hoy Nino lleva una boina gris y negra puesta de lado. Parece un niño de los de antes.

–Los de las jaulas. No hacen más que pedir cosas, botellas de agua, bocadillos... Molestan a cada segundo.

–Bueno, tendrán que comer y beber.

–Ya. –Giovanni coge un cigarrillo del paquete y se fuma una buena parte de él con cinco o seis caladas seguidas.

–Fumas como un carretero, Giovanni. Tú y Paolo parecéis chimeneas.

–De algo hay que morir.

–¿Y morir pronto?

–No será el tabaco lo que me mate. Estoy aquí más solo que la una, Nino, ¿qué quieres que haga?

–Sabes que puedes dejarlo cuando quieras. –La mirada de Caponnetto se detiene en una hoja que hay en la esquina de la mesa. Suelta una carcajada burlona. Es el recibo de los gastos de comida y alojamiento de la estancia obligada en Asinara que un probo funcionario les ha hecho llegar a Falcone y a Borsellino. Cuando Giovanni se lo contó no podía creérselo.

–No puedo dejarlo. Tú lo sabes. Es lo que están esperando. Sería... –Da una calada y expulsa una bocanada de humo que le da a su jefe en la cara–. Perdona. Sería una traición. Sería traicionar a todos.

No se permite que el juez instructor asista al juicio. No es competencia suya. Un juez instructor debe hacer eso, instruir la causa, pero luego debe dejar que esta siga su curso. Debe reunir pruebas, coordinar las pesquisas de la policía, de los carabineros, de la policía fiscal, pero no puede participar en el desarrollo del juicio. A las vistas va quien quiere. Charcuteros, maestros de escuela, pensionistas, familiares de los presos e inclusos amigos que han escapado de milagro a las garras de la justicia. Pero él, que es el padre de esta enorme criatura llamada Maxiproceso, debe permanecer alejado de ella. Es su enorme monumento contra la mafia: debe ser inexpugnable. Ya hay bastantes líos burocráticos. Y aún hay más: la cara de Giovanni Falcone ha aparecido en la prensa de medio mundo en los últimos meses. Alguien podría decir que quieren instrumentalizar el juicio, darle mucha publicidad, convertirlo en un espectáculo. Y eso sí que no. Y por lo mismo que se ha negado y sigue negándose a conceder entrevistas, Giovanni calla y desaparece.

–¿Los has leído? –Le tiende una pila de periódicos.

–Algunos.

–Estos –le pasa un periódico– dicen que es muy caro. Vamos, que les parece que juzgar a la mafia «sale muy caro». ¿Para qué gastar dinero en esto? Tienen razón.

–No hagas caso...

–Y estos –le pasa otro periódico– dicen que voy de «juez estrella», que quiero lucirme a costa del dinero público. Ya ves... –Abre los brazos y muestra el despacho lleno de humo, de carpetas, de papeles llenos de apuntes y de figuritas de patos que tiene colocadas por todas partes.

–Lo dirán por los patos.

De un tiempo a estar parte Giovanni colecciona patos decorativos. Tiene unos treinta o cuarenta, de todos los colores, tamaños y materiales. Sus preferidos son los que tienen el cuello vuelto hacia abajo.

–Me los compro con mi dinero, me los regalan...

–¡Que es broma!

–Y estos –le pasa otro periódico– me explican lo que tiene que hacer un magistrado. Vincenzo Vitale, *Giornale di Sicilia*. Y es un magistrado, ojo, una joven promesa de la magistratura.

–Ya veo...

–¡Esto es la hostia, Nino! Y perdona. Pero si hasta los colegas... repito, colegas... si hasta los colegas empiezan a criticarnos... Es el acabose. Es un disparate, un puro disparate. –Apaga la colilla en el cenicero aplastando las que ya lo llenan–. ¿No te parece?

Nino se acomoda en el sillón. Lo mira con aire paternal.

–Giovanni, Giovanni... –Agita las manos–. ¿Qué te esperabas?

–Dignidad. Eso me esperaba. Decencia. Mira, hasta *Il Giornale* de Montanelli nos ataca. ¡Lo que faltaba! Lee. –Le pasa otro periódico. Nino lo deja encima de los otros, en la esquina de la mesa.

–Nos atacarán todos, Giovanni. Pero, créeme, muchos no lo hacen de mala fe. No creas que todos son malos o tienen algún interés espurio. ¡Muchos no saben aún lo que es la mafia! –Nino suelta una carcajada–. Es así, pura y simplemente. –Hojea dos o tres periódicos meneando la cabeza y sin dejar de sonreír. Los deja en la mesa como si fuera una cosa inútil–. Nosotros nos pasamos el día y la noche encerrados aquí, entre papeles, sumarios, atestados... Y esta ciudad... esta isla... Nos hemos criado aquí. Tú y Paolo más que yo, es verdad, y los demás también. No quiero justificar esta ignorancia, no es eso. Pero creo que... tendrías que tomarla por lo que es y no por otra cosa. Muchas veces se llama ignorancia, ig-no-ran-cia. –Cuenta las sílabas con sus dedos huesudos–. Da igual quien escriba. ¿Montanelli? No tiene ni puñetera idea de lo que es la mafia. No entiende el problema. Por tanto, tampoco sabe cómo tratarlo. ¿Quién más escribe, a ver?...

–¿Y Vincenzo Vitale? Él es juez.

–Bueno, en su caso, puede... –Nino sonríe. Se levanta y a pasitos, muy despacio, dando la vuelta a la mesa, se acerca a Giovanni, le da una colleja y le revuelve el pelo. En un segundo, a la velocidad del rayo, pasan por la cabeza de Giovanni imágenes de su padre y de Rocco Chinnici, y de pronto tiene ganas de llorar, llorar y nada más. No sabe bien el motivo, o quizá es que hay muchos motivos a la vez. Solo quiere llorar, llorar sin parar, todo el día, hasta la mañana siguiente, y despertar en el suelo frío, sin nadie al lado, solo, agotado por esa larga y extenuante concesión a la fragilidad, dispuesto a lavarse la cara y empezar de cero, en otro lugar, de ser posible, en otra ciudad, con un nuevo nombre y una nueva cara, como Buscetta.

Nino nota algo, pero es un hombre que sabe lo que es la vida y no comete el error de preguntarle y menos aún de consolarlo. Se retira y mira por la ventana.

–Vete a cenar con Francesca. Llévala a Mondello y comeos un buen plato de espaguetis con erizos de mar.

*

–Te lo ha dicho Nino, seguro. Si por ti fuera, aún estarías encerrado en el despacho.

–¡Que no, mujer!

–Sí, seguro. En fin, comamos.

Francesca lleva un traje de chaqueta oscuro y un collar de coral y piedras negras que contrasta fuertemente con su piel clara. Ante ellos hay media docena de grandes platos llenos de tostadas y marisco. En medio de la mesa se ve un pato de cerámica del tamaño de un puño, recién sacado de su envoltorio.

–Que sepas que te entiendo perfectamente. Yo que tú haría lo mismo. Te lo aseguro. Lo único que digo...

–¿Qué? –Giovanni está masticando un bocado de espaguetis con sardinas.

–Lo único que digo es que te lo tomes de otra manera. Parece que te estén juzgando a ti, no a la mafia. Si te hubieran detenido por tráfico de estupefacientes, tendrías la misma cara.

–Se irá todo al traste –dice Giovanni con la boca llena–. ¿Qué te apuestas?

–«Se irá todo al traste, se irá todo al traste...» –lo imita ella haciendo como que mastica–. ¡Por favor! Hasta Paolo dice que tendrías que calmarte y eso que él no está menos metido que tú.

–Él cree en Dios.

–¿Y tú no?

–¡Yo también! –responde Giovanni tosiendo–. Claro que creo. Existe, pero es malo.

–Vamos, que también Dios quiere sabotear el Maxi.

–Exacto. ¿Sabes lo de Di Marco?

–¿Lo de quién?

–Lo de Di Marco, el que atracó el tren.

–Ah, sí... ¿Y te parece grave?

–Mucho. Estaba decidido a colaborar, lo metieron en una jaula que estaba separada de las demás por otras nueve vacías...

–¡Qué palabra más fea! ¿No puedes decir «celda» en vez de «jaula»?

–Es como las llaman en el juicio. El caso –continúa Giovanni– es que ahora dice que quiere que lo devuelvan al régimen común y lo lleven a la cárcel del Ucciardone. Es una señal clara: quiere retractarse.

–Es uno entre muchos.

–Es el primero de muchos.

–Es uno entre muchos.

–Peppino me ha dicho que los abogados estaban más contentos que unas pascuas. Parece ser que algunos se fueron a celebrarlo.

–Olvídate de ellos. El mundo está lleno de cobardes, pero Buscetta, Contorno... no son cobardes. Serán todo lo que quieras, menos cobardes. Si pudiera, Contorno los mataría a todos con sus propias manos.

–Y sería capaz.

–Mi hermano me pregunta por qué no nos casamos.

–¡Aj! –A Giovanni se le atraganta la comida–. Me casaría contigo mañana mismo, créeme.

–¡No lo digo por mí! –replica ella, ofendida–. Es él que lo pregunta, tiene curiosidad, nada más.

–¿Y tú qué le contestas?

–Que no tenemos tiempo.

–Correcto.

Todos los días Giovanni piensa en pedirle que se case con él. Lo que ocurre es que no le ha dicho toda la verdad, sino solo una parte. Así como le dijo que no se traen huérfanos al mundo, tendría que decirle lo que hace que en su cabeza se encienda una luz roja cada vez que piensa en lo bonito, en lo justo que sería que se casaran: que no se casa uno con una viuda. Sabe que a Francesca le parecería fatalista, dramático, exagerado. Pero Giovanni está convencido de que no morirá de viejo; está tan convencido que ha establecido con esta idea una relación, si no serena, al menos franca y desengañada. Sus planes, sus proyectos, están aquejados de una provisionalidad inevitable: se siente como si hubiera alquilado una casa con un contrato que se renueva cada año y cada año tuviera que volver a comprar muebles, pintar y demás. Es como si la vida fuera una concha en la que hay que vivir con cuidado, que no hay que ensuciar, un lugar que nunca se puede poseer del todo, porque las condiciones de uso caducan en breve. Por eso –Giovanni lo sabe–, la naturaleza misma de algunos placeres conectados con la eternidad, o por lo menos con una idea de duración, se corrompe y muchas alegrías mueren. Y lo mismo ocurre con las personas que lo rodean: que inevitablemente se contagian de esta enfermedad.

Ella le coge la mano y le da un beso en la frente. Durante unos minutos comen en silencio y contemplan el mar de Mondello.

Francesca lo mira de soslayo de vez en cuando, sin que él la vea. Tiene Giovanni los ojos clavados en el mar, pero no ve el mar, ve otra cosa. Ve la sala de un juicio. No es vicio ni afectación, Francesca lo sabe. Es más bien una obsesión. Al fin y al cabo, la historia la hacen individuos dominados por una obsesión y Francesca está convencida, absolutamente convencida, de que el Maxiproceso hará historia, de que Giovanni, Paolo, todos los colegas del grupo antimafia harán historia. Es una magistrada de gran experiencia: no se le escapa ningún detalle técnico ni tampoco la importancia mediática del caso. Esos últimos meses apenas se puede hablar de otra cosa con Giovanni.

–Hay que atrapar a Michele Greco –le dice enrollando en el tenedor los últimos espaguetis.

Él se vuelve bruscamente y la mira como si oyera ese nombre por primera vez; como si no hubiera oído, leído, pronunciado, escrito ese nombre, el del Papa, miles de veces; como si no supiera también que hay que atrapar de una maldita vez al padrino de Ciaculli. Porque de pronto ha sentido algo, un leve estremecimiento, como si le hubieran pinchado con un alfiler.

Se toca el antebrazo. Tiene la piel de gallina.

31. EL SECRETARIO

Palermo, 1986

En el mercado de Ballarò se ven todos los colores del arcoíris. Con el tiempo uno se acostumbra a esta explosión de amarillos, naranjas y verdes de los cítricos, al gris iridiscente del pescado de mil formas y tamaños, a las tonalidades rojas de los tomates y de la carne, a toda la gama de matices de la fruta en distintos grados de maduración. Y, de hecho, Maria apenas se fija. Camina ensimismada por entre los puestos y casi no se da cuenta del ir y venir de gente y de motos que a veces están a punto de pisarla. Es una mujer de aspecto austero. Tiene una espesa mata de cabello castaño claro que lleva peinada con permanente, el rostro regular, los ojos redondos como su hermano Giovanni y su hermana Anna. Precisamente ha pasado la mañana en casa de esta, porque, cosa rara, estaba libre de deberes académicos. Han hablado de Giovanni, de la última vez que lo vieron y de que a las dos les ha parecido cansado; cansado y extrañamente sereno, con una serenidad triste, como si se hubiera resignado a algo, a renunciar a algo.

Y ahora Maria aprovecha para darse una vuelta por el mercado y hacer unas compras.

–¡Profesora! –la saluda un carnicero dando tres veces con el mango del cuchillo en el mostrador, como si tocara un timbre. Siempre la saluda así. Ella le devuelve el saludo con un gesto.

Maria tiene tres años más que Giovanni y dos menos que Anna, la mayor de los tres. Da clases de derecho en un instituto de bachillerato y se interesa por la vida política palermitana. Por eso no le cuesta reconocer a un hombre a quien Anna y ella llaman «el secretario», un viejo conocido de la política local, militante de Democracia Cristiana, cuyo nombre nunca han sabido –o si lo han sabido lo han olvidado–, infinitas veces candidato en las elecciones regionales pero nunca realmente interesado en salir elegido. Su función es sobre todo intrigar para su amo. Es precisamente eso, un secretario, el eterno secretario.

El hombre está hablando con un vendedor de artículos del hogar. Maria ve de vez en cuando su cara entre la multitud y tiene la impresión de que la observa por el rabillo del ojo. Esto, que afecte indiferencia, aunque lo haga torpemente, es lo que le llama la atención. Pero tampoco se conocen tanto como para que se vean obligados a saludarse y Maria sigue caminando sin mirarlo.

–¡Profesora! –le dice, haciéndole señas, una mujer que vende calcetines y ropa interior en un puesto con una sombrilla a rayas. Maria le devuelve el saludo.

El secretario ha terminado de hablar con el vendedor y está parado en medio de la calle. Se mira el reloj, se rasca la cabeza, se muestra indeciso. Maria pasa a su lado fingiendo no verlo.

–¡Maria! –Es él que la llama.

–¡Ah, hola! –lo saluda ella como saludaría a cualquier otra persona, poniendo una sonrisa forzada.

–¿Qué tal?

–Bien, bien...

–¡Cuánto tiempo sin verte!

–Mucho. –De hecho, Maria no recuerda la última vez que se vieron. Sería hace dos o tres años, un día que se lo encontró en un colegio electoral repartiendo consejos no solicitados –y, sobre todo, no autorizados– a las ancianas sobre a quién votar.

–¿Qué haces? –El secretario tiene los incisivos muy grandes, parecen dos bloques de mármol. También su nariz llama la atención: tiene la punta roja y redonda como la de un payaso y los poros grandes y dilatados. En el bolsillo de la chaqueta lleva prendido un broche de Democracia Cristina, un escudo con una cruz y un ribete dorado.

–Aquí, de compras. –Le enseña las bolsas.

–¿Te ayudo? –Se muestra muy solícito, lo que es extraño, porque no hay elecciones a la vista ni, de todas maneras, tampoco en periodo electoral se mostró nunca tan atento. Pero hoy se le ofrece de mozo de cuerda.

–Pues... –Sonríe algo cohibida–. No hace falta, ya he terminado.

–Ah... ¿Y puedo acompañarte?

–Bueno. ¿Quieres decirme algo?

–Sí y no. Quería saludarte, como hace tanto que no nos vemos... –repite. Pasa una moto a toda velocidad zigzagueando entre los transeúntes, el hombre hace ademán de darle una bofetada al conductor, que se vuelve y le hace una pedorreta. Él se muerde la mano.

–Estos imbéciles... ¿Tus alumnos no serán así, espero?

–No en clase.

–Porque no podrán entrar con moto, que si pudieran... –Ríe para sí. Caminan unos cincuenta metros sin hablar. El secretario saluda con la mano a unos y a otros. Parece que en Ballarò lo conoce todo el mundo.

–Si me perdonas, yo...

–Ya, ya, claro. Pero dime: ¿cómo va el trabajo, la familia?

–Todo bien, no puedo quejarme.

–Mira, allí hacen unos pinchos de tripas buenísimos... –Señala un puestecito a la derecha. Un joven magrebí está vertiendo agua sobre el empedrado con un gran cubo azul. Maria no contesta, pero pone cara de no haberlos probado–. ¡Pues tienes que probarlos!

–Yo voy hacia allá...

–¿Te das cuenta de lo que está pasando en esta ciudad? –Se detiene en medio de la calle llena de gente. Los gritos de los vendedores forman un curioso guirigay–. Esto no va bien, Maria. –Mueve la cabeza–. No va nada bien. La política da asco, soy el primero en decirlo.

–Ya...

–El crimen... Mira a estos desgraciados, no van ni a la escuela, se pasan el día en la calle. ¿Y el Estado qué hace? Nada. No hace una mierda y perdona la palabra. El Estado no hace absolutamente nada.

–Es muy triste.

–¡Triste! ¡Exacto! Por eso admiro a personas como tu hermano. Tu hermano es un héroe, Maria.

–Hace su trabajo. Lo hace bien, quizá mejor de lo que...

–Es un héroe, te lo digo yo. ¿No te lo parece?

–Sí, no sé... Tal vez a él no se lo parezca.

Maria está cansada y no lo oculta, los brazos empiezan a dolerle con el peso de las bolsas. Las deja en el suelo y resopla.

–Es un héroe. ¿Sabes lo que se dice de Giovanni Falcone?

–¿Que es un héroe? –Maria sonríe entre irritada y burlona.

–Además de eso. Se dice que aquí está perdiendo el tiempo. Que estaría mejor en otra ciudad, donde seguramente tendría más satisfacciones.

Maria lo mira ahora con curiosidad. Su expresión ha cambiado.

–¿Y por qué tendría que irse?

–Porque para las personas como él sería mejor.

–¿Para las personas como él o para él?

–También para él. Pero él, a diferencia de otros, encontraría enseguida un puesto en otra ciudad, por ejemplo, en Roma. Yo que él me iría, porque como no se vaya se lo cargan. –Maria se queda en silencio. El corazón empieza a latirle con fuerza–. Como no se vaya se lo cargan.

Maria coge las bolsas y echa a caminar.

–Me voy a casa.

Piensa en Giovanni y se aleja sin volverse.

–Se lo cargan seguro –repite el otro y, aunque lo dice en voz baja, ella lo oye.

32. GIUSEPPE DI FRESCO

Palermo, 1986

–¿Y esto, mi coronel?

–Lo envía Falcone

–... ¿Falcone?

–Giovanni Falcone.

–¿Y cree usted, y perdone que se lo pregunte, que... va en serio?

–Sin duda. ¿Puede usted ocuparse? –El capitán de carabineros de Termini Imerese, Sergio Pascali, se rasca la frente. Ha llegado en coche a la comandancia provincial de Palermo a petición del comandante, el coronel Giuseppe de Gregorio, que no ha querido explicarle por qué lo llama. Ahí tienen el motivo, delante de los ojos, sobre la gran mesa de madera de cerezo del coronel–. ¿A qué espera, capitán?

–A nada, claro. Voy enseguida, mi coronel. Es solo que...

–¿Qué? –El comandante es un hombre de pocas palabras, lo que no quita para que sus modales sean amables. Tiene muchas cosas que hacer –las ha tenido toda la mañana y seguirá teniéndolas en cuanto se vaya Pascali– y, aunque ha sido muy claro, no puede decirse que su tono sea brusco. Expeditivo quizá, pero no brusco.

Él y el capitán Pascali se parecen. Tienen los dos la cara grande y geométrica, pero De Gregorio tiene un perfil griego, la nariz más grande y es más robusto, aunque tampoco mucho más. El aspecto de ambos responde perfectamente a la función que desempeñan. Los dos transmiten firmeza.

–Esto... Nada, mi coronel. ¿Hacemos, pues, lo que dice?

Lanza una mirada a la nota escrita a bolígrafo con una letra vacilante.

–Sí. Hacemos lo que dice.

–Muy bien, mi coronel. –Pascali se levanta y se dirige a la puerta. Antes de salir se vuelve y saluda marcialmente–. A sus órdenes.

> Si queréis coger a Michele Greco haced lo que os digo: publicad un anuncio en el *Giornale di Sicilia* diciendo que queréis comprar un tractor de segunda mano en buenas condiciones y dad un número de teléfono, que yo os llamaré

La nota es sucinta y no parece escrita precisamente por un hombre de letras, pero contiene toda la información que se necesita. El capitán Pascali ha dado orden de que no lo molesten salvo en caso de absoluta necesidad, se ha encerrado en su despacho y ha llamado a la secretaria de redacción del periódico. Lleva unos diez minutos esperando a que le pongan con el responsable de la página de anuncios. De haberse identificado, lo habrían atendido enseguida, pero el juez Falcone ha sido terminante: hay que actuar con la máxima discreción. Por tanto, tiene que esperar su turno como si fuera un ciudadano normal y corriente que no lleva insignias en el hombro.

Italia está llena de mitómanos: no es la primera vez que los carabineros, la policía y hasta los guardias municipales reciben avisos de falsos topos denunciando a este o a aquel huido de la justicia. Sin embargo, esta vez Falcone debe de haber intuido algo. Ya el hecho de que la nota le haya llegado a él, de que el autor se haya tomado la molestia de enviarla al tribunal de Palermo y no directamente a los carabineros significa algo. Es probable que esta vez también sea una falsa alarma, pero nunca se sabe. El Papa puede hallarse en cualquier parte. No tienen nada mejor que hacer que seguir esa pista, la única que tienen, por muy improbable que parezca.

Pasada una eternidad, el redactor responde y Pascali empieza a dictar el anuncio:

> Se buscan dos tractores de segunda mano en buenas condiciones, para uso forestal. Interesados llamar al número [...].

Pascali da un número de teléfono cuyas cifras iniciales difieren de las de la comisaría de Termini Imerese y que ya han usado varias veces antes en operaciones parecidas. Terminada la llamada, se levanta, gira la llave de la puerta del despacho y deja esta entreabierta. Ya puede seguir con las actividades ordinarias. Ya solo queda esperar y cruzar los dedos.

*

No tendrán que esperar mucho.

La primera llamada la hace el muchacho desde una cabina pública el mismo día de la publicación del anuncio. Pascali no lo ve claro, pero lo curioso, y lo que lo desconcierta un poco, es que el muchacho aún se fía menos. Habla poco, con frases breves y casi siempre negándose a responder a lo que le preguntan. Se niega a decir quién es, se niega a revelar cómo sabe dónde está el Papa, se niega incluso a ver a Pascali para coordinarse de alguna manera. Primero quiere asegurarse. Quiere saber si puede fiarse de los carabineros. Manda él y lo sabe.

La segunda llamada la hace al día siguiente también desde una cabina pública, pero es de otro tenor. Está claro que el «muchacho» –como han empezado a llamarlo, en espera de conocer su identidad– quiere garantizarse cierto margen de maniobra por si tuviera que echarse atrás y desaparecer. Y no es porque tenga miedo de que lo acusen de algo o lo denuncien, sino porque tiene miedo del Papa. Teme al capo de Ciaculli como al demonio. Sabe que una vez que tome ese camino, no podrá volverse atrás; sabe que si ese hombre con el que está hablando, cuya honradez está juzgando, no fuera el carabinero íntegro y fiable que parece ser, sería el fin. Y sería un fin horrible. El fin que merecen los traidores.

Precisamente es este miedo, este constante recelo, este estar siempre a punto de echarse atrás, lo que hace que Pascali dedique al muchacho todo su tiempo. Una y otra vez le asegura que solo se encargarán él y el juez Falcone, que nadie más conocerá su identidad, que dirán que sus confidencias son de un informante anónimo y, de hecho, le pide que se ponga él mismo un nombre falso. Pero el «muchacho» se niega. Incluso lo que imaginamos dice muchas cosas de nosotros. Prefiere ser el muchacho y en eso no parece que haya ficción alguna, porque, por la voz, debe de ser muy joven. ¿Cómo puede un chaval conocer los secretos de un «papa»? ¿Cómo ha conseguido acercársele tanto? Y, sobre todo, ¿es posible que un chaval, por sí mismo, decida entregar a Michele Greco sin que la Cúpula lo haya decidido, sin que haya al menos un tácito acuerdo de los grandes capos?

Es evidente que el ascenso de Riina y compañía está poniendo en tela de juicio el liderazgo de Greco, que la mafia corleonesa se ha impuesto a la palermitana y que Greco –cuyo sobrenombre se debe al parecer a sus dotes diplomáticas, a sus aptitudes de mediador– ha hecho muchas concesiones al Corto con tal de conservar su condición de capo. Sin embargo, ¿qué clase de capo es el que cede terreno, transige, hace la vista gorda, mira para otro lado cuando el Corto mata sin permiso de la Cúpula, solo por conservar los beneficios de ser capo? Es un capo que pierde el prestigio que tenía. Es un capo sobre el papel. Es un capo que deja de ser capo.

*

Las raíces del *Ficus macrophylla* caen del tronco como chorros de lava. Son como serpientes de madera que se desenroscan, sinuosas, hasta llegar al suelo; da la impresión de que, un día, esa madera se derritió, fluyó lentamente desde la copa y penetró en la tierra. Dicen que trajeron este ejemplar aquí, al jardín botánico de Palermo, hace dos siglos. Dos niños se persiguen dando vueltas a su extraño tronco; uno de ellos lleva un triciclo cogido por el manillar y lo agita como si fuera una bandera. La hermanita corre libre, a veces tropieza, pero su hermano no la alcanza. El triciclo es un estorbo, pero él no quiere soltarlo. El padre, un joven con gafas de concha y larga barba negra, observa el cielo como si temiera, no se sabe por qué, que en cualquier momento caiga un diluvio.

A pesar de que es febrero, hace una buena mañana en Palermo. Los pájaros cantan y del mar sopla un vientecillo salobre. Un turista cualquiera pensaría, con razón, que este lugar, en este momento, es uno de los más bellos del mundo. El capitán Pascali, sin embargo, como todos los que pasean por el parque –pocos, en realidad: no llegan a media docena–, está muy acostumbrado a estas bellezas cotidianas. Y, además, está muy atento al joven del periódico.

Lleva gafas de sol y gorra. La camisa vaquera que le cuelga recta por debajo de la cintura recuerda las raíces del ficus. Le estará al menos dos tallas grandes. Pascali va embutido en un chaquetón oscuro con la cremallera subida hasta arriba y, debajo, lleva la funda con la pistola reglamentaria. Si las cosas se pusieran feas, quiere tener alguna posibilidad de defenderse. Los dos hombres que tiene más cerca son colegas de paisano paseando por el jardín botánico, por si tuvieran que intervenir, aunque, en situaciones así, las reacciones son siempre imprevisibles, sobre todo en un lugar público donde hay civiles. El coche de carabineros más próximo está a unos cien metros, fuera del parque.

El joven de la gorra lleva al menos cinco minutos leyendo la misma página. No parece que le interesen mucho los árboles y plantas del parque, ni en realidad tampoco el periódico, porque deja de leer a cada rato y mira a los lados, mientras pasea al azar. Se ha fijado en todas las cosas y personas que lo rodean, menos en el capitán Pascali, al que evita mirar.

Demasiado ha observado ya el capitán Pascali el tronco de los árboles. Llegó media hora antes de lo acordado. También el individuo ese lleva ahí mucho tiempo, seguro que llegó antes que él y lo vio ya de lejos antes de que se acercara al viejo ficus. Se han estudiado bastante. Es hora de hacer algo. A cada minuto que pasa aumenta el riesgo de que todo se esfume, de que el joven recapacite y desaparezca para siempre.

Pascali da unos pasos hacia él, con las manos en los bolsillos del chaquetón. El otro está leyendo *La Repubblica*, como acordaron en la última llamada. Ahora que el capitán se le acerca, levanta el periódico hasta que casi le tapa los ojos, en un torpe intento de que se vea bien el nombre del periódico.

–Buenos días. –El joven saluda con la cabeza–. Soy Pascali.

El otro dobla el periódico y se da con él unos golpecitos en el muslo. Echan a andar lentamente.

*

–Usted ya me conoce.

–¿Tienes antecedentes?

–No, yo no. Pero...

–¿Alguien de tu familia?

–Vamos allí, que aquí hay mucha gente. –El muchacho señala un banco apartado que hay a la sombra de un grueso árbol de copa colgante. Van y se sientan. Pascali no andaba descaminado: se lo imaginaba aún más joven, la verdad, pero en cualquier caso no tendrá más de veinticinco o veintiséis años, a juzgar por lo que las gafas de sol y la gorra dejan ver de su cara–. Quisiera saber lo que piensa usted de mí. Si cree que hago esto por dinero o por... ¿Cree que lo hago por dinero?

–No creo nada.

El capitán, que lleva también gafas de sol, se las quita.

–No, no, póngaselas, por favor.

Se las pone.

–A ti te interesa decirme unas cosas y a mí me interesa saberlas. Nada más. No soy un cura, no condeno ni absuelvo a la gente.

–Ya, pero no se las digo por dinero, eso es lo que quiero decir. El dinero me viene bien, como a todo el mundo, pero si solo fuera por dinero no lo haría, porque sé lo que puede pasarme.

–Puedo darte todas las garantías de las que ya hemos hablado.

El muchacho sonríe.

–¿Garantías? –Pascali calla. Sabe también que los cementerios están empedrados de garantías–. En fin, a lo que iba: que el dinero no me interesa, bueno, lo cojo porque me viene bien, como a todos, pero no es el motivo por el que... que me...

–Está claro, está claro.

–Por cierto, ya que hablamos del tema, ¿usted cree...?

Se quita la gorra, se rasca la cabeza y vuelve a ponérsela.

–Hagamos una cosa: dime quién eres y por qué sabes cosas que nosotros no sabemos y luego te hablo de la cuestión económica, ¿te parece?

–Estoy seguro de que les interesa saber lo que sé.

–¿Y por qué estás tan seguro?

El joven suspira, se golpea otra vez la pierna con el periódico, mira a los lados. Parece indeciso. Es posible que esté actuando, que solo quiera sacar todo lo que pueda de esa especie de trato, y es posible que esté realmente indeciso. Pero si revela su identidad, ya está. Habrá traspasado el umbral. A partir de ese momento, tanto dará que la información que proporcione valga o no. Si su nombre trasciende del cuartel de carabineros o del despacho de Giovanni Falcone, se acabó.

–Les digo esto porque el juez Falcone me parece una persona honrada y...

–Yo también lo soy.

–... y porque en este momento echo de menos a las personas honradas, no hay muchas, no sé si me explico...

–Dime quién eres para que yo sepa si tiene sentido que sigamos hablando. Empecemos por ahí. Por lo demás, puedes fiarte, te doy mi palabra y la del juez Falcone.

El joven suspira otra vez, más hondamente.

–Como le digo, no tengo antecedentes, pero seguro que me conoce, o por lo menos le suena mi nombre, porque mi padre es el capataz de la finca del señor Michele Greco.

Pascali traga saliva. No quiere dar demasiadas muestras de interés ni de emoción y se vuelve, fingiendo que tose.

–¿Tu apellido? –pregunta.

–Galati.

Pascali no necesita saber más. El «muchacho» tenía razón.

*

–Parece que esta vez sí...

–No diga nada, no diga nada. –Giovanni levanta las manos. Borsellino, que está sentado a una esquina de la misma mesa, sonríe. Pero también está tenso, como todos los presentes–. Hasta que no esté hecho, no digamos nada. Pero pinta bien.

–De momento el capitán ha hecho un excelente trabajo –dice el comandante De Gregorio mirando a Pascali.

–Gracias, mi coronel –dice Pascali, que toma buena nota de lo que quiere decir con ese «de momento».

Michele Greco es el hombre más buscado de Italia. El enemigo público número uno. Pero conoce tan bien el terreno, tiene tantos asideros e infunde tanto miedo y respeto, que es invisible. Hombres como él tienen muy fácil esconderse. Ninni Cassarà, Beppe Montana y muchos otros policías, carabineros y magistrados han intentado atrapar a Greco, que lleva huido de la justicia desde junio de 1982. Algunos han llegado a acercársele, a pisarle los talones y han acabado bajo tierra. La lucha por el orden y la seguridad sigue desde hace años las mismas brutales reglas que la lucha por la justicia, perseguir a los grandes huidos de la justicia es también una carrera de relevos: no basta con un hombre para meterlos entre rejas; se necesitan varios, uno detrás de otro, y el resultado supone una serie de sacrificios humanos.

–Si consiguiéramos echarle el guante ahora que faltan diez días para que empiece el Maxi, sería... –empieza a decir Paolo, apretándole el brazo a Giovanni.

–Sería perfecto –concluye el comandante De Gregorio, lanzando una mirada a Pascali–. Señor juez, ¿se confirma, pues, que están... disponibles?

–Se confirma. ¿Cuándo es la próxima cita?

–En principio mañana.

Es mañana.

Benedetto –así se llama el «muchacho»– sigue llevando su gorra y sus gafas de sol. Esta vez él y Pascali han quedado delante de un quiosco y suben al coche camuflado que conduce el capitán. Benedetto está más temeroso que la vez anterior. Tiene la cabeza gacha, cada dos por tres se cala la gorra, como si con eso pudiera esconderse mejor de ojos indiscretos, y se sube las gruesas gafas de sol. Pascali toma una carretera que sale de Palermo y circula despacio. Detrás de ellos, a bastante distancia, va otro coche que los sigue.

–Yo no soy nadie, no valgo nada –empieza a decir Galati–. Sé lo que piensan ustedes de mí, que soy un traidor...

–No pensamos nada, te digo. Si nos ayudas, solo podremos pensar bien.

–... Que muerdo la mano que me da de comer, que da de comer a mi padre, que somos unos traidores –repite.

–Aquí los únicos traidores que hay son los que arruinan esta ciudad y matan a la gente.

–Pero no soy un arrepentido. No soy un traidor. Lo que pasa es que me han apartado, me han humillado y siguen humillándome.

–¿Por qué?

–¡Porque todos pasan por encima de mí! –responde Benedetto–. Todos prosperan, todos tienen coche y dinero, y yo no tengo una mierda. Voy a pie, ¿ve usted? Porque me lleva usted en coche, que si no iría a pie. No tengo un cuarto; yo, que siempre he hecho lo que... –Benedetto entiende seguramente que no le conviene decir lo que ha hecho, ni cómo ni cuándo, y se interrumpe–. A mi padre... –sigue diciendo después de unos instantes– ya solo le falta besarle el culo a don Michele. ¡Y yo hecho un pordiosero!

Mueve la cabeza, se queda con la mirada perdida.

El coche avanza despacio, los dos guardan silencio. Pascali quiere decirle que no puede pedírsele a la mafia que sea justa, que no puede esperarse reconocimiento, oportunidades, transparencia de quien hace de la falta de transparencia y de la injusticia su razón de ser. Pero no lo hace. Calla. No quiere que Benedetto crea que lo acusa de algo o lo condena. Al cabo de unos minutos, Benedetto dice:

–Capitán, también quisiera saber si han hablado del tema... de la pasta. Quisiera saber cuál es la recompensa.

Pascali se queda mirándolo, frunce el ceño. Benedetto le sostiene la mirada. Le parece justo que le paguen por la ayuda que presta. Además, ya ha explicado cuál es su situación económica.

–Si la información es buena... –dice el capitán accionando–, si es verídica, si realmente nos ayuda a capturarlo, si nos permite...

–Si, si, si... ¡Ya le dije que la información es buena, que es de primera!

Pascali lo sabe, todo parece indicar que su confesión será

vital, el muchacho tiene la sartén por el mango. Pero se trata de que no se note mucho para que no regatee, para que no les tome el brazo si le dan la mano.

–Si se cumplen todas estas condiciones, podemos darte cien millones.

–Cien mi... llo... nes... –balbuce Galati. Quiere disimular la excitación, pero lo hace muy mal.

–Es todo lo que podemos darte. Es un esfuerzo extraordinario que hace el Estado, dado el personaje...

–Sí, sí, ya sé. –Reflexiona unos momentos, o por lo menos finge que reflexiona, y le tiende la mano al capitán Pascali–. Hecho, capitán –dice mirando al frente. El mar, a la izquierda, está agitado. Sopla un fuerte viento y unos nubarrones cubren el cielo como un presagio funesto–. Ya podemos hablar en serio.

Y se quita las gafas oscuras. Su mirada se ha vuelto torva. Va a cobrarse su venganza y de paso sus cien millones.

*

Al amanecer del día 20 de febrero, unos cien carabineros del grupo Palermo 2 rodean unas casas de campo que hay entre Caccamo y Trabia, en los montes de Termini Imerese. El capitán Pascali tiene unas ojeras que parece que le hayan dado un par de puñetazos. Se ha pasado todas las noches hasta hoy vigilando con un visor nocturno las siete casas que Benedetto le ha indicado, apostado en medio del campo, pasando un frío horrible. El Papa, dice el muchacho, se desplaza todos los días de una casa a otra. Lo lleva un ganadero, Salvatore Colletti, en un Fiat 131 azul y recorren carreteras y caminos de granja en granja. Para asegurarse de que lo encuentran, los hombres de Pascali han rodeado las siete casas. Una, en la que vive el mismo ganadero, es la principal candidata. Pero no es seguro que Greco se halle en ella.

Pascali avanza despacio, agazapado entre la hierba húmeda. A un lado y otro, se mueven al mismo paso los carabineros del grupo, encapuchados y armados de metralleta. La casa es una construcción baja de toba amarilla. Junto a ella hay unos cercados y algunos animales que descansan plácidamente mirando de rato en rato a la cuadrilla que avanza. Hay que actuar rápido, antes de que a alguno de esos animales le dé por berrear o balar o aparezca un perro. Pero también hay que ser cautos, porque el oído de estos granjeros es más fino que el de las bestias.

Cuando están a pocos metros de la casa, Pascali hace señas a sus hombres de que se detengan. Prestan oído. En la casa no se oye ningún ruido. En la parte trasera se ve el Fiat 131 azul de Colletti. Seguramente están durmiendo. Es lo que normalmente haría una familia a esas horas. Solo que no es una situación normal ni las personas a las que rodean son una familia. Al menos no lo son en el sentido tradicional del término.

–Cuando usted diga, capitán. –Los hombres de Pascali están en contacto por radio con los comandos que rodean las otras seis casas. Todos irrumpirán a la vez. Ninguno debe hacerlo antes que los otros. Hay que evitar que los de dentro den la alarma.

–Adelante –dice el capitán–. Ahora.

De una patada, dos de los hombres derriban la puerta de la casa. En un instante entran todos los demás. Miran a un lado y otro. Las ventanas están cerradas, no hay más luz que la que entra por la puerta. Uno tras otro, los demás comandos comunican que también han entrado.

En casa del ganadero Colletti reina el silencio. La cocina, con muebles de madera viejos, está nada más entrar. De los tiradores de los armarios de la pared cuelgan ristras de salchichas y un manojo de pimientos rojos. Sobre una tabla de cortar, en la mesa, hay un trozo de pan de la noche anterior.

Apenas han empezado a registrar la casa cuando uno de los hombres grita desde el interior:

–¡Aquí! ¡Aquí!

Pascali corre hacia allí. Es el dormitorio. Un hombre con el pelo gris revuelto y de unos sesenta años mira a los lados completamente aturdido. Está sentado en la cama y tiene la ropa arrugada. Parece que no entiende lo que pasa.

–¿Quiénes...? –murmura con voz soñolienta–. ¿Quién sois?

Pascali lo observa unos segundos.

–¿Es usted Michele Greco?

–¿Quién? –pregunta el hombre, entreabriendo los ojos.

–¿Michele Greco? ¿Es usted Michele Greco?

–¿Quién? ¿Yo? –Se frota los ojos.

–Documentos, por favor. Y tenga las manos a la vista. ¿Va armado?

–¿Yo? –repite el otro, como alelado.

–Registradlo –les ordena el capitán a sus hombres.

Dos de ellos se acercan al hombre, lo cogen de los brazos, lo levantan lentamente y lo registran.

–No lleva nada –dice uno.

–Pues claro –confirma el hombre–. ¿Qué buscáis? ¿Armas? Yo no...

–¿Cómo se llama usted? ¿Tiene algún documento de identidad? –pregunta Pascali acercándose.

–Me llamo Giuseppe di Fresco.

–¿Di Fresco?

–Sí, Giuseppe di Fresco.

–¿Y tiene algún documento de identidad, señor Di Fresco?

–Desde luego. –Señala una mesita de noche torcida que hay al otro lado de la cama–. ¿Puedo?

–Ya lo hacemos nosotros –dice el capitán.

Va uno de sus hombres y abre el cajón de la mesita. Hay medio cartón de tabaco, una Biblia, unos objetos de oro y un fajo de imágenes devotas. Al fondo del cajón, en una esquina, hay un pequeño bolso negro. Lo abren. Dentro hay un carné de identidad y unos cuantos billetes arrugados. El carabinero coge el documento, lo abre y se lo entrega al capitán.

–Giuseppe di Fresco –susurra Pascali.

–Exactamente.

–Señor Di Fresco, debo pedirle que venga con nosotros al cuartel.

–¿Yo?

–Usted.

–Pero yo... así... No entiendo... –Mira a un lado y otro, busca ayuda en los demás carabineros, en vano–. ¿Por qué debo ir con ustedes al cuartel? Yo soy una persona honrada...

–Debo pedirle que venga con nosotros –repite Pascali–. ¿Tiene que coger algo? ¿Algún medicamento?

Ha visto muchas veces ese rostro y no se equivoca. Sergio Pascali está sentado enfrente del hombre al que acaban de detener y han llevado a un cuartito del cuartel de la avenida Calatafimi, en Palermo. Junto al capitán está el comandante Giuseppe de Gregorio.

–¿Quiere repetirle al comandante cómo se llama?

–Giuseppe di Fresco. Lo pone en el carné. –El hombre señala el documento de identidad que tiene delante, abierto sobre la mesa. En la foto lleva una perilla y un bigote muy negros.

–Giuseppe di Fresco –repite Pascali esbozando una sonrisilla.

–¿De qué se ríe?

–De nada –contesta el comandante–, no nos reímos de nada.

–Yo tampoco me río. Me han sacado de la cama. No me hace ninguna gracia.

–Yo conozco bien su cara –dice Pascali–. ¿Le extraña? ¿De verdad cree que...?

–Pues sí, me extraña. ¿Por qué había de conocer usted mi cara? Yo nunca he tenido problemas con la justicia.

–Pues hoy podría tenerlos.

El hombre mira inquisitivamente primero al capitán y luego al comandante.

–¿Qué quiere decir? No le entiendo.

–Quiero decir que dice usted que se llama como una persona que lleva dos años muerta.

–¿Llevo yo dos años muerto?

–Lo que significa que comete usted un delito de usurpación de identidad.

–¿Usurpación de identidad? –repite el hombre con repugnancia, como si las simples palabras le dieran asco.

–A ver, señor... Di Fresco –dice el capitán–, ¿puedo decirle una cosa de hombre a hombre? –El otro le indica que sí–. Para serle sincero... –Mira un momento al comandante, que escucha mientras repasa con fingido interés un atestado–. Me sorprende que un hombre de su prestigio, digamos, reniegue de su padre y de su familia. –La mirada del hombre cambia. No de forma evidente: solo un poco. Pero cambia. En su cabeza ha pasado algo. Pascali comprende que ha dado en el clavo, que ha herido la fibra justa. Di Fresco guarda un largo silencio. También Pascali y De Gregorio callan. Al cabo, después de una rápida inspección de las uñas, dice:

–Quisiera hablar a solas con usted, capitán.

–¿A solas? El comandante...

–A solas con usted. Si quiere que hablemos. –Pascali se vuelve hacia De Gregorio. El comandante deja sobre sus piernas los papeles que fingía leer–. Usted y yo solos –repite el hombre.

Los dos carabineros se miran. Están diciéndose algo. Pascali tiene el cuello rígido como un bloque de mármol, las venas se le hinchan y empieza a ponerse rojo. Después de todo, el hombre va desarmado. No se puede temer a un anciano sin armas, se llame como se llame, tenga el pasado que tenga. El capitán reprime el miedo que ha podido sentir, ese amago de humana y vulgar indecisión. Aun así, hay que respetar la jerarquía y el comandante no deja de ser su superior.

–Pide usted algo que no...

–Yo salgo. Si eso ayuda al caballero a hablar, salgo el tiempo que sea necesario. ¿Está usted...? –Va a preguntarle a Pascali si está dispuesto. El capitán asiente rápidamente antes de que lo haga. De Gregorio se levanta, mira por última vez al hombre del pelo gris y la ropa arrugada y sale del cuarto. Entonces el hombre se acomoda en la silla, se acerca a la mesa, apoya los codos en ella y se queda mirando a Pascali.

–Capitán, capitán... –Golpetea con el dedo en la mesa–. Nadie se ha permitido nunca decirme lo que usted me ha dicho. –Pascali le sostiene la mirada, pero no replica. Se hace otro silencio eterno. El hombre vuelve a golpetear en la mesa y se decide a hablar–. Bien. Se hará usted famoso porque ha detenido al Papa. –Acompaña la última palabra con un amplio ademán, marcando bien las letras para subrayar el carácter sagrado del término. Pascali sigue mirándolo sin decir nada. Traga saliva un par de veces–. Y ahora, capitán, comamos algo porque me muero de hambre. –Se relaja y se reclina en la silla–. Quisiera un caldo caliente, ¿puede ser?

El corazón del capitán late aceleradamente.

Lo ha conseguido. Lo ha atrapado. Toda una era mafiosa ha terminado. El Papa está fuera de combate.

Pero cuando un papa muere, ya se sabe lo que ocurre.

Y esta vez la sucesión lleva mucho tiempo preparándose. Quizá ni don Michele lo sabe.

33. TODOS SOMOS SICILIANOS

Palermo, 1986

–Empezó a soltar por aquella boca, sin parar, todo en siciliano. El presidente le pidió que hablara en italiano, ¿y sabes qué contestó, en siciliano, claro?

–¿Qué?

–Que él no hablaba italiano, que él era siciliano y que hablaba como lo había parido su madre.

–¡Ja, ja, ja!... Los abogados se pondrían contentos.

–Ni te cuento. Hasta querían que se anulara el juicio. Pidieron un intérprete. Al final se puso a traducir el presidente.

–Me lo imagino.

Giovanni ríe, pero Peppino Ayala sabe que no ríe como siempre. Se pregunta incluso si hace bien en contarle lo ocurrido en la vista esa mañana, si se pondrá más triste, si no le pesará aún más no poder asistir al juicio. Debe de ser como saber que un hijo va a la escuela, crece, se hace mayor, y no poder verlo. Solo quien se haya pasado noches enteras preparando el juicio sabe lo que en estos momentos siente Giovanni Falcone. Sin embargo, si Ayala no se lo contara, si tuviera que enterarse por los medios, Giovanni caería en el más profundo de los desánimos.

Por tanto, la respuesta es sí: Peppino hace bien en contárselo. Al menos así le dolerá menos.

–«Todos somos sicilianos y nos entendemos, ¿o no?», decía. –Ayala coge la copa de la mesa y da un buen trago de vino tinto. Se presentó en el despacho con dos botellas de Nero d'Avola. Giovanni le dijo que no conviene beber en el trabajo y él le contestó que no iba a beber exactamente en el trabajo, señalando las carpetas que, en efecto, estaban junto a la botella y no debajo. «Además», añadió, «todos sabemos que tienes ahí una botella de Laphroaig.» Y señaló una puerta de la estantería del despacho.

La verdad es que la jornada laboral acabó hace rato. Por una vez, a Giovanni le vendrá bien relajarse un poco. De hecho, junto a la botella de vino tinto está la de Laphroaig y él también está bebiendo. Están sentados en un par de pequeños sofás que hay en medio del despacho, a la luz de la lámpara y envueltos como siempre en una nube de humo.

–Coriolano della Floresta –repite Giovanni. Es el apodo que los «hombres de honor» han puesto a Totuccio Contorno. Está sacado de una novela del escritor William Galt, seudónimo del palermitano Luigi Natoli, titulado *I Beati Paoli*, que se publicó en 239 entregas en el *Giornale di Sicilia* entre 1909 y 1910, libro que muchos mafiosos han leído y que tuvo un gran éxito. En la novela, cuya segunda parte se titula precisamente *Coriolano della Floresta*, el personaje al que Contorno debe su apodo aparece como un hombre de múltiples caras, una figura proteica y rocambolesca. Sobre todo, Coriolano della Floresta es habilísimo a la hora de esconderse.

Al preguntarle el presidente del tribunal por qué lo llamaban así, Contorno explicó que lo apodaban Curiano della Foresta –deformando el nombre del protagonista de la novela y demostrando que no había leído los libros de Natoli– porque, en los largos y frecuentes periodos que pasaba prófugo, normalmente se escondía en el campo. También hay quien dice que sus excolegas lo llaman así por la capacidad que tiene de eludir no tanto las esposas como los ataques de la facción que salió vencedora de la guerra mafiosa, o sea, las balas de los corleoneses. Han cavado una fosa alrededor de su persona –han matado a un primo suyo, Pietro Mandalà; al hermano de la suegra, Gaetano Mandalà; al tío de su esposa, Salvatore Corsino; al mozo de cuadra, Emanuele Mazzola; a un conocido que lo ayudaba a esconderse, Giovanni Costanzo; a un hombre que se negó a revelar dónde vivía, Antonino Rugnetta, y hasta a un médico que lo ingresó y trató en su clínica, Sebastiano Bosio–, pero él sigue vivo y hasta ha salido de la sombra para asestarles un golpe a sus enemigos. Y su ataque, como el de Tommaso Buscetta, amenaza con ser mucho más contundente que las balas de Riina, Liggio, Provenzano y Greco.

–Estáis haciéndolo genial Domenico y tú.

Giovanni se refiere a Domenico Signorino que, con Ayala, ejerce el ministerio público.

–Que me maten si no.

–Hum...

–Desafortunada frase.

Giovanni destapa la botella de whisky.

–¿Y por lo demás? ¿Has dejado de hacer el Charles Bronson?

–Ya empezamos...

–Porque ya solo nos falta eso, un justiciero del pueblo.

–Ya vale con eso. Se lo he explicado a Pajno. ¿Qué queréis? Soy un justiciero nato. Un hombre de leyes de arriba abajo...

–Ya. ¿Al menos la señorita te habrá dado su teléfono?

Giovanni levanta el vaso y brinda solo.

Peppino, como los demás magistrados del grupo antimafia, lleva escolta desde hace tiempo. Pero, el domingo por la mañana, no se le ocurrió otra cosa que darse una vuelta con su Honda 900-Bol d'Or sin decirles nada a los escoltas. Habría podido quedar en un simple «descuido» si no fuera porque el juez se halló de pronto en el lugar equivocado en el momento equivocado. Volviendo a casa en la moto, vio a una mujer que gritaba y señalaba a un hombre que huía. Había otras mujeres asomadas al balcón que gritaban también. Peppino enseguida comprendió que acababa de perpetrarse un atraco y, ni corto ni perezoso, se lanzó en seguimiento del ladrón. Cuando tuvo cansado al delincuente, bajó de la moto, lo cogió y lo llevó al lugar de los hechos. Varias personas se habían reunido en torno a la víctima y al ver al ladrón quisieron lincharlo. Ayala no dudó en protegerlo metiéndolo en un portal, esperó a que viniera la policía, lo entregó y se marchó en medio del aplauso general. Pero a la mañana siguiente salió la noticia en la portada del *Giornale di Sicilia* y a los escoltas no les hizo ninguna gracia. Tampoco se la hizo al fiscal Pajno, que, eso sí, después de echarle la bronca, lo despidió diciéndole: «En todo caso, has sido valiente».

–Una cosa quiero decirte: nunca he pensado que este proceso fuera «mi proceso». Leo la prensa y no sé lo que parezco... alguien que...

–No hace falta que lo digas, Giovanni.

–Sí que hace falta. Siempre he pensado que era parte del engranaje, como tú, como Paolo Borsellino, Guarnotta, Di Lello, Caponnetto, como todos los que están destrozándose la vida, la familia. Y como los que cayeron en el camino. –Levantan las copas y brindan en silencio–. Y como los que caerán. –Giovanni da un trago de whisky y dos largas caladas al cigarrillo–. Si está pasando lo que está pasando, si puedo decir que tengo una mínima esperanza, aunque sea mínima, de que esto termine bien, de que dé resultado, es porque estáis haciendo un trabajo excepcional.

–Hacemos lo que podemos.

–Yo ya no sirvo para nada, lo que tenía que hacer lo he hecho. Es más, si ahora me mataran, le harían un gran favor al juicio. Me convertiría en un santo. Y un santo no puede perder un juicio.

–Pero ¿qué dices?...

–La verdad. Si aún no me han acribillado a tiros con un

kaláshnikov es solo porque saben que se pasarían la vida entre rejas.

En su declaración de hoy, Salvatore Contorno ha contado cómo se convirtió en «hombre de honor» en 1975, y sus inicios, primero dedicado al contrabando de tabaco y luego al tráfico de droga con sus primos los Grado, que importaban morfina de Turquía y la transformaban en heroína en los laboratorios de Palermo. Ha hablado de su amistad con Stefano Bontate y ha explicado en qué consiste la «comisión», la junta de capos de barrio que decide por todos y da o deniega el permiso para asesinar y llevar a cabo acciones que puedan afectar a la organización. Prima Luce ha revelado que Michele Greco encabeza esa comisión y que sin su autorización no habría podido cometerse ningún asesinato. Ha enumerado a sus miembros: Stefano Bontate, Bernardo Brusca, Totò Riina, Pino Scarpuzzedda Greco, Bernardo Provenzano y Pippo Calò, este último establecido en Roma y llamado por la prensa «el cajero de Cosa Nostra», aunque, en realidad, como se desprende de las declaraciones de los colaboradores, nunca hizo nada sin llevarse su parte. Todo esto ha ocurrido entre gritos e insultos que los imputados lanzaban desde las celdas que rodean la sala, tan furiosos que, si hubieran podido, le habrían arrancado el corazón a Totuccio Contorno y se lo habrían comido allí mismo.

–Imagínate que Crisafulli, el abogado, al leer el alegato de la acusación particular, ha dicho que iba a demandar a *Casa Nostra* por daños y perjuicios. Hasta el presidente Giordano casi se echa a reír, no sé cómo se ha contenido. –Crisafulli es el abogado de la familia Pisciotta, herederos de aquel Gaspare que denunció al bandido Giuliano y que ahora, como muchos otros y por distintas razones, unas absurdas, otras legítimas, aprovechando la ocasión, quieren resarcirse del daño que les han hecho los mafiosos palermitanos–. Eso para que veas el nivel de conocimiento de la mafia que tienen los «técnicos», digamos, los profesionales.

–Ya.

–Y para que veas también que tienes una letra horrible. En tus documentos, todas las «o» parecen «a».

–¿De veras?

–Lo que oyes. Y si no, pregúntale al pobre Crisafulli, que fue el hazmerreír de la sala... ¡*Casa* Nostra!...

Ha anochecido cuando Peppino y Giovanni salen del juzgado. La luna arroja sobre Palermo una luz siniestra. Giovanni sube al coche, el escolta arranca y se dirigen a la calle Notarbartolo.

El Maxi sigue adelante y es como restaurar un cuadro antiguo: los detalles van viéndose más claros, los contornos más nítidos. Pero la pregunta es: ¿a quién le interesa realmente revelar el cuadro? ¿Cuántos temen que, cuando quiten la suciedad, cuando hagan aflorar los colores originales, cuando se perfile la silueta de los protagonistas, aparezca también su figura, para su vergüenza?

Giovanni se quita las gafas y las deja en el asiento. Apoya la frente en el cristal frío del coche blindado y mira la luna.

«¿Me oyes, Rocco? ¿Me ves, allí donde estés? Puede que venzamos la mala fe, Rocco, pero la indiferencia, la estupidez, ¿podremos derrotarlas? Si quieres que te diga lo que más me asusta, es precisamente...»

–Señoría, ¿ha visto esto? –El escolta que va al lado del que conduce le pasa un ejemplar del *Observer*. Giovanni lo coge, se pone las gafas y lee el titular:

«¡Qué bella es Palermo! Pero cuidado.» [...] En el artículo se advierte a los turistas extranjeros de que presten mucha atención a lo que comen en los restaurantes de la ciudad, porque podrían servirles carne humana de las víctimas de la mafia.

Giovanni se da un cachete en la frente. Le devuelve el periódico al policía.

–¡Qué chorradas, Dios mío!

34. GRAND GUIGNOL

Palermo, 1986

Con razón se espera Giovanni lo peor. El Maxiproceso es un circo y, como en todos los circos, hay tigres y leones, domadores, payasos y no pocos fenómenos de feria.

Nada más empezar el juicio, los abogados defensores hicieron malabarismos para entorpecer su desarrollo. En un acto casi sin precedentes, pidieron la recusación del presidente del tribunal Alfonso Giordano, alegando que había sugerido una respuesta a uno de los testigos interrogados. Menos mal que el tribunal de apelación desestimó enseguida el recurso.

Entonces buscaron otro pretexto. Es costumbre que, en los juicios, por acuerdo de ambas partes, se evite la lectura en la sala del sumario, porque hacerlo supondría una pérdida de tiempo. Pues bien, en este caso los abogados de los mafiosos se empeñaron en pedir expresamente que se leyeran en voz alta todas las páginas de las que consta el sumario del Maxiproceso, que son casi setecientas mil: el presidente tendría que haberse pasado más de dos años leyendo sin interrupción. El Parlamento se apresuró a aprobar una ley al efecto que evitó el dislate.

No solo los abogados defensores ponen zancadillas. Todos los que tienen algo que perder intentan obstaculizar el juicio. Turi

Ercolano, primo del capo Nitto Santapaola, cuando iba a ser interrogado, protagonizó una singular protesta: aduciendo que, como dijera lo que dijera no le creerían, se presentó en la vista con la boca grapada, lo que requirió la pronta intervención de unos enfermeros. Vincenzo Sinagra, primo y tocayo del colaborador de la justicia, hizo saltar la alarma del detector de metales que hay en las celdas de la sala. Al carabinero que le dio el alto le confesó con toda franqueza: «Me he tragado dos clavos». El detenido fue llevado a urgencias. Giordano tuvo que aplazar la sesión.

Sin embargo, todo circo que se respete tiene también un buen cuerpo de baile. Un día, siete mujeres –la mujer, la hija y cinco hermanas del capo de Brancaccio Vincenzo Buffa– irrumpieron en la sala gritando cosas que el presidente Giordano pidió que transcribieran como «incomprensibles», a pesar de que muchos de los presentes sí las entendieron, sobre todo los detenidos, a los que iban dirigidas. Las mujeres gritaban: «¡¿Dónde está Vincenzo?! ¿¡Qué le habéis hecho?! ¡¿Adónde lo habéis llevado?!». Vincenzo Buffa llevaba varios días desaparecido, o eso parecía: corría el rumor, del que algún periódico se hizo eco, de que había decidido colaborar con la justicia. Y así las palabras de su mujer Caterina La Mantia, que gritaba: «¡Mi marido no es como Contorno!», se entienden mucho mejor. Se trata de proteger el «honor» y, de paso, la vida de la familia. Tuvieron que intervenir las fuerzas del orden para poner fin al asalto. Una vez más, Giordano hubo de suspender la vista.

Si solo los delincuentes y sus parientes dieran el espectáculo, la cosa tendría pase. Pero no es así. Otro día, un policía, sentado entre el público, se agarró de pronto a la baranda y, como si estuviera oyendo una tremenda revelación por el pinganillo que llevaba en la oreja, empezó a gritar: «¡Ay, Dios mío! ¡Dios mío! ¡Van a mataros! ¡Van a mataros a todos! ¡Dejadme que hable con el fiscal de la República!». También esta vez se suspendió la vista. Al parecer el agente sufría algún trastorno nervioso y no soportó la tensión.

Todo el mundo ve puestos sus nervios a dura prueba. No solo los detenidos, los abogados, los magistrados y los policías. Le pasa también al presidente del tribunal, Alfonso Giordano, quien, para templar los suyos, recurre al yoga. Tiene un chándal en su cuarto de la sala búnker –cuarto en el que directamente vive– y pasa el poco tiempo que le queda libre, antes o después de las sesiones, haciendo ejercicios de respiración. Corre primero unos minutos por el pequeño patio al que da la no menos pequeña cocina y luego relaja el cuerpo y el espíritu. Hace muchos años que practica pranayama. Nunca habría pensado que le sería tan útil y hasta indispensable.

El Maxiproceso es también un circo de los horrores, un museo de la tortura que asombra, sí, pero sin hacer reír. Ninguna risa da lo que Vincenzo Sinagra cuenta de lo que la prensa ha bautizado con el nombre de «cámara de la muerte». Sobre esta ya han declarado Buscetta y Contorno, con la diferencia de que ellos hablaban de oídas, mientras que Sinagra describe crímenes atroces que él mismo presenció o en los que participó. Lo que declara tiene que ver sobre todo con Filippo Marchese, capo de la familia del barrio de Corso dei Mille, uno de los asesinos más sanguinarios que ha habido en Italia. Sádico hasta lo inimaginable, cocainómano, a Marchese lo eliminó Pino Scarpuzzedda por orden del mismo Totò Riina, que lo consideraba un desequilibrado peligroso. Pero es Sinagra quien hace ver a los presentes el alcance de su sadismo.

La cámara de la muerte se halla en la plaza Sant'Erasmo, en la zona sudeste de Palermo, cerca de Villa Giulia y a muy pocos metros del mar. Es un edificio bajo, sin nada de particular, una especie de almacén que parece abandonado, aunque solo lo parece. Alrededor hay unas cuantas barcas, listas para hacerse a la mar, y otras viejas construcciones. A esa cámara han llevado Marchese y sus hombres a muchas personas, delincuentes que robaban y atracaban sin permiso en las zonas controladas por el capo, y también gente que simplemente sabía algo que la familia de Corso dei Mille quería saber y estaba dispuesta a pagar con un baño de ácido. Procedían de la siguiente manera: primero los estrangulaban, a veces lo hacía el mismo Marchese, mientras lloraban y suplicaban por su vida, y luego metían los cuerpos en una bañera llena de ácido que los deshacía. «Se volvían líquido», dice Sinagra. También podían descuartizarlos y arrojarlos al mar, o esconderlos en el maletero de un coche. Y antes, claro está, les quitaban todo cuanto llevaban: relojes, cadenas, carteras. Todo se lo embolsaba el primo y tocayo de Sinagra, apodado Tempesta. El que denunciaba, por cada hombre que era despojado de sus bienes, se llevaba cincuenta mil liras.

Nadie que entrara en la cámara de la muerte salía vivo. Los que franqueaban la puerta y veían las cuerdas manchadas de sangre, la bañera de ácido y los instrumentos de tortura, prorrumpían en sollozos. Ya sabían lo que les esperaba.

La excepción fue, ironía del destino, el mismo Sinagra, que había atracado a un hombre próximo a Cosa Nostra. Aunque, en estos casos, la pena es la muerte, a él, que contaba con el apoyo del primo mafioso de su mismo nombre, se le ofreció la posibilidad de elegir entre morir, irse para siempre de Sicilia o ponerse al servicio de la familia de Corso dei Mille. Eligió una paga de doscientas cincuenta mil liras mensuales por sujetar los pies de hombres sollozantes a los que Filippo Marchese, con sus negros ojillos de loco, estrangulaba con una cuerda.

35. SU SEÑORÍA

Palermo, 1986

El filete está poco hecho, pero no crudo. Parece mentira lo bien que saben cocinar la carne en este local. Le leen el pensamiento. Nunca le han preguntado cómo lo prefiere y nunca se han equivocado, ni siquiera la primera vez que fue. Se ve que saben lo que hacen.

El sofá de piel también es mullido en la medida justa, ni demasiado blando ni demasiado duro. ¿Quién no se siente cómodo aquí? Complacen a todo el mundo y ese es su secreto. Por «todo el mundo» se entiende todos aquellos que pueden permitírselo, claro.

–¿Su señoría desea algo más? ¿Quiere probar nuestro medallón de fuagrás con escamas de trufa y gajos de nuez?

–No, no, estoy bien así...

–Sí, sí, que su señoría pruebe el fuagrás. –Salvatore, el propietario del restaurante, se acerca a la mesa con su traje azul eléctrico y su corbata rosa–. Está delicioso. ¿A que sí, Tonino?

–Si me permite decirlo, es excelente –conviene el camarero, que, por cierto, no lo ha probado, pero eso no puede decirlo.

–Dicho sea con toda modestia –se enorgullece Salvatore.

–Pues nada, probemos ese fuagrás –dice su señoría Salvo

Lima, como si le pidieran que hiciera un último esfuerzo–. Si está tan bueno como la carne...

–Está mejor –dice Salvatore–. La carne es la mejor de Sicilia, pero el fuagrás es aún mejor. –Todo es lo mejor de todo en el restaurante de Salvatore. No falla. Complace a todo el mundo como solo Democracia Cristiana sabe hacerlo. A todo el mundo que puede permitírselo.

El camarero se inclina un poco y se va. Lima se recuesta en el gran sofá de piel. Mueve la cabeza a un lado y otro y relaja el cuello. Tiene el pelo blanco como lana de oveja. Salvatore, enfrente, lo observa unos instantes.

–¿Hoy está preocupado su señoría?

–¿Eh? –Lima sale de su ensimismamiento.

–Que si está preocupado su señoría. Le veo un poco preocupado.

–No, no, todo bien.

–Entonces ¿puedo pedirle un favor a su señoría? El de siempre... –Salvo Lima pone una sonrisa forzada y abre los brazos–. ¡Nino! ¡Nino! –llama Salvatore–. ¡Ven, corre, haznos una foto a mí y a su señoría!

Está preocupado, sí, su señoría Lima. Más preocupado de lo normal, es evidente, pues hasta se lo ha notado una persona que lo ve como mucho dos veces al mes. Su inquietud tiene nombre y apellido: Ignazio Salvo.

«No, hombre, no... Estate tranquilo, Ignazio es buena gente. Todo irá bien, como siempre.» El fuagrás le da asco. Ha accedido a probarlo por darle otra oportunidad y porque, de todas maneras, no quería no acceder. Es el hombre de la doble negación, la clase de persona que, cuando el dueño de un restaurante le ofrece fuagrás, no puede no aceptar. Y, en efecto, se lo sirven. Coge un poquito con la punta del tenedor y se lo lleva a la boca, a disgusto.

Un murmullo discreto anima el restaurante. Es una clientela educada, todos hablan en voz baja. De rato en rato se oyen las quejas de un niño que está sentado con sus padres unas mesas más allá, junto a una pared color crema de la que cuelgan reproducciones de Guttuso, presididas por la *Crucifixión*, sobriamente iluminada.

Está inquieto, su señoría. No es que tema que lo pillen. No hay pruebas contra él, todo son rumores, ¡y cualquiera demuestra unos rumores! No bastan unos rumores para meter en la cárcel al hombre de confianza en Sicilia de Giulio Andreotti, su referente personal, su garantía. Pero ahí está la cosa, mejor dicho, lo que teme: su reputación. ¿Qué habrá dicho Ignazio Salvo en el juicio? ¿Habrá aguantado la presión? Ya cuando lo detuvieron hace unos años hizo declaraciones comprometedoras. ¿Habrá ido más allá? Y si lo ha hecho, ¿hasta dónde ha ido? La reputación lo es todo en política. Y él no quiere perder la suya ante el presidente del gobierno. El presidente se interesa desde hace mucho por Sicilia, por su persona –en el 72 lo nombró nada menos que subsecretario de Hacienda– y en los primos Salvo. También se interesaba mucho por Stefano Bontate, antes de que lo eliminaran. Bontate, con el difunto Totuccio Inzerillo, Rosario Spatola, John Gambino y otros bravos muchachos, ayudó al banquero Sindona a escenificar su falso secuestro cuando, en 1979, sus bancos quebraron y se escondió en Sicilia; el mismo Sindona que, según Andreotti, era el «salvador de la lira». Son, en fin, como una «familia» su señoría Lima, Andreotti, Ignazio Salvo, los Gambino, los Spatola y compañía. Sería una pena que uno de ellos, uno de la familia, se fuera ahora de la lengua. Sería una pena que Ignazio Salvo se derrumbara, hablara y echara a perder décadas de trabajo, contratos públicos y éxitos políticos. Cuando fue alcalde de Palermo, desde 1958, Lima y el entonces concejal de obras públicas Vito Ciancimino construyeron media ciudad. Puede decirse que la Palermo «nueva», la de los años sesenta y setenta, la del cemento que barrió los jardines de limoneros y palmeras y los viejos chalés modernistas y los sustituyó por los grandes edificios de la especulación inmobiliaria, surgió gracias a ellos. Se concedieron cuatro mil permisos de obras, mil seiscientos de ellos solo a tres personas, y se introdujeron una serie de cambios en el plan urbanístico para que el amigo Nicolò di Trapani, condenado por asociación ilícita, pudiera vender zonas urbanizables y los hermanos Moncada, próximos al capo Michele Cavataio, obtuvieran enseguida los permisos de obras. Hasta Francesco Vassallo, yerno de Giuseppe Messina, jefe de la banda del barrio de Tommaso Natale, llegó a construir unos cuantos edificios, infringiendo el mismo plan urbanístico. Y ahora pueden echarlo todo a rodar un puñado de jueces fanáticos, de figurones que solo quieren salir en la prensa y que no entienden nada, nada. No entienden una mierda.

«Estate tranquilo. Ignazio es un hombre como los de antes, como Stefano Bontate. No hablará tan fácilmente. Está curtido, viene de la nada, sabe arreglárselas.»

Ignazio Salvo viene, en efecto, de la nada. Mejor dicho, «de la basura», como ha dicho él mismo en el juicio. Él y su primo Nino, muerto hace unos meses, nacieron en Salemi, provincia de Trapani. Ignazio tenía una empresa de limpieza de calles que operaba en los pueblos del interior y, como su primo, un gran olfato para los negocios. En el 55, Nino se casó con la hija de Luigi Corleo, dueño de una pequeña agencia de recaudación de impuestos. Los Salvo convirtieron el negocio en un imperio. El cuarenta por ciento de los impuestos de la región pasaba por sus manos. Rocco Chinnici empezó a indagar sobre sus enormes ganancias y sus vínculos con la mafia, pero no pudo concluir la investigación. Del caso pasó a encargarse Ninni Cassarà. Pero lo que permitió atrapar a los Salvo fue el «fuego amigo», la estocada decisiva que les dio Buscetta, al demostrar que los Salvo son «hombres de honor» hijos de «hombres de honor». Eran amigos íntimos de Stefano Bontate y del capo Salvatore Greco, alias el

Senador. En el verano del 82, cuando don Masino huyó de la justicia, se refugió en la lujosa villa que Nino tenía en la bahía de Santa Flavia. Pero el poder de los primos Salvo estriba en sus múltiples contactos: además de con mafiosos, se relacionan con figuras importantes de Democracia Cristiana como el exgobernador siciliano Mario D'Acquisto. Andreotti le regaló una bandeja de planta a la hija de Nino cuando se casó. Y apoyó a su señoría Lima en la campaña electoral recorriendo Sicilia en un coche que era propiedad de Nino Salvo. Los Salvo son «el nexo entre el brazo operativo que lava el dinero sucio y el poder político», como dijo don Masino ya mucho antes de que empezara el Maxiproceso. De hecho, no es la primera vez que los detienen y los juzgan. Hace dos años fueron procesados por asociación mafiosa y por el encubrimiento de Buscetta. Y ahora Ignazio, el único de los dos que aún vive, declara en el Maxiproceso.

–¿Quiere su señoría tomar café?

–¿Eh? –Lima levanta la cabeza. No se ha dado cuenta de que se había inclinado hacia delante y llevado las manos al pelo bien peinado.

–¿Que si quiere su señoría tomar café?

–Hum... No, no, gracias. –Bastante nervioso está ya.

–Pero ¿cómo? ¿No puedo invitarle a un café? –Salvatore junta las manos en actitud de ruego. Lima lo mira, suspira. Salvatore sonríe e inclina la cabeza.

–Bueno, bien. Pero tráeme la cuenta que tengo prisa.

–Sí, claro, pero, si es por la cuenta, no hay prisa. –Agita la mano derecha como si no importara. Coge una silla y se sienta enfrente. Para eso lo invitaba a café, entiende ahora su señoría.

–¿Puedo hacer algo por usted? Ya sabe, yo siempre dispuesto. Es que le veo preocupado.

–No me pasa nada, Salvatore. Solo me duele un poco la cabeza. ¿Tú qué tal? –pregunta por pura cortesía.

–Yo bien, más o menos... Muy bien, es solo que... –Mueve

la cabeza, baja los ojos afectando tristeza–. Verá usted que le diga... Es mi yerno, que no acaba de levantar cabeza, digamos. Es buen chaval, quiere hacer cosas, pero nada. Incluso se presentó al concurso de AMIA, la empresa de residuos.

–Ya.

–Pues eso. Rellenó la solicitud, se presentó al concurso... –Salvatore hace como que escribe, remedando al escrupuloso yerno–. Contestó a las preguntas... Pero ya sabe usted cómo son estas cosas, si no se tienen enchufes... Yo lo siento mucho, sabe usted, porque al fin y al cabo es el marido de mi hija... y es hija única. –Ríe y asiente. En eso llega el camarero con una bandeja en la que hay dos tazas de café, un azucarero y dos cucharillas doradas–. Me preguntaba si... –Salvatore coge una taza y hace señas a su señoría de que coja la otra.

–Pero ¿no trae la cuenta? –pregunta Lima.

–No se preocupe, hoy invita la casa. No le importa, ¿verdad?

Su señoría reflexiona. Se encoge de hombros.

–Se lo agradezco, pero no hacía falta.

–Lo sé, lo sé, pero los amigos son los amigos. Como iba diciendo...

36. EL ZAPATO

Palermo, 1986

> Así, pues, hay que preguntarse si conviene adoptar el método del Maxiproceso, que es muy espectacular, pero que va en detrimento de la justicia. Hay que preguntarse si es bueno convertir al imputado que se arrepiente en un colaborador de la justicia, introduciendo en el sistema penal italiano un tercer elemento con funciones jurisdiccionales que choca tanto con los usos de la administración de justicia como con la Constitución [...]. Ante este lamentable panorama, unos se erigen en censores, por ejemplo desde lo alto de un cargo ministerial, y reivindican para el Estado funciones que la actual situación difícilmente justifica; otros, movidos por nostalgias gremiales, olvidan que la justicia también es cosa de los abogados defensores y no solo de los jueces; otros, en fin, intentan vencer las dificultades del momento a golpe de decreto [...].

Giovanni se quita las gafas y las deja sobre sus piernas. Le pasa el periódico a Paolo Borsellino, que va sentado a su lado.

–Este es Guido lo Porto, de la comisión parlamentaria antimafia, en nombre del Movimiento Social Italiano, la asociación de tus amigos.

–Ah, claro... Pues si todos los comunistas fueran amigos tuyos, apañado estarías también. –Paolo echa un vistazo al *Giornale di Sicilia*, pero desiste enseguida y le pasa el periódico a Caponnetto, que va sentado a su derecha. El coche se dirige a la circunvalación, deja atrás el tráfico de la capital y se topa con otro atasco. Empiezan a sonar las sirenas del techo y lo mismo hacen las de los coches que van delante y detrás.

–Díselo, Nino, díselo a este descreído.

–Tiene razón, Giovanni –dice Nino hojeando el periódico–. Nos atacan de todos lados, no solo de la derecha.

–Eso es verdad. Y estos son los más inofensivos. El problema son los otros. Mis amigos, como dice Paolo.

–¡Ah! Tú has empezado...

–Y encima los abogados. Como se inventen otra, igual que aquello de leer todo el sumario, vamos buenos. No nos salvamos ni con otro decreto.

–Hay que entenderlos. –Paolo se enciende un cigarrillo.

–No, Paolo, por favor –le suplica Caponnetto–. Que soy un anciano y tengo los pulmones... Si me haces...

–Sí, sí, vale... –Paolo levanta las manos y apaga el cigarrillo en el cenicero que hay entre los dos asientos delanteros–. Respeto la ancianidad.

–Y también la autoridad, tú y tus «amigos» sabéis bien lo que es... –le dice Giovanni.

–Y también la autoridad, sí, señor.

–Hay que entenderlos, Paolo tiene razón –los interrumpe Nino.

–¡Y dale!

–Sobre todo después de lo de Nino d'Uva. Están asustados. Tienen familia, mujer, hijos. Quieren volver a casa por la noche.

Se quedan en silencio. El coche oficial se abre paso por entre los coches civiles que se apartan como si fueran las aguas del mar Rojo. Lo que le ocurrió a Nino d'Uva ha conmocionado al país y sobre todo a los colegas que ejercen en Sicilia. Y sí, Paolo y Nino tienen razón. Los abogados defensores tienen todo el derecho a presentar la defensa más férrea, aunque sea por medios poco correctos, siempre que el reglamento lo permita, aunque sea poniendo trabas, causando retrasos, buscando pretextos. Tienen derecho, si no por otra cosa, por salvar el pellejo.

Nino d'Uva fue humillado en plena vista, ante los ojos de todos. Ocurrió durante el Maxiproceso de Mesina, otro juicio contra la mafia en el que comparecen 283 imputados de las bandas de la zona, entre Mesina y Barcellona Pozzo di Gotto. Encargado de la defensa de trece mafiosos, D'Uva estaba hablando cuando lo interrumpió un grito del capo conocido como Facci 'i sola y, un instante después, un zapato lo alcanzaba en plena cara. Se lo habían tirado desde una de las jaulas de la sala: la defensa que el abogado hacía fue juzgada poco eficaz por los detenidos, como la de los demás colegas. Unos días después, un hombre se introdujo en el despacho del abogado y le disparó un tiro, uno solo, con una pistola calibre 7,65 que cubrió con un cojín a modo de silenciador. El cadáver de Nino d'Uva fue hallado en el suelo del despacho en medio de un charco de sangre. Aún tenía el teléfono en la mano.

La noticia dio enseguida la vuelta a la isla y al resto del país. Lo que empezó siendo un intento de intimidar a los abogados del Maxiproceso de Mesina no solo consiguió su objetivo –setenta y ocho abogados fueron denunciados por abandono de funciones–, sino que ha hecho algo más: que los colegas palermitanos se anden también con mucho ojo. Y si tienen que armarla, recurrir a cualquier «truco», a cualquier treta, con tal de bienquistarse con sus clientes y tranquilizarlos, no se lo piensan dos veces.

–Lo que ha dicho Liggio es tremendo.

La voz de Nino suena tenue, como siempre, y saca a Giovanni y a Paolo de su ensimismamiento. Ahora el coche blindado, con los demás de la escolta, circula a gran velocidad por la autopista en dirección a Palermo.

–Sí –dice Paolo–. De ser cierto, confirmaría lo que dijo Buscetta. –Se rasca la barbilla–. ¿Hay que creerle?

–Hasta ahora lo hemos hecho. –Giovanni abre un poco la ventanilla para que le dé el aire. Ya es mucho el material que han reunido desde que don Masino declaró, una cantidad inmensa. El mismo Maxiproceso no habría sido posible sin las confesiones del capo de los dos mundos. Pero las últimas revelaciones de Liggio, que corroboran lo dicho por Buscetta, son miel sobre hojuelas. Son mucha, muchísima miel.

Buscetta había contado que, en 1970, asistió a una reunión en la casa catanesa del capo Giuseppe Calderone, quien a la sazón alojaba a Luciano Liggio, otro capo huido de la justicia. El encuentro se organizó para hablar de la propuesta del príncipe Valerio Borghese, fundador del Frente Nacional y miembro de Vanguardia Nacional: dar un golpe de Estado que requeriría el apoyo de la mafia. El plan contaba ya con el visto bueno de los mandos de las fuerzas armadas italianas y contemplaba la ocupación militar de los ministerios de Interior y de Defensa y de los medios de comunicación como la RAI, así como la deportación de todos los opositores. También estaba previsto secuestrar al presidente de la República, Giuseppe Saragat, y eliminar al jefe de la policía, Angelo Vicari. Desde una de las sedes de la RAI que ocuparían, el príncipe Borghese leería el siguiente comunicado a la nación:

> Italianos, el deseado vuelco político, el largamente esperado golpe de Estado ha tenido lugar. El régimen político que nos ha gobernado los últimos veinticinco años y ha llevado a Italia al borde de la ruina económica y moral ha dejado de existir. En las próximas horas, en sucesivos boletines, se os comunicarán las medidas que iremos tomando para hacer frente a los actuales desequilibrios de la nación. Las fuerzas armadas, las fuerzas del orden, los hombres más competentes y representativos de la nación están con nosotros. Al mismo tiempo, podemos aseguraros que los enemigos más peligrosos, es decir, aquellos que querían someter nuestra patria a potencias extranjeras, han sido

reducidos. Italianos, crearemos una Italia sin adjetivos ni colores políticos en la que solo habrá una bandera, nuestra gloriosa bandera TRICOLOR. Soldados de tierra, mar y aire, fuerzas del orden, a vosotros os encomendamos la tarea de defender la patria y restablecer el orden interno. No se promulgarán leyes ni se formarán tribunales especiales. Lo único que os pedimos es que hagáis respetar las leyes vigentes. Desde este momento, nadie podrá burlarse de vosotros, ofenderos, heriros ni el cuerpo ni el alma, mataros impunemente. Ahora que ponemos en vuestras manos la gloriosa bandera, os pedimos que entonéis nuestro vehemente himno al amor: ¡ITALIA! ¡ITALIA! ¡VIVA ITALIA!

Entre los «hombres más competentes y representativos de la nación», el fundador del Frente Nacional quería incluir a los capos de Cosa Nostra, que a cambio pedían que se suspendieran varias penas graves a las que habían sido condenados los capos los años anteriores y se condicionara el resultado de los juicios que en ese momento estaban celebrándose. A Tommaso Buscetta le propusieron la tarea de administrar las zonas de influencia de las familias mafiosas y «calmar y hacer ver al pueblo siciliano que estábamos de acuerdo, cada cual en su esfera de influencia», como dijo don Masino. El caso es que la mafia estuvo casi unánime: tanto el padrino Gaetano Badalamenti como los mismos Liggio y Riina se negaron. Al parecer los disuadió el deseo del príncipe de disponer de una lista de todos los «hombres de honor» para saber quiénes eran y poder favorecerlos en los juicios y demás situaciones comprometidas, o al menos reconocerlos cuando se produjera la insurrección armada, prevista para el 7 y el 8 de diciembre, momento en que tendrían que atarse al brazo una banda verde. No está claro por qué razón Borghese decidió anularlo todo antes de dar la orden. Lo cierto es que la declaración de Buscetta encaja a la perfección con lo que se conoce del golpe de Estado que quería dar Borghese, y da detalles utilísimos para entender mejor el papel fundamental que los capos de Cosa

Nostra desempeñan no solo en la vida criminal, sino también en la vida política de la nación.

–¿Te imaginas a Buscetta de ministro de Exteriores? –Paolo imita la pose afectada de don Masino.

–Construiría un puente de acero entre Italia y Brasil. –Giovanni ríe su propio chiste echando una nubecilla de humo. Nino se ha quedado dormido con la cabeza apoyada en la ventanilla. Él y Paolo han decidido fumar uno cada vez, para que el amigo no lo note. El agente que conduce guarda silencio y mira la carretera con expresión ceñuda, como si estuviera enfadado con la autopista Roma-Nápoles. El otro escolta se ha dormido también con la radio entre las piernas. De pronto el aparato suena y él y Nino Caponnetto despiertan sobresaltados.

–¿Qué tal? ¿Quieres un café? –pregunta Paolo.

–Chavales, chavales... Vosotros siempre de guasa. –Nino se frota los ojos–. Ya quisiera veros cuando tengáis...

–Señor –dice el agente que va en el asiento del pasajero, sin que se sepa a quién de los tres se dirige–. Malas noticias.

Giovanni, Paolo y Nino se quedan petrificados, con la cara casi gris. Temen que haya ocurrido algo grave, muy grave. Que algo –o, mejor dicho, alguien– haya dado al traste con el juicio. No es eso, pero, por extraño que parezca, hay tragedias humanas que, aunque no afectan a la comunidad, sino a un solo individuo, son por eso mismo más tristes. Las tragedias sociales escandalizan, envenenan, infectan. Las de los individuos, en cambio, son como un violento puñetazo que nos dieran en el pecho: nos dejan sin respiración y hacen que se nos salten las lágrimas.

Claudio Domino tenía once años. Su madre posee una papelería en la calle Fattori, al norte de Palermo, no lejos de Villa Niscemi. Su padre es empleado de la compañía telefónica y sindicalista, y junto con su mujer creó dos empresas de limpieza. Una, la Splendente, está encargada de la limpieza de la sala búnker. Por eso suponen los investigadores que existe alguna relación entre el Maxiproceso y lo que le ha ocurrido a Claudio, aunque parece extraño, muy extraño: los capos han dado orden a sus hombres de no matar, de guardar fusiles y pistolas y esperar a que acabe el Maxi. La policía lo sabe. Por eso aún es más improbable que ambas cosas estén relacionadas. Pero es una posibilidad y ninguna posibilidad debe descartarse.

Claudio estaba jugando con dos amigos cerca de la papelería de su madre. Un hombre en una moto, una Kawasaki, se les acercó y le pidió a él que se aproximara porque quería decirle una cosa. Claudio, con sus once años, sus ojazos color avellana, sus cejas largas y delicadas, toda la legítima inocencia de quien siempre cree que los adultos saben lo que dicen, que hay que escucharlos, fue a escucharlo. Vio que el cañón de una pistola le apuntaba entre los ojos y, de pronto, dejó de ver y de oír.

37. QUIERES

Palermo, 1986

¿Quieres tomar por esposa a esta mujer, viva estampa del talento y de la gracia, dulce en el hacer y en el parecer, tierna y luminosa como las albas de Favignana y protectora como una vaina de algarrobo; quieres tomar por esposa a esta joven, a este espléndido fruto maduro, pero no demasiado maduro, verde, pero no demasiado verde, a esta crisálida que está a punto de alzar el vuelo, posible madre de posibles hijos, posible gozo para sí y para no se sabe quién; quieres tomarla por esposa y destrozarle la vida? ¿Quieres tomarla por esposa y transformar sus noches en vacía ausencia, en incierto temblor, en un eterno bordar pañuelos que cubrirán los hombros de un muerto? ¿Quieres encadenarla y, merced al sutil chantaje del amor, parar su pulso mientras una pluma mojada en tinta roja traza su firma, escribe su nombre, «Francesca», en ese contrato con la muerte que has extendido tú solo, punto por punto, cláusula a cláusula, cuando ella aún no sabía quién eras? ¿Crees que con esto aplicas la justicia, esa palabra que tanto esgrimes, o la anulas? ¿Crees que...?

–Vas a casarte, Giovanni.

Leoluca Orlando es un hombre tranquilo, de pelo negrísimo peinado con raya a la derecha, ojos oscuros y penetrantes. Está de pie enfrente de Giovanni y de Francesca, en una pequeña sala del ayuntamiento. También de pie, a un lado y a otro, están Nino Caponnetto y Rosangela Maira, una amiga de Francesca. Y al fondo de la sala, sentada en una pequeña silla, como si la hubieran castigado, está la madre de Francesca. Ha costado convencer a Giovanni de salir de su reserva, pero si alguien podía hacerlo...

–Y hasta con testigos.

–¡Y qué testigos! –añade Francesca con una carcajada. Hoy está encantadora. Viste un lindo vestido rojo, largo, sin mangas. Cuando se ríe, nunca pierde la compostura. Ríe lo justo para confundir a Giovanni, para interrumpir el curso de sus pensamientos y devolverlo a la realidad.

Es una soleada tarde de mayo. Giovanni y Francesca han corrido al ayuntamiento sin decirle nada a nadie. Han ido, cosa rarísima, sin escolta, porque Giovanni quería que la ceremonia, ese momento de breve pero intensísima alegría, fuera lo más íntimo posible.

–¿Empezamos ya? –pregunta Orlando.

–Antes de que te la quiten –dice Nino.

–Adelante. –Giovanni acaricia el brazo de Francesca, suave y aterciopelado, y casi se estremece. Es sin duda uno de los días más felices de su vida, si no el más feliz. Aunque...

> ¿Quién te crees que eres, Giovanni? Ahora habla Rocco, con su rostro severo y categórico, con sus manazas, que posa en sus hombros con un golpe sordo. ¿De verdad te crees capaz de hacer dudar a esta mujer como solo tú dudas? ¿Crees que no sabe lo que le espera? ¿Que no sabe todo lo que tú sabes y antes de que tú lo supieras? Francesca lo sabe todo. Conoce el contrato que va a firmar con todas sus cláusulas y todas sus renuncias. Ya ha visto el negro horizonte y lo ha superado. Eres tú quien sigue sin entender, quien vacila. Cásate con ella

y ámala aún más, precisamente porque, aunque lo sabe todo, aunque lo sabe mejor y antes que tú, quiere apretar más la cuerda que os ata.

–Pues venga. Dad un paso al frente. –Giovanni y Francesca se acercan al alcalde–. El marido y la mujer son iguales en derechos y deberes. El marido y la mujer deben respetarse y ayudarse mutuamente y actuar en interés de la familia. Los cónyuges están obligados a vivir juntos, guardarse fidelidad y socorrerse mutuamente... –Orlando lee una serie de artículos del código civil. Giovanni y Francesca se miran. Él le acaricia el otro brazo. Apoya la frente en la de ella. Nota su respiración.

Y siente también como si su cuerpo se partiera por la mitad y la cabeza y el corazón quedaran separados por un corte limpio.

El corazón se pone a bailar loco de felicidad, da vueltas, brincos y volteretas.

La cabeza, en cambio, se queda quieta. Está plantada en el suelo y mira al corazón casi con desdén. «¿Es que no ves lo que yo veo? Veo dos vidas destrozadas y no solo una. Veo la angustia que esta mujer no merece. Y eres un irresponsable por ponerte a celebrarlo y dar saltos de alegría. Eres un irresponsable y un idiota.

»¡Aunque qué bella es esta idiotez! ¿No te parece, Giovanni? ¡Qué terriblemente bella!

»¿Puedo tocar yo también un momento esta belleza que no me estaba destinada?»

Y también la cabeza se pone a bailar.

Ni siquiera los compañeros de trabajo sabían nada. Esta mañana Giovanni fue al juzgado como todas las mañanas. Pero luego salió y ya no volvió. Ahora Francesca está en la cocina preparando la cena para los invitados. Un olor a ajo y tomate invade la casa, se difunde por el aire tibio de este mayo palermitano. El estómago de Giovanni gruñe cada vez que pasa junto a su mujer.

–¡Qué bien huele! –Coge una tostada de la larga bandeja blanca que hay encima de la cocina.

–¡Que está sin aliñar! No es más que el pan.

–Hum... –Él está ya masticando.

–Claro, te atiborras a pan y luego no tienes hambre, ¡Dios mí...! –No puede terminar, porque él le estampa un beso en la cara con la boca llena de pan.

–¡Qué asco!

–¿Qué asco? –Y sigue masticando–. ¿Eso le dices a tu marido? –Y le da otro beso, esta vez en la boca.

–¡Para ya!

–¡¿Que pare?! Pero mujer, ¿y los deberes conyugales? –La abraza–. ¿No piensas en los deberes conyugales?

–¿Y en cocinar quién piensa? ¿O quieres cocinar tú? Están al caer.

Los que están al caer son su madre, su amiga Cetta, su hermano Alfredo, Nino Caponnetto y las dos hermanas de Giovanni, Maria y Anna, con sus respectivas familias. En total, unas diez personas.

–Échame una mano, anda. ¿Puedes poner la mesa al menos?

–¿La mesa? ¡Soy el mejor ponedor de mesas de la calle Notarbartolo! –Abre el cajón de los cubiertos y empieza a ponerlos dando un pasito hacia delante y otro hacia atrás, uno hacia delante y otro hacia atrás, como si estuviera bailando una canción latina.

–¡Ay, señor! –Francesca se da con la mano en la frente–. ¡Esos cuchillos! Con el filo hacia dentro, ¿es que no lo sabes?

–¿Y tus colegas? Leonardo, Giuseppe... Paolo... ¿No les sentará mal? –Maria ha cogido una silla y la ha sacado al balcón, como Giovanni. Los demás están sentados a la mesa, Francesca está poniendo fruta en una bandeja de plata que Nino le pidió a su mujer que le enviara de Florencia como regalo de boda. Los chicos están jugando a las cartas en el suelo.

–Los he invitado a tomar algo esta tarde, algo rápido. Ellos lo entienden, son personas inteligentes. –Giovanni se enciende un cigarrillo y se queda mirando el monte Cuccio–. Además, te digo una cosa: la gente se enfada por lo mismo que yo. Me odian por lo mismo que yo odio.

–Nadie te odia.

–¿Ah, no? –Tose y expulsa una bocanada de humo–. Eso es mentira y lo sabes. –Maria levanta las manos. Lo sabe–. ¿Alguna vez has pensado que me veis poco, que soy un hermano ausente?

–A veces. Pero...

–Ya sabes que si voy a verte tengo que llevar escolta, seguro que la gente se fija, os mira, comenta cosas, de ti, de tu marido, de tus hijos. ¿Y si os pasa algo?

–¡Qué va a pasar, Giovanni, qué va a pasar!

–Te asustaste cuando aquel te paró en el mercado, ¿no?

–Sí, un poco.

Giovanni asiente, echa el humo del cigarrillo con los labios juntos y lo observa elevarse hacia el cielo oscuro. Maria le posa la mano en la cabeza y le revuelve un poco el pelo.

Se quedan así unos minutos, contemplando el cielo y la cumbre del monte y oyendo el ruido de los que cenan dentro.

–Te mereces ser feliz –dice de pronto Maria–. Te lo mereces y mucho. –Sonríe, pero sin mirarlo, con los ojos clavados en la montaña.

–Pero ella también. –Y señala el interior con un leve movimiento de la cabeza.

–¿Qué quieres decir?

Giovanni reflexiona unos instantes.

–Nada, nada.

–¿Habéis decidido adónde vais de viaje?

–Hemos decidido que no nos vamos.

–¡¿Cómo?!

–Lo que oyes.

–Pero ¿por qué?

–Estamos esperando el auto de procesamiento del Maxiproceso. Nos iremos después.

–¡No me digas!

–Pues sí.

Maria menea la cabeza.

–Pobrecilla. –Giovanni abre los brazos y mira a su hermana con una sonrisa sarcástica–. Bueno, quería decir... –intenta corregir.

–No pasa nada. –Le posa la mano en el hombro, le da un beso en la mejilla–. No pasa nada.

38. VISTOS LOS ARTÍCULOS DEL CÓDIGO PENAL

Palermo, 1987

Ni el desastre nuclear de Chernóbil ha podido suspender el Maxiproceso. Ni esa nube tóxica de polvo y radiaciones que se propagó por Europa como el manto negro de un demonio.

Tampoco han podido los abogados defensores, con sus zancadillas, golpes bajos y trabas, como el intento de recusación del presidente Giordano, que no prosperó, y la absurda petición de que se leyeran los cientos de miles de páginas del sumario. No han podido los gritos constantes que salían de las jaulas y atronaban la sala. No han podido los numeritos, los chistes, las risitas con que se quería ridiculizar la labor de los jueces.

No han podido los detenidos faquires, que se tragaban clavos; los locos, que se cosían la boca o se revolcaban por el suelo entre convulsiones; los olvidadizos, que no recordaban haber visto al señor Buscetta y a los demás compinches, que decían que don Masino era un «personaje simpático», un curioso «señor con el pelo largo»; los furiosos, que proferían insultos y amenazas desde las celdas de la sala búnker como animales rabiosos. No han podido los dueños de restaurantes, que ponían carteles en los que decía: «Aquí no se sirve Contorno», jugando con el apellido del mafioso arrepentido, que significa «guarnición»; personajes tristes de un sainete que nunca acaba.

No han podido las balas, que arrebataron la vida de abogados, de familiares de colaboradores de la justicia y hasta de un chaval de once años.

No ha podido la prensa, mucha de ella contraria, en cuyas páginas alternaron los artículos críticos de jueces envenenados y de intelectuales de acerada pluma.

No ha podido la política, con sus perros de presa tanto de derechas como de izquierdas, que ladraban y espumajeaban en el Parlamento y en las ocasiones públicas; con sus intrigantes y paniaguados, que se aferraban al clientelismo, a la corrupción, a la delincuencia como a la única teta de la que mamar.

No ha podido Cosa Nostra, que obligó a Falcone y a Borsellino a refugiarse en una isla olvidada de Dios, sin instrumentos de trabajo, con la familia triste y melancólica, y la hija de Paolo adelgazando día tras día y teniendo que ser ingresada para no morir de inanición.

El despacho del ala sur de la sala búnker es un cuarto de diez por diez metros con un largo sofá de cuero raído, seguramente llevado allí de otro despacho donde sobraba. Ante el sofá hay una mesa más o menos de la misma longitud, pero mucho más alta, con lo que quien se siente en el sofá nunca podrá apoyar los codos en ella, salvo que sea tan alto como Ayala. Quien, por cierto, no está en el despacho, sino en la sala, donde esperan a que Giordano, el presidente del tribunal, y Pietro Grasso, el juez adjunto, lean la sentencia de primera instancia de lo que oficialmente es el mayor juicio contra la mafia de la historia. Más de veintiún meses de juicio, 349 vistas, 1.829 horas, 475 imputados, de los cuales 208 están en prisión, 102 en libertad, 44 en arresto domiciliario y 121 huidos, más de 900 personas entre testigos y víctimas. Ha habido 1.314 interrogatorios, 635 alegaciones de la defensa, 1.265 expedientes. Los alegatos con los que los fiscales

Giuseppe Ayala y Domenico Signorino han pedido condenar a todos los jefes de Cosa Nostra como responsables directos de crímenes atroces cometidos entre 1977 y 1984 han durado doce días. El veredicto llega después de más de un mes de deliberaciones. Y hoy, 16 de diciembre de 1987, se leerá ese veredicto. En la sala reina un silencio sepulcral.

Giovanni está sentado en el sofá de piel con Paolo y Nino, Guarnotta y Di Lello están sentados en los dos extremos de la mesa y miran la pared. Se lo juegan todo. No hace falta decirlo. De hecho, todos se guardan de decirlo. Pero todos lo piensan, todos lo saben, sobre todo Giovanni.

Sobre un estante torcido que hay en la pared de enfrente del sofá hay un pequeño aparato conectado al circuito cerrado de televisión. Giovanni lo mira; más que ver, escucha. El silencio que los reos no guardaron en el juicio lo guardan ahora. Tienen miedo. Están también en vilo. Lo que no deja de sorprender, pues están acostumbrados a que les apañen y acomoden las sentencias y los absuelvan por falta de pruebas. Se huelen que lo de ahora es distinto. Y si hay algo que estos sujetos, brutales muchas veces como las más feroces de las bestias, han conservado, es el olfato. Mientras escucha con atención ese silencio, Giovanni sacude el cigarrillo. La ceniza cae como nieve sobre la montaña de colillas que hay en el cenicero.

–Si hay una frase que lo resume todo –dice de pronto Di Lello, sin dejar de mirar a la pared–, que da sentido a todo, es la de Ines.

Ines Leotta, la viuda de Boris Giuliano, se personó como acusación particular con su hijo Alessandro y los hermanos del marido. Es lo que hicieron también el Ayuntamiento de Palermo en la persona del alcalde Leoluca Orlando; los hijos del general Dalla Chiesa; la madre y el hermano de Emanuela Setti Carraro; la familia de Giuseppe di Lavore, el conductor que en el 82 llevó al capo catanés Alfio Ferlito de la cárcel de Enna a la de Trapani: además de a él y al capo, el clan Santapaola asesinó a los tres carabineros de la escolta; y la viuda del médico forense Paolo Giaccone, cuyo único delito fue detectar una huella dactilar de Giuseppe Marchese, sobrino del capo Filippo Marchese, en la escena de un crimen y negarse luego firmemente, pese a las presiones y amenazas de la mafia, a «apañar» su informe. Son un puñado de personas a las que les han destrozado la vida, víctimas también de Cosa Nostra, separadas para siempre de sus seres queridos y, en muchos casos, del futuro, de toda futura esperanza de serenidad.

En el juicio, Ines dijo que a Boris Giuliano lo dejaron solo: «Parecía que mi marido era el único que perseguía a Cosa Nostra. Por eso lo mataron». Cavaron una fosa a su alrededor. Como la han cavado alrededor de Falcone, Borsellino, Guarnotta, Di Lello, Ayala. Y es curioso, piensa ahora Giovanni, que estando él en el ojo del huracán y abriendo todos los telediarios, se sienta terriblemente solo.

–Ya está –susurra Paolo con voz monótona. Posa una mano en el hombro de Giovanni, a su izquierda, y la otra en el de Nino, a su derecha. Nino se persigna. Lo hace con un movimiento imperceptible que solo Paolo ve. Él también querría hacerlo y mira el gran crucifijo que cuelga de la pared de la sala búnker, detrás del tribunal, entre cámaras de televisión, pero no lo hace. Por algún motivo, no puede creer que Dios tenga nada que ver con eso, que haya entrado en esa sala, que haya estado entre esos hombres de mirada torva que se agarran a los barrotes de sus celdas. Le parece que Dios está excluido de esos lugares que solo existen porque él no está.

Alfonso Giordano y Pietro Grasso llevan una barba que no llevaban cuando empezaron las deliberaciones del jurado, hace un mes. Se acercan a la mesa con aire abatido, como si algo los preocupase. Los acompañan los seis miembros del jurado, Francesca Agnello, Maria Nunzia Catanese, Luigi Mancuso, Lidia Mangione, Renato Mazzeo y Francesca Vitale. Solo entonces miran Di Lello y Guarnotta la pantalla del televisor, como si fuera una especie de conjuro.

–En nombre del pueblo italiano, la sala primera del tribunal de Palermo, vistos los artículos del código penal, sentencia...

A las 18.07, ante la sala abarrotada, empieza a correr un río de nombres y artículos del código penal. Los abogados tienen el semblante serio y taciturno. Algunos aprietan el puño. Si los imputados tienen miedo, ellos aún tienen más. Los reos saben que, en el peor de los casos, volverán a la cárcel, mientras que ellos no quieren ni pensar lo que puede ocurrirles.

Nadie sabe que Giordano, el presidente del tribunal, consciente de que debía leer varias horas, se ha preparado haciendo largos ejercicios de respiración. Por eso consigue desgranar nombres, apellidos y condenas a una velocidad impresionante, casi sin respirar.

Michele Greco, Salvatore Riina, Bernardo Provenzano y Francesco Madonia: cadena perpetua. El tesorero de Cosa Nostra Pippo Calò es condenado a veintitrés años de cárcel, el empresario Ignazio Salvo a seis. Luciano Liggio es absuelto: hasta los jueces se lo han tomado a broma y han sancionado así definitivamente su exclusión de los negocios importantes de Cosa Nostra, aunque igualmente tendrá que pasarse la vida en la cárcel. Tommaso Buscetta y Salvatore Contorno ven descontada su pena por haber colaborado con la justicia: el primero es condenado a tres años y medio de prisión; el segundo, a seis. En total, se imponen 2.665 años de cárcel, hay 114 absoluciones, 19 condenas a cadena perpetua y 346 culpables.

No esperan a que Giordano termine de leer la sentencia: Giovanni, Nino, Paolo y Leonardo se levantan y, entre el sofá raído y la mesa, se abrazan con silenciosa emoción, sin aspavientos, sin ruido.

Termina así esta marcha, esta maratón, esta larga carrera de relevos en la que tantos han caído. Termina con la conciencia, sobria y digna, de que nadie pidió nunca venganza ni nadie pidió nunca victorias.

Para que todo funcione, para que podamos caminar por la calle con la frente alta, la espalda recta y alguna esperanza, basta con que la justicia no pierda.

Por fin, hoy, la justicia no ha perdido.

39. NOCTURNO

Palermo, 1987

> ¿Por miedo a mojar el ojo de una viuda
> te consumes así en vida de soltero?

Francesca está recostada en la cabecera de la cama y piensa en los versos de un soneto de Shakespeare. Si, cuando iba a la universidad, se hubiera imaginado a sí misma veinte años después –y lo hizo muchas, muchísimas veces–, nunca habría sospechado encontrarse en la situación en la que ahora se halla.

La luz de la luna que se filtra por el cristal de la ventana le ilumina una parte de la cara mientras la otra está sumida en la penumbra. Giovanni yace a su lado y, aunque está de espaldas, le ve la cara: conoce los pensamientos que se agitan en su cabeza, los conoce todos. Sabe que están haciendo lo de siempre, enredándose a sus sinapsis como si fueran gusanos. Sabe que tienen la culpa de esa sombra, de esa siniestra oscuridad que hay en el fondo de sus ojos y que no lo abandona ni cuando está alegre, que no lo abandonó ni el día que se casaron; ese pesar por una desgracia no que podría ocurrir, sino que ya ha ocurrido, y que ella y pocos más vislumbran. Esos gusanos tienen la culpa de los pensamientos funestos que se retuercen en su cabeza. Querría sacárselos. Querría hacerle un agujero entre ceja y ceja y sacar todos esos gusanos, quitárselos de una vez para siempre. Sabe que el amor, aunque es lo máximo que un ser humano puede dar, no bastará. Que la infestación no cesará, que los parásitos no serán vencidos hasta que lo haga él mismo.

¡Ah! Si mueres sin dejar descendencia,
el mundo te llorará como una esposa sola.
El mundo será tu viuda, aunque lamentando
que tras de ti no hayas dejado huella,
cuando cualquier viuda puede ver,
en los ojos de los hijos, al marido.

Eso es lo que ve: un pequeño horror que se esconde en su cráneo y trabaja sin descanso hasta cuando duerme. Aunque no está durmiendo. Tiene los ojos cerrados, pero está despierto. Piensa en lo que le dijo Rocco el día de la boda. «Ella ha visto el negro horizonte y lo ha superado. Eres tú quien sigue sin entender, quien vacila. Ámala aún más, porque, aunque lo sabe todo, aunque lo sabe mejor y antes que tú, sigue apretando la cuerda que os ata.»

Pero no es fácil dejar de sentirse culpable, no lo es en absoluto. ¿Por qué, aunque sabe que ha obtenido una valiosa victoria, que ha vuelto a poner en marcha un engranaje social que llevaba muchos años parado y oxidado, siente que está perdiendo algo? ¿Cómo se expulsan los gusanos de la cabeza? ¿Cómo se cierra para siempre una trampilla? ¿Cómo se conjuran las sombras? Puede que la respuesta sea ella. Puede que haya un orden, un extraño orden, en las cosas. Que haya alguna forma de compensación. Y puede que ella sea en sí misma un acto de misericordia. Pero ¿y él? ¿Qué es él para ella? ¿Qué ha sido y, sobre todo, qué será para ella?

Francesca se vuelve y mira por la ventana. Ahora le ilumina toda la cara la luz pálida de la luna en lo alto del cielo. De eso se compone este teatro: de luces y de sombras. Tenemos ojos para verlas, pero no hilos para manejarlas. Podemos, como mucho, elegir el camino más iluminado o el camino más oscuro.

> Lo que un derrochador gasta en el mundo,
> cambia de lugar, mas el mundo lo disfruta;
> pero la belleza que se tira en el mundo acaba
> y quien la tiene y no la usa la destruye.
> No hay amor al prójimo en el pecho
> de quien contra sí comete esta ignominia.

Será hermosísima el alba. Saldrá el sol y expulsará las sombras con obstinada y feroz arrogancia.

Los hombres nada tienen que ver con eso. No tiene que ver ella.

Ni tiene que ver Giovanni.

40. CORRIENTES

Palermo, 1987

–¿Y ahora qué?

Pues... Parece fácil responder. Es como si hubiera terminado algo y pudieran sacar conclusiones, hacer balance. Como quien termina la carrera y tiene que decidir qué camino seguir. Pero aquí nadie ha terminado la carrera. Puede que haya habido un primer examen, aprobado con sobresaliente, sí, pero nadie de este edificio ni de otros muchos es tan iluso que crea que puede echar las campanas al vuelo. Desde luego no lo es el periodista que está sentado con las piernas cruzadas en el despacho de Giovanni Falcone. Saverio Lodato ha visto demasiadas cosas –venganzas, asesinatos, juicios, bandas mafiosas a las que se dio por muertas y luego renacieron de sus cenizas como un ave fénix fétida y putrefacta– para creer que la guerra ha terminado. Puede incluso que su pregunta sea una provocación.

–Ahora... –Giovanni se frota las manos–. Ahora a seguir. Como sabes, la investigación está extendiéndose a otras regiones, ahora que Borsellino... Pero ¿estás tomando nota?

–¿No puedo?

–Sí, sí, pero que sepas que contesto así, a bote pronto. ¿Podré echarle un vistazo antes de que lo publiques?

–Claro. Pero, bueno, como estamos en plan informal... Hablabas de Borsellino. Sabemos lo que pasa. Ha salido en la prensa.

Giovanni siente un vacío cada vez que habla de Paolo Borsellino o de Nino Caponnetto. Ve el polvo que dejaron sus armaduras cuando se fueron. Paolo y él se ven y hablan a menudo, pero no verlo allí, en su despacho, le produce una sensación de enorme vacío y soledad. También Nino se ha ido. Cumplida su misión, volvió a Florencia con su familia. Paolo, por su parte, ya antes del fallo del Maxiproceso y habiendo llegado a la conclusión de que hay que exportar la experiencia palermitana a otras regiones en las que las familias mafiosas son más fuertes y tienen poca oposición, solicitó la plaza de fiscal jefe en Marsala. La obtuvo y allí está ahora. Aunque fue casi un milagro, porque otro magistrado de más antigüedad le disputaba el puesto y se lo concedieron a él después de una larga y dura batalla en el seno del Consejo Superior de la Magistratura. Lo obtuvo, al final, pero no sin consecuencias y levantando un mar de polémicas que aún lo rodea. El escritor Leonardo Sciascia, en un largo artículo publicado en el *Corriere della Sera* con el título «Los profesionales de la antimafia», escribió que «en Sicilia, nada hay mejor para hacer carrera en la magistratura que participar en juicios contra la mafia», como si los jueces del grupo antimafia y, en concreto, Borsellino se metieran en ese espinar que son los juicios contra la mafia –espinar del que muchas veces salen heridos o en forma de cadáver destrozado–, para medrar profesionalmente u obtener algún tipo de beneficio. Ni a Paolo ni a Giovanni ni a ningún otro miembro del grupo, sabiendo que se juegan la vida, se les ocurriría hablar de «beneficios».

–Borsellino habla de «desmovilización de la antimafia» y dice que han trasladado a sus jueces adjuntos. Ahora trabaja en asuntos como cheques sin fondos, construcciones ilegales, robos de motos. Parece que está ocupándose del caso de un panadero que hacía pan con más agua de la debida, no se entiende qué puede...

–Ya, ya... –Giovanni levanta las manos–. Sé bien en qué trabaja Paolo. Pero de todo eso tendrías que hablar con él.

–¿Y contigo, Giovanni? ¿De qué quieres que hable contigo?

–¿De qué quieres hablar tú? Tú has...

–Hablemos de tu nombramiento de jefe del juzgado de instrucción. Parece que la cosa se complica.

–Todo se complica siempre. Nada es fácil.

Ahora que Nino ha regresado a Florencia, el puesto de jefe del juzgado de instrucción está vacante. Antes de irse, Nino propuso a Giovanni como su sucesor y los últimos días que pasó en Palermo procuró asegurarse los votos de los jueces de su misma corriente dentro del Consejo Superior de la Magistratura: ¿quién podría coordinar la investigación contra la mafia mejor que Giovanni?

Sin embargo, ha aparecido un competidor: Antonio Meli, un juez con más antigüedad que primero solicitó el cargo de presidente del tribunal y luego, de pronto, la retiró para poder disputarle a Giovanni la plaza de jefe del juzgado de instrucción.

–¿Qué me dice de Geraci?

–¿Qué puedo decir de Vincenzo Geraci? Es un amigo y un colega. Hemos compartido muchas cosas. La primera vez que hablé con Buscetta venía conmigo. Y si en la concesión del cargo de fiscal de Marsala se impusieron los méritos de Paolo sobre la antigüedad del otro colega, también fue gracias a él.

–De Marsala.

–De Marsala, sí.

–O sea, de otro lugar.

–Sí.

–Lejos de Palermo.

–Sí...

–Se dice que quien convenció a Meli para que retirara su candidatura a presidente y se presentara al cargo de jefe del juzgado de instrucción fue...

–¡Oh, no, Saverio! Basta de chismes, de polémicas, no puedo más. Estamos para instruir juicios, no para crear polémica.

–Pues a ti te han creado muchas.

–Pues por eso precisamente: no quiero responder igual. Tú lo sabes: de mí han dicho que siempre estoy rizando el rizo, que me ahogaré entre mis papeles, que no sacaré nada en limpio, que me creo un justiciero o el ministro de Justicia, que soy un acaparador. Pero yo tengo la conciencia tranquila. Ya el hecho de haber creado un grupo antimafia me parece la negación evidente de esto... Como fiscal no he conculcado nunca los derechos de la defensa, ni creo haber usado más que las herramientas propias del juez. Además... –Giovanni se le acerca tendiendo el cuerpo por encima de la mesa y baja la voz, que suena más confidencial–, ¿qué es eso de que voy de juez estrella, yo, que, como sabes perfectamente, nunca me he llevado bien con la prensa? Ahora he aprendido a conoceros, claro, pero solo para prever lo que puede ocurrir en el mundo de la mafia. Dime, ¿crees que peca de personalismo quien está en el candelero muy a su pesar? ¿Quien se ve obligado a llevar escolta? Sí, vale, al principio sientes cierto placer y cierto orgullo, pero enseguida te das cuenta de que pagas un precio altísimo. Te das cuenta muy pronto. –Coge un cigarrillo y le pasa el paquete a Lodato, que coge otro. Los dos dan unas caladas en silencio, escrutándose y sopesándose–. Hace un tiempo le hice una profecía a una querida amiga mía.

–¿Una profecía?

–Sí, le dije lo que pasaría, el ambiente que se crearía en el juzgado. Le dije: al principio me harán el vacío, luego me tratarán como a un bicho raro, luego vendrán los golpes, las flechas envenenadas, los comentarios sarcásticos, y por último se entablarán relaciones formales, sin calor, sin simpatía. Conque, Saverio, no me sorprende lo que está pasando, las polémicas que se crean en torno a mi persona, que Meli retire su candidatura a presidente del tribunal para competir por el cargo de jefe del juzgado de instrucción, ni me sorprende tampoco ver estos días a miembros del Consejo Superior de la Magistratura entrando y saliendo del despacho de Geraci, personas a las que no caigo muy bien, por cierto.

–¿De Magistratura Independiente?

–Y no solo de ella. También de Unidad por la Constitución, mi propia corriente. Hay una ruptura, como decís los periodistas. O se ha formado un eje, una colaboración transversal de las diferentes corrientes.

–¿Para qué?

–Ah, eso lo sabremos cuando se vote.

41. EL CONSEJO APRUEBA

Roma, 1988

La sala del Palacio de los Mariscales en la que se reúnen los miembros del Consejo Superior de la Magistratura alberga una enorme mesa circular. En el techo hay una imponente lámpara redonda de cristal cuya forma y color recuerdan el cuerpo fluctuante de una medusa. En medio de la sala, rodeada de la mesa de madera, hay una planta verde y lozana cuyas largas hojas caen en cascada hasta el suelo de mármol claro. Unos hablan, otros callan: garabatean con el bolígrafo en las hojas que tienen delante, miran a ratos el reloj y aguardan a que empiece la sesión. Nadie espera grandes sorpresas. La suerte está echada. Se ha decidido en despachos romanos, en conversaciones telefónicas y, en algún caso, en cenas informales en restaurantes. Los miembros de las corrientes principales que existen en el seno del Consejo Superior de la Magistratura, Magistratura Independiente –la más conservadora–, Magistratura Democrática –la más progresista– y Unidad por la Constitución –la más moderada–, han tratado de acercar posturas para que la decisión que se tome sea lo más consensuada posible. No está bien que el Consejo se divida. No lo está sobre todo cuando se trata de la decisión que tienen que tomar hoy: ¿a quién asignar el cargo de jefe del juzgado de instrucción de Palermo? ¿Quién, entre los varios candidatos, y en particular entre los dos principales, Giovanni Falcone y Antonino Meli, es más apto para dirigir un juzgado crucial, en una ciudad crucial, que libra una lucha crucial como es la lucha contra la mafia?

Un día, entre bromas y veras, Giuseppe Ayala le dijo a Giovanni que las batallas contra la mafia se empeñan en Palermo pero se ganan en Roma. Los hombres y las mujeres que se sientan a esa mesa redonda son –se les ve en la mirada, en la postura, en la espalda erguida, en la expresión severa– bien conscientes de ello.

Cuando el presidente declara abierta la sesión, los jueces van levantándose uno tras otro y leen sus discursos. No hay agitación, todo transcurre tranquilamente. En realidad, no hay nada que debatir. La partitura está escrita y no hay más que tocarla.

Massimo Brutti: No debemos olvidar que, en los últimos diez años, han sido asesinados dos jefes del juzgado de instrucción de Palermo: su señoría Terranova, en 1979, y su señoría Chinnici, en 1983, y que esta estrategia de intimidación que la mafia practica aún no ha sido derrotada. La mafia tiene su cuartel general en Palermo y, como siempre espera quedar impune, necesita que la justicia sea tímida, lenta e ineficaz. El Consejo debe responder a este desafío y, haciendo uso cabal de sus poderes discrecionales, elegir a la persona adecuada para el puesto adecuado. La elección de su señoría Caponnetto en 1983 fue una decisión meditada.

»Dicho esto, les recuerdo que la nueva circular en materia de designación de cargos directivos contempla la posibilidad de superar la diferencia de antigüedad, aunque sea considerable, cuando el candidato menos antiguo posea aptitudes específicas o méritos destacados. Considero obligado, además de oportuno, subrayar el carácter excepcional del desempeño de Falcone, por lo que ya anuncio mi desacuerdo con el nombramiento de su señoría Meli y mi inclinación por el de su señoría Falcone. Quienes proponen a su señoría Meli no tienen en cuenta las prendas, méritos particulares y experiencia prolongada de su señoría Falcone y, al mismo tiempo, atribuyen una importancia exagerada al requisito de antigüedad. Pero incluso si nos fijamos en los méritos pasados de Meli, vemos que en su larga carrera de magistrado nunca ha ejercido de juez instructor y que, aunque sí ejerció de fiscal, fue en tiempos muy lejanos (hacia 1949) y durante unos nueve meses.

»Tampoco podemos olvidar ciertos comportamientos de su señoría Meli a la luz de los cuales el elemento a su favor, el de la antigüedad, podría incluso revelarse contraproducente. Me refiero a una discutible entrevista que concedió en 1984 al día siguiente de la publicación de otra que le hicieron a la viuda de Terranova. No fue un episodio aislado, sino que ese carácter inestable se manifestó de manera aún más evidente en el curso de la controversia en la que su señoría Meli se opuso a Patanè e hizo declaraciones muy ligeras y nada meditadas.

»Por último, quiero recordar la actitud titubeante que ha mostrado su señoría Meli en el caso de la designación al cargo de presidente del tribunal de Palermo. No solo revocó la petición que presentó al principio, sino que llegó a revocar la revocación de esa petición, lo que alimenta la sospecha de un carácter inestable que el Consejo debe tener en cuenta.

»En conclusión, basándome en lo dicho, anuncio mi voto contrario a la candidatura de Meli y expreso mi favor por la de Falcone.

Vito D'Ambrosio: Sería sin duda absurdo considerar a su señoría Falcone un superhombre capaz de vencer por sí solo a la mafia, pero no es menos cierto que Falcone, además de trabajar muy bien, es también capaz de organizar y hacer trabajar bien al juzgado de instrucción. No solo es un buen juez instructor, sino también un buen organizador del grupo antimafia, que goza de prestigio nacional e internacional.

»Además su señoría Falcone tiene otro mérito: actuando en una situación sumamente difícil, no ha hecho lo que hizo el gobernador Mori, ha demostrado que respeta las reglas del proceso penal y ha formado un grupo de jueces que no son sus marionetas, sino que están unidos por un objetivo común. No podemos considerar a Falcone una figura excepcional, pero sí un referente único, porque único es el contexto en el que actúa y único es el patrimonio cognoscitivo, operativo y técnico que ha logrado atesorar en un entorno como el palermitano. Yo voto contra la propuesta de otorgar el cargo a su señoría Meli y deseo que sea su señoría Falcone quien dirija el juzgado de instrucción de Palermo.

Franco Tatozzi: Mucho me sorprende oír que la designación de su señoría Falcone, a quien por lo demás me unen no solo lazos de estimación y amistad, sino también el hecho de pertenecer al mismo grupo, reforzaría la respuesta judicial en la lucha contra la mafia. Pues, como jefe del juzgado de instrucción, tendría que desempeñar tareas de organización general sin duda difíciles que podrían mermar su capacidad de actuar en la lucha contra la mafia, cuando me parece preferible que siga ocupándose de este fenómeno en una posición de primera línea. Anuncio, pues, mi voto favorable a la propuesta de la comisión de dar el cargo a su señoría Meli.

Sergio Letizia: La ley contempla dos criterios fundamentales a la hora de elegir a los directores de los órganos judiciales: la antigüedad y el mérito. Votar a favor de su señoría Falcone significaría contravenir la ley en uno de esos dos aspectos. Pese a sus indudables méritos, otros seis candidatos, todos de mérito también, tienen más antigüedad que él, en particular su señoría Meli, que es el juez de mayor antigüedad y empezó a ejercer nada menos que dieciséis años antes que su señoría Falcone.

»Aunque no niego el desempeño y profesionalidad de su señoría Falcone, tampoco creo en los genios ni en los superhombres, y yo, en su lugar, como he hecho en otras ocasiones, ni siquiera me habría presentado sabiendo que había candidatos de mucha más antigüedad. Tampoco debemos olvidar que hay muchos magistrados en Italia que, con la misma antigüedad que Falcone, pueden alegar los mismos méritos en la lucha contra la mafia. Y tampoco olvidemos que la modestia forma parte de la profesionalidad.

»La mejor señal que el Consejo puede dar de su compromiso con la lucha contra la mafia no es conceder el cargo a su señoría Falcone, sino mostrar que no es el único que puede luchar contra el fenómeno mafioso. Yo voto por que el cargo se conceda a su señoría Meli.

Stefano Racheli: Señor presidente, yo afirmo que no podemos incumplir la obligación de atenernos a la ley y a nuestras circulares. Ya no se trata de premiar al candidato que más riesgos corra en el ejercicio de sus funciones, sino de poner al frente del juzgado de instrucción de Palermo a la persona que mejor pueda dirigirlo. Este es nuestro deber en el momento presente. Me limitaré a dar dos datos: el magistrado que la comisión propone, su señoría Antonino Meli, está a punto de jubilarse y nunca, repito, nunca ha ejercido de juez instructor.

»Señor presidente, la antigüedad por sí sola no es criterio que pueda bastar para nombrar a alguien para el cargo de jefe del juzgado de instrucción de Palermo. Todos debemos asumir una grave responsabilidad personal que va más allá de grupos y partidos, porque decisiones como esta tienen una gran trascendencia histórica para nuestro país. Anuncio, pues, mi voto en contra de la propuesta de conceder el cargo a su señoría Meli.

Fernanda Contri: Yo me inclino claramente a favor de su señoría Falcone, cuya especialidad en la lucha contra la mafia es única, no solo en Italia, y basta para disipar todas las dudas.

»Si en el pasado ha sido suficiente la profesionalidad de un candidato en un desempeño concreto para permitirle superar una barrera de tres o cuatro años de menor antigüedad, no dudo en afirmar que la profesionalidad de su señoría Falcone es tan excepcional que le permite superar una diferencia de antigüedad aún mayor que la que ahora existe. Ha demostrado la máxima profesionalidad, valor, entrega y energía y, ante este hecho, es de desear que al menos uno de los poderes del Estado, el judicial, dé una señal clara de que quiere empezar a funcionar en Sicilia. Yo creo que el cargo de jefe del juzgado de instrucción debe concederse a su señoría Falcone.

Gian Carlo Caselli: La solución del caso que nos ocupa debe ser la de apostar por un hombre del grupo antimafia. El grupo de jueces instructores del tribunal de Palermo ha obtenido grandes resultados, basados en la identificación de los rasgos de la nueva mafia. Son los primeros resultados después de años, decenios y decenios de impunidad.

»Algunos han hablado de que se quiere «premiar el afán de protagonismo». Esto del protagonismo es como cuando las mujeres llevaban velo. Entonces todas las mujeres eran bellas, pero, cuando el velo cayó en desuso, empezaron a verse las diferencias. Lo mismo ocurre en la magistratura. Cuando los jueces no «molestaban», cuando no eran incómodos, todos eran buenos. Pero cuando empiezan a desempeñar un papel concreto, a dar muestras de energía, a querer aplicar la ley con objetivos antes inimaginables, se les acusa de tener afán de protagonismo, mientras que a los jueces que retroceden, como ocurrió en Turín con el juicio a los líderes históricos de las Brigadas Rojas y ha ocurrido en Palermo con ocasión del juicio contra la mafia que acaba de concluir, a esos jueces que no arriesgan nada, nadie los critica. Hay quien habla de premio en el sentido de permitir que medren con «privilegios» aquellos jueces que tengan determinadas experiencias profesionales. Pero es inconcebible, incluso escandaloso, que se hable de privilegios tratándose de los jueces de Palermo, que viven en las condiciones que todos conocemos, condiciones que más bien parecen un duro castigo. Por estos motivos me opongo a la propuesta de la comisión de nombrar a su señoría Meli.

Elena Paciotti: Me preocupa que algunos entiendan la decisión que debemos tomar en clave de mayor o menor compromiso de este Consejo y de la magistratura con la lucha contra la mafia. Me preocupa que este sugestivo mensaje llegue a quienes honestamente velan por una correcta participación de todas las instituciones públicas en la lucha contra el poder mafioso.

»Con la conciencia tranquila declaro mi voto a favor de su señoría Meli, en la esperanza de que, sea cual sea la decisión del Consejo, el excelente trabajo del juzgado de instrucción de Palermo prosiga con la colaboración de todos, y lo haga aun en la gravísima situación que los trágicos sucesos a los que por desgracia estamos acostumbrados no dejan nunca de subrayar.

Vincenzo Geraci: Con la impresión aún viva del debate sobre el nombramiento del fiscal de Marsala, quiero recordar la firme, unánime e irreductible oposición que, precisamente en esta sala, mostró sobre todo el grupo de jueces mayoritario del Consejo, el cual, aunque tuvo el buen gusto de no discutir las indudables dotes de profesionalidad, abnegación y valor del colega Borsellino, aspirante al cargo, consideró en aquella ocasión que esas dotes no podían prevalecer sobre la mayor antigüedad del otro candidato.

»Recuerdo, en particular, las palabras pronunciadas por el colega D'Ambrosio y escrupulosamente registradas en el acta extraordinaria número 17 del 10 de septiembre de 1986 de este Consejo que, por iniciativa del colega Abbate, se publicó para informar a los colegas magistrados de la decisión tomada por el Consejo. Pues bien, en aquella ocasión, D'Ambrosio declaró que el Consejo no podía dejarse influir por la notoriedad de los magistrados en cuestión, porque eso significaría dar alas al afán de protagonismo de los jueces, cosa que, entre otros efectos perniciosos, habría tenido también el de volver a aquel indeseable arribismo que habían alimentado las desafortunadas sentencias del Tribunal Constitucional y del Consejo de Estado.

»Aun en medio del malestar que me produce revivir momentos autobiográficos que han quedado indeleblemente asociados a lo vivido por aquel reducido grupo de «samuráis» que, con inmensos sacrificios y riesgo personal, empeñaron con generosidad la batalla judicial contra la barbarie mafiosa en un momento en el que las calles de Palermo estaban literalmente cubiertas de cadáveres y las instituciones de la isla eran despiadadamente decapitadas una tras otra, siento que es mi deber moral decir que Giovanni Falcone fue el mejor de todos nosotros y que considero un honroso e irrepetible privilegio haber trabajado con él, que ha escrito páginas de dignidad civil en el libro de la historia judicial, y no solo judicial, de nuestro país.

»Recuerdo, en particular, la emoción que nos embargó cuando, por primera vez, consignamos las revelaciones de un capo importante como es Tommaso Buscetta, que por fin rompía el silencio que hasta ese momento había protegido a la mafia, declarándose él mismo mafioso y permitiéndonos enfoques procesales que eran impensables solo dos años antes, cuando se presentó el famoso informe «Michele Greco + 161», y que hasta entonces solo habían intuido las mentes políticas y sociológicas más inteligentes y audaces. Y recuerdo también la conmoción que desgraciadamente sentí tantas veces al ver los cadáveres desfigurados de tantos amigos y colaboradores, fieles servidores del Estado, que tuvieron peor suerte que nosotros y no pudieron escapar a la bárbara venganza mafiosa.

»Permítanme que exprese el gran tormento que esta coyuntura me produce y el difícil dilema en el que me hallo. Pues si, por un lado, me siento inducido a preferir a Falcone por las dotes que lo adornan y la relación personal y profesional que a él me une, por otro se opone a ello la estima que le tengo a Meli, cuyo profundo sentido del deber le costó en tiempos dramáticos ser deportado a campos de concentración nazis de Polonia y Alemania, en los que estuvo prisionero dos años desde septiembre de 1943 a septiembre de 1945 y a los que sobrevivió a duras penas. Creo que es el reconocimiento de este gran temple moral y dignidad humana, unidas a las innegables cualidades profesionales, lo que, pese al *revirement* de última hora, ha llevado al colega Brutti a formular, en la sesión matinal del 15 de julio de 1987, el deseo de que el colega Meli consiga lo antes posible este cargo y pueda continuar desempeñando en él su indiscutida labor: por fin hoy tenemos la ocasión de decidirlo.

»En tales condiciones, pues, os pido que entendáis con cuánto sufrimiento y cuánta humildad me siento inclinado a votar a favor del nombramiento de Antonino Meli.

Votan a favor del nombramiento de Antonino Meli los jueces: Agnoli, Borrè, Buonajuto, Cariti, Di Persia, Geraci, Lapenta, Letizia, Maddalena, Marconi, Morozzo della Rocca, Paciotti, Suraci, Tatozzi.

Votan en contra del nombramiento de Antonino Meli los jueces: Abbate, Brutti, Calogero, Caselli, Contri, D'Ambrosio, Gomez d'Ayala, Racheli, Smuraglia, Ziccone.

Se abstienen los jueces: Lombardi, Mirabelli, Papa, Pennacchini, Sgroi.

El Consejo aprueba por catorce votos a favor, diez en contra y cinco abstenciones el nombramiento al cargo de jefe del juzgado de instrucción de Palermo de su señoría Antonino Meli.

42. TIRO AL BLANCO

Palermo, 1988

Cuando suena el teléfono de su despacho, Giovanni tiene en las manos un bocadillo de jamón intacto. Lo ha desenvuelto hace diez minutos, pero aún no ha podido hincarle el diente.

Coge el aparato. Es el juez Vito D'Ambrosio que lo informa de la decisión que ha tomado el Consejo Superior de la Magistratura. Giovanni lo escucha, guarda silencio unos segundos y le contesta con voz monótona y seca:

–Con esa decisión me exponéis como un blanco en una caseta de tiro.

Ya puede hincarle el diente al bocadillo.

43. VISIONARIOS

Palermo, 1988

Caponnetto lo adivinó. Como fulminado por la luz intensa de una intuición o, mejor dicho, de una verdadera premonición, de esas que solo se tienen con la edad y una larga experiencia, había pensado en retirar su solicitud de traslado a Florencia.

–No lo veo claro –había dicho una mañana después de echar un vistazo a la nota que Giovanni tenía sobre la mesa de su despacho–. Creo que es mejor que me quede, al menos hasta que veamos lo que ocurre.

Giovanni tenía escrito en un papel el nombre de los jueces del Consejo Superior de la Magistratura que le habían asegurado su apoyo y de los que esperaba un voto favorable, y el de aquellos contrarios a su nombramiento. Entre los que estaban a favor figuraba Vincenzo Geraci. De pronto, este nombre se veía borrado de una lista y apuntado en la otra, la de los jueces contrarios.

Nino no preguntó más. Geraci había publicado algunos artículos poco amistosos en el *Giornale di Sicilia* y, según avanzaba el juicio y el grupo antimafia y sus miembros –y Falcone en particular– obtenían reconocimientos, empezó a dejar de estrecharles la mano, los silencios se prolongaban cada vez más y no volvieron a tomar café en el bar. No era un misterio que habían pasado de la amistad a una desencantada relación profesional. Pero por la noche Giovanni recibió varias llamadas telefónicas de jueces que dijeron que lo votarían. Así, la misma mañana en la que Nino se disponía a enviar al Consejo Superior de la Magistratura el telegrama con el que retiraba su petición de regresar a Florencia, Giovanni entró en su despacho risueño y como iluminado por una luz nueva, llevando el papel lleno de apellidos que había anotado, borrado y vuelto a anotar.

–Nino, rompe ese telegrama.

–¿Que lo rompa? ¿Estás seguro?

–Rómpelo. He hablado con una serie de personas y tengo motivos para creer que todo saldrá bien. Ya no es necesario que hagas este sacrificio. Vuelve con tu familia.

–Te tengo dicho, y te lo repito, que me quedo con mucho gusto. No quiero que nuestro trabajo sea inútil: si no, ¿para qué ha servido mi presencia aquí estos cuatro meses y medio? Tienes razón, ha sido un sacrificio, he estado alejado de mi familia, de mi ciudad, durmiendo en un cuartel... Pero ¿y qué? ¿Me habré sacrificado para nada? No quiero echarlo todo a rodar, Giovanni. De ninguna de las maneras.

–Te entiendo, Nino, pero te digo que anoche me dieron garantías fundadas, todo irá bien, yo me ocupo de todo, ni tu trabajo ni el nuestro será en vano. Y ahora rompe el telegrama. –Y Nino, con muchas dudas, que se veían pintadas en su rostro, rompió lentamente el telegrama en el que pedía la anulación de su traslado a Florencia–. Toma, te lo regalo –añadió Giovanni, dándole el papel con las listas de los jueces.

–Sí, no quiero olvidar estos nombres.

Giovanni le sonrió con benevolencia, casi con condescendencia.

Se puede ser uno de los magistrados más astutos del mundo y al mismo tiempo conservar una fuerte dosis de ingenuidad. O de confianza en las relaciones humanas, según se mire. El resultado es que ahora Nino está en Florencia con un papelito de recuerdo,

Giovanni está sentado en el salón de su casa con la cabeza entre las manos y Giuseppe Ayala lo mira con preocupación.

–Justo el día del cumpleaños de Paolo –dice Peppino.

–Aquí todo tiene su significado –murmura Giovanni.

Llega Francesca con la bandeja de plata que les regaló Caponnetto. En ella trae tres tazas de café y un azucarero. Se sienta junto a su marido y le da un beso en la cabeza.

–Bueno, puede que...

–Puede que nada, Peppino, nada. –Giovanni levanta la cabeza y lo mira–. Creo que hasta Mirabelli ha estado a punto de votar en mi contra.

–Eso es imposible –niega categóricamente Ayala con un ademán. Es imposible porque se sabe que Cesare Mirabelli, vicepresidente del Consejo Superior de la Magistratura, solo ha votado una vez en los cuatro años que lleva en el cargo y fue para elegirse a sí mismo. En todas las demás votaciones se ha abstenido.

–Sabrás lo que les dijo Meli a los del Consejo. Que no quería saber nada del «método Falcone», así de claro.

–Sí, ya.

–Pues eso.

–No sé, no sé lo que ha pasado... –Ayala menea la cabeza–. Mejor dicho, lo sé muy bien. –Es verdad: lo sabe muy bien. El juez Stefano Racheli dejó en el último momento Magistratura Independiente y Geraci, que pensaba abstenerse en la votación, tuvo que poner las cartas boca arriba y votar para que Meli saliera elegido.

–Lo sabemos todos –suspira Francesca–. Lo saben hasta los periodistas. Lo sabe todo el país. Yo, la verdad, no creía que la tragedia de que lo deporten a uno a un campo de concentración nazi sirva de currículo para un puesto de jefe de juzgado de instrucción, sirva para juzgar a mafiosos. Con todos mis respetos por...

–Claro, claro, pero eso nadie lo dice, no vaya a ser... Pero tienes razón: ¿qué mérito es ese para juzgar a la mafia?

–Dicen que eso reforzó su carácter humano.

–No me lo creo –dice Francesca–. Geraci ha estado aquí, habéis estado todos aquí jugando al pimpón...

–No jugábamos al pimpón, usábamos la mesa para trabajar...

–Hombre, alguna partida sí habéis echado.

Peppino se encoge de hombros. Quiere decir algo sensato, entrar en el fondo de la cuestión, pero se siente culpable. En las últimas semanas también él se ha pasado horas con el teléfono pegado a la oreja. Gian Carlo Caselli, del Consejo Superior de la Magistratura, lo ha llamado varias veces para lamentarse de no poder conseguir el voto de los otros dos jueces de su misma corriente, como ha conseguido el de Vito D'Ambrosio y el de Fernanda Contri. Todos veían claramente que la cosa se ponía fea y que había un interés común en dejar fuera a Falcone. También se siente culpable porque, de los jueces del grupo antimafia, él es quien más ha intentado conservar la amistad con Geraci, aunque Vincenzo sostuviera que la fiscalía debía actuar con mayor autonomía en el Maxiproceso y no estar pendiente de los labios de Falcone como si este fuera Jesús, y aunque en los cara a cara que tenían le dijera Peppino, sin pelos en la lengua: «Vincenzo, que la gloria será para todos, si es eso lo que te preocupa».

–¿Te contó Nino lo que dijo Giovanni Borrè cuando le encareció tu nombramiento?

–No.

–¿No te lo dijo?

–No.

–Se ve que no quería amargarte. Le dijo: «Es que si nombramos a Falcone en Palermo, dentro de diez años lo tenemos de presidente del Tribunal Supremo».

Giovanni suelta una carcajada que parece un gruñido.

Cosa extraña, en la calle Notarbartolo no se oye ningún ruido. Es una tarde tranquila y eso vuelve la atmósfera aún más triste. Todo el mundo, incluso los que no frecuentan la casa de Falcone, incluso los que no trabajan en el tribunal de Palermo, sabe lo que significará para el juzgado de instrucción lo que acaba de ocurrir. Meli nunca ha ocultado que tiene una visión del fenómeno mafioso muy distinta de la de Giovanni, Nino y los demás jueces del grupo. Cree en las competencias territoriales, en que hay que dividir las causas en piezas separadas y asignarlas a varios magistrados que actúen cada uno en su zona; cree que Cosa Nostra no es una estructura jerárquica, sino una organización de familias independientes y autónomas que simplemente ajustan cuentas. Tiene una visión que contradice la línea que ha seguido el grupo antimafia en años y años de juicios contra la mafia que han costado un precio muy alto y han dado grandes resultados. Tiene la visión que podría tener un juez que nunca se ha ocupado de la mafia. La visión de quien no sabía si presentarse a presidente del tribunal o a jefe de juzgado de instrucción ni tenía en cuenta que el primer cargo es mucho más prestigioso que el segundo y, sobre todo, que a los juzgados de instrucción les queda más o menos un año de vida, dado que hay una ley que los abolirá al año siguiente. Extraña decisión la de Meli, bien mirado. Antes que colgarse una medalla y ocupar un cargo de mucho prestigio, relativamente tranquilo, ha preferido pelear por otro difícil, en el que nadie sale indemne, y que está a punto de desaparecer.

–Venga, ya está bien de lloriqueos. –Giovanni se levanta de un salto. Peppino y Francesca lo miran sorprendidos–. Que no se ha muerto nadie. Me han cateado y punto. Sigamos. A lo mejor... –Empieza a ir y venir–. A lo mejor, viendo los buenos resultados que hemos obtenido, Meli decide continuar la labor de Caponnetto, aunque solo sea por no quedar mal...

–Hum... –Peppino se frota la barbilla–. Sí, puede ser... Es verdad, después de la sentencia del Maxiproceso, ¿por qué iba a desmantelar el grupo antimafia? Es más, creo que os llamará enseguida para preguntaros qué necesitáis. Mira lo que te digo:

si lo hace... estoy dispuesto a perdonar a los del Consejo Superior de la Magistratura.

Francesca apura su café, deja la taza en la bandeja de plata y se limpia los labios con una servilleta, que deja manchada de pintalabios.

–Visionarios –murmura. Se arregla el vestido y se dispone a salir para el tribunal de menores.

–¿Cómo? –dice Peppino.

–Visionarios, que sois unos visionarios.

–¿Por qué lo...?

–Quiere decir que somos unos ilusos, Peppino.

44. CALDERONE

Palermo, 1988

El caso de los empresarios Costanzo, Rendo, Finocchiaro y Graci no es nuevo en Sicilia. Son cataneses y su empresa –la Fratelli Costanzo S. A., dedicada a la construcción, la industria y la agricultura– es catanesa, pero también en Palermo son muy conocidos.

Pippo Fava, que escribió sobre ellos en la revista *I Siciliani*, los llamó «los cuatro jinetes del apocalipsis mafioso». En el editorial de la revista que dirige, Fava describió incluso el aspecto que tenían: «Son muy distintos [...]. Costanzo es robusto y desdeñoso, Rendo tan pronto se muestra amable como colérico, Finocchiaro es afable, silencioso y aparentemente tímido, Graci es pequeñito y siempre cordial con todos. Eso sí, todos visten igual, al menos en las apariciones oficiales: traje gris o azul estilo años cincuenta, corbata, camisa, con esa elegancia que no se pasa de moda del empresario self-made-man». Contaba el periodista, entre otras cosas, que, durante un congreso sobre la empresa en Sicilia, Carmelo Costanzo, que recibió la medalla al mérito en el trabajo de manos del presidente de la República Giuseppe Saragat, dijo en un aparte: «Vamos a adjudicarnos las obras y contratos públicos más importantes, los de decenas o cientos de miles de millones, y dejar a los demás los pequeños negocios de dos o tres mil millones, para que vayan tirando». Los Costanzo están acusados de haber evadido decenas de miles de millones, así como de mantener o haber mantenido también relaciones con los capos Nitto Santapaola, Stefano Bontate, Totò Minore y Giuseppe di Cristina.

También el gobernador Dalla Chiesa se fijó en ellos. Pocas semanas después de pedir a su homólogo de Catania información detallada sobre la familia, los intereses, las empresas y las propiedades de Graci y Costanzo, fue asesinado. Como fue asesinado Pippo Fava después de rechazar varias veces la propuesta de Costanzo de comprarle la revista. También Rocco Chinnici se interesó por ellos: barajaba la hipótesis de que el homicidio del secretario regional del Partido Comunista Italiano Pio la Torre estaba relacionado con la oposición que había entre el político y Carmelo Costanzo. Paolo Borsellino también ha indagado sobre ellos, por el mismo motivo. Ordenaron a la policía fiscal que lo detuvieran, pero Costanzo escapó y no reapareció hasta unas semanas después en una clínica privada.

Ahora a los empresarios también los acusa el arrepentido Antonino Calderone que, junto con su hermano Giuseppe, se encargaba de la seguridad de los Costanzo, y al que estos, en agradecimiento del trabajo bien hecho, le compraron una reserva de caza para que la banda pudiera reunirse. Para proteger a los Costanzo, los hermanos Calderone hicieron votar en 1974 la primera «ley regional» de Cosa Nostra. Consciente de que proteger a los hijos de los empresarios de posibles secuestros –método aún muy practicado, sobre todo por los corleoneses– sería difícil, si no imposible, Giuseppe Calderone hizo votar la prohibición para todos los mafiosos, a partir de aquel mismo día, de secuestrar a personas en territorio siciliano.

Gracias a las revelaciones de su hermano Antonino, hoy los rescoldos del «expediente Costanzo» se han avivado. Aunque aún no queman, ya arden.

Falcone, los colegas del grupo antimafia y los de la fiscalía, entre ellos Giuseppe Ayala, están esperando a que las piezas encajen y que a los empresarios cataneses no les quede ningún margen de maniobra, ninguna escapatoria legal, ningún recurso procesal. No quieren equivocarse.

–Van a retomar el caso Costanzo por territorios.

Giovanni está en su despacho cuando Ayala lo llama por teléfono.

–¿Cómo?

–Lo que oyes. Giammanco y Spallitta opinan lo mismo: sobre Catania investigan los de Catania.

–Pero... ¿Y qué dice Curti Giardina? Giammanco y Spallitta son jueces adjuntos, el jefe es él.

–Estará muy ocupado persiguiendo a esos dos peligrosos delincuentes de Lodato y Bolzoni.

Resulta que Saverio Lodato y Attilio Bolzoni publicaron en *La Repubblica* y *L'Unità* las declaraciones de Antonino Calderone sobre Cosa Nostra y los chanchullos que, en toda Sicilia, unen empresa, mafia y política. La cosa no ha hecho ninguna gracia al fiscal jefe, Salvatore Curti Giardina. Pero, como no sabía por qué cargos ordenar detenerlos, los ha metido en la cárcel por apropiación indebida: cuerpo del delito, los cuatro folios de las declaraciones de Calderone que «sustrajeron» del tribunal de Palermo y fotocopiaron. Tras lo cual, como siempre, se ha encerrado en su despacho y no quiere saber nada de nada.

–¿Y vosotros? Os habrán pedido que firméis, ¿no?

–No veas qué lío, Giovanni. Podíamos perjudicar seriamente la imagen de la fiscalía: ¿qué hubiera pasado si algunos firmábamos la petición y otros no?

–¿Estás diciéndome que has firmado?

–Se trata de tener sentido de Estado, a veces las posturas individuales no importan, sabes perfectamente que...

–Peppino, ¿has firmado?

Al otro lado de la línea se hace el silencio. Al cabo de unos segundos, dando un suspiro, Ayala contesta:

–No, Giovanni, no he firmado. Pero te seré sincero: les dije que si solo faltaba mi firma, firmaría. Te lo digo por si luego te enteras y...

–Gracias, Peppino, gracias. Eres un amigo de verdad, con quien siempre puedo...

–Olvídalo, Giovanni, pero sabes muy bien a lo que me refiero. El caso es que no he firmado. No ha firmado nadie aparte de los dos jueces adjuntos que han hecho la petición, Giammanco y Spallitta. Y no hemos firmado porque, para seguir siéndote sincero, Alfredo no ha querido.

–¿Morvillo?

–Sí, tu cuñado. No hay más Alfredos en la fiscalía. Ha dicho: «Yo no firmo, me da igual lo que pase». Conque, para que no se vieran divisiones, tampoco han firmado los que estaban de acuerdo. La petición solo lleva la firma de Giammanco y Spallitta. Ahora la pelota está en vuestro tejado, Giovanni.

–¿Querrás decir en el de Antonio Meli? –Nuevo silencio al otro lado de la línea–. Gracias, Peppino, gracias otra vez.

Giovanni cuelga, se levanta, sale de su despacho y se dirige al del nuevo jefe del juzgado de instrucción.

–Señoría, con todos los respetos, eso será el fin del caso.

Antonino Meli está sentado en el sillón que una vez fue de Rocco Chinnici, luego de Nino Caponnetto y ahora, tras la última votación del órgano superior de los jueces, le corresponde a él. Es un hombre de mediana estatura, próximo a los setenta años y más bien delgado, con un pelo blanco que empezó a perder hace mucho. Su expresión es severa, sus labios dibujan siempre un arco descendente, como una «u» invertida. Ahora juguetea con un clip que hace unos segundos sujetaba unos papeles.

–¿Te refieres al caso de los empresarios cataneses que tienen su empresa en Catania? –pregunta mirando el clip que tiene entre los dedos.

–Sí, y que también tienen contratos públicos en Palermo, están ligados a las familias de Palermo...

–Cualquiera puede tener un tío o un primo en Palermo, Falcone, pero eso no significa que podamos quitarles los casos a las demás fiscalías ni que carguemos con el trabajo que les corresponde.

–Es que no se trata de quitarles ni de cargar con nada... De veras, con todo el respeto, ese sumario es fruto de años y años de trabajo e investigación que primero Rocco Chinnici y luego Borsellino y los colegas del grupo antimafia y yo...

–¡El grupo antimafia! ¡El grupo antimafia! ¡El grupo antimafia! Ya está bien de grupo antimafia, Falcone. –Meli deja el clip en la mesa con un manotazo–. No sois los únicos expertos en mafia. Esto es un equipo, todos deben hacer de todo. Y los de Catania no son menos buenos que vosotros.

–No he dicho que no lo sean.

–Además... –Meli coge otra vez el clip, le da vueltas–. Si tan buenos sois, Falcone, ¿por qué no habéis incoado causa por asociación mafiosa? ¿O por lo menos por asociación criminal?...

–Porque el artículo 416 bis aún no castiga la colaboración con banda mafiosa como sí castiga la colaboración con organización criminal; porque, por desgracia, lo que hasta ahora sabemos de los Costanzo no tiene todavía suficiente relevancia penal para que podamos meterlos en la cárcel; porque si procedemos contra ellos ahora corremos otra vez el riesgo de que...

–Ya, ya, porque esto y porque lo otro... Basta, vayamos al grano: mi sensación es que aquí nos empeñamos en quedarnos los casos y se los quitamos a la fiscalía de Catania sin ninguna justificación. Y, en cambio, no veo resultados desde el punto de vista procesal...

–Usted perdone, pero ¿está insinuando algo sobre mi integridad y la de mis colegas?

–Yo no insinúo nada, Falcone, le ruego que me hable con el debido respeto.

–Yo lo hago, pero me parece que su actitud es distinta, señoría Meli.

–Falcone, Falcone... –Meli deja de nuevo el clip en la mesa, ordena con toda la calma los expedientes que antes tenía sujetos, los deja en las esquinas de la mesa y, después de un largo silencio, mira a Giovanni a los ojos–. ¿Algo más o podemos volver al trabajo?

«Hazlo lo mejor que puedas. Hazlo lo mejor que puedas. Hazlo lo mejor que puedas.»

Giovanni lleva casi una hora repitiéndose esto como si fuera un mantra. Inclinado sobre sus papeles, con el cenicero siempre lleno y la colección de patos, testigos mudos de su desaliento, haciéndole compañía, se repite lo que su padre le decía una y otra vez: que tenemos que ser tan buenos en lo que hacemos que podamos hacerlo incluso en las peores situaciones. Que en nuestro trabajo, como en nuestra vida, nunca podemos caer por debajo del nivel de la decencia: saber hacer las cosas tan bien, ser tan expertos en ellas, que aun en una barca desfondada, en medio de una tormenta, podamos hacer lo que debemos. Lo que se espera que hagamos. Hacerlo, por lo menos, suficientemente bien. Por eso sigue trabajando Giovanni, aunque sabe que el suelo que pisa se hunde, que el techo que lo cubre se cae a pedazos, como se vienen abajo también los casos en los que ha trabajado esos últimos años. Tenía razón Francesca: Peppino y él son unos visionarios –por no decir unos ilusos– si creen que puede funcionar. Francesca habla poco, pero habla bien.

Aunque tampoco hay que ser catastrofistas. Tal vez el nuevo jefe necesite tiempo para acabar de instalarse, para entender lo importante que es la labor del grupo antimafia. Tal vez, con el tiempo, entienda que aquí, en estos despachos que aún albergan el alma en pena de quienes trabajaron en ellos, de quienes se sacrificaron, de quienes yacieron bajo tierra antes de tiempo, hay que moverse con cuidado, con respeto y con delicadeza, porque, si no, se corre el riesgo de romper algo, de abrir brechas y de que no queden más que cascotes.

Tal vez solo sea cuestión de tiempo, hasta que...

–Señoría, de parte de su señoría Meli. –La secretaria entra mirando el suelo, como cohibida, sin que se sepa muy bien por qué–. Es un comunicado oficial.

Giovanni abre el sobre y saca la carta:

> Ilustrísima señoría Giovanni Falcone:
>
> Varias veces he llamado su atención, a raíz del conocimiento que he ido adquiriendo sobre la instrucción del sumario, sobre los muchos y graves elementos que apuntan a la relación de los empresarios Costanzo con la mafia siciliana, pero usted, aun estando de acuerdo, como no podía ser menos, ha mostrado, con respecto a la persecución penal de dichos empresarios, ciertas dudas por las consecuencias negativas que podría tener en la economía siciliana, por lo que estimo oportuno que nos reunamos y hablemos del asunto detenidamente.

Giovanni deja la carta en la mesa. Echa atrás la cabeza y mira al techo. Le dan ganas de llorar, muchas ganas de llorar. Y quizá lo haga.

45. SÍSIFO

Palermo, 1988

–Dirá que sois unos desertores, que somos unos desertores.

–Haces bien en tomártelo a broma. Dichoso de ti.

–No me lo tomo a broma, pero ¿qué puedo hacer? ¿Cuál es la alternativa?

Giovanni da vueltas a la taza para recoger la espuma de los bordes y apura el café de un trago. Sentados con él a la mesa del bar están Giuseppe di Lello y Giacomo Conte, este último también juez del juzgado de instrucción que se unió al grupo antimafia durante el mandato de Caponnetto. Di Lello y él se lanzan miraditas como si supieran algo que Giovanni no sabe. Y quizá sea así. Giovanni lo ha entendido, pero no quiere preguntar. Lo han invitado al bar, conocen el ambiente que se ha creado en las últimas semanas, también ellos van al menos una vez al día al despacho de Meli –convocados o por iniciativa propia– y también a ellos, como a Giovanni, está cayéndoles un diluvio de casos de robos, de atracos, mil causas menores que nada tienen que ver con la mafia. Y saben también que, en un ambiente así, entre batallas que se libran a fuerza de cartas oficiales que viajan de un despacho a otro, incluso salir a tomar un café puede causarles problemas. Es poco probable, pues, que lo hayan invitado para hablar de la vida. Pero, por eso mismo, han de hablar ellos.

–No hay alternativa, Giovanni –dice Di Lello–. No la hay. –Menea la cabeza, desconsolado.

Giovanni mira las tazas de ellos, que están vacías como la suya.

–Bueno, colegas. ¿Qué hacemos? ¿Nos vamos? –Quiere apremiarlos.

–Un momento, que acabo –dice Conte dando también vueltas a su taza, aunque los restos de café están ya secos.

–A mí este ambiente no me gusta, Giovanni –se decide a hablar Giuseppe. No es necesario responder. ¿A quién le gusta?

–Ni a mí –conviene el colega.

–Ni a mí –conviene también Giovanni. Y abre los brazos como diciendo: ¿y?

–Yo no paso por esto. Las cosas han cambiado. Y no me gustan.

–¿Lo dices por lo del pariente de Meli? Porque si te refieres a eso...

–No, no, no lo digo por eso. Mira por dónde, yo en eso le creo.

El hijo de Antonino Meli, Giuseppe, se casó con la hija de un empresario de Collesano. El padre de la joven, Giuseppe Ferraro, fue detenido en una redada contra la mafia que pasó a las crónicas de sucesos con el nombre de «blitz de las Madonie». La investigación sobre los vínculos que existen entre los empresarios de la zona y la banda de las Madonie, investigación según la cual esta banda controla los contratos públicos de la costa del mar Tirreno y de la que siempre se ha ocupado el grupo antimafia de Palermo, da pie a diecinueve órdenes de busca y captura dictadas por el juzgado de instrucción de Termini Imerese. Se hace la redada, se procede a las detenciones. Pero entonces los jueces de Termini Imerese se declaran incompetentes y remiten el caso a la fiscalía de Palermo. El sumario llega a la mesa del fiscal Antonino

Meli, quien, sin embargo, se niega a enviárselo a Falcone y al grupo antimafia, porque, dice, el caso corresponde a los magistrados de Termini Imerese.

La cosa se complica aún más cuando, por una conversación entre imputados que los carabineros interceptan, se sabe que, al parecer, el hijo de Meli, Giuseppe, les dijo meses antes a algunos de los implicados que habían intervenido cierto teléfono, tras lo cual los investigados no volvieron a usar ese teléfono. El fiscal Meli se ha defendido diciendo que no tiene relación alguna con el padre de su nuera y que tampoco su hijo Giuseppe, que se casó «obligado por las circunstancias» –la joven estaba embarazada– tenía relación alguna con el suegro. Sobre lo del teléfono intervenido, dijo Meli, su hijo se refería evidentemente a una impresión que tenía, no a que supiera nada por él, su padre.

Sea como sea, e independientemente de la conclusión que cada uno de los jueces haya sacado, lo cierto es que el ambiente se ha agriado aún más. El veneno del «palacio de los venenos» ha empezado a salir por las ventanas.

–Sí, es verdad. No podemos conocer los antecedentes penales de todos nuestros parientes cercanos y lejanos. Además, por lo que sé, Meli ni siquiera conoce al tipo.

–Ya, pero no me refería a eso –dice Di Lello–. Aunque no podemos negar que eso ha echado más leña al fuego.

–Lo peor es que no nos haya pasado el caso.

–Y que en las últimas semanas haya tanta leña en el fuego.

–Giuseppe... –Giovanni ha entendido adónde quiere llegar. Al principio era una sospecha, ahora es una certeza. No quiere creerlo, pero en un instante tendrá que creerlo–. Giacomo... Hablemos claro, al menos entre nosotros. ¿Qué queréis decirme?

–Yo abandono, Giovanni. –Giovanni siente vértigo y se le cae el alma a los pies–. No sabes cuánto lo siento. Hemos recorrido mucho camino juntos.

–Yo también abandono –dice Giacomo–. Lo siento.

–Giovanni... –Giuseppe le posa la mano en el hombro.

–Me dejáis solo. –Se lo dice a los dos, pero Giuseppe sabe que se dirige a él sobre todo. A él, que vio nacer el grupo antimafia y siempre ha formado parte de él, con Rocco, con Nino y ahora con Antonino Meli. Giuseppe di Lello los ha visto caer uno tras otro: Boris Giuliano, el general Dalla Chiesa, «papá» Rocco, Ninni Cassarà, Calogero Zucchetto. Los ha visto al lado de Giovanni, de Paolo Borsellino y de Leonardo Guarnotta. Estaban juntos cuando el mundo se hundía. En las fiestas nos divertimos todos, pero como lo que de verdad une es la lucha, ahora son una sola y la misma cosa. Por eso han ganado, porque han combatido codo con codo cuando Cosa Nostra los cercaba y el mundo no quería ver, no les creía.

Giacomo es un colega de gran valía, como lo son Gioacchino Natoli e Ignazio de Francisci, que se unieron al grupo después, pero Di Lello es una de las primeras piedras sobre las que Rocco Chinnici edificó su casa. Como lo es Paolo Borsellino. Y ambos, al parecer, abandonan.

–No, Giovanni, nunca te dejaremos solo. A quien dejamos solo es a Antonino Meli, porque con él no se puede trabajar. Las investigaciones no conducen a nada, estamos perdiendo ocasiones importantes... Los Costanzo, lo sabes perfectamente, se irán otra vez de rositas y probablemente también los mafiosos de las Madonie. Los conflictos con Meli están siempre en el candelero, damos la imagen de un juzgado de instrucción dividido, siempre a la greña, y de unos jueces que pasan más tiempo peleándose que trabajando.

Lo que dice Giuseppe es verdad. El grupo antimafia es pábulo de la peor prensa amarilla: se habla de peleas, de comparecencias ante el Consejo Superior de la Magistratura para resolver conflictos internos y hasta para saber simplemente quién es competente en una investigación. Por culpa de este desbarajuste, por ejemplo, se han pasado Bolzoni y Lodato una semana en la cárcel, ridículamente acusados de apropiación indebida por haber fotocopiado unas páginas de declaraciones de un colaborador. Todo es veneno y todo se transforma en veneno. En una situación así, ni los mejores consiguen hacer bien su trabajo.

–¿Qué puedo deciros? Tenéis razón en todo.

–Yo... –Giuseppe está consternado como quien sabe que rompe un pacto de sangre. Es lo que hicieron los dos hace años, un pacto de sangre. Literalmente.

–Olvídalo, Giuseppe. Tenéis razón. ¿Y cuándo crees que...?

–Yo ya tengo escrita la solicitud de traslado.

–Yo estoy redactándola –dice Giacomo.

–Conforme. –Giovanni suspira. Observa la calle por el cristal del bar. Los policías de la escolta vigilan la entrada mirando a un lado y otro, con disimulo. La gente camina distraída, pensando en su mundo, que cada cual lleva metido entre sien y sien. A veces incluso ellos están distraídos. Por otra parte, nadie ha obligado a Giovanni ni a nadie a lanzarse a una lucha cuerpo a cuerpo contra un ejército de dementes que llevan kaláshnikovs en el maletero. Ha sido una decisión consciente, una locura completamente racional–. Conforme, Giuseppe.

Giovanni se levanta, se arregla la corbata.

–Giovanni...

–Conforme, conforme. –Se abrazan. Giovanni abraza también a Giacomo.

Se dirigen a la salida. Cuando están en la puerta, Giuseppe se vuelve.

–¿Y tú?

–Yo... Yo me fumo un cigarrillo.

Giuseppe y Giacomo salen en silencio.

Las cosas han cambiado, en efecto. Y tampoco a Giovanni le gustan. Pero aún cree que puede volver a cambiarlas.

Hay quien piensa que por eso se cree un dios. Pero en realidad es como Sísifo. Tiene la ilusión ingenua, eterna y obstinada de que puede soportar sobre sus hombros humanos un peso que no es humano.

Giovanni se encamina solo al juzgado. El cielo está gris. No tardará en llover.

Quien se atreva, que le diga a Sísifo que es un privilegiado, que quiere hacer carrera, ser el protagonista.

Sísifo nunca llegará a la cima. Lo sabe perfectamente. Pero camina, camina, camina, sube por la ladera de la montaña con los hombros encorvados, la espalda aplastada bajo el peso de la roca.

Eso no lo convierte en un dios, al contrario: lo convierte en un gran hombre.

46. DESMANTELAMIENTO

Marsala, 1988

La sede de la fiscalía de Marsala es un edificio bajo de planta ancha, amarillento, siempre iluminado por el sol. En la entrada hay una fila de palmeras cuyas ramas casi llegan a las ventanas.

Paolo Borsellino está sentado en su nuevo despacho, una sala amplia y desguarnecida, con una mesa baja en medio rodeada de cuatro butaquitas y un gran escritorio con un sillón a cada lado. Hoy es 19 de julio, el sol da en la fachada principal del edificio, las ventanas del despacho están abiertas para que la brisa estival, tibia y clemente, refresque el cuarto o al menos renueve el aire.

Frente a él, al otro lado de la mesa, están los periodistas Attilio Bolzoni y Saverio Lodato. Attilio lleva una chaqueta oscura y una camisa blanca con el cuello desabotonado, sin corbata. Tampoco Saverio lleva corbata. Con el calor que hace, chaqueta y camisa pueden bastar para salvar la etiqueta.

Le caen bien los dos. Por eso ha aceptado recibirlos sin cita previa. Se han presentado allí tal cual, de pronto, y le han preguntado por una frase que pronunció hace tres días durante la presentación de un libro: Borsellino habló de «desmovilización de la antimafia» y nadie, aparte de los periodistas del diario *L'Ora*, pareció oírlo. Pero Bolzoni y Lodato tienen el oído fino y la mente despierta. Los jueces y los periodistas tienen una relación difícil, que solo es equilibrada en condiciones especiales, con hombres especiales. Y ellos, de alguna manera, lo son. Son respetuosos pero no obsequiosos. Respeto y miedo son dos cosas distintas. Respeto y servilismo, aún más distintas. Hay que estar atentos, nada más. Los periódicos no son la oficina de prensa de la fiscalía ni desde luego su altavoz. Tampoco son su enemigo, su azote, como parece que ocurre de unos años a esta parte en Sicilia. Es un equilibro sutil y solo los acróbatas bien entrenados, con talento y sangre fría, son capaces de caminar por ese alambre.

–La lucha contra la mafia no da señales alentadoras –dice Borsellino–. En absoluto. –Mueve la cabeza. Bolzoni y Lodato saben que va a lanzar una bomba. Paolo Borsellino es un hombre tranquilo, que nunca pierde los papeles con la prensa y más bien, si por algo puede criticársele, es por lo contrario. Sin embargo, hoy es distinto. Ha ocurrido algo. Está agitado, se ve. Fuma sus cigarrillos MS casi con furia, uno tras otro. El ascua se ve roja y afilada–. No son buenas señales al menos por tres motivos: el juez Falcone ya no está al frente de los grandes casos que empezaron con el Maxiproceso, la policía ya no conoce los movimientos de Cosa Nostra y... –Apaga la colilla en el cenicero y mira el paquete que tiene en la mesa. Quiere coger otro, pero por ese dominio de sí por el que es conocido y que contrasta con lo que va a decir, decide esperar un poco–. Y están haciéndose serios intentos por desmantelar el grupo antimafia del juzgado de instrucción y de la fiscalía de Palermo. Corremos el riesgo de dejar un peligroso vacío, estamos volviendo a la situación de hace diez, veinte años. –Los dos periodistas toman nota. Lo hacen sin apenas levantar la vista del cuaderno. No quieren que Borsellino se dé cuenta de hasta qué punto es sensacional lo que dice, aunque este lo sabe muy bien. No quieren que recapacite, que decida echarse atrás, porque esta entrevista, lo saben todos los presentes, dará varias veces la vuelta al país y aun al mundo–. Sí, la situación es muy delicada. Vean lo que está ocurriendo en el juzgado de instrucción.

Después de tantos años, a Falcone le quitan los casos que le encomendó Rocco Chinnici.

–¿Entonces el juez Falcone ya no dirige la investigación contra la mafia?

–Hasta hace unos meses todo lo que tenía que ver con Cosa Nostra pasaba por sus manos y por las de otros tres o cuatro jueces instructores. Ahora la idea es otra: todos deben ocuparse de todo y el fiscal Antonino Meli, después de unos meses de tira y afloja, ha empezado a encargarse de los casos derivados del Maxiproceso. Se ha roto con el pasado. Es verdad que Caponnetto también se encargaba de los casos mafiosos, pero él construyó aquel juicio. Ahora, y no cuestiono la probidad, honradez y competencia de Antonino Meli, dudo de que, en un par de meses, el nuevo jefe del juzgado de instrucción haya podido conocer bien el fenómeno.

–Esa cuestión ya se la plantearon muchos antes de que nombraran al nuevo jefe del juzgado de instrucción... –Se alternan en las preguntas. Suenan como un dúo muy rodado. Se conocen bien.

–Se han tomado decisiones equivocadas. No quiero reabrir la polémica sobre el nombramiento de Meli, pero la cuestión es otra: tendrían que haber nombrado a Falcone, no para «premiarlo», sino para garantizar la continuidad de su labor. Pero... –Paolo se vuelve a la ventana, pero en realidad no ve nada. No ve ni el cielo, que hoy es de un azul intenso y sin nubes.

–¿Pero? –lo apremia Bolzoni.

–Pero suceden cosas muy raras. –Sí, ha llegado el momento de encender otro cigarrillo–. Por ejemplo, yo me encargo de un caso mafioso de Mazara del Vallo. Una pieza de la investigación está en Palermo y otra la tengo yo. He escrito al juzgado de instrucción de Palermo para que me digan quién tiene que ocuparse de toda la investigación. No me han contestado. Antes, toda la investigación antimafia se centralizaba en Palermo. Solo así pudo existir el Maxiproceso, solo así pudimos saber lo que es Cosa

Nostra y penetrar sus misterios. Ahora se tiende a dividir la misma investigación en varias piezas y así se pierde inevitablemente la visión de conjunto, como hace veinte años.

–¿Y por qué este cambio? –pregunta Lodato.

–Todo esto, y no quiero hablar de conspiraciones, ocurre en un momento de gran fatiga, en un momento en el que se creía erróneamente que la mafia había sido derrotada, que todo iba a resolverse en el Maxiproceso. Y nos hemos descuidado. –Bolzoni raya la hoja con la punta del bolígrafo, que se ha quedado sin tinta. Mira al fiscal, que le tiene ya preparado otro desde hace unos minutos–. Por otro lado, la situación de la investigación está clara: ahora mismo no existe un solo órgano policial capaz de proporcionar a los jueces un informe sobre la mafia digno de ese nombre. El último informe importante nos lo pasaron hace seis años, exactamente el 31 de julio de 1982, y es el informe sobre Michele Greco y los ciento sesenta y un capos más de la nueva mafia. Desde entonces, si exceptuamos algunos trabajos de investigación de la sección anticrimen de los carabineros, no ha habido nada. Nada de nada.

–La policía fiscal de Palermo se ha visto envuelta en muchas polémicas y a su agente más representativo, Accordino, lo trasladaron primero a Bressanone y luego a la unidad de delitos informáticos de Reggio Calabria. ¿Qué ha pasado en este cuerpo?

–Tras el asesinato de los comisarios Cassarà y Montana, la situación se deterioró rápidamente. No entiendo por qué el jefe de la policía fiscal de Palermo, Nicchi, dice públicamente que está trabajando para normalizar la situación.

–¿Y en la mafia qué está pasando?

–Solo puedo formular hipótesis, porque nada sabemos a ciencia cierta. Hoy estamos en la fase de eliminar a los aliados. Cuando los corleoneses decidieron acabar con los viejos capos de la mafia siciliana, se aliaron con una serie de clanes. Ahora está habiendo un verdadero ajuste de cuentas interno.

Bolzoni levanta los ojos del cuaderno. Él y su colega se miran un momento. Hay una cosa que Borsellino no ha dicho todavía y probablemente nunca dirá. Sin embargo, Bolzoni se lo pregunta. Cuando la tierra tiembla, hay que tener los pies bien plantados. Hay que tener las cosas claras, aun a riesgo de parecer ingenuos.

–Señor fiscal, ¿por qué este desahogo? ¿Por qué ha decidido... dar la cara en un tema tan delicado?

–Pues... –Paolo sonríe, aunque es una sonrisa triste, de desánimo–. Pues porque después de tantos años de trabajo, encerrado en el juzgado de Palermo, me siento en el deber de denunciar ciertas cosas. Y porque no he venido a Marsala a aislarme. He venido a ejercer de fiscal de la República en Marsala y seguir ocupándome de la mafia, a trabajar aquí pero al mismo tiempo con Falcone en Palermo, con el juez Salamone en Agrigento, con otros magistrados en Catania y en Trapani. Y resulta que esto ya no es posible. La investigación se dispersa por mil canales y mientras tanto Cosa Nostra se reorganiza y vuelve a ser como antes, mejor que antes.

47. FENÓMENO

Palermo-Roma, 1988

–«Falcone se ha convertido en el símbolo por excelencia de la lucha contra la mafia. Lo llaman "Mito", "Fenómeno", "Falconcrest". Su escolta es legendaria [...].»

–¿Ahora también los muchachos de la escolta tienen la culpa?

–Eso parece. Este es Marco Ventura, de *Il Giornale*, de esta mañana. «La prensa lo trata como a un personaje, lo entrevista una y otra vez y lo ensalza. Se ha convertido en el alma del grupo antimafia, unos jueces "de frontera" en una tierra "de frontera", con un poder que tienta a los políticos. Los comunistas, en particular, quieren controlar la lucha contra la mafia y defienden a capa y espada a los jueces estrella que son de la misma cuerda de Falcone, magistrados como el fiscal adjunto Giuseppe Ayala, el juez de instrucción Giuseppe di Lello y el presidente del Maxiproceso Alfonso Giordano [...].»

–¿Ahora resulta que Giordano se ha hecho comunista?

–Ya ves... «Magistrados que acuden a la tribuna de *L'Unità*, el periódico del Partido Comunista, en vez de al Consejo Superior de la Magistratura, y lanzan acusaciones gravísimas contra los colegas comprometidos con la misma lucha. Controlar la lucha contra la mafia tiene para los comunistas una doble ventaja: les permite atacar a sus adversarios y proteger a sus hombres. Por las mismas razones, a los demás partidos les interesa saltar a la palestra y apoyar a los jueces antimafia. No es casualidad que los miembros del órgano supremo de los jueces elegidos por el Parlamento apoyaran la candidatura de Falcone a jefe del juzgado de instrucción de Palermo, mientras que los miembros elegidos por los mismos jueces se dividieron y dieron finalmente la victoria a Antonino Meli. Si Falcone se hubiera impuesto el pasado enero, habría superado no solo a Meli (que tiene unos dieciséis años más de antigüedad), sino también a su superior directo, Marcantonio Motisi, vicepresidente del juzgado de instrucción desde tiempos de Rocco Chinnici y primer juez siciliano que instruyó el Maxiproceso. En los ambientes judiciales sicilianos, las malas lenguas aseguran que la "estocada" de Borsellino se justifica por las circunstancias, y es que está implicado como testigo en un caso que investiga el juzgado de instrucción de Palermo. Contra el monopolio jurisdiccional de los "jueces especiales", prohibido por la Constitución, se ha pronunciado Enzo Palumbo, miembro elegido por el Parlamento y que fue senador liberal, y Enzo Geraci, exponente de Magistratura Independiente en el mismo órgano, hace un llamamiento a la unidad y recuerda que las polémicas solo benefician a la mafia.»

Falcone deja el periódico en el sofá. Se quita las gafas y las pone sobre el periódico. Es un atardecer silencioso, una fina lluvia repiquetea en los cristales del salón. Pero en sus oídos hay como un zumbido constante, una especie de interferencia. Su cabeza es como una radio mal sintonizada. Ya no hay lugar al que se vuelva sin oír fragor de batalla. El despacho, la prensa, la televisión, las cartas que van de un despacho a otro, las llamadas telefónicas de los colegas, las reuniones del Consejo Superior de la Magistratura... Cuesta concentrarse cuando está uno en medio de un campo de batalla. Cuesta incluso no perder el juicio. No digamos trabajar.

–¿Estás seguro? –Francesca tiene varias carpetas encima de las piernas. También ella ha tenido que trabajar con los magistrados del grupo antimafia durante el Maxiproceso y está poniendo al día el trabajo retrasado del tribunal de menores.

–No.

Francesca deja a un lado las carpetas y se vuelve a su marido.

–No hace falta que te lo diga, Giovanni, pero te lo digo igualmente. –Lo mira a los ojos, se pone más seria–. Yo estaré contigo pase lo que pase, siempre.

–Lo sé. –La besa–. Yo también.

–¿Qué vas a hacer?

–Lo tengo que hacer.

–¿Aunque no estés seguro?

–Es que no hay alternativa.

Francesca asiente. Ella también sabe que no hay alternativa. No quiere influir en él. No quiere que la considere una de las muchas –demasiadas– variables que entran en juego, que la perciba como otra carga, como un condicionante más. Es curioso que la guerra más dura se libre no contra la mafia, sino entre aquellas mismas personas que solían visitarles, los mismos colegas que se juraron fidelidad ante «papá» Rocco y que, arriesgando su vida, hicieron un pacto de sangre. Lo único cierto que hay en esta enorme Babel es que los mafiosos pueden estar contentos. Pueden descorchar una botella de champán por cada conflicto que haya entre jueces, por cada fisura, por cada uno de estos choques fratricidas. Ellos son los verdaderos vencedores. Los únicos, en realidad.

–¿Y cuándo?

–Mañana.

Y mañana es hoy.

Falcone parece mudo esta mañana. Ha cogido un avión, ha llegado a Roma y se ha encaminado directamente al Palacio de los Mariscales, la sede del Consejo Superior de la Magistratura.

Ha saludado un momento a Vito D'Ambrosio, a Fernanda Contri y a otro par de jueces, pero nada más. No quiere dar pábulo a la maledicencia. No quiere alimentar esa impresión de que son todos «de la misma cuerda» que se va abriendo paso en las columnas de los periódicos. Esa «cuerda», si así quiere llamársela, no tenía más fin que el de garantizar la continuidad del trabajo de Chinnici y de Caponnetto dando el cargo a un juez que es el heredero natural de ambos y, sobre todo, un experto en procesos contra la mafia. Si no ha sido así, si un número suficiente de personas se han unido y han trabajado con ahínco para que nombraran a otro juez; si el hecho de que, con la llegada de Meli, las causas hayan tomado mil direcciones distintas, se hayan fragmentado y vayan y vengan como chorritos por los desagües de las distintas fiscalías; si las tensiones internas, el cruce de cartas oficiales entre los jueces y el jefe del juzgado de instrucción, no bastan para lavar la imagen de una institución agotada, cuya división abochorna al país, entonces sí, es lo que dice Francesca: no hay otra solución.

Están todos sentados en torno a la mesa circular. Falcone tiene la frente alta, pero los ojos bajos. No quiere cruzar la mirada con nadie.

Toma la palabra el presidente, Cesare Mirabelli:

–Señorías ilustrísimas: como estaba anunciado, empezaré dando la palabra a su señoría Falcone para que nos lea lo que ha escrito a raíz de los últimos y lamentables hechos ocurridos en el juzgado de instrucción de Palermo, en cuyo seno hay, por desgracia, fricciones que todo el país conoce. Convendremos todos en que es una situación que no puede prolongarse más allá de lo razonable, so pena de que ese juzgado y hasta toda la justicia italiana se precipite en un abismo aún más profundo, donde solo haya peleas, conflictos y la consiguiente e inevitable inactividad. En este momento, el país no puede permitirse ineficiencias en un asunto tan importante como es la lucha contra la mafia. Invito, pues, a su señoría Falcone a que comparta con nosotros las reflexiones que ha hecho tras los últimos sucesos, en la esperanza de que puedan ayudarnos a ver las cosas con la debida claridad. Tiene la palabra su señoría Falcone.

–Señorías. –Giovanni se levanta, se arregla la corbata. Se pone la hoja delante de los ojos y lee con voz monótona–: Llevo años instruyendo causas contra el crimen mafioso y siempre he tolerado en silencio que se me acusara de afán de protagonismo y de cometer irregularidades. Pensando que prestaba un servicio útil a la sociedad, estaba satisfecho del deber cumplido y sabía que era uno de los muchos inconvenientes que conllevaba la tarea que se me había encomendado. También estaba seguro de que, en el desarrollo de los respectivos juicios, quedaría demostrado, como así fue siempre, que la instrucción de los sumarios en los que colaboré se hizo con el más absoluto respeto de la legalidad. Cuando luego se planteó la cuestión de sustituir al jefe del juzgado de instrucción de Palermo, su señoría Caponnetto, presenté mi candidatura, considerando que era la única manera de evitar que se perdiera el valioso acervo de conocimientos y profesionalidad que el juzgado al que yo pertenecía había atesorado. Tal vez pecaba de presuntuoso y tal vez otros podían asegurar la continuidad del trabajo hecho. Pero lo que no se me pasaba por la cabeza era la idea de pedir ningún tipo de premio o reconocimiento por el desempeño de mi trabajo. El desenlace de esta historia, que todos conocemos, no me afecta en el plano personal ni ha influido para nada, como los hechos han demostrado, en mi compromiso profesional.

»Sin embargo, también en esta ocasión he sido objeto de viles calumnias, y de una campaña denigratoria y de una bajeza inaudita, a las que no he reaccionado solo porque consideraba, quizá equivocadamente, que mi función me imponía silencio. Pues bien, la situación ha cambiado y mi reserva ya no tiene sentido.

»Desgraciadamente, ha ocurrido lo que me temía: la instrucción de causas contra la mafia se ha atascado y ese delicadísimo mecanismo que es el grupo antimafia del juzgado de instrucción de Palermo, por causas que no viene al caso analizar aquí, se halla ahora parado. Paolo Borsellino, cuya amistad me honra, ha demostrado una vez más su sentido de Estado y su valentía denunciando públicamente dejaciones y falta de acción en la represión del fenómeno mafioso que están a la vista de todos.

»En respuesta, se ha maniobrado indignamente para subvertir el profundo valor moral de su gesto y se ha querido reducirlo a una riña entre "facciones" de magistrados, a una "reacción" de magistrados "protagonistas" que se han sentido "eclipsados" por otros magistrados que, con más celo profesional y más eficacia, podían dirigir la lucha contra la mafia. Con todo, como es de prever que se me pidan explicaciones sobre las cuestiones que el fiscal de Marsala ha puesto sobre la mesa, considero que no puedo darlas más que a condición de que nadie pueda sospechar que lo hago para mantener presuntas situaciones privilegiadas (lo que, inevitablemente, se dice muchas veces de los jueces que se ocupan de casos mafiosos).

»Así, pues, tras una larga reflexión, me he dado cuenta de que la única manera de hacerlo es cambiar inmediatamente de juzgado. Esta decisión es, a mis ojos, tanto más oportuna cuanto que mi idea de cómo ha de instruirse una causa difiere radicalmente de la del jefe del juzgado de instrucción que, por decisión propia, ha pasado a ocuparse de todas las causas mafiosas.

»Me dirijo, pues, al presidente del tribunal para que, de la manera que considere más oportuna, me destine a otro juzgado a la mayor brevedad posible. Le pido asimismo que, hasta entonces, se me conceda disfrutar de vacaciones desde ahora mismo. Ruego vivamente, por último, a sus señorías que aplacen mi posible comparecencia hasta después de que se me asigne otro juzgado.

»Espero que estas peticiones, que hago con profundo convencimiento, no se interpreten como un gesto de prepotencia, sino que se entiendan como lo que son: un reflejo del profundo malestar de quien se ve obligado a desempeñar una labor delicada en condiciones tan desfavorables y del deseo de expresar cumplidamente lo que piensa sin que nada lo condicione.

48. RECONCILIACIÓN

Palermo, 1988

Las palabras de Borsellino no cayeron en saco roto.

Desde luego, la entrevista que concedió a Bolzoni le acarreó no pocos problemas, acusaciones, comparecencias ante el Consejo Superior de la Magistratura y mil inconvenientes más. No esperaba otra cosa. Así se las gastan aquí. Tiene gracia que, incluso a treinta kilómetros de distancia, él y Falcone se vean inmersos en el veneno, un veneno cuyo color, intensidad del hedor y grado de nocividad varía, pero que es esencialmente siempre el mismo; hundidos en un pantano que se extiende de Palermo a Marsala, en las mismas arenas movedizas.

Sin embargo, en ese pantano parece que hay algún que otro trozo de tierra firme.

Tras la entrevista que Borsellino concedió a *L'Unità* y *La Repubblica*, y la petición de traslado de Falcone, el presidente de la República, Francesco Cossiga, quiso tomar cartas en el asunto y pidió explicaciones al ministro del Interior y al de Gracia y Justicia; este último envió a Sicilia al inspector jefe del ministerio, Vincenzo Rovello, quien, en sus conclusiones, afirmó que Antonino Meli, sin tener en cuenta el trabajo hecho por el grupo antimafia, «ha querido imponer su criterio» y «ha asignado las causas mafiosas a magistrados que no forman parte de dicho grupo», como si el nuevo jefe del juzgado de instrucción «creyera que no tiene obligación alguna de explicar o dar cuenta de sus decisiones». Meli, según el inspector enviado por Cossiga, va dando pasos en la dirección de suprimir el grupo antimafia y toma decisiones «sin consultar con los demás jueces ni, en particular, con aquellos que llevan años instruyendo causas mafiosas, sobre todo en lo que concierne a tan compleja materia». Meli actúa en contra de las directrices dadas por el mismo Consejo Superior de la Magistratura, dice Rovello, que termina deseando que este órgano intervenga para resolver las cuestiones palermitanas, así como que se legisle para regularlas y evitar más conflictos en el futuro.

Queda por ver si dará algún resultado. Porque no está claro. Ese órgano que debería intervenir es, por cierto, el mismo que prefirió nombrar a Meli en lugar de a Falcone.

–Algo se mueve.

–Siempre se mueve algo, solo que en la mala dirección.

–Yo soy el menos indicado para decirte que seas menos pesimista, pero ¡hombre, Giovanni, hombre!

–Chin. –Giovanni levanta el vaso de Laphroaig.

–Chin. Por el futuro, que quizá no sea tan negro. –Paolo levanta también su vaso.

–Por el futuro. Que no será en Palermo.

–¿Eh?

Giovanni apura el whisky, Paolo no. Se ha quedado quieto con el vaso en los labios.

–Paolo, tu hija acaba de tragarse un trozo de palillo que había en un sándwich. –Agnese, que ha entrado en el salón, lo dice como si tal cosa. Evidentemente, la niña no está en peligro, porque si lo estuviera lo habría dicho con otro tono. De hecho, Fiammetta está en el jardín leyendo un libro.

–Hará carrera –dice Giovanni–. De faquir.

–O de mafiosa. ¿Quién fue el que se tragó unos clavos en el Maxi?

–Vincenzo Sinagra.

–¡Ah! El mítico Sinagra. Pero no cambiemos de tema. ¿Qué quieres decir con que «no será en Palermo»?

–Alto comisario antimafia. Voy a presentarme al puesto. Tendré los poderes que el pobre Dalla Chiesa esperaba tener antes de...

–Sí, al final esos poderes llegaron... con algunos años de retraso. No sé... ¿Te parece una buena idea?

–¿Qué quieres que te diga? Hicimos las paces, pero ¿te parece que ha servido para algo?

Después de las últimas sesiones del Consejo Superior de la Magistratura, el presidente del tribunal de apelación, Carmelo Conti, convocó a Falcone y a Meli a su despacho con la idea de que hicieran las paces... y Giovanni renunciara a su traslado, sobre todo. Giovanni, tapándose la nariz, dio un paso atrás y se excusó por algunas salidas de tono demasiado vehementes, y lo mismo hizo Meli, que se comprometió a cambiar de actitud con los jueces del grupo antimafia y con Giovanni, al que había inundado de casos de robos y atracos. Pero ya al día siguiente no quedaba rastro de esta reconciliación y las cosas en el juzgado siguieron igual, con las cartas, los conflictos y las acusaciones de siempre.

–No, la verdad... ¿Y por eso quieres irte a Roma? –Giovanni se encoge de hombros–. ¿Y Francesca?

–Ya nos organizaremos.

–¿Con qué apoyos cuentas?

–Con el del Partido Comunista, quizá el de algunos democristianos.

–¿Y tienes posibilidades?

–No lo sé.

–Hum. –Paolo se rasca la barbilla–. No sé si...

–Paolo, el caso es que tal vez en Roma pueda hacer algo. Eso es lo importante. Porque aquí en Palermo no puedo hacer nada, ¿o es que puedo?

Borsellino suspira.

–No.

–Pues eso. Tenemos que buscar otros puestos, otras trincheras, otras filas, si queremos seguir combatiendo... Porque aquí hemos sacado la bandera blanca.

–Giovanni...

–¿Qué?

–Nada. –Paolo se bebe su whisky. Quiere decirle a Giovanni que esta vez también se las ingeniarán para excluirlo, que la cosa viene de arriba, que en Palermo no habría ocurrido lo que ha ocurrido si no hubiera corrupción en las más altas esferas, si alguien importante no lo hubiera cuando menos permitido. Quiere decirle que, en su caso, existen dos inconvenientes, dos grandes inconvenientes: que es muy conocido y que es incontrolable, y que estos inconvenientes hacen de él una persona indeseable para las instituciones, una persona incómoda. No pueden manejarlo y no pueden callarlo. Es el guerrero perfecto. Como él mismo, al fin y al cabo. Y aun así, ¿qué puede hacer un soldado cuando, mientras se lanza al ataque, sus generales firman armisticios y se reparten reinos entre trincheras?–. En fin, no todo está perdido. Verás como pronto te llevas una alegría.

–¿Lo dices por Badalamenti?

–¿Te parece poco?

–No, claro que no.

El capo de Cinisi, Tano Badalamenti, fue detenido hace unos años en Madrid. Allá se fue Falcone a verlo. En los interrogatorios, el capo aseguraba que era un error, que era otra persona, y no el mafioso que buscaban. Siguió afirmándolo ante Giovanni, que fue expresamente a interrogarlo, hasta que, en cierto momento, viendo que Falcone no se creía su falsa identidad brasileña, superado por la presión, espetó en perfecto dialecto siciliano: «Señoría Falcone, ¡yo soy brasileño!». Y ya no pudo sino capitular.

Badalamenti fue condenado a cuarenta y cinco años de cárcel como responsable de la Pizza Connection –el narcotráfico entre Italia y Estados Unidos que distribuía la droga en pizzerías y restaurantes italianos de Nueva York–, extraditado y juzgado en América. El juicio terminó el año pasado. Ahora parece que el capo ha decidido colaborar con la justicia, lo que podría suponer un punto de inflexión en la lucha contra la mafia como el que produjo el caso Buscetta, si no mayor. Badalamenti tiene contactos en las más altas esferas de la política, se trata con Andreotti a través de Salvo Lima y de los primos Salvo y ha tenido un papel decisivo en el asesinato del periodista Mino Pecorelli. Si hablara, destaparía una caja de Pandora de dimensiones colosales. Pero no hay que precipitarse: Falcone sabe muy bien que estas relaciones hay que cultivarlas, dejar que maduren, y que, lo contrario, tirar de la cuerda, podría echarlo todo a rodar. El capo debe sentirse protegido. Su intención de colaborar debe guardarse en secreto hasta el momento en el que sus primeras declaraciones den algún fruto. Si no, solo con que un rumor, una mínima filtración, llegue a oídos de algún periodista, será el fin y podrán decir adiós a toda esperanza. Por eso, tanto los magistrados italianos como los americanos actúan con la máxima prudencia.

–Tano está pensándoselo. –Giovanni sonríe. Otro Maxiproceso sería extenuante. Nadie lo soportaría. Pero, de un modo u otro, se llegaría hasta el final, como ha ocurrido con el primero–. Será otro punto de inflexión. Habrá un antes y un después de Badalamenti, como ahora hay un antes y un después de Buscetta.

–Todo irá bien. De momento a ver qué pasa con el cargo de alto comisario antimafia. Sería una suerte para ti.

–La suerte sería seguir aquí y trabajar como he... como «hemos» trabajado siempre.

49. PERDEDORES

Palermo, 1988-1989

–¿La mafia? Pues vengo a saber lo que es. Al principio escucharé mucho.

El nuevo jefe del alto comisariado antimafia es Domenico Sica. No puede acusársele de ser poco sincero, desde luego. Parece cohibido ante los periodistas palermitanos que asisten a la rueda de prensa. Lleva un traje de lino beis, y suda. Quizá también piense que antes de exponerlo como lo exponen, de mandarlo al matadero, tendrían que haberle dejado tiempo para enterarse de lo que es la dichosa mafia. Porque el candidato rival, Giovanni Falcone, cuyo nombre se barajó también, parece muy bien informado del tema. La elección de Falcone se descartó en el último momento porque, desafortunadamente, hay una disputa en el seno del Consejo Superior de la Magistratura a propósito de él y del jefe del juzgado de instrucción Antonino Meli. Algunas malas lenguas insinúan en los pasillos que esa polvareda se levantó precisamente para eso. ¿Dejaron de elegir a Falcone para el cargo de alto comisario antimafia por culpa del follón que se ha armado en el órgano superior de los jueces o se armó este follón para que Falcone no pudiera ser elegido? Es como preguntarse qué fue antes, el huevo o la gallina. El caso es que quien ocupa ese cargo es Domenico Sica, que no para de encender y apagar cigarrillos Lucky Strike embutido en su traje de lino beis, en el salón de la prefectura de Palermo.

El ministro del Interior es Antonio Gava y ha tenido algún que otro problema con la justicia. El juez Alemi lo ha interrogado acerca de ciertas promesas hechas al capo de la Camorra Raffaele Cutolo sobre licitaciones de obras para la reconstrucción de Irpinia, asolada por un terremoto, y el mismo juez Alemi lo ha señalado como uno de los responsables de las negociaciones entre Democracia Cristiana y el clan de la Camorra para liberar a Ciro Cirillo, secuestrado por las Brigadas Rojas. Pero, entre interrogatorio e interrogatorio, ha tenido tiempo de asegurarles a los italianos que ahora, con Sica, las cosas cambiarán de verdad. Y él, Sica, mientras juguetea con un mechero y garabatea en un bloc de notas, se pregunta cómo cambiar esas cosas.

Los periodistas lo acribillan a preguntas. Él contesta como puede, a medias, vagamente, aunque conservando, pese a todo, cierta dignidad. La sinceridad siempre se agradece. Y también la buena voluntad. A los periodistas, que se apiñan en la prefectura a dos días de la Virgen de agosto, en esta jornada ardiente como las ascuas del infierno, les parece evidente que el nuevo alto comisario tiene la mejor voluntad del mundo.

Falta ver si esa voluntad bastará para cambiar las cosas, como asegura el ministro Gava.

Falta ver también cómo cambiarán esas cosas.

*

Hace tiempo que la mafia no mata. Extrañamente, en las calles de Palermo ya no se ven cadáveres de mafiosos ni la prensa local habla de asesinatos ni de ajustes de cuentas. Los periódicos hablan, sí, de delincuencia, pero casi siempre mirando a otra parte: el pequeño Marco Fiora, secuestrado en Turín, es liberado después de pasar quinientos quince días en un zulo en

Aspromonte. El mes pasado, en julio, se dictó sentencia por el caso del atentado de Bolonia: ocho años después de los hechos, el terrorista de extrema derecha Valerio Fioravanti, de los Núcleos Armados Revolucionarios, es condenado a cadena perpetua, al igual que su mujer Francesca Mambro y los cómplices Massimiliano Fachini y Sandro Picciafuoco. A Licio Gelli y Francesco Pazienza les caen diez años por el delito de calumnia agravada. No se sabe quién ordenó el atentado. 1988 es también un año importante para la cultura: en mayo se inaugura la feria del libro de Turín, que promete vigorizar la vida editorial italiana y promover el saber. En fin, son muchas las ocasiones para mirar a otro lado.

Esto gusta a los políticos. También gusta a los magistrados que quieren colgarse medallas. El orden parece haberse restablecido en este año que termina. En buena medida, claro está, debe considerarse resultado del Maxiproceso, pero también, qué duda cabe, mérito del nuevo juzgado de instrucción de Palermo que dirige Antonino Meli.

–¿Cómo pueden ser tan ingenuos?

Falcone le da vueltas a uno de sus patitos. Este es de cerámica. Ayala lo observa y no deja de reparar en el contraste que hace esa pregunta con el hecho de que el hombre que la hace esté jugando con patitos. Pero en realidad nada tiene de sorprendente: ese es el encanto de Giovanni. Eso es Giovanni. Peppino sabe que no es posible que un hombre piense y actúe con total honradez si su cuerpo no ha conservado cierto infantilismo, cierta ingenuidad, precisamente, y quizá también cierta inconsciencia.

Abre los brazos, cruza las piernas. Sigue hojeando el periódico que tiene delante. No deben sorprenderse. Aquí son muchos los que no ven –o no quieren ver– señales mucho más evidentes de que la *pax* mafiosa es solo aparente.

–¿Y no ha servido para nada hacer las paces con Meli? –pregunta Peppino, que lee el diario distraídamente.

–¡Qué va! Esto es como un coche que fuera perdiendo las piezas, hoy las ruedas, mañana las puertas...

–Pues menos mal que no te han nombrado alto comisario, porque entonces perdería hasta el motor.

–Sin gasolina, ya puede tener todos los motores que quieras.

–Eso también es verdad. Imagínate que mañana –deja el periódico– empezaran otra vez a matar. Falcone volvería a ser un héroe nacional. Hasta que pararan. Si no se lían a tiros, esta gente cree que la mafia no existe. Si empezaran otra vez, te llamarían de todas partes, periódicos, televisiones, hasta te pondrían a trabajar de nuevo en serio, por miedo a quedar mal ante el país. Aquí los que marcan tu calendario son los de Cosa Nostra, no al revés. Todas las polémicas sobre la «relajación» de la lucha contra la mafia se tomarían más en serio si nos diésemos cuenta de que esa «relajación» depende de la mafia, simplemente porque no mata, y no del Estado, que solo sabe reaccionar. ¿No decimos siempre que donde se gana o se pierde es en Roma?

–Sí.

–Pues nosotros hemos perdido. –Abre las manos–. Hemos perdido, aunque aún no nos hayan derrotado. Pero esto lo sabemos unos pocos.

Giovanni deja el patito con los demás y coge un periódico de la pila que hay en la mesa. Antes de abrirlo, se para un momento y sonríe.

–Me gusta que digas que no nos han derrotado. Nosotros tenemos que seguir haciendo nuestro trabajo pase lo que pase. Sin agachar la cerviz. A lo mejor algún día... –Y sigue hojeando el periódico.

–Visionarios que somos, como dice tu mujer –asiente Peppino riendo. De pronto observa a Giovanni y frunce el ceño–. ¿Qué pasa? –Falcone se ha quedado paralizado con el único periódico que Ayala aún no había leído. Desde hace tiempo evita algunos diarios por principio: prefiere leerlos por la tarde para que no le amarguen el día. Giovanni da la vuelta al ejemplar y lo extiende sobre la mesa para que Peppino lea. El titular a toda página reza: «Sica viaja a Estados Unidos para hablar con Badalamenti».

–¡Ay, joder! –balbuce Ayala–. ¡Joder! –Ya no es que combata uno en medio de la indiferencia de los generales y la burla de los conmilitones. Ahora es que sus mismos oficiales le disparan. El fuego amigo no será siempre intencionado, pero hiere igualmente–. Lo siento, Giovanni...

Falcone se levanta de pronto, se dirige a la puerta del despacho, la coge para abrirla, pero se queda donde está.

¿Adónde puede ir? ¿Con quién puede hablar? ¿A qué puerta puede llamar?

50. EL CUERVO

Palermo, 1989

Se acabó la posibilidad de que Tano Badalamenti colabore con la justicia. Al padrino de Cinisi se le han pasado las ganas de hablar con los jueces, si es que alguna vez las tuvo. Treinta años de actividad mafiosa quedarán encerrados en la cabeza del capo.

Sica lo ha intentado, armado de su proverbial buena fe. Después de todo, fue sincero cuando dijo que no sabía lo que era la mafia. Menos, quizá, cuando dijo que escucharía.

Y hay que volver a empezar, replantearse juicios, reelaborar estrategias. Hay poco tiempo y buena parte de ese tiempo se pierde en disputas intestinas, en rescatar investigaciones que están repartidas por distintas fiscalías, en defenderse de acusaciones y críticas que llegan de todos lados, de la política, de la prensa, de los colegas, de los superiores, del órgano supremo de los jueces. Falcone se siente como un muñeco de vudú en el que todos, aunque solo sea por gusto, clavan su alfiler.

Y ahora echan más leña al fuego.

¿Por qué no se quedaría el señor Coriolano della Floresta, alias Totuccio Contorno, tranquilo en Estados Unidos, disfrutando de su nueva identidad, como hacía Tommaso Buscetta? Cierto es que Prima Luce no nadaba en la abundancia: con un sueldo mensual de 1.300 dólares por trabajar en un matadero de Boston, pagaba 550 por el alquiler del apartamento. Y su poco conocimiento de los idiomas extranjeros –es decir, de todos los idiomas que no sean el dialecto siciliano– lo había convertido en un marginado, si no lo era ya por motivos legales: parece ser que en todos esos años no aprendió a decir más que «buenos días» y «buenas tardes». Así que decidió volverse a Italia. Se encontró con el alto comisario Sica y le pidió ayuda, dado que su economía no le permitía mantener a su mujer y a un hijo de catorce años, y le pidió también una casa en la que vivir, recibiendo en respuesta un: «Veremos». Luego, también en Roma, lo interrogó Leonardo Guarnotta; luego estuvo por Venecia y por otro par de ciudades sin dejar de informar a la Criminalpol sobre lo que ocurría en el seno de la mafia, siempre con la obligación de telefonear dos veces por semana, el martes y el viernes, para comunicar su paradero a la brigada anticrimen de la Criminalpol. Pero de pronto desapareció. Se esfumó. Precisamente los días en los que asesinos de la mafia decidieron cargarse a unos cuantos enemigos corleoneses.

Coriolano della Floresta reapareció al cabo de una semana en una redada que hizo la policía en un chalecito de San Nicola l'Arena. Estaba con un primo suyo, Gaetano Grado, y tenían un nutrido arsenal de rifles, pistolas, uniformes de carabinero y walkie-talkies.

Dejando aparte la cuestión de si Contorno está o no implicado en los asesinatos, no se entiende quién tiene la culpa, quién permitió que escapara; cómo pudo ocurrir que, pese a tener a los servicios secretos y a la policía pisándole los talones, se fugara de repente, para reaparecer días después en un chalé lleno de armas. Pero es fácil encontrar una solución. Estos días hay una solución para todo. La solución es un hombre que se expone tanto, que se juega tanto la vida, que es el perfecto chivo expiatorio.

Enviaron la carta anónima al fiscal de la República, al alto comisario antimafia Domenico Sica y al coronel Mori, comandante de los carabineros de Palermo. Empieza sin demasiadas florituras, dando nombres y apellidos –los primeros, los de Gianni de Gennaro, jefe de la Criminalpol– y exponiendo circunstancias. De momento, el que las circunstancias sean fruto de la fantasía del autor no importa mucho.

De Gennaro, y con él los altos mandos de la Criminalpol romana, sabían que Contorno iba a Palermo a golpear a los corleoneses y matar a Totò Riina. El mismo De Gennaro pidió al presidente del tribunal que sustituyera la obligación de Contorno de presentarse todas las semanas en la Criminalpol por la de telefonear. Así se facilitaban sus movimientos. Todo esto se hacía de acuerdo con los jueces Falcone, Ayala y Giammanco, con los que De Gennaro se veía regularmente en Palermo, lo que puede demostrarse comprobando las fechas de los viajes de Gennaro en los últimos meses.

La carta anónima, cuyo autor está bien informado de fechas y circunstancias y debe de ser un «cuervo», alguien que viste toga negra, y no un simple subalterno, prosigue haciendo una serie de acusaciones directas:

«Son hechos gravísimos. Son verdaderos crímenes de Estado», dice el Cuervo, que habla de un plan estudiado al detalle «para enviar a Contorno a Sicilia, donde debía ponerse en contacto con su primo Grado y otros miembros de los clanes perdedores y buscar a los corleoneses y en particular a Totò Riina y Bernardo Provenzano».

El autor anónimo prosigue exponiendo cómo, según él, el jefe de la Criminalpol, con la ayuda de Falcone y de Ayala, trazó ese detallado plan para eliminar a los corleoneses:

> De Gennaro vuela a Palermo y se entrevista con varios magistrados, en particular con Falcone, Ayala y Giammanco, a los que expone su proyecto y que le dan luz verde. El posible éxito de la operación interesa sobre todo a Falcone, en un momento en el que se debate su nombramiento de fiscal adjunto de la República en Palermo, y porque eso perjudicaría al alto comisario

Sica, por el que no siente demasiada simpatía, haciendo al mismo tiempo un favor a sus amigos comunistas, que, como Ayala, últimamente no han escatimado ataques al alto comisario.

Es verdad, Falcone ha cometido el pecado mortal de aspirar a un puesto de fiscal adjunto. A falta de otros cargos, huérfano entre los huérfanos, sin medios para trabajar, se conformaría con este ascenso que no llega ni a premio de consolación y que, como siempre, no está claro que vaya a conseguir:

> Se trata de asesinatos que no podían dejar de prever los representantes del Estado que mandaron a Contorno a Sicilia y le dieron su beneplácito: el jefe de policía, De Gennaro, Ayala, Falcone y Giammanco, artífices de la operación, tenían el deber de impedir que Contorno viajara a Palermo, donde no podían ignorar que cometería asesinatos.

La carta del Cuervo, según la cual Falcone, con tal de arañar un puesto de fiscal adjunto, usó a Totuccio Contorno como asesino con el apoyo de otros magistrados y de la Criminalpol, repite una y otra vez, obsesivamente, la frase «Son hechos gravísimos». El adjetivo «gravísimo» parece agradar sobremanera al autor del anónimo. El Cuervo espera que

> todo se aclare, se depuren responsabilidades y se salvaguarde la credibilidad del Estado, que debe fundarse en el derecho y no en la violencia.

Muy bien dicho, en principio. Solo que la violencia –la que de verdad ha contribuido a socavar seriamente la credibilidad del Estado– medra a la sombra de las intrigas, de las maquinaciones, de los pactos que se hacen con fines personales a la luz tenue de una cripta.

Que se hacen sin nombres, sin responsables, pero con consecuencias duraderas.

51. SIEMPRE PIENSO EN TI

Caltanissetta, 1988

–A ver, ¿por qué es la muerte la primera noche de la quietud?

–Hombre, pa...

–A ver, ¿por qué es la muerte la primera noche de la quietud?

–¡Hombre, papá! Esa la sé.

–Pues contesta. A ver, ¿por qué es...?

–Porque por fin dormimos sin soñar.

–Muy bien.

–*La primera noche de la quietud*, de Valerio Zurlini, 1972. ¿Correcto?

–Muy bien, muy bien. –Antonino levanta las manos–. La próxima te la pondré más difícil.

Stefano menea la cabeza. Viéndolos por detrás, parece que Stefano, un hombre alto, de espaldas anchas y cabeza grande, esté regañando al hijo que va a su lado, no corto de estatura, pero mucho más bajo que él. En realidad, es lo contrario: el alto es el hijo, el bajo (o no tan alto) es el padre. Es difícil que los confundan cuando pasean por el barrio: todo el mundo los conoce, al menos de vista. Y los ven siempre juntos: Antonino, el más bajo, y Stefano, el más alto.

Parece que Stefano se encuentra bien últimamente. Hace más o menos cinco años que no tiene ataques. Lleva siempre el carné de inválido, pero solo por un motivo: le da derecho a un gran descuento en la entrada del cine. Él y su padre van a menudo al cine. Él y Nino son uña y carne. Cuando se sientan en las butacas rojas y Stefano echa el brazo por encima del asiento de al lado, quien está sentado detrás cree de verdad que ha llevado a su hijito a ver una película.

Antonino Saetta tiene sesenta y cinco años. De él se saben muchas cosas y se cuentan otras tantas. Se sabe que nació en Canicattì, fue magistrado en Piamonte, volvió a Sicilia, primero a Caltanissetta y luego a Palermo, donde trabajó varios años en la sala de lo civil y pasó luego a la de lo penal. Regresó al norte del país, esta vez a Génova, donde fue juez del tribunal de apelación, entendió en causas contra las Brigadas Rojas y en el caso del naufragio del buque Seagull y, por último, volvió de nuevo a Sicilia y trabajó en juicios mafiosos. Esto es lo que se sabe de Antonino Saetta.

Lo que se cuenta es que dejó la universidad para hacer el servicio militar, en el 40 lo destinaron a la academia militar de Campobasso y, cuando cayó el régimen, volvió a casa andando, desde Apulia a Canicattì. Por lo visto, para cruzar el estrecho, pidió a un pescador que lo llevara en su barca.

–Pon a los Beatles.

–Los hemos escuchado ya tres veces, Stefano.

–Pues pon a Mina.

–Pongamos a Mina... Ponla tú. –Señala la guantera donde lleva los casetes:

Le strade piene,
la folla intorno a me,
mi parla e ride
e nulla sa di te [...].

Las calles estarán llenas, pero no la carretera nacional estrecha y mal asfaltada por la que circula el Lancia Prisma camino de Canicattì, donde Gabriella, la segunda hija de Nino –hermana de Stefano y de Roberto, el más joven– bautiza a Giovanni, nacido hace dos meses.

A Nino lo alegra que la familia se reúna. Últimamente no ha estado mucho con ella. Aparte de Stefano, claro. Pero es que ellos dos son uña y carne. De todas maneras, sabe que estar con Stefano es como estar con todos los demás. Cuando está muy ocupado, su hijo es como el embajador de la familia.

Hace unos días, Nino registró la motivación de la sentencia que condena a cadena perpetua a los asesinos del capitán de carabineros Emanuele Basile: Vincenzo Puccio, Armando Bonanno y Giuseppe Madonia. Es un veredicto que esperaban muchos. Que esperaban sobre todo los señores que lo abordaron varias veces cuando paseaba por la calle Libertà de Palermo o, por la noche, cuando volvía a casa del trabajo y le dijeron que «tuviera cuidado» con lo que hacía en el juicio por el asesinato de Basile. Y eso hizo él, tener mucho cuidado. También en el juicio por el atentado de la calle Pipitone Federico, en el que mataron a Rocco Chinnici, tuvo mucho cuidado: como que aumentó las condenas que pedía el fiscal. Y también en este caso se le había pedido encarecidamente que fuera clemente con los pobres acusados.

Pero no debemos creer que el juez Saetta es un iluminado, un justiciero o un reaccionario. En el juicio por la matanza de la plaza Scaffa, en el que los sicarios de la mafia mataron a ocho personas, Saetta pidió la absolución de los imputados por falta de pruebas. Es decir, se hace lo que se debe, con arreglo a la ley y a la conciencia. Por este exquisito equilibrio, por esta cristalina equidistancia que sabe guardar entre acusación y defensa, será dentro de poco presidente del tribunal de apelación del Maxiproceso de Palermo.

Io vedo intorno a me
chi passa e va,
ma so che la città
vuota mi sembrerà
se non torni tu [...].

–¿Y si vamos a nadar? –pregunta Stefano como asaltado por una iluminación. Treinta y cinco años de hombre y el entusiasmo de un niño.

–Bueno –contesta su padre, algo a regañadientes. Septiembre llega a su fin, empieza a refrescar y encima sabe lo que pasará en cuanto Stefano se meta en el agua: desaparecerá mar adentro mientras que él, modesto nadador, tendrá que contentarse con dar unas brazadas cerca de la orilla. Y de nuevo parecerán padre e hijo al revés. Ha tenido menos suerte que su hijo. Él aprendió a nadar estando de servicio en Piamonte. En su tiempo, muy pocos habitantes de los pueblos del interior de Sicilia sabían nadar. No tenían muchas ocasiones de ir al mar.

El coche empieza a balancearse. Stefano se ha puesto a bailar. Tal vez esté contento porque va a nadar con su padre o tal vez hubiera bailado igualmente. Lo hace a menudo; no necesita un motivo.

Io penso sempre a te,
soltanto a te,
e so che la città
vuota mi sembrerà
se non torni tu [...].

–¿Tienes miedo, papá?
–¿Quién?
–Tú.
–¿Miedo?
–Sí. Por lo del Maxiproceso. Ya te han...

–Sí, ya me han, ya me han. ¿Y qué? –Fulmina con la mirada a Stefano, que está encendiéndose otro cigarrillo. Fuma mucho últimamente–. ¿Te acuerdas de la frase del otro día?

–Sí.

–Pero si no sabes la que digo.

–Sí lo sé.

–Dila.

–No.

–Va, dila.

–No. –Stefano expulsa otra nube de humo que flota como un banco de niebla delante del parabrisas.

–¡A ver si vamos a tener un accidente! Bueno, la frase que digo es: «Las acciones que una verdadera pasión inspira...».

–«... rara vez dejan de dar fruto» –concluye Stefano como quien se sabe algo de memoria.

–Muy bien.

–Me la habrás dicho treinta veces. –Es verdad. Es una cita de *La cartuja de Parma*, el libro preferido de Nino.

–¿Ponemos a los Beatles?

Nino se da una palmada en la frente. Va a decirle: «Claro, hombre, pon a los dichosos Beatles», pero Stefano ya ha abierto la guantera y sonríe bajo su bigotazo negro. No hace falta que su padre se lo diga. Sabe que puede poner la cinta de *A Hard Day's Night:*

It's been a hard day's night,
And I have been working like a dog.
It's been a hard day's night,
I should be sleeping like a log.

El coche se balancea con más violencia que antes. Nino empieza también a mover la cabeza hacia delante y hacia atrás. Poco, eso sí, no mucho. Que se vea claramente quién es el padre y quién el hijo.

Parece una discoteca, con todo ese humo y con un Stefano que baila como loco, una pequeña discoteca metálica que viaja por la nacional. Y ojalá, piensa Nino, esta cajita de formato familiar llena de felicidad siguiera viajando otro rato, ojalá el viaje no acabara dentro de poco. Ojalá hicieran algunos kilómetros y pudiera seguir viendo a Stefano bailar, hacerle alguna otra pregunta. Solo pide eso.

*

–A ver, papá, qué quieres escuchar ahora.

–Pues... –La verdad es que Nino no quiere escuchar nada, solo quiere ver el coche que avanza en sentido contrario por la nacional 640 Agrigento-Caltanissetta en dirección a Palermo. El día ha sido largo. Gabriella y su marido estaban contentísimos. No se le puede pedir más, a la felicidad. El pequeño Giovanni crecerá en un mundo distinto, seguramente. Aunque, en realidad, el mundo nunca es distinto, por mucho que cambie. Lo que nos da la ilusión de la variedad es el alternar de esquemas casi idénticos. ¿Lo cree de verdad Antonino Saetta? Quizá sí. Pero es más probable que no, porque si lo creyera no trabajaría en lo que trabaja, con el tesón con el que trabaja. Además, «las acciones que una verdadera pasión inspira rara vez dejan de dar fruto».

Eso es, perfecto. Se le ocurre otra pregunta:

–A ver, Stefano... –dice, disimulando sus verdaderas intenciones–. «El tiempo humano no gira en círculo sino que avanza veloz en línea recta. Por eso el ser humano...»

–«Por eso el ser humano no puede ser feliz, porque la felicidad es deseo de repetición.»

–¡Eres un fenómeno!

Stefano se encoge de hombros. Han visto hace poco *La insoportable levedad del ser* y además han leído el libro. No se le escapa, claro, la manera burda como su padre ha evitado responder a su pregunta de qué quería escuchar. Sin embargo, es una cita oportuna. La carretera discurre recta y monótona y de cuando en cuando da una curva que hace variar algo el paisaje oscuro y pelado.

–¿Tú crees que el hombre no puede ser feliz? O sea, crees que... ¿Estás de acuerdo?

–Estoy de acuerdo y no lo creo.

–¿Cómo es eso? O una cosa o la otra.

–Estoy de acuerdo en que la felicidad es deseo de repetición. No estoy de acuerdo en que no podamos ser felices: yo soy feliz porque deseo la repetición.

Por algún motivo, no concluye su pensamiento. Su pensamiento es que es feliz ahora. Es ahora cuando desea la repetición, el reiterarse de estas dulces irrelevancias, de estos momentos inútiles y perfectos. Era feliz hace un rato, cuando miraba los ojillos de su sobrinito, y eso era extraordinario, sin duda. Y es feliz también ahora, estando con Stefano, que no calla un instante, haciéndole preguntas sobre cine y oyendo temas de los Beatles que volverán a oír una y otra vez. Quiere decírselo: la repetición que deseo eres tú, eso me basta y por eso soy feliz.

Pero no se lo dice.

–Mira.

–Hum. –Nino se vuelve un poco. Hay un coche parado en el arcén. Pequeños imprevistos que rompen la monotonía del paisaje.

–¿Entonces mañana a qué hora?

–A ver cómo ando de trabajo...

–¿Pasa algo, papá?

Nino tiene los ojos fijos en el retrovisor. El coche que había parado en el arcén ha encendido las luces y ha arrancado.

–Nada.

–No es verdad, papá. ¿Qué pasa?

–Nada. Seguro que no es nada. –Pero tal vez sí. No tiene mucho tiempo para pensar. El BMW acelera y los flanquea, él y Stefano se vuelven. Pero solo ven fogonazos. Son ráfagas de metralleta. En el BMW van tres hombres que disparan hasta que el coche de ellos da un bandazo y se estrella contra el guardarraíl.

El BMW se detiene. En medio de la oscuridad, uno de los asesinos se apea y va a ver si han hecho un buen trabajo. Nino quiere proteger a Stefano y lo abraza.

¿Quién es el padre y quién es el hijo?

Intercambian una última mirada. Nino mueve los labios, pero no dice nada. ¿Para qué? Stefano sabe muy bien lo que iba a decir. Iba a decir: «A ver, ¿por qué la muerte es la primera noche de la quietud?».

Y les disparan la última ráfaga, el último resplandor de esa noche sin sueños.

52. EL BOLSO AZUL

Palermo, 1989

El agua lame la roca clara y anfractuosa y dibuja una franja más oscura, un festón gris de medio metro de altura que marca el punto de contacto entre el agua y el arrecife. Luego la roca se extiende hacia arriba y se vuelve más clara, de un color parecido al de algunas playas caribeñas. Áspera e intransigente, no deja espacio a nada más. Más allá están las casas, los chalecitos, adosados unos a otros como ancianas que se asoman al balcón. Y cuando acaban las pocas viviendas que se apiñan en esa franja estrecha, empieza la montaña; la roca vuelve por sus fueros y se eleva hacia el cielo. Desde el Paleolítico llevan los hombres pisando las piedras de Addaura. En la cueva que hay en la ladera nordeste del monte buscaron refugio los primeros habitantes de la Conca d'Oro. Han pasado millones de años, pero sigue siendo un lugar tranquilo.

Giovanni abre la ventana de par en par y la mirada, cautivada, se explaya por las pendientes, se posa en las laderas del monte –de esta tierra en la que Tomasi di Lampedusa decía que había «la misma amalgama de aromas que encontraron fenicios, dorios y jonios cuando desembarcaron en Sicilia»–, se deja aquietar y seducir por esta «América de la antigüedad» tan orgullosa de su naturaleza agreste y polvorienta que cede a una idea engañosa, impermeable, de eternidad. Pero la frontera entre seducción y sedación es estrecha: esta tierra tendrá que despertar, piensa Falcone, y tendrá que despertar toda, tendrán que despertar las zarzas de Brancaccio, la campiña de Alcamo, la barriada de Ciaculli, la cuenca de Corleone, para que no se agriete, para que no la resquebraje su propia eternidad.

Aspira la leve brisa que sopla; ese «indiferente viento marino que no cesaba», que «agitaba los arrayanes y las retamas» y «esparcía el olor del tomillo», lo llena de esperanza. Es milagroso a su modo: regenera.

Giovanni Falcone se siente afortunado de disponer de una casita en medio de estos escollos. La ha alquilado para el verano. Unos metros de arrecife, en zapatillas de estar por casa, y a zambullirse en el mar con Francesca. Para él es como estar en una cámara de descompresión, aunque los hombres de la escolta, que no paran de inspeccionar los alrededores del chalé, le recuerden que los asesinos de la mafia llevan un papel con su nombre guardado en el bolsillo. Aquí puede relajarse y solo Dios sabe cuánto lo necesita, con el jaleo que se ha montado en Palermo y que no lleva trazas de calmarse. Esto está en Palermo pero no es Palermo.

Dos magistrados suizos, Carla del Ponte y Claudio Lehmann, han llegado a Palermo para trabajar en una de las líneas de investigación del caso Pizza Connection: una red de blanqueo de dinero entre Italia y Suiza en la que hay implicadas bandas mafiosas y testaferros de políticos sicilianos; una maraña de intereses criminales e institucionales repleta de cifras, informes, cheques y transacciones bancarias. Hay que trabajar con calma. La esperanza –muy remota– es que les quede tiempo para darse un baño juntos.

–Esta investigación es el cuento de nunca acabar –dice Lehmann. Giovanni sujeta el teléfono entre el hombro y la oreja. Oye el ruido que hacen las gafas que el colega deja en la mesa.

–Porque investigamos cosas que no terminan nunca –dice la colega Del Ponte–. Cuanto más profundizas, más...

Anoche cenaron en el Charleston, en Mondello, después de que Claudio y Carla terminaran una serie de interrogatorios. Giovanni insistió en juntarse hoy en Addaura: un chapuzón en el mar, un chupito de licor y un poco de palique. Pero los colegas prefirieron quedarse en Palermo y visitar la ciudad, luego no hay baño. Hablarán un poco por teléfono para ponerse al día y adiós muy buenas.

–Ves que todo es siempre más profundo –dice Falcone–. Que se puede bajar más y más. O internarse más, si te lo imaginas como una cueva.

–O una mina –ironiza la colega.

–Por cierto, lo del baño... –murmura Lehmann.

–¿A que te arrepientes? –dice Giovanni.

–La próxima vez vamos seguro –interviene Carla. Ella y Claudio están en el hotel, escuchándolo por el altavoz. La idea de visitar la ciudad ha sido de Carla y ahora se justifica–. Es una ciudad maravillosa. No podíamos irnos sin visitarla. De todas maneras... tendrás que aguantarnos otro poco.

–Yo encantado –dice Giovanni mirando por la ventana. Uno de los escoltas camina por los arrecifes, mira a los lados, dice algo por la radio.

De un tiempo a esta parte duerme poco. Se pasa gran parte de la noche medio en vela. Se pone nervioso porque sabe que Francesca, que yace a su lado, lo nota y tampoco duerme bien. Es la pescadilla que se muerde la cola. Por eso han decidido pasar unos días en Addaura. Giovanni no recuerda la última vez que fue a nadar a una piscina pública. Nadar es –mejor dicho, era– una de las pocas cosas que lo relajaban.

–Por cierto –dice Lehmann–, ¿cómo habéis hecho lo de las transacciones? Enhorabuena, de veras. –Se refiere a los papeles timbrados que tiene a la vista: listas de transferencias de varios bancos suizos. Los helvéticos saben bien cómo atrincherarse detrás del secreto bancario. Si a eso se suma la desconfianza, los «olvidos», la esquivez con la que, desde que empezó la investigación, las entidades de crédito italianas y extranjeras procuran proteger la identidad de sus adinerados clientes, se comprende lo difícil que ha debido de ser obtener esa información.

–Metiendo un poco de presión.

–Ya imagino.

–No veas la de veces que he tenido que ir yo mismo a ver a los directores de los bancos...

–Es que sois muy testarudos –dice Carla.

–¿En el buen sentido o en el malo?

–En el bueno.

–Casi siempre lo somos en el bueno.

–Ejem... –murmura Francesca, que está sentada en el sofá a dos metros de su marido con un libro.

–Aquí hay alguien que no está de acuerdo –dice Giovanni.

Es verdad que Addaura está en Palermo pero no es Palermo. Y también es verdad que hay sombras que se alargan mucho más allá de Palermo, como Falcone sabe bien, aunque a veces procure olvidarlo. Si estuvieran en Cinisello Balsamo, provincia de Milán, desde el punto de vista práctico habría poca diferencia. Nadie se lo dice, porque da gusto verlo así, medio creyendo que tiene un poco de paz. Desde luego no se lo dice Francesca.

Pero se lo dice un policía. Y de la manera más brusca.

Irrumpe sofocado cuando Giovanni y Francesca están en el sofá con los párpados medio cerrados.

–Señoría, hay que irse.

–¿Qué pasa?

–¿Están listos? ¿Tienen que coger algo?

–No, no, nada... Pero ¿qué pasa?

–Por favor, señoría, rápido. Hay que irse. Les esperan en el coche.

Mientras el agente habla, Giovanni mira por la ventana y ve

que llegan tres coches con las luces de emergencia puestas. Paran delante del chalé. Los agentes abren las portezuelas y bajan. Llevan chaleco antibalas.

–Señoría... –le dice el policía a Francesca.

–Pero ¿qué pasa? –pregunta otra vez Giovanni, en pantalones cortos y pantuflas, cogiendo deprisa sus cosas.

Pasa que, inspeccionando los arrecifes que hay frente al chalé, tres agentes han encontrado un traje submarino, un par de aletas, unas gafas de bucear y un bolso azul en el que ponía: «Velerìa S. Giorgio». En el interior del bolso había una fiambrera de plástico y una caja de metal. En la caja de metal había un artefacto explosivo compuesto por cincuenta y ocho cartuchos de explosivo Brixia B5 y dos detonadores conectados a un dispositivo electromecánico metido en la fiambrera y activado por un receptor de radio Expert Series Sanwa que comunicaba en la frecuencia VHF de 35 megahercios.

–Hay que irse, señoría. Van a detonar el artefacto.

–Francesca... –Mira a su mujer y no sabe qué decir. Estaba tan guapa en el sofá, tan tranquila–. Lo... –Lo siente, lo siente siempre, lo siente por todo. Ya ni tiene sentido decirlo. Sonaría ridículo. Pero es la verdad. Lo siente. Lo mortifica obligar a su mujer a saltar del sofá y escapar como si fuera una ladrona. La capacidad de aguante de Francesca parece no tener límites. Pero está bien que el lamento, la mortificación superen el miedo. Porque cuando sepa que su nombre no solo está en la lista negra de la mafia, sino que asesinarlo es una prioridad, en su cabeza ya no habrá cabida para lamentos. El miedo lo devorará. Y el dominio de sí, esa dignidad noble que le impide romper a llorar, pedir ayuda, decir sencillamente: «Tengo miedo. Tengo miedo y, ¡Dios bendito!, quisiera no tenerlo», lo volverá loco. Hará que su cerebro estalle como si tuviera meningitis.

*

–Quiero que Francesca pase las noches en Palermo, Liliana. Tienes que ayudarme a convencerla. Y si alguien cree que nos hemos peleado o incluso que vamos a separarnos, mejor. Mejor para ella. –Liliana Ferraro está sentada al lado de Giuseppe Ayala en el despacho de Falcone. Tiene un rostro amable que contrasta con su talante resuelto, sus movimientos rápidos, precisos. Colabora con Giovanni hace tiempo, sabe interpretar la expresión de su semblante. Como sabe hacerlo Ayala. Por eso los dos comprenden que habla en serio cuando dice que quiere sacar a su mujer de aquella casa, al menos por la noche, y enseguida. Ha traspasado una línea. Ha cruzado un límite. Y quiere estar solo al otro lado–. Francesca no entiende que esta gente va en serio.

«Lo entiende perfectamente», se dicen Liliana y Peppino lanzándose una mirada. «Pero no quiere ser otra carga para ti. Quiere estar contigo incluso en este infierno. Sobre todo en este infierno.»

–Vale –dice Liliana–, lo intentaré.

–Puede dormir en casa de su madre. Y yo dormiré allí.

–¿Estás seguro? –pregunta Ayala. Falcone asiente–. Ahora viene la pregunta del millón: ¿cómo te sientes?

Giovanni esboza una sonrisa forzada, abre los brazos. No dice nada. Coge un cigarrillo, le da otro a Peppino y los dos se ponen a fumar.

–Lo que más me preocupa –dice de pronto, como saliendo de sus reflexiones– es que hay un topo. Alguien les ha informado de mi vida diaria. Aquí trabajan mentes muy refinadas.

–¿Quién? –pregunta Peppino–. Sé que hay bastantes candidatos, pero... ¿tienes alguna idea?

–Muchas y ninguna. Observo los hechos. Y los hechos, digamos, son... curiosos.

–¿En qué sentido? –pregunta la colega.

–Ayer me llamó Andreotti.

–Ajá.

–Sí. Me felicitó por haber «escapado del peligro», palabras textuales. Fue extraño. Nunca habíamos hablado.

–¿Y crees que...?

–No creo nada. –Suspira con aire desconsolado. Después de una breve pausa, como si hubiera recobrado el ánimo, se levanta e invita a los demás a hacer lo mismo–. Ahora salgamos, que vienen a hacer la limpieza –dice subrayando la última palabra y guiñándoles el ojo. Unos agentes entran en el despacho y se ponen a buscar micrófonos ocultos en los enchufes, en el teléfono, en todas partes. A Giovanni no le extrañaría que, frustrados por no encontrar, pusieran uno ellos. Y es que ya no sabe quién está con quién y atenerse a las pocas certidumbres que tenía ayer le parece hoy una imprudencia.

*

–Me imaginaba que te quedarías. No me parece bien, pero me lo imaginaba. –Maria y su hermano Giovanni están cenando. En los respectivos platos tienen una chuleta de carne y calabacines en aceite. A los lados de la mesa siguen amontonados los expedientes de la investigación en la que está trabajando con los colegas suizos; de vez en cuando, para hacer sitio, tienen que retirar alguno–. Pero eso de pedirle a Francesca que se vaya a dormir a casa de su madre...

Así se han organizado: Francesca va a verlo por el día o al salir del trabajo y luego se vuelve a Palermo a dormir en casa de su madre.

–¿Y qué quieres que haga?

–Nada, nada... –dice Maria con tristeza–. Aunque, no sé –reacciona de pronto–, a lo mejor podías dormir tú también en Palermo, ¿no?

–No lo entiendes, Maria. No lo entiendes.

–No, no lo entiendo. –Levanta las manos–. Solo tú lo entiendes.

No quiere discutir, pero nunca lo había visto así. También Anna, la mayor, sufre por su hermano y se pasa el día yendo y viniendo por casa. Giovanni ha pasado las últimas noches en el sillón o tumbado en el suelo, fuma incluso más que antes y tiene la cara hinchada y cenicienta. Cuando Maria ha entrado en el salón, ha visto que encima de la mesa había una pistola. Giovanni la ha escondido enseguida, pero allí estaba.

–No lo entiendes –insiste–. Yo tengo que estar lúcido. –Se golpea la sien con el índice–. Tengo que estar siempre pendiente de mí, siempre despierto; no puedo pensar en Francesca. Por la noche, si puedo, si lo consigo... evito dormir. Me quedo en el sillón. –Señala el asiento, en el que hay unos cojines en desorden–. Porque tienen que saber que no me muevo de aquí, que no tengo miedo.

–Muy bien, Giovanni, pero ponte en mi lugar. Me ha llamado Francesca, me dice que...

–¿Qué?

–Que está pasándolo muy mal, que quiere estar aquí contigo... –Giovanni menea la cabeza. Tiene grandes ojeras, los ojos enrojecidos y húmedos–. ¿Qué, Giovanni? ¿Qué es lo que no entiendo?

Él baja la cabeza y mira su plato, la chuleta que se ha enfriado. Pincha un calabacín, pero lo deja.

–Que soy hombre muerto.

53. EL MATACRISTIANOS

Palermo, 1989

–Fue una pena –dice el hombrecillo que está sentado en un sillón y apoya los pies descalzos en un taburete. Junto a la pared hay un pequeño televisor sobre un trípode en el que se ven imágenes del juez Falcone y de Addaura. El hombrecillo del sillón es Totò Riina y tiene gracia que quien está considerado el vencedor de la guerra mafiosa, el que puede decidir sobre la vida y la muerte de los demás con un chasquido de dedos, se vea obligado a vivir en condiciones que más bien parecen de labriego. Huir de la justicia también tiene sus rigores.

–Es cosa nuestra, ¿no? –pregunta el otro, un sujeto de pelo rizado y moreno que está sentado en una sillita de madera y apoya los codos en las rodillas. Los botones de la camisa azul claro le ciñen la barriga a duras penas. Se llama Giovanni Brusca y desde hace tiempo goza del favor de Totò.

–Era el momento –asiente el hombrecillo, respondiendo a medias a la pregunta del otro. Es bastante corto de estatura, como se ve incluso cuando está sentado–. Ya lo creo que era el momento. Pero... –Abre los brazos y sonríe, sarcástico–. Esto pasa cuando te fías de unos memos.

–Si lo hubiera hecho yo...

–Pero no lo has hecho. Querías hacerlo pero no lo has hecho. Del dicho al hecho...

–Ya sabe usted lo que pasó. Si me hubiera dicho: «Adelante»... –Se encoge de hombros–. Yo lo habría hecho. A mandar.

Brusca estuvo a punto de hacerlo, en efecto. Y sí, Riina lo sabe perfectamente: si no lo hubieran detenido, lo habría hecho. Pero cayó también bajo el fuego de las declaraciones de Tommaso Buscetta: Falcone lo detuvo, estuvo tres meses en la cárcel y luego, con gran malestar y pese a las protestas del juez, le concedieron la libertad condicional. Pasó diez meses más confinado en la isla de Linosa y listo. Ahora Giovanni Brusca, asesino, hijo de Bernardo, heredero de una larga tradición mafiosa, apodado «Matacristianos», es un hombre libre que ha pagado su deuda con el Estado. Sin saberlo, la policía le echó el guante cuando preparaba, a petición del Corto, el asesinato del juez antimafia.

Totò Riina había confiado en el mejor. Y ahora que el atentado de Addaura ha fracasado, piensa, con los pies en el taburete y el trasero en el sillón, que tendría que haberlo organizado mejor. Tendría que haberle dado a Brusca la oportunidad de trazar otro plan después del que tuvo que abortar. Y no fiarse de unos ineptos. Parece ser que ya la tarde del día anterior localizaron el bolso azul con los explosivos y que algunos agentes de paisano vieron a sus hombres merodeando por el chalé. En fin, un desastre total.

Brusca es tal vez un poco impulsivo, pero esto al Corto no le disgusta. Él quiere hombres enérgicos, acciones sensacionales como la que Brusca, para rematar la tarea, había empezado a preparar dos semanas después de que Rocco Chinnici saltara por los aires. Riina estaba empeñado en matar al juez Falcone, aunque Ignazio Salvo intentara convencerlo de que no convenía cargar con la muerte de otra persona notable. Total, decía Salvo, ya se ocuparán los políticos de Roma de promover algún escándalo para desacreditarlo. Además, ¿para qué matar a Falcone? Después de él vendría otro y luego otro. Pero el capo respondía que «los políticos solo piensan en sí mismos y nos dejan con el culo al aire», y que había que matar a Falcone y punto. «Hay que matarlos a todos», decía. Brusca no quería decepcionarlo: su idea era coger una furgoneta exactamente igual que aquella en la que llevaban cruasanes y café a los juzgados, aparcarla delante y volarla junto con el edificio. Con eso, además de Falcone, se desharían de unos cuantos tocapelotas más, lo que no estaría mal.

–Este era el momento. –Riina señala el televisor–. Este.

Un comentarista político, sin atribuir la declaración a nadie en particular, está diciendo que alguien –«alguien que sabe lo que dice», precisa– del mundo de la magistratura ha calificado el atentado de Addaura de «poco creíble». Sin decirlo explícitamente, lo que insinúa está claro: Falcone preparó el paquete bomba. Prosigue el comentarista recordando, aunque sin relacionarlo con lo anterior, que por esos mismos días se debate el nombramiento de Falcone como fiscal adjunto. Pasan entonces a hablar del «palacio de los venenos» y de las cartas anónimas que están recibiendo los máximos representantes del Estado, de las fuerzas armadas y de la magistratura, en las que se hacen acusaciones gravísimas contra Falcone y algunos de sus colegas. Las últimas las han recibido el periodista Giampaolo Pansa y el secretario del Partido Comunista Achille Occhetto.

–Este era el momento –repite Riina, como reprochándole a Brusca no haberse ocupado él o tal vez reprochándose a sí mismo no habérselo ordenado. La próxima vez, el Corto se lo pensará dos veces antes de encargar un trabajo tan delicado a unos inútiles. No es, por cierto, la primera vez que Cosa Nostra intenta eliminar a Falcone. Si supiera el juez las veces que se ha librado por los pelos...

Hace unos años, un verano que Falcone alquiló una casa en Mondello, quiso eliminarlo el cuñado de un «hombre de honor» que tenía un restaurante cerca: una de las ventanas del establecimiento daba a la parte trasera de la casa que el juez había alquilado. El plan era que un asesino le disparara con un rifle de precisión cuando volviera de correr por la mañana y fuera a entrar por la puerta trasera. Lo malo es que la policía no tardaría en conocer el ángulo de tiro, la trayectoria de la bala y el punto preciso desde el que habían disparado. Lo conocería al momento. De ahí llegarían al propietario del restaurante y a los demás.

Luego quisieron cargárselo disparándole con dos bazucas cuando circulara en coche blindado por cierta calle arbolada de las afueras. Los mafiosos fueron al monte a probar las armas y dispararon contra unas peñas que, contra lo previsto, apenas si acusaron el impacto, con lo que consideraron que aquellas armas no eran lo bastante potentes para garantizar matemáticamente el éxito de la operación y, en cambio, provocarían un tiroteo con los agentes de la escolta.

Luego pensaron matarlo como mataron a Ninni Cassarà, de idéntica manera: con metralletas y a la puerta de su casa. Pero Falcone, precisamente después del asesinato de su amigo, pedía al chófer que subiera a la acera y detuviera el coche justo al lado del portal del edificio de la calle Notarbartolo, para que no hubiera espacio ni visibilidad y los asesinos no pudieran maniobrar. Y por último pensaron matarlo en la piscina pública de la calle Belgio, y allí lo habrían hecho si, en el último momento, no hubieran visto que el plan era muy complicado y que identificarían al asesino casi con toda seguridad.

Esta vez, la verdad, los hombres de Riina han trabajado muy bien. Pero no estaban bien elegidos. Se reunieron muchas veces, compraron los explosivos, inspeccionaron los alrededores del chalé antes, después y durante la colocación de la bomba para evitar que alguna barca de la policía que pasara por allí siguiendo a cualquier contrabandista los descubrieran. Pero no calcularon que había mucha gente interesada en la casa de Addaura, además de ellos. Los de los servicios secretos, por ejemplo. Y, de hecho, parece ser que fueron dos agentes secretos quienes advirtieron movimientos extraños entre los arrecifes. Aunque esto, de momento, no se sabe a ciencia cierta. Lo único que se sabe es que los hombres de Riina –de las familias de San Lorenzo, Resuttana y Acquasanta– tuvieron que escapar con el rabo entre las piernas.

Adiós cartuchos explosivos, adiós mando a distancia, adiós atentado.

–Estos dicen que se puso la bomba él. ¡Lo que hay que oír! –se ríe el capo.

Brusca suelta también una carcajada.

–Les envían cartas anónimas. Trabajan para nosotros.

Riina asiente dando amplias cabezadas.

De acuerdo, el atentado se ha frustrado. Pero no hay mal que por bien no venga. De hecho, ese mal es como un viento que sopla a favor, porque, gracias a él y al veneno que arrastra, cuando el Corto y sus hombres vuelvan, serán más fuertes.

54. EL HOMBRE DE LA PIPA

Roma, 1990

Mario Almerighi parece que acaba de salir de la cámara de los lores. Expulsa grandes bocanadas de humo de su pipa marrón. Está sentado en un sillón con las piernas cruzadas. Lleva un chaleco color burdeos, una corbata a rayas y una chaqueta clara. Giovanni nunca lo ha visto mal vestido. Ni siquiera esta vez, que se ha presentado en su casa sin avisar. Parece que vista siempre así sea cual sea la ocasión, incluso cuando está en casa.

–Esta es ya tu casa.

–Perdona que no te haya avisado, ha ocurrido todo de repente.

–No me refería a mi casa, sino a Roma. Pero no te excuses. Para mí siempre es un placer que vengas.

–Podía haberte pillado en mal momento.

–Hum... –Almerighi agita la mano en la que lleva la pipa, el humo dibuja unas eses en el aire–. «Me encontrarás siempre que quieras. Nunca me molestas. Siempre tengo tiempo. Solo la gente sin talento no tiene tiempo.» No es mío, es de Joseph Roth.

Falcone también está sentado en un sillón, enfrente de su amigo. Casi le da vergüenza encenderse un cigarrillo ante un hombre que fuma en una elegante y aristocrática pipa de madera.

Acaso tendría que pasarse también a la pipa. Fumar en pipa es un ritual y los rituales son pequeñas e indispensables tablas de salvación.

Es al menos la cuarta o quinta vez que viene a Roma llamado por el Consejo Superior de la Magistratura. La primera fue con ocasión del choque con Antonino Meli, luego por el atentado de Addaura, por las cartas anónimas del Cuervo. Comparece él más ante un tribunal que los mafiosos.

Al menos lo de Meli se ha resuelto: con la última reforma, gran parte de las funciones que antes correspondían al jefe del juzgado de instrucción han pasado a ser competencia del fiscal jefe.

–¿Y qué tal te va con Giammanco?

–Pues como siempre. –Como siempre es de una manera muy rara. Había muchas expectativas, pero se han visto frustradas. Al menos en una cosa tenía razón el Cuervo: entre el nuevo fiscal jefe y Falcone hay una relación especial. Porque si Giammanco no tuvo reparo en pedirle que lo apoyara en la elección al cargo y el mismo Falcone presidió la ceremonia de toma de posesión y pronunció un discurso de cuatro páginas en el que decía estar «muy contento», elogiaba al nuevo fiscal jefe y terminaba afirmando que no dudaba de que «estaría a la altura del difícil cometido», luego, de repente, todo cambió. Una vez en su nuevo puesto, Giammanco entendió que su «difícil cometido» era obligar al colega a hacer interminables antesalas para dejar claro quién manda, empezó también a trocear los casos y encomendarlos a magistrados que poco o nada sabían de la mafia y en una ocasión incluso recriminó públicamente a Falcone que, durante una reunión, saliera a fumarse un cigarrillo. En fin, que el amigo ya no es amigo. Ahora es solo «el jefe». Y así lo llama Giovanni, «el jefe» –lo que nunca hizo con Chinnici, con Caponnetto y ni siquiera con Meli–, para dejar claro que acepta la nueva jerarquía y que él, el fiscal adjunto Giovanni Falcone, no tiene duda alguna de quién ostenta el poder. Porque así quizá Giammanco se calme para bien de las investigaciones. Aunque, de momento, no parece ser el caso. Sigue sin reinar la paz que todos esperaban que reinara en el «palacio de los venenos» con la elección de Giammanco.

–Lo bueno es que estás vivo para contarlo.

–Chin –dice Giovanni alzando el vaso que tiene puesto en el brazo del sillón. Brindan cada uno desde su sitio.

–Sé que tras lo de Addaura te llamó Andreotti.

–Sí. Me llama la secretaria y me dice: «Una llamada para usted». Cojo el teléfono... y es Andreotti. Nunca había hablado con él. Me pregunto por qué me llamó. ¡Dios santo! –Sonríe–. Parezco uno de esos mafiosos que dicen a sus hombres: «Si me matan, fijaos en quién envía la primera corona de flores». –Giovanni da otro trago, con los ojos húmedos, sonríe–. He escapado de la mafia, pero verás como me mata una cirrosis hepática.

También Almerighi sonríe y levanta de nuevo el vaso.

–Y ahora, amigo mío, hablemos de lo que tenemos que hablar.

Tienen que hablar de Roma, del Palacio de los Mariscales, para ser exactos, aunque Falcone aún no lo sabe. Sin prisa pero sin pausa, Mario va sacándole todo el veneno que lleva dentro, lo ayuda a desahogarse. Se conocen bien: sabe lo que reconcome al amigo y lo induce hábilmente a franquearse. Tampoco le cuesta mucho, la verdad.

Unidad por la Constitución, la corriente a la que Falcone pertenece, se ha roto con motivo de su frustrado nombramiento como jefe del juzgado de instrucción de Palermo. Los descontentos, él, Mario Almerighi y otros, han formado un nuevo grupo. Empezaron llamándose los «Verdes», porque redactaron el acta fundacional en una hoja de este color, pero al final han cambiado el nombre por el de «Movimiento por la Justicia». Persiguen que el órgano superior de los jueces actúe con independencia de los deseos, a menudo absurdos, de los partidos políticos y que sus decisiones no se tomen por mero oportunismo político, lo que, como se ha visto, perjudica el normal desarrollo de los juicios, las investigaciones, el mismo aparato antimafia y por tanto al país. Pero queda por dar otro paso, subir un último peldaño para que las cosas cambien realmente y lo hagan desde dentro.

–Una cosa: ¿no tendrías que informar de lo de Giammanco al Consejo Superior de la Magistratura?

–¿Otra vez? –pregunta Giovanni, con aire abatido–. Ya lo hice por lo de Meli, por lo de Addaura, por lo de las cartas anónimas... Solo falta que ahora lo haga por lo de Giammanco. Me tomarían por loco. Como mínimo, por un tocapelotas.

–Es verdad...

–Tengo que irme. Es la única solución. Pero ¿irme adónde?

Eso, ¿adónde? Desde luego no podrá decírselo Almerighi. O tal vez sí. Tal vez ahí quería llegar: al último peldaño que queda por subir para hacer que las cosas cambien.

–Creo que tendrías que presentarte al Consejo Superior de la Magistratura.

–¿Qué?

–Lo que oyes.

–¿Estás loco? Esos me destrozan un día sí y el otro también. Y yo tendría que hacer lo mismo, destrozar a otros.

–Si lo piensas, tiene sentido.

–No, Mario, no tiene sentido.

Pero sí tiene sentido y Falcone lo sabe. Solo que es una idea que rechaza. Meterse en un avispero parece una locura a quien ha sido picado tantas veces que el veneno le sale por las orejas. Suponiendo que pueda meterse en ese avispero, lo que dista de ser fácil, visto lo ocurrido con su candidatura a jefe del juzgado de instrucción de Palermo. Además, la idea de competir para convertirse en otra avispa lo repugna. Por otra parte, también puede uno ir a un avispero a estudiar un antídoto. Quizá sería la estrategia más inteligente. Desde luego es la más arriesgada y él ya corre bastantes riesgos.

–Los nuestros estarían contigo.

–Mario, eso ya me lo han dicho antes.

–Claro, nadie puede garantizarte nada.

–Por eso.

Como una exhalación, la hijita de Mario irrumpe en el salón con un oso de peluche.

–¡Aquí está Sanpietrino! –grita–. ¡Aquí está, ha vuelto! –Por alguna razón que ni su padre conoce, Valeria ha decidido llamar Sanpietrino a su osito.

–Amor, Giovanni y yo estamos ocupados.

–Pero ¿no estaba preso? –pregunta Giovanni arrodillándose junto a Valeria.

–Sí, pero ya no.

–¡Ah, se ha evadido! Ya digo yo que estas cárceles... –Falcone se pone a cuatro patas y empieza a jugar con Valeria. Pero no es solo que se alegre de ver a la hija de Mario, que ya lo llama «tío Giovanni». Almerighi, fumando su pipa, lo observa. Giovanni está reflexionando. Está bien que lo haga y está bien que, después de reflexionar, siga negándose. Entonces le dará la puntilla. En este caso, piensa Almerighi, el fin justifica los medios. Es por el bien de todos, incluso el de Giovanni.

–¿Te lo has pensado?

–Sí, he reflexionado. –Falcone está de nuevo sentado en el sillón. Valeria ya se cansó, sus padres la acostaron y ahora Mario y Giovanni están otra vez frente a frente. Parece que a Almerighi le importa mucho la cosa y no tiene intención de desistir.

–¿Y?

–No, no quiero.

Mario se encoge de hombros.

–Vale. Creo que es un error, pero bueno.

–El error sería presentarme, Mario. Estoy agotado. Estoy harto de estas montañas rusas. Se acabó.

–Estás cometiendo el mismo error que Giacomo.

–¿Qué Giacomo?

–Ciaccio Montalto.

Giovanni no responde. Frunce el ceño y mira al amigo a los ojos. No le parece bien que mencione al pobre Ciaccio Montalto. Era amigo de los dos, es verdad, y los dos tienen derecho a guardar el recuerdo que quieran, pero traerlo a colación en un asunto como este...

–¿Qué tiene que ver Giacomo? –le pregunta bajando los ojos y encendiendo el enésimo cigarrillo.

–Pues... En Trapani, Giacomo estaba en la misma situación que tú. También le propuse que pidiera el traslado. No tenía sentido que siguiera allí. El trabajo no le daba más que sinsabores... –Almerighi habla con voz pausada, acompañando las palabras con leves ademanes, con el humo de la pipa que se riza y asciende prestando a sus argumentos el marco perfecto–. Estoy convencido, y así se lo dije a Giacomo, de que cuando lo aíslan a uno, como hicieron con él y como hacen contigo, el mejor camino es el institucional. Entrar en las instituciones. Sentarse con ellos, mirarlos a la cara y decirles: «¿Y ahora qué?». Giacomo habría podido entrar en el departamento de estudios y documentación del Consejo Superior de la Magistratura, ¿lo sabías?

–No, no lo sabía.

–Había un puesto para él. Pero no aceptó. Dijo: «En Trapani soy indispensable». Te lo pregunto de nuevo, Giovanni.

Lo señala con la pipa, como si fuera un puntero.

–¿Qué?

–Y no me contestes como me contestó Giacomo. Porque si llegas a la jubilación pensando que eres indispensable, es que tu vida ha sido un fracaso. Querrá decir que piensas más en ti mismo que en tu trabajo, que te has vuelto vanidoso. Y los vanidosos no dejan nada, Giovanni. –Mario le posa la mano en el antebrazo, se lo aprieta un poco–. Te pido que te lo pienses, ¿de acuerdo?

Giovanni se levanta. Se ha hecho de noche. Debe ponerse en camino.

–Me lo pensaré.

Son poco más de las dos de la noche. Mario y su mujer se ven arrancados de la paz del sueño por el teléfono que suena. Están acostumbrados, muy a su pesar, a que los despierten así. Y no da ningún gusto. Siempre es una emergencia.

Pero esta vez no es eso.

Mario apoya los pies descalzos en el suelo, coge el aparato.

–¿Sí?

–De acuerdo.

55. BATTAGLIA

Palermo, 1990

La *Niña con balón* dio la vuelta al mundo. Han pasado casi diez años desde que la inmortalizaron con su balón a cuadros blancos y negros –de esos ligeros que, al chutar, describen extrañas trayectorias– delante de una vieja puerta de madera llena de rayas y arañazos. Con la mano derecha sostiene el balón y en la otra, que levanta sobre la cabeza de cabello negrísimo, lleva un billete de mil liras. Tiene esa mirada ceñuda y soñadora que solo los niños pueden tener, las cejas rectas y bien dibujadas que parecen las alas extendidas de un halcón. La foto se tomó en el barrio de la Cala, una ensenada con un puertecito que es el más antiguo de Palermo. Y de ahí viajó a lo largo y ancho del mundo. Su autora, Letizia Battaglia, fue la primera mujer que ganó en 1985 el premio William Eugene Smith, *ex aequo* con la colega estadounidense Donna Ferrato.

–¡Qué guapa! –dice Francesca mirando la foto–. A saber dónde estará ahora y lo que hará.

Su madre Carmela se acerca.

–¡Muy guapa, sí! –Mira de reojo a Francesca queriendo recordarla también de niña. No le cuesta mucho. Parece que estuviera viéndola.

La muestra de Letizia Battaglia es una ocasión como cualquier otra para verse. ¡Cuánto no habrán paseado por Palermo! Carmela es una gran amiga para su hija y colma todos los vacíos que Giovanni ha dejado. Que son muchos, claro. Sin embargo, nunca se ha permitido criticar la relación que tienen. Al contrario, siempre la ha alentado.

Carmela se ha parado delante de la *Niña con balón*. Alguien diría que la autora ha sido muy «lista», si no fuera porque tomó la foto hace mucho tiempo: capta perfectamente el espíritu de estos días, en los que aún se respira aire de mundial de fútbol. Palermo ha acogido tres partidos del campeonato, tres encuentros que se disputaron después de una espera extenuante, llena de retrasos, polémicas, conflictos e inevitables tragedias, con la muerte de tres obreros al derrumbarse una grada del estadio. Palermo aún vibra. Vibra entre alegre y enferma, sacudida por los temblores del júbilo y por los de una fiebre que no deja nunca de devorarla. Vibra y tiembla. A veces no se sabe cuál es la diferencia.

Carmela tarda un poco en darse cuenta de que Francesca se ha alejado. Mira a un lado y otro de la sala llena de gente bien vestida. Al fondo hay una larga mesa con un mantel blanco en la que se sirve un refrigerio: mazapanes de todas las formas y colores puestos en grandes bandejas de plata. A ambos lados de la mesa hay una docena de jarras con agua, zumo de fruta y leche de almendra. Un grupo de personas bastante numeroso se apiña ante un par de jóvenes camareros que se afanan con torpe delicadeza en colocar los dulces en platos de cartón. Hay otros grupos menos numerosos delante de las fotografías expuestas. A las inauguraciones acude gente a la que, en cuanto oye la palabra gratis, se le abre el apetito. Esta no es una excepción.

La fotógrafa está en un rincón hablando con dos mujeres, les explica quiénes son las personas que aparecen en la foto. Por fin Carmela ve a Francesca, que se acerca al grupo a escuchar la explicación que da Letizia Battaglia. Solo oye la palabra «Andreotti».

Va con su hija. Pero, cuando llega, la fotógrafa se ha marchado y está ya hablando con otro grupo.

–Mira –le dice Francesca señalando a los personajes de la foto–. ¿Los reconoces?

–Andreotti. –El presidente del gobierno se ve en medio de un grupo de siete hombres sonrientes y obsequiosos.

–Sí, pero no digo él. Este.

Y señala a un hombre que está más a la izquierda, cuya cara se ve en primer plano pero cortada por el encuadre.

–Hum... –Carmela aguza la vista.

–Nino Salvo, el primo de Ignazio Salvo. Hombres de Lima. O viceversa, dirán algunos. –La foto está hecha el 7 de junio de 1979 en el hotel Zagarella, propiedad de los Salvo–. De hecho, aquí está. –Señala a Salvo Lima, que está detrás del jefe del gobierno.

–¿Y ese no es...? –Carmela indica a un hombre que se ve algo más atrás. No es fácil reconocerlos a todos. Algunas caras se ven desenfocadas. Es una de esas fotos en las que lo importante es captar el momento.

–Piersanti Mattarella. Creo que no tenía más remedio que ir: era el presidente regional. ¿Cómo no vas si viene el presidente del gobierno?

–Ya, claro.

Hay otra foto en la que aparece Mattarella. En esta, sin embargo, no se le ve la cara. Solo se le ven las piernas. El cuerpo está tendido en los asientos de un coche. Junto al cadáver hay dos mujeres, una de ellas se lleva la mano a la cara. Al fondo, de perfil, se ve a Sergio, el hermano de Mattarella.

–Parece que fue la primera fotógrafa que llegó al lugar de los hechos.

–Ya –dice Carmela, que empieza a dudar de que sea el mejor lugar al que ir con su hija. Las fotos son muy buenas. Los temas, quizá, no son los más indicados para una mujer que se ha casado con un hombre como Giovanni. Pero ella ha querido ir. Tal vez para exorcizar algunos fantasmas.

–¿A qué hora viene Giovanni? –pregunta Carmela mientras siguen viendo fotos.

–Ah, no sé. Tenía que venir ayer, ya sabes. Quedamos en que vendría esta noche.

–De todas maneras cenas en casa; si luego viene, puedes...

–Sí, sí, claro.

–Ya verás que... –No sabe cómo decirlo–. Las cosas se arreglarán. A lo mejor con la elección al Consejo Superior de la Magistratura...

–La candidatura, mamá, no la elección. La candidatura.

–Sí, bueno...

–Mira esta. –Se ve a unos niños con pistolas de juguete, uno de ellos se chupa el pulgar. Otra foto representa a un grupo de jóvenes lanzando al aire a un chaval, que se eleva un metro por encima de la muchedumbre, como si estuvieran en un concierto de rock, aunque el escenario es una calle de Caltabellotta de casas bajas que se suceden a ambos lados. En las demás fotos vuelve la muerte, el olvido, el empedrado teñido de sangre. Un hombre yace boca abajo en el suelo, junto a un charco oscuro y grumoso que se expande a la derecha. Es un primer plano, se ve medio cuerpo. Tiene la espalda desnuda y en ella se ve un gran tatuaje que representa la cara de Cristo.

–¿Crees que lo conseguirá?

Francesca suspira.

–No lo sé. Giovanni tiene muchos amigos... hasta que llega el momento de votar.

–Ya. ¿Y si lo eligen? Tendrá que irse a Roma... ¿Tú qué harás?

–No lo sé, mamá. Aún es pronto. Pensemos en el presente, ya veremos. De todas maneras, ya ves, está más en Roma que aquí. Tampoco cambiaría mucho.

Sí cambiaría mucho. Francesca lo sabe. Pero prefiere quitar hierro. Si la mejor manera, y la más rápida, de que Giovanni salga de la ciénaga a la que lo han arrojado es formar parte del

Consejo Superior de la Magistratura, infiltrarse entre sus inquisidores, sea. Lo demás será un problema llevadero comparado con los que ahora les amargan la vida. Giovanni está lejos y no tan solo en el sentido espacial. Sus pensamientos lo llevan a otra parte. Teniendo en cuenta lo que le ha ocurrido, la bomba que le han puesto, que es muy posible que vuelvan a intentarlo y que ya no sabe cómo protegerse, porque los golpes le llegan de todas partes, ¿cómo reprochárselo? Después de todo, Francesca sabía bien –o por lo menos se hacía una idea bastante clara– de lo que su futuro marido le ofrecía cuando aceptó casarse con él. Le ofrecía lo que es. Luz y tinieblas, sol y tormentas. Sin embargo, las cosas cambian siguiendo extraños designios: solo cabe esperar y ver lo que ocurre.

–¡Pobre chico! Se hizo tantas ilusiones, como tú.

–¿Ilusiones sobre qué?

–Sobre su nuevo jefe. Me dijiste que eran amigos, que hasta le pidió que lo votara...

–Giammanco siempre ha sido una persona próxima a Mario d'Acquisto y D'Acquisto es una persona próxima a... a otra gente.

Echa un vistazo a la foto del hotel Zagarella, en la que aparecen Lima y Andreotti.

–¿Y no lo sabía Giovanni?

–¡Claro! Giovanni lo sabe todo, pero es un garantista. Siempre dice que todos, por mil razones distintas, podemos tener un amigo «especial», salir en la foto equivocada, estar en la fiesta equivocada... –Carmela la mira, asiente–. Solo que luego... En fin. Lo único que espero es que, si... si lo del Consejo Superior de la Magistratura no sale, resista el golpe.

–Los ha resistido todos.

–Pero ha recibido muchos. Y son cada vez más fuertes. –Francesca mira distraídamente a la fotógrafa, que en ese momento está sola bebiendo un vaso de leche de almendra, al fondo de la sala, y mira ensimismada a los visitantes–. ¡Qué gran mujer!

Battaglia es un personaje bastante popular más allá de sus fotografías. Hasta hace unos años se la podía ver por la ciudad, calzada con zuecos y con la cámara al cuello, luchando por obtener una acreditación de prensa. Se cuenta que una vez llegó a la escena de un crimen y, como los policías le impedían fotografiar el cadáver, se puso a gritar hasta que acudió Boris Giuliano y le dejó pasar.

–¿Te irías también a Roma? –le pregunta de pronto Carmela, sin andarse por las ramas. Ha tanteado el terreno, pero ahora quiere saber claramente si su hija se iría de Palermo con su marido, si se iría y la dejaría sola.

–Mamá, te digo que es pronto.

–Ya, pero en caso de que...

–En ese caso ya veríamos.

Carmela asiente con la mirada baja y triste, como una niña castigada. ¿Quién estará al lado de Francesca cuando Giovanni se ausente, si se van lejos? Esta constante ausencia de Giovanni es una desgracia, sí, pero las desgracias ofrecen a menudo oportunidades. Para ella es la oportunidad de ver a su hija todos los días, como no ocurría desde hacía veinte años, de volver a mirarla como si fuera su pequeña «niña con balón».

–¿La señora Morvillo? –le pregunta un hombre bajo con bigote que se acerca por detrás.

Francesca se da la vuelta.

–Sí, soy yo.

–La llaman por teléfono. La esperan en la entrada.

La espalda y el cuello se le tensan. Francesca procura no mostrar ninguna emoción, pero el corazón le da un vuelco. Su madre la sigue un paso por detrás hasta la entrada del museo, donde una joven espera con el teléfono en la mano.

–Es su marido. –Sonríe con una mirada cómplice. ¡Gracias a Dios! Los músculos se le relajan como si fueran miel que se disuelve en leche caliente.

–Giovanni... Ya... –El rostro se le demuda–. Lo... Cariño, lo siento. Lo siento. ¿Cuándo vienes?

Carmela la mira con aire interrogativo. Se apartan unos metros de la taquilla.

–No lo han elegido.

56. TESTIGO DE BODA

Palermo, 1990

–La que has armado, Giovanni. Y no me refiero a lo de la candidatura al Consejo Superior de la Magistratura.

–Lo sé.

–Pero has hecho lo que debías. Lo único que podías hacer.

–Sí.

Ver a Giovanni en Palermo es ahora muy raro. Por eso Francesco la Licata aprovecha para encontrarse con él. Tienen una relación delicada: al principio fue como un cortejo y Giovanni se negaba en redondo; luego, poco a poco, fue ablandándose. Comprendió que Ciccio conoce la línea que separa la corrección de la deslealtad. Cierto, no deja de ser un periodista y ha de andarse con ojo. Pero tampoco él deja de ser un magistrado y también La Licata ha de tener cuidado. Es una amistad recelosa, y aun así ninguno de los dos duda de que sea auténtica.

–Ya puedes guardarla –dice el periodista, señalando la pistola que Giovanni tiene en la mesa y arrepintiéndose enseguida de lo que ha dicho: a ver si luego pasa algo y... Pero Giovanni se levanta del sofá y con movimientos desganados, arrastrando las pantuflas, mete el arma en un cajón del aparador–. Pero no hay mal que por bien no venga. A lo mejor lo de Mattarella se aclara.

–Sí, si de eso trata –dice Falcone dejándose caer de nuevo en el sofá. Coge el mando y enciende la televisión. Esta noche duerme aquí, en el chalé de Addaura, pero mañana por la mañana marcha de nuevo a Roma. Tiene que asistir a la enésima sesión del Consejo Superior de la Magistratura. En RAI3 están dando las noticias de la noche. En la mesa se ven las sobras de la cena.

Falcone acababa de mudarse a Palermo cuando, el 6 de enero de 1980, el presidente regional, Piersanti Mattarella, fue asesinado a tiros de pistola cuando iba a misa en coche con su mujer y su suegra. Enseguida se siguieron dos pistas: la mafia y el terrorismo de extrema derecha. Pero fue Buscetta, una vez más, quien reveló que el asesinato de Mattarella, como los de Boris Giuliano y Cesare Terranova, lo ordenó la Comisión de Cosa Nostra.

El caso parecía bastante claro hasta hace unos meses, cuando el fiscal de Bolonia, Libero Mancuso, interrogó al excompañero de celda de Angelo Izzo, el llamado «asesino del Circeo». El confidente se llama Giuseppe Pellegriti, es catanés y su confesión ha dado un vuelco al caso. Según él, quien ordenó el asesinato del presidente regional fue el mismo hombre que, en la foto de Letizia Battaglia, aparece a su lado en el hotel Zagarella: el eurodiputado Salvo Lima, su correligionario.

En su declaración, que duró varias horas, Pellegriti, recluso de la cárcel de Alessandria, habló abiertamente y confirmó los detalles varias veces, primero ante el fiscal Mancuso y luego ante el alto comisario Domenico Sica. Dio el nombre de la persona que ordenó el asesinato –el mismo que ordenó también matar a Pio la Torre y al general Dalla Chiesa– y el de otros implicados, entre ellos el de uno de los ejecutores materiales: Carlo Campanella, un mafioso de poca monta de la banda de Adrano, de la familia Alleruzzo. En el asesinato participaron también grupos de extrema derecha, la banda de la Magliana, el corleonés Pippo Calò. Las acusaciones de Pellegriti pueden revolucionar la política del país o por lo menos sacudir sus cimientos. Son una bomba.

Y no pueden dejar de ser puestas en conocimiento de la persona que lleva más de diez años investigando asesinatos de personajes importantes y a la mafia siciliana, a saber, Giovanni Falcone. Es lo que ha hecho Libero Mancuso: ha pasado el caso a Giovanni Falcone, con cientos de informes y nombres de mafiosos, de miembros de los Núcleos Armados Revolucionarios, de gánsteres de la Magliana y, sobre todo, de su señoría Salvo Lima.

Giuseppe Pellegriti es el nuevo Buscetta. Gracias a sus declaraciones se han dictado ya ochenta y seis órdenes de busca y captura contra la mafia catanesa. Y si dos más dos son cuatro...

–¡Qué absurdo! –exclama el periodista–. No se entiende nada. Nosotros los periodistas por lo menos. No sé si tú...

–Yo menos que vosotros.

–Pues nada. Dicen por ahí que tienes un licor de pera buenísimo. –Giovanni señala el mueble oscuro en el que tiene las botellas. La Licata se levanta y va por el licor–. Por lo menos –dice cuando vuelve– no te han quitado el caso, que ya es mucho.

El juzgado de instrucción de Palermo se ha visto inundado de papeles con las declaraciones de Pellegriti y, aunque Giovanni temía que le quitaran el caso, como otras veces, el asunto es tan escandaloso y la petición de Mancuso tan directa que el nuevo fiscal Giammanco no se ha atrevido a hacer nada.

Así que Falcone fue a interrogar a Pellegriti, que repitió palabra por palabra lo que ya había declarado. El asesino de Piersanti Mattarella se llama Carlo Campanella. Giovanni le preguntó si estaba seguro de ese nombre, de que era ese y no otro. Pellegriti dijo que sí. Y fue entonces cuando Giovanni «la armó».

Descubrió que Pellegriti es un mentiroso. Le dijo que, el día del asesinato del presidente regional, Campanella estaba en la cárcel. El informante entonces se echó atrás, empezó a balbucir, dijo que eso era lo que le había dicho Angelo Izzo, su compañero de celda, y que si blablablá. Pero Falcone ya lo había denunciado por calumnia.

–Van a darte para el pelo, dirán que...

–Ya, ya, que digan lo que quieran. Estoy acostumbrado. Ni al diablo puede uno calumniar, ni al diablo. Sería el fin de la justicia. Mejor dicho, sería el suicidio de la justicia.

–Estoy de acuerdo. Pero, en fin, Giovanni, yo quería decirte una cosa. A lo mejor no te gusta... ¡O a lo mejor sí! –ríe Francesco.

–¿Qué?

–Abandono.

–¿Abandonas qué?

–El *Giornale di Sicilia*. Me han despedido.

–¡Joder! Lo siento.

–Yo no. Me paso a la *Stampa*. No podía seguir. Una guerra continua. Ya conoces el percal.

Giovanni se rasca la cabeza, da un trago de licor.

–Sí, ya sé. Los peores enemigos de esta tierra somos nosotros, los sicilianos. –Ven pasar las noticias por la pantalla de la tele unos minutos. Se oye la sintonía de cierre del telediario–. Puedo hablarles de ti a mis colegas romanos, por si quieres...

–Gracias.

–Te prometo que no te secuestrarán en el despacho. –Reflexiona un momento–. Si te portas bien. Si hablas de las redadas antes de tiempo, no te lo aseguro.

Giovanni y Francesco están arrellanados en el sofá. Solo queda un tercio de licor en la botella, en la tele empieza el programa de Michele Santoro *Samarcanda*. El invitado del plató es el alcalde de Palermo, Leoluca Orlando.

–¡Oh, oh! –dice La Licata–. Tu testigo de boda.

El presentador y el político empiezan a hablar de la situación en Palermo y de la lucha contra la mafia, y la conversación recae en el asesinato de Mattarella. Enfocan a Orlando en primer plano, un mechón de pelo le cae por la frente. Su rostro, que estaba relajado, se tensa. En el salón de Falcone reina un silencio absoluto. Lo único que se oye es la voz del alcalde, que habla por la televisión.

–¿Es que no entendemos –dice dirigiéndose al presentador– que hay millones de sicilianos que quieren ver por fin entre rejas al que ordenó matar a Mattarella, matar a La Torre, matar a Insalaco y a Bonsignore?

–Lo dice como si fuera posible –interviene Santoro–, como si la verdad sobre el caso estuviera al alcance de la mano...

–Porque estoy convencido –lo interrumpe Orlando–, y asumo toda la responsabilidad de lo que digo, de que en los cajones del juzgado hay bastante material para hacer justicia en estos crímenes.

–¿Y entonces por qué no se hace?

–Pregúnteselo a los jueces.

–Se lo pregunto a los jueces...

–Pregúnteselo a los responsables.

Francesco mira a Giovanni sin hablar. Él evita mirarlo. Tiene los ojos fijos, la mirada perdida. Se lleva las manos a la cabeza. Así la ha armado. No puede estarse un momento sin liarla.

–¿Está enfadado contigo? –Giovanni no responde–. ¿Se ha vuelto loco?

Falcone sigue sin responder. No, no se ha vuelto loco su amigo Leoluca Orlando, su testigo de boda. Al contrario. Es inteligente. Los electores quieren un culpable. Uno cualquiera. Apareció uno perfecto: Salvo Lima, que ya es culpable de muchas cosas. ¿Qué diferencia habría habido si lo hubieran declarado también culpable del asesinato de Mattarella? Pues no. Llega el tocapelotas de Falcone y denuncia por calumnia al confidente que lo acusa. Y así los electores se quedan a dos velas, sin un culpable. Pero he aquí que acaban de encontrar uno.

Desde hoy, Giovanni Falcone es un «hombre de Salvo Lima», o sea, un hombre de Andreotti.

57. DUOMO CONNECTION

Milán, 1990

Las agujas de la catedral descuellan altísimas, blancas y desdeñosas, por encima de los tejados de los edificios ennegrecidos de hollín. En torno a la catedral, automóviles y transeúntes forman una única y activa corriente, y la Madunina, la virgencita, en lo alto de la aguja mayor, parece casi un guardia de tráfico.

Milán despierta temprano. Despierta pronto para llegar pronto. Y siempre es la primera.

–Si fueras un oso, ¿adónde irías a cazar?

Falcone tiene todo el panorama ante sí. Está sentado en un bar de la segunda planta de un edificio frontero de la catedral. A su derecha, por la gran cristalera, se ve toda la plaza. A sus pies hay dos bolsas llenas de carpetas que siempre lleva consigo. Son copias de los sumarios que no quiere confiar a nadie por si se «descuidan» y las pierden. Hay documentos que desaparecen como por arte de magia.

Ante él hay una mujer pelirroja con largos tirabuzones.

–Tú sabrás, que eres un oso. Además, ¿qué pregunta es esa?

–Lo digo en serio. Un oso caza salmones. ¿Sabes cómo? Se planta en la orilla del río y espera a que los salmones remonten la corriente; cuando los ve pasar, ¡zas! Zarpazo y a comérselos.

–Interesante. –La mujer pelirroja se llama Ilda Boccassini, es una magistrada napolitana que ejerce en Milán. También es fiscal adjunta. Trabaja con Falcone y con el teniente de carabineros Sergio de Caprio en la llamada Duomo Connection, una investigación que arrancó hace un par de años en el bar Nat & Johnny de la calle Fratelli Rosselli, en Cesano Boscone. Uno de los asiduos del bar es Gaetano la Rosa, llamado Taninello, sospechoso de haber matado a tres carabineros. Vigilando sus movimientos, el teniente De Caprio ha descubierto que en torno a él se mueven una serie de personajes de la mafia y la 'Ndrangheta y que existe un inmenso mercado de droga que inunda las calles de Milán, de esa Milán que despierta antes que los demás y, de vez en cuando, pues, necesita un remedio sintético contra el frenesí de la vida.

El caso Duomo Connection los ha llevado lejos, en el sentido tanto de la gran amistad que los une como en el geográfico: aún sigue vivo el recuerdo del viaje que hicieron a Argentina. Salieron de Roma –Falcone acompañado del capitán de carabineros Giuseppe de Donno, ella acompañada del funcionario de policía Massimo Mazza– rumbo a Buenos Aires. Por razones de seguridad, Giovanni y el carabinero tenían plaza en primera clase y a ella la pusieron en segunda. De Donno tuvo el detalle de cambiarle el asiento a la magistrada para que se sentara al lado de Falcone y pudiera hablar de trabajo y disfrutar de un poco de tranquilidad: compartieron un walkman con un casete de Gianna Nannini en una zona de primera clase en la que no había nadie más. Cuando, después de la noche de vuelo, Ilda despertó, vio que Giovanni estaba ya trabajando, con las gafas puestas, enfrascado en la lectura de uno de los informes del caso. Solo turbó la paz de las alturas la visita primero del comandante, que quiso felicitar a Falcone por su trabajo y dijo que se sentía honrado de tenerlo a bordo, y después de los demás miembros de la tripulación, no menos emocionados con su presencia. Pese a la reserva y timidez con la que aceptó los cumplidos, a Giovanni no lo disgustó recibir por encima de las nubes el calor y el afecto que a veces echa de menos cuando pisa la tierra.

Llegaron a su destino y pasaron días frenéticos interrogando a gente e intercambiando información con los colegas de allí, aunque también los amenizaron con excelentes comidas a base de carne, por lo que Ilda decidió quedarse un día más en el país.

–Pues eso: si fueras un oso...

–Y dale con el oso...

–Sí. Si fueras un oso, ¿a qué río irías a pescar? ¿A un río en el que hubiera cuatro o cinco salmones o a otro en el que hubiera tantos que te pasaran entre las zarpas y se movieran en masa a todas horas, sin parar nunca?...

Giovanni lanza una mirada a la plaza.

–¿Quieres decir que los salmones son las personas? –pregunta Ilda.

–No. Quiero decir que los salmones son los dineros. Para mí está claro que donde más pasta hay, más mafia habrá. Pero esta gente se lo toma casi como una ofensa personal. Para ellos, la mafia son los que disparan con pistolas.

–Aquí también disparan de vez en cuando.

–Sí, pero no como en nuestra tierra. Aquí se consideran casos aislados. No piensan en una presencia real, en que la mafia está bien arraigada en Milán.

–¿Su señoría Falcone desea algo más?

Su rostro ya es tan conocido que no hace falta que la escolta anuncie su presencia. Lo reconocen en todas partes.

–Una copita de vino de pasas, gracias. ¿Quieres un poco de vino de pasas? –le pregunta a Ilda. Ella asiente. El camarero se inclina levemente y se va.

–Además, si solo fueran los hombres de honor y sus secuaces...

En efecto, al pie de la Madunina parece existir la misma trama de crimen organizado, empresarios y políticos que los sicilianos conocen bien. Las bandas mafiosas se dedican hace tiempo al tráfico de heroína y cocaína en Milán, pero necesitan lavar el dinero en negocios legales, por lo que se sirven de empresarios milaneses muy activos en el sector de la construcción que, a su vez, usan los contactos que tienen en las altas esferas de la política local. Es un modelo de éxito que puede repetirse donde se quiera.

–En todas partes cuecen habas, Giovanni. A mí me parece evidente que, cuanto más inmune se cree una sociedad a estas cosas, cuanto más se ofende, digamos, por esta posibilidad, más vulnerable es. Por cierto, lo del Consejo Superior de la Magistratura...

Falcone menea la cabeza:

–No quiero hablar del tema.

–Lo sé, pero yo sí. Te dije que no te presentaras.

–Vale, me lo dijiste.

–¿Y qué vas a hacer ahora?

–No lo sé. Tengo que irme, eso está claro.

–¿Y lo de la apelación del Maxi? ¿No te preocupa?

–¡Ay! –Giovanni suelta una carcajada–. ¿Y qué no me preocupa últimamente?

58. EN SEGUNDA INSTANCIA

Palermo, 1990

El jurado se reunió hace un mes y se espera que de un momento a otro se pronuncie sobre el recurso de apelación del Maxiproceso de Palermo. La sentencia será crucial. El llamado «teorema Buscetta» –que describe la Cúpula mafiosa, su estructura jerárquica, el papel de los capos, las alianzas y las guerras– puede por fin confirmarse. Pero también, en el peor de los casos, puede ser refutado. Y esto, Falcone lo sabe bien, no solo afecta a los imputados. Afecta también a la lucha contra la mafia, al trabajo que ha venido desarrollando estos últimos años, una labor ya duramente cuestionada por Meli y, ahora, por Giammanco. Y lo afecta a él. Porque está claro que si revocaran la sentencia dictada en primera instancia, sería un duro golpe. Y lo que menos necesita en este momento es recibir otro ataque frontal delante de todo el país. De eso se ocupan los políticos, los que fueron amigos, el Consejo Superior de la Magistratura y un buen número de colegas.

Habían sido buenos, los mafiosos, habían guardado las pistolas y solo las habían sacado en casos esporádicos –aunque sensacionales–, porque tras los barrotes de las cárceles en las que estaban encerrados ellos y sus jefes había corrido una voz que decía: «No arméis lío, porque es un castillo de naipes que se vendrá abajo. Se os sacará de la cárcel. Todo se arreglará». Pues bien, no todo se ha arreglado, pero una buena parte sí.

Ochenta y seis nuevas absoluciones: esto dice la sentencia que pronunció el presidente del tribunal de apelación Palmegiano. Frente a las diecinueve condenas a cadena perpetua de la sentencia en primera instancia, en segunda instancia solo se reconocen doce. Y se reducen un tercio las condenas de quienes seguirán en prisión. Del asesinato del general Dalla Chiesa, de Boris Giuliano y de Calogero Zucchetto, la Cúpula de la mafia no es responsable. Sí, se reconoce la autoridad de este órgano superior de Cosa Nostra, pero la tesis del jurado es que no se necesitaba autorización de los jefes para matar a un gobernador, a un jefe de policía o a un investigador. Esa autoridad, cosa extraña, parece que solo rige en el caso de asesinatos entre mafiosos, los que comete una familia contra otra, mientras que los demás son fruto de decisiones autónomas, de células aisladas que pueden ir por ahí soltando ráfagas de kaláshnikov sin pedir permiso a los jefes. Sería contraproducente para los capos corleoneses, por ejemplo, cometer crímenes de esa magnitud porque atraerían sobre ellos la atención de la policía. Esto dice la sentencia. Dice que mataron a Dalla Chiesa, a Giuliano y a Zucchetto –así como al capo Alfio Ferlito, a los tres carabineros de la escolta, Salvatore Raiti, Silvano Franzolin y Luigi di Barca, y al chófer Giuseppe di Lavore– los mafiosos de la banda «perdedora» por razones que seguramente tienen que ver con la droga, o por ganar terreno.

Nino Caponnetto está en su casa, sentado en un mullido sillón verde y con una manta de lana sobre las piernas. Es 12 de diciembre, pronto llegará la Navidad y podrá reunirse con su familia. Tendría que estar tranquilo, pero no lo está. Es lo que deseó todos los malditos días que pasó en Palermo, entre proyectiles que silbaban en las esquinas, cadáveres tendidos en el suelo y desaparecidos por «escopeta blanca». Tendría que estar tranquilo, pero no lo está. No lo ha estado en ningún momento desde que regresó a Florencia. Ha asistido impotente, como espectador, a la demolición del edificio que construyó con Falcone, Borsellino, Di Lello, Guarnotta, Ayala, Signorino. Y se tira de los pelos. No puede hacer otra cosa.

–¿Qué podemos hacer, Giovanni?

–Nada, Nino. Lo que podíamos hacer, ya lo hemos hecho. Pero tampoco me parece un desastre, podía haber sido peor. En general, la instrucción del sumario se salva; no ha pasado lo que pasó en Catanzaro hace veinte años, aquella ola de sentencias absolutorias para los ciento catorce imputados de Terranova. Se han confirmado doce cadenas perpetuas. Claro, hay cosas raras... –Tienen los dos la voz cansada, soñolienta–. ¿Has visto lo que dice la prensa?

–No, estoy en el campo, aquí no me llega todo, gracias a Dios.

–Dice –Giovanni coge de la mesita un ejemplar de *La Repubblica*–: «Los jueces no pueden participar en la lucha, no pueden juzgar pensando en la sentencia que espera la gente. Un juez es imparcial o no es. Si un juez lucha, si se pone de una parte o de otra, deja de ser juez. [...] Como decía Cicerón, soy siervo de la ley [...]».

–¿Siervo de la ley? De la ignorancia dirá. Es que no están preparados, Giovanni, no están culturalmente preparados para enfrentarse al fenómeno mafioso.

–Yo me pregunto: ¿cómo es posible que condenen a cadena perpetua a Riina y a diez años a Provenzano? ¿Por qué a Michele Greco le cae cadena perpetua y a Salvatore Greco, al Senador, solo seis años? ¿Por qué cadena perpetua para Riina y no para Lucchese? En fin, más que rabia, es que no entiendo algunas decisiones.

–También rabia, Giovanni, también rabia. Rabia mía y tuya. Tenemos motivos más que de sobra. Según la sentencia, también al profesor Paolo Giaccone lo mataron sin que la Cúpula supiera nada. ¿Qué pintaban entonces Giuseppe di Cristina, Ignazio

Gnoffo, Pietro Romano, Alfio Ferlito? ¿Para qué estaban? ¿Para presumir de cargo? ¿Por afán de gloria? ¿Para qué, si resulta que no sabían nada?

–En fin, no sé... Aún queda el Tribunal Supremo.

Sí, aún queda el Tribunal Supremo. Que es el futuro. Pero en el futuro está aprendiendo Falcone a depositar pocas esperanzas. Las tiene y son persistentes, sí, pero cada vez tiene menos. Y esto es un problema. Porque un ser humano debe poder vivir al menos en una de las tres dimensiones temporales. Pero resulta que el presente es una guerra perdida; en el futuro solo encuentra muros y puertas cerradas, y el pasado está derrumbándose con todo lo demás. La cuestión es, pues, la siguiente: ¿en qué cajón depositar las esperanzas? ¿Existe aún alguno que no haya sido ocupado, destruido o malvendido?

59. PERO ¿QUÉ MAFIA?

Palermo-Roma, 1991

–¡Es lo que llevo toda la vida diciendo! ¿Por qué soy yo un mafioso? Díganme por qué soy yo un mafioso.

Michele Greco está felicísimo en su campo de cítricos, que el sol ilumina. Se mueve por entre los terrones con la ligereza grave de la que solo los campesinos son capaces. Frente a él está el periodista Lino Jannuzzi, enviado por Giuliano Ferrara, presentador de una cadena de televisión del empresario Silvio Berlusconi.

–Hay varias acusaciones de mafia contra usted –dice el periodista.

–¿Mafia? Pero ¿qué mafia? Yo no sé nada de mafia. Yo he sido toda mi vida un agricultor y nada más. –Se da la vuelta y abre los brazos indicando su finca, llamada la Favarella. Es la misma en la que se reunían los capos de las nueve provincias sicilianas a comer y «hablar». La misma en la que, según reveló Contorno, refinaban heroína–. Esto –añade mirando los troncos bajos y robustos, los surcos arados, el corral de los animales. Parece que estuvieran filmando un episodio del programa sobre el mundo agrícola *Linea verde*, pero no es eso. Es una entrevista que están haciéndole al Papa Michele Greco, que hasta hace unas horas se hallaba en la celda 38 del séptimo pabellón de la cárcel del Ucciardone.

–¿Y los arrepentidos que lo acusan? En el juicio hubo varios colaboradores de la justicia que declararon que era usted el jefe de la Cúpula.

–¿Qué Cúpula? Yo no conozco más cúpulas que las de las iglesias. Arrepentidos... Gente del demonio. Si atrapan a un delincuente y le ofrecen la impunidad, ¡dice lo que sea!

En la calle Arenula, en Roma, hay gran agitación. En el Ministerio de Gracia y Justicia los papeles van y vienen. Sobre la mesa de madera lacada que ocupa la sala de reuniones, las hojas pasan de mano en mano: salen del extremo de la derecha, dan la vuelta y vuelven al mismo punto. Todos los presentes garabatean algo, tal vez su firma, en esos papeles que llegan por un lado y siguen por el otro. Son Liliana Ferraro, Loris d'Ambrosio, Giannicola Sinisi, Giuseppe di Federico. Un puñado de magistrados, políticos, docentes universitarios, juristas, todos reunidos para un único fin.

–¿Ya? –pregunta el vicepresidente del gobierno Claudio Martelli, delfín de Bettino Craxi, que es también ministro en funciones de Gracia y Justicia. Preside la reunión junto con su colega Vincenzo Scotti, ministro del Interior.

–Un momento –dice uno. Pide que le devuelvan los papeles que acaba de pasar, hace otro par de signos y los devuelve–. Ya.

–¿Listos todos?

–Todos –dicen dos o tres al mismo tiempo.

–Muy bien.

Martelli firma los papeles uno a uno y los mete en una carpeta. En la puerta hay un hombre que lleva un rato esperando. Martelli se levanta y le entrega la carpeta.

–¿Qué piensa del juez Corrado Carnevale? –pregunta el periodista a don Michele. Le acerca el micrófono a la boca. No quiere que se pierda una sola palabra. Sabe que la entrevista vale su peso en oro. El operador los sigue despacio con la gran cámara al hombro.

–¿Que qué pienso de Carnevale? ¡Pues que estamos en cuaresma, no me hable del carnaval! –Se echa a reír. Tiene un rostro afable. ¿Cómo no dejarse enternecer por este señor que lleva una mandarina en la mano, este vejete que no quiere más que pasearse por su naranjal, hacerse su vino, su poco de queso y nada más?

–Y sin embargo estaba usted en la cárcel por mafioso.

–¿Por mafioso? ¡Y dale con la mafia! Yo odio el mal desde que nací, soy cristiano. Todo lo que va contra esta moral religiosa es negativo. Además, dígame usted por qué soy yo un mafioso...

Michele Greco está libre. Libre como una de esas mariposas que se posan en sus naranjas, esas naranjas que cuelgan bien maduras de los árboles de su finca; libre como los capos Giuseppe Madonia, Tommaso Spadaro y Pippo Calò. Libre como Salvatore Rotolo, llamado Anatredda, que mató a Paolo Giaccone, el médico forense que se negó a encubrir a la mafia, a tiros de Beretta, y a otras cuatro personas con sus propias manos en la cámara de la muerte de Filippo Marchese; libre como Pietro Senapa que, cuando no disolvía a sus víctimas en ácido, las arrojaba al mar con un bloque de cemento en los pies; libre como Pietro Alfano, el Zappuni, así llamado porque tenía los dientes delanteros como palas; libre como Stefano Fidanzati, hijo de Gaetano, el padrino de los barrios de Arenella y de Acquasanta; libre como Giovan Battista Pullarà, de Santa Maria del Gesù; como Mariano Agate, de Mazara del Vallo; como Vincenzo Buffa y como mucha otra gente de los Prestifilippo, de los Ciaculli, de los Marchese. En total, cuarenta y tres hombres de Cosa Nostra que fueron encarcelados con la primera sentencia del Maxiproceso y ahora están libres.

–¡Escribe, escribe que el juez Carnevale es bueno y justo como el papa Juan! –le grita una mujer a Attilio Bolzoni, que se apiña con otros colegas periodistas a la puerta de la cárcel del Ucciardone–. ¡Escribe eso!

Parece una fiesta lo que hay en la calle Enrico Albanese, número 3. Todos alaban al juez Carnevale: una estrella del firmamento judicial, un defensor del pueblo llano de Palermo y no solo de Palermo. Lo que la sentencia del tribunal de apelación no ha podido hacer, lo ha hecho él. No ha sido el fallo en segunda instancia lo que ha puesto en libertad a los caballeros que ahora salen en manada de la cárcel, unos en el coche de algún pariente, otros en su propio coche de lujo. De ser por la sentencia, los devotos del «papa Carnevale» seguirían en la cárcel. Si vuelven a casa, con su gente, es por otro motivo.

Tras la sentencia, los abogados defensores buscaron otras vías para sacar de la cárcel a sus defendidos, a saber: los plazos de prisión preventiva. En esencia, los abogados alegaron que el periodo de prisión preventiva había prescrito porque, en su momento, la acusación no había pedido que se suspendiera durante los días del juicio, que fueron muchos, muchísimos. El tribunal de apelación rechazó el recurso y los abogados se dirigieron a la sala primera del Tribunal Supremo, donde encontraron al juez Corrado Carnevale, llamado en el mundillo el Matasentencias.

Anuló nada menos que tres veces la condena a cadena perpetua de Santo Barranca, delincuente del barrio de la Kalsa acusado de asesinar al mariscal de carabineros Vito Ievolella.

Anuló las cadenas perpetuas de Giuseppe Madonia, Vincenzo Puccio y Armando Bonanno, a los que, inmediatamente después del asesinato del capitán Emanuele Basile, detuvieron cerca del lugar de los hechos. Para justificar su presencia allí, dijeron que estaban con unas mujeres y, a la pregunta de quiénes eran esas mujeres, contestaron que no podían decirlo porque eran casadas.

Revocó la orden de busca y captura del capo camorrista Giuseppe Misso, acusado del atentado del tren expreso 904 Nápoles-Milán.

Anuló las órdenes de busca y captura dictadas contra el capo de la 'Ndrangheta, Giuseppe lo Giudice, y tres de sus hijos, acusados de asociación mafiosa.

Es larguísima la lista de sentencias y órdenes de busca y captura que «mató» el juez Carnevale, que, para los abogados defensores –e incluso para algunos intelectuales, tanto de derechas como de izquierdas– es un ejemplo de garantismo y un fino conocedor del código penal. Se comprende que para las familias que ahora se congregan a las puertas de la cárcel del Ucciardone sea un santo.

–Estamos coordinándonos, no hemos aprobado nada –dice el subsecretario de Estado Nino Cristofori a los periodistas que se agolpan delante del Palacio Chigi, sede del gobierno.

–Pero ¿cómo? Se esperaba un decreto.

–Repito, estamos coordinándonos. No sé a qué decreto se refieren, no hemos aprobado nada.

Entra en el edificio sin que los periodistas saquen nada en claro. Recorre a escape un pasillo, luego otro. El ruido de sus tacones resuena en los altos techos. Abre una gran puerta, entra y la cierra rápidamente tras de sí.

Unos hombres con chaqueta y corbata, sentados en torno a una mesa, se vuelven.

–¿Y bien? –le preguntan.

–La prensa está ahí fuera –suspira–. Hay que darse prisa. –Respira con sofoco–. ¿Lo habéis enviado?

–Sí. En cuanto nos lo entregó Martelli, lo firmamos y lo enviamos.

–¿Cómo lo habéis enviado?

–Con un repartido.

–¿Un repa...?

–Era el sistema más rápido.

–¡Don Michele, don Michele! –grita un hombre bajo, con sombrero, desde el fondo de la finca. Pero el Papa no lo oye. Está muy ocupado hablando con el periodista. Pasea por el naranjal con la mandarina en la mano, como si esta fuera una pequeña calavera de Yorick, y responde a las preguntas que le hace Jannuzzi... como quiere.

–Señor Greco, ¿por qué lo llaman «el Papa»?

–Ah, ¿me llaman así? Yo no puedo compararme con un papa, ni siquiera con el actual, por inteligencia, cultura, doctrina... En cambio, por tener la conciencia tranquila, por lo profundo de mi fe, digamos, soy como ellos, si no superior.

–Está usted acusado de tráfico de estupefacientes.

–A mí ya solo hablar de droga me asquea. Mi dinero es dinero limpio. Mis tierras son el fruto de mi trabajo y de la herencia de mis padres.

–¡Don Michele! –El hombre del sombrero se acerca.

–¡Qué coñ...! –Don Michele se vuelve.

–Que lo llaman por teléfono –dice el otro sofocado.

–¿Y qué? ¿No ves que estoy dando una entrevista? ¿No puede esperar?

–No, don Michele, no puede.

–Si tiene usted que... –dice el periodista.

–¡Que esperen! –ruge el Papa–. Primero terminamos la entrevista y luego...

–Es la policía, es urgente.

En los pasillos de la comisaría hay una cumbre mafiosa. Anatredda, Zappuni y los demás intercambian miradas de estupor, murmuran, maldicen.

–¡Comisario, comisario! –grita uno de los Marchese, que, como todos los demás, ha salido de la cárcel con la última resolución del juez Matasentencias.

–No soy comisario, pero dígame.

–¿Pueden hacer el favor de informarnos? Estamos esperando. Estábamos comiendo en casa. Somos personas libres. Ya está bien.

–No se preocupen –asegura el agente–, es cuestión de minutos. Un simple control.

–¡Pues dense prisa! –exclama uno, levantándose bruscamente del banco del pasillo–. ¡Que en casa me esperan para comer!

–Calma. Dos minutos y a casa.

–¡Oh, oh! A don Michele también lo han llamado –susurra Anatredda.

Y, en efecto, es el mismísimo don Michele quien lentamente se acerca y se une al grupo.

–Mis respetos, don Michele. –Se levantan, se ponen en fila y empiezan a besarle la mano uno tras otro.

–¿Sabéis por qué nos han llamado?

–Será para firmar algo. El caso es dar por culo.

–¿Qué significa todo bien? –pregunta el ministro Martelli con el teléfono pegado a la oreja–. Sí, ya, pero ¿el primer ejemplar ha salido? Entiendo, ha llegado el repartidor, han firmado y demás, pero si aún no ha salido el primer ejemplar no está «todo bien». Vale, vale, tenedme informado. Puntualmente, por favor.

Cuelga el teléfono y mira a los colegas. Tiene la cara desencajada.

Ha sido un maratón. Una carrera contrarreloj. El ministerio, junto con el departamento jurídico, ha redactado un decreto sobre justicia penal que contiene una nueva norma: el tiempo de prisión preventiva deja de correr mientras se celebra el juicio independientemente de que el fiscal lo pida o no. De esta manera, los caballeros recién excarcelados volverán al trullo.

Han hecho un gran trabajo los juristas del ministerio: los que había y los recién admitidos. El último llegado también ha ayudado a concebir el decreto. Se dice incluso que lo redactó él. Es de Palermo y se llama Giovanni Falcone.

–Estense tranquilos –les dice el agente a Anatredda y compañía. También el capo de Ciaculli está harto. Se ha sentado en el banco y resopla.

–Hecho –dice alguien desde el despacho. El agente mira hacia la puerta que hay al final del pasillo. Ve que un colega la atranca y que otros seis o siete se apuestan delante.

El primer ejemplar del Boletín Oficial del Estado con el decreto del consejo de ministros ha salido de imprenta. El decreto ya es ley. Las excarcelaciones quedan anuladas. Todo el mundo vuelve al Ucciardone.

–Caballeros –dice el agente–, pueden esperar sentados. Va para largo.

60. EJERCICIOS DE NORMALIDAD

Roma, 1991

No se sabe adónde van esas dos personas cargadas de cubos, trapos y escobas. Una de ellas, un hombre, lleva debajo del brazo una tabla de planchar, que sobresale como si fuera una vela. La otra camina torpemente por el empedrado, en el que de cuando en cuando tropiezan. Tal vez algún vecino de la calle Santo Stefano del Cacco, no lejos del Panteón, haya contratado una empresa de limpieza. O tal vez solo sean dos viejos colegas magistrados, uno palermitano, la otra salernitana, que trabajaban codo con codo en Sicilia y ahora vuelven a unirse, pero en Roma.

–Esperaba que el ministro tuviera algo mejor que ofrecerme, cuando me llamó –dice jadeando Giovanni.

–Ánimo, que casi hemos llegado. –Del brazo derecho de Liliana Ferraro cuelga una gran bolsa llena de detergentes–. Por cierto, esto podías llevarlo tú...

–¡Ya llevo la tabla de planchar!

Caminan otros cincuenta metros y se detienen delante de un portón de madera.

–¡Por fin! –dice Liliana. Están delante del pequeño edificio en el que el ministerio ha alojado a Falcone. En el piso hay de todo. Está completamente amueblado. Solo falta lo esencial.

Entran en el piso, dejan las bolsas en el suelo, miran a un lado y otro. Misión cumplida, de momento. Giovanni ha contratado a la misma mujer que le limpia a Liliana. Ha ido un par de veces. La última vio la pistola encima de la mesa y se asustó. Es de esperar que vuelva, porque si no habría un serio problema.

Giovanni va a la despensa, coge el café y prepara la cafetera. Dentro de poco tendrán que volver al despacho.

Está cansado y feliz. Es lo primero que piensa cuando se sienta con Liliana a la mesa de su nueva casa. En Roma, su seguridad personal corre menos riesgo que en Palermo y puede permitirse algunos momentos de normalidad, como pasear por la calle sin escolta y con una tabla de planchar bajo el brazo. Lo segundo que piensa mientras se toma el café es que, curiosamente, aunque está en una ciudad que conoce poco, que habla con un acento muy distinto y tiene hábitos distintos, ritmos distintos, calles distintas, se siente más «en casa» de lo que se ha sentido últimamente en Palermo, donde todos los días tenía la impresión de que lo echaban, de que le ponían las maletas en la puerta y lo invitaban a desalojar cuanto antes. Nuestra casa, en realidad, es donde nos sentimos acogidos.

–Que pase un buen día, señoría.

–Hemos nacido para sufrir. –Falcone sonríe y se apea del coche. El escolta que le ha abierto la portezuela se queda desconcertado–. Pero es solo por poco tiempo –añade. Su señoría no es persona dada a confidencias. A lo mejor hoy tiene ganas de charla–. Digo su sufrimiento, no el mío. –Coge la bolsa del asiento, ríe, le da una palmada en la espalda–. Tengo los días contados, lo sé.

–No lo diga ni en broma –responde el policía. Está turbado, inquieto o ambas cosas a la vez. El juez no puede permanecer de pie junto al coche. Es una infracción del protocolo. El agente le señala la entrada del edificio como pidiéndole amablemente que no se quede en la calle, donde es un blanco fácil.

–No es broma –dice Giovanni, dirigiéndose a la entrada–. No es broma –susurra para sí. Saluda con un ademán a los policías y entra en el edificio.

El despacho de Falcone, en la cuarta planta del edificio de la calle Arenula, a pocos minutos de su casa, no es como los demás. Tiene puertas blindadas y hay agentes de guardia todo el tiempo que él está dentro.

A menudo, a mediodía, va a comer a casa de Liliana, que no está lejos del ministerio. Va incluso cuando ella no está. El portero ya lo conoce y le presta la llave del piso. Si no tiene nada que comer, la mujer del portero le prepara algo que luego él se come en el apartamento.

Resulta extraño trabajar en un despacho del gobierno, ocupar un cargo en un gobierno que preside Giulio Andreotti, ser el director de asuntos penales nombrado por el pupilo socialista de Bettino Craxi. Lo piensa cada vez que franquea la puerta saludado por los guardias, entra en el despacho y se sienta a la mesa. No ha aceptado de buen grado, pero tiene sus planes. No está escapando, desde luego. Sabe que lo pensarán, que se lo echarán en cara, que lo acusarán de abandonar la trinchera para ponerse a salvo y dejarse mimar por el poder. Pero no es eso. No abandona la trinchera, sino que busca otra, ahora que la primera no le sirve. Y, sobre todo, busca nuevas armas. Si hay que hacer la guerra, mejor hacerla con cañones que con hondas.

Y, de hecho, está preparando algo grande. Está cargando su mejor arma, que podría inutilizar el obstruccionismo de las fiscalías locales, el clientelismo, las connivencias, la pereza de muchos. Su nueva arma se llama DNA, Dirección Nacional Antimafia. Lo ha hablado con el ministro Martelli, que está entusiasmado. El decreto ley que permitirá crear el nuevo organismo está ya preparado. Este organismo coordinará la investigación contra la mafia a escala nacional. En la sede central, en Roma, habrá un superfiscal asistido por veinte fiscales adjuntos. Se crearán veintiséis fiscalías de distrito que tendrán por único cometido combatir el crimen organizado. La Superfiscalía actuará como enlace con el gobierno central, definirá estrategias investigativas y evitará que los casos se dividan en piezas separadas inútiles y poco concluyentes. Y eso no es todo. Cuando las fiscalías de distrito se muestren incompetentes o inactivas, la Superfiscalía podrá rescatar sumarios e instruirlos por su cuenta. Será una especie de comisariado que vigilará a las fiscalías indolentes, poco preparadas o «descuidadas».

Falcone tiene delante los papeles de la DNA cuando la secretaria llama a la puerta.

–Ha llegado su señoría Borsellino, le digo que espere o...

–No, no, que entre. –Se quita las gafas, se levanta del sillón y sonríe ya antes de oír en el pasillo los pasos del amigo.

Es otra cosa que hace que se sienta aún más como en casa: que Paolo venga de Marsala solo para verlo. Sería perfecto si viniera también Francesca. Pero Francesca no viene.

–¿Echas de menos los espaguetis con erizo de mar? Me han dicho que estás a dieta.

–Sí, lo estoy, pero solo cuando como en casa.

–O sea, nunca.

–Eso lo dirás tú.

–No lo digo solo yo. –Lanza una mirada risueña a la tripa de Falcone que, en efecto, abulta más que antes. Ya casi no hace deporte. Con las medidas de seguridad a las que está sometido, es imposible ir a nadar a una piscina pública o al gimnasio. Nota que su presencia en lugares muy concurridos, cuando va acompañado de la escolta, no es bienvenida. A nadie le gusta encontrarse con unos hombres armados que observan a todo el mundo y están atentos a cualquier movimiento. El ambiente se pone tenso, empieza a oler a peligro, se contamina de malos presagios.

–¿Qué se le va a hacer? ¡Liliana me lleva a cada restaurante!

Paolo lo encuentra más relajado que cuando estaba en Addaura. Se vieron alguna vez después del atentado y Giovanni tenía una mirada preocupante. Paolo temía que fuera a derrumbarse. Ahora parece que esté recuperando la paz, el entusiasmo que había perdido. No pasa nada, pues, porque engorde algún kilo de más.

Se sientan en los pequeños sofás que hay en el centro del despacho y Borsellino le dice lo que piensa. Falcone se lo imaginaba, desde luego, pero oírlo le duele.

–No estoy de acuerdo.

–Lo sé, pero es porque no lo ves claro.

–Lo veo clarísimo.

–Tú crees que...

–Yo creo que te has puesto a trabajar para Martelli, el mismo que hasta hace poco se oponía a los Maxiprocesos y no perdía ocasión de atacarnos. Creo que te has puesto a trabajar para Andreotti. Y creo que los dos sabemos muy bien quién es Andreotti.

–O sea que, según tú, ¿me he pasado al enemigo?

Borsellino reflexiona un instante. Mueve la cabeza.

–No, eso no, eso nunca lo harías. Es que... No sé, Giovanni, no sé. Explícamelo, porque no entiendo nada.

–Mira. –Giovanni se inclina hacia Paolo, apoya los codos en las rodillas, baja la voz–. Sí, había ciertas conexiones. Lo sabemos perfectamente. Está demostrado, incluso está fotografiado.

–¿Por qué dices que «había»? ¿Qué ha cambiado?

–Que esa gente pertenece al pasado. Los Bontate, los Inzerillo..., eso se acabó. Y la relación que tienen con los de ahora no es la misma. Él quiere librarse de estos, quiere combatirlos. Por oportunismo político, claro. O porque quiere que ciertas cosas no se sepan. No lo sé, son solo suposiciones. Lo que sí tengo claro es que, hoy por hoy, existe una voluntad real de luchar contra ellos, tanto por su parte como por parte de Martelli. Y no puedo desaprovechar la ocasión. Cuando acabe la guerra, adiós muy buenas, pero ahora... ahora que me dan los tanques y me dicen: «Úsalos», no puedo decir que no. Porque la alternativa ya sabes cuál es. Ya sabes lo que es ocuparse de casos de enganches de luz ilegales en el barrio de Zen. Lo sabes muy bien.

–Pero ¿de veras crees que te dejarán manos libres?

–Tienen que dejármelas, Paolo, tienen que dejármelas. Mira esto. –Coge unas hojas prendidas con un sujetapapeles–. Estas son las funciones del fiscal nacional antimafia. –Se chupa la yema del dedo y repasa las páginas–:

> Identificará el objeto de la investigación y orientará las pesquisas en todo el territorio nacional [...]. Dará a los fiscales de distrito directrices concretas a fin de garantizar el mejor desempeño de los magistrados de distrito en la lucha contra la mafia y de la policía [...]. Dará a los fiscales de distrito directrices concretas a las que estos deberán atenerse para prevenir y resolver conflictos relacionados con la coordinación de la actividad investigativa [...].

Y hay más, escucha:

> Reunirá a los fiscales de distrito para resolver los conflictos que, pese a las directrices impartidas, puedan surgir e impidan la coordinación efectiva [...]. Asumirá la investigación preliminar de los delitos contemplados en el artículo 51, párrafo 3 bis del código penal en los siguientes casos: duradero e injustificado estancamiento de la investigación, injustificada violación de los deberes previstos por el artículo 371 sobre coordinación de la investigación [...].

–Sí, sí –dice Borsellino, dispersando la nube de humo que sale de su cigarrillo–. Todo muy bonito.

–¿Pero?

–Pero no estoy de acuerdo. Lo siento. No estoy de acuerdo.

61. CENICIENTA

Roma, 1991

–Yo creo que no es un atentado, sino un aviso. Si hubieran querido matarte, lo habrían hecho. Solo quieren que entiendas que pueden matarte cuando quieran.

–Gracias, Giovanni. Es un gran consuelo.

–De nada. Yo tengo que decirte la verdad. Además, no querrás meter en la cárcel a un montón de mafiosos que acaban de salir de ella y esperar que te envíen cestas de Navidad.

Claudio Martelli frunce el ceño. Falcone tiene razón.

El ministro observa los impactos de bala de la pared de su garaje. Los mira como si pudieran revelarle algún designio oscuro o darle alguna pista sobre los futuros movimientos de la mafia.

Al anochecer del día anterior, estando Martelli en la terraza de su casa de la avenida Appia con algunos colaboradores, se oyeron unos disparos en la calle. Cuando la escolta lo permitió, bajaron todos a ver lo que pasaba. Unos hombres habían disparado unos tiros de pistola y habían huido. Los agentes los persiguieron, los prendieron y los desarmaron. Rápidamente comprobaron sus documentos y antecedentes penales. Eran dos hermanos de Alcamo, provincia de Trapani, ya fichados por mafiosos, y uno de ellos, el mayor, también por homicidio.

–Hemos salido a cazar –explicaron.

–¿Por el chalé del ministro de Gracia y Justicia?

–Es que vimos una bandada de aves.

–¿De noche, que no se ve nada?

Por los balazos de la pared, la «bandada de aves» debía de volar muy bajo. Al parecer se alojaban en el chalé La Cornacchiola del abogado Ganci de Palermo, no lejos de allí, y este –candidato en las últimas elecciones regionales por el Partido Socialista, el partido del ministro, aunque no salió elegido– los había contratado para que vigilaran la casa.

–¿Tenemos que preocuparnos? –pregunta el ministro.

Falcone reflexiona un poco.

–Aún no –contesta.

Aunque no quiere admitirlo, es más un deseo que un análisis realista de la situación. Quiere desechar la idea de que una sombra oscura lo ha seguido desde Palermo, atravesando el estrecho y llegando a Roma, para cernerse sobre él y sobre las personas con las que trabaja. Se encuentra bien en Roma. El día anterior estuvo con su colega Giannicola Sinisi comiendo en el restaurante Giovanni Ar Galletto de Campo de' Fiori: un plato de espaguetis a la carbonara lleno hasta arriba, una botella de vino tinto. La normalidad empieza a parecerle no ya algo temerario, sino una posibilidad concreta que tiene al alcance de la mano, que puede tocar. Incluso ha asistido a un par de conciertos de música clásica en la Academia de Santa Cecilia. Y hace unos días, en casa de un colega, conoció a Renzo Arbore y a un amigo de este, el cantante napolitano Vittorio Marsiglia, que le cantó y dedicó una canción acompañándose de la guitarra. Poco importa que luego, a medianoche, tuviera que irse como Cenicienta, en un Fiat 127 azul que hacía las veces de carroza, porque a las cinco de la mañana tenía que levantarse a trabajar. Ante la sorpresa de Sinisi, que también estaba presente, dijo: «Es el medio más seguro del mundo. ¿Quién se esperaría verme en esta tartana? ¡A mí me buscan en coches blindados!».

Querría que esta normalidad continuara, que fuera eso, normal.

El despacho del juez Carnevale, presidente de la sala primera de lo penal, está en la primera planta del edificio del Tribunal Supremo. También él, como el ministro Martelli, mira por la ventana y ve discurrir el río Tíber.

–Falcone es un cretino –dice por teléfono mirando el río, que hoy arrastra una espuma extraña. El juez Matasentencias tiene las piernas cruzadas y apoyadas en la esquina de la mesa, y los pies, calzados con zapatos negros relucientes, cuelgan inertes. Por el tono y la postura, se conoce que está hablando con alguien de confianza–. Nivel de profesionalidad próximo a cero. Tanto él como Borsellino. Sí, sí... –Se pasa la mano por el pelo moreno–. Si el Consejo Superior de la Magistratura viera los sumarios que han instruido esos Dioscuros... ¿Cómo, quiénes? Falcone y Borsellino. No, hombre, no digo eso, es normal tener ambiciones. Es humano. Pero hay magistrados que lo hacen todo por medrar, ¿o no? Pues Falcone es uno de ellos. Oye... Yo puedo respetarlo en el plano humano, pero en el plano profesional me parece de un nivel muy modesto. Sí, un cretino, te lo repito. Oyendo algunas cosas que afirma, eso es lo menos que puede decirse. ¿Y qué te parece eso de pasar de unos padrinos a otros? Del Partido Comunista a Andreotti, de Andreotti a Martelli...

La secretaria abre cautamente la puerta del despacho y asoma la cabeza.

–Señoría –susurra–, es el profesor...

Pero Carnevale le hace señas de que se vaya y cierre la puerta. Lleva ya al menos veinte minutos al teléfono y la conversación amaga con prolongarse otro buen rato.

Se habla mucho de Carnevale últimamente. Se habla de él desde el día de la excarcelación de los cuarenta y tres mafiosos que luego volvieron a prisión tras la intervención *in extremis* del consejo de ministros, pero también porque parece que será el presidente del tribunal que fallará sobre el recurso de casación del Maxiproceso de Palermo.

–Cuando lo apadrinaba Andreotti, no se podía juzgar a Salvo Lima. ¿Sabes cuál es la verdad? Que Falcone empezó a luchar contra la mafia por resarcirse. Se trasladó de Trapani a Palermo por un asunto personal no muy claro. Quería rehabilitarse, digamos. Luego trabajó al servicio de Chinnici y ambos hicieron guiños a la izquierda, que necesitaba jueces militantes, gente que combatiera a Cosa Nostra y por tanto a Democracia Cristiana y demás partidos de gobierno cercanos a la mafia. Muere Chinnici, viene de Florencia Caponnetto a sustituirlo y cuando se marcha lo nombra su sucesor. Falcone busca el apoyo de los comunistas, pero no lo consigue, porque prefieren a Antonino Meli. Y entonces se pasa a Andreotti. Y de Andreotti a Martelli. Cuadra, ¿no?

–El Maxi irá a la sala de Carnevale. No hay nada que hacer.

Martelli está sentado en su despacho con Liliana Ferraro, Giovanni Falcone y Livia Pomodoro, jefa de gabinete del ministerio.

–¿Y el tribunal? –pregunta Falcone.

–Aún no se ha constituido, ni se sabe quién lo dirigirá.

Falcone se lleva la mano a la frente. Liliana Ferraro y Livia Pomodoro intercambian una larga mirada.

–Pero también hay noticias positivas, ¿verdad? –pregunta Pomodoro a Martelli.

–Brancaccio dice que está pensando en lo de la rotación, luego imagino que se hará.

Giovanni suspira.

–Por lo menos eso.

El miedo a que el juez Carnevale «mate» por enésima vez una sentencia y anule la labor desarrollada por el grupo antimafia en el Maxiproceso de Palermo no solo cunde en los despachos del ministerio. Se propaga y llega al Tribunal Supremo y a su presidente, Antonio Brancaccio. A él han apelado Ferraro, Falcone y el mismo Martelli. Tienen que andar con pies de plomo, porque corren el riesgo de que este alto magistrado vea una injerencia en las maniobras del ministerio. Pero también corren el riesgo de que la última palabra sobre el Maxiproceso la tenga un juez que es famoso por las innumerables condenas gravísimas que ha revocado y sobre cuyo desempeño el Ministerio de Gracia y Justicia acaba de emitir un informe según el cual el número de sentencias que ha anulado es mucho mayor que la media de las demás salas. Encima, la composición de los tribunales que Carnevale preside casi nunca cambia y las sentencias más controvertidas las dicta un grupo de jueces reducido e invariable. Es curioso, por último, que en las causas contra el crimen organizado sobre las que se pronuncia el tribunal presidido por Carnevale participen siempre los mismos abogados defensores.

Por eso el ministro Martelli le ha hablado a Brancaccio de la idea de aplicar un turno rotatorio entre las distintas salas de lo penal a la hora de asignar causas mafiosas.

–Pero hay otra noticia, también negativa –dice el ministro.

–Hoy quieres amargarnos el día –le replica Giovanni.

–Por desgracia, lo del turno rotatorio no podrá entrar en vigor hasta el año que viene. O sea, de momento...

–¡No! –dice Ferraro.

–No hay nada que hacer.

–¿Y entonces será Carnevale? –pregunta Falcone.

–Será Carnevale.

–Créeme, renunciaría con tal de evitarme problemas.

El juez Carnevale lleva hablando por teléfono más de media hora. Ha cerrado con llave la puerta del despacho para que no lo molesten y ha vuelto a sentarse apoyando las piernas en la mesa.

La espuma se ha acumulado en las orillas del Tíber y forma como una orla gris a lo largo del dique. Por la ventana, el juez ve que las gaviotas que sobrevuelan el lugar se posan desganadas, indolentes, en la orilla de enfrente –en la que, más adelante, río abajo, está el Ministerio de Gracia y Justicia–, se abaten sobre la superficie del agua, donde quizá floten restos de comida o algún pez muerto, levantan el vuelo y se van a otra parte.

–No veas la que está cayéndome por lo de las últimas excarcelaciones. Ahora resulta que los periodistas dan clases de derecho. Tienes razón, lo mejor sería renunciar a presidir el tribunal y nombrar a otro, pero ¿te imaginas lo que diría la prensa? Que tengo miedo, que soy un cobarde. Sería como rendirse, como darles la razón, ¿no crees? No lo sé, no lo sé. Además, ¿luego cómo podría...? Ah, es verdad. Buena idea. Lo pensaré. Ahora tengo que dejarte.

El juez baja las piernas, acerca el sillón, apoya los codos en la mesa y la barbilla en los puños cerrados y se queda con la mirada perdida. Hay una manera de salir del paso honrosamente, en efecto. Salvar la cara sin que el Maxiproceso se le escape de las manos. Viviría más tranquilo. Y demostraría a Falcone y compañía que tampoco tiene tanto interés en manejar los hilos, que puede prescindir tranquilamente, dando, no un paso atrás, sino al lado, con noble indiferencia.

Hace tiempo que lo atrae la idea de dirigir el tribunal de apelación de Roma. Si lo pidiera y se lo concedieran, no podría presidir el del Maxiproceso. Y así no tendría que justificarse. Sería imposible y punto. Eso sí, aún le correspondería a él nombrar al juez que lo sustituyera como presidente.

Coge el bolígrafo, empieza a golpetear con él en una hoja en blanco, con la mirada perdida. Así transcurren unos minutos. Al final se levanta, abre la puerta y le dice a su secretaria:

–Llame por favor al juez Molinari.

Ahora hay dos personas en el despacho de Carnevale. El presidente está sentado a su mesa. Frente a él, hay un hombre anciano, en un traje elegante, que mira a un lado y otro con inquietud, como si de algún sitio le llegara una corriente de aire helado.

–Ya usted sabe, presidente... O sea, yo...

–¿Qué le pasa a su señoría? ¿No está convencido? ¿Quiere pensárselo?

–No es que quiera pensármelo. Al contrario, lo acepto porque es mi deber.

–Y hace bien. Si recurro a usted es porque es un juicio importante.

–Le doy las gracias... Pero...

–¿Qué?

–No sé si dará tiempo antes de que... Puede que no sirva de nada.

–¿Antes de qué?

–De que me jubile.

Pasquale Vincenzo Molinari, estimado juez de la sala primera de lo penal, está a punto de jubilarse, en efecto. Le quedan pocos meses de ejercicio, meses durante los cuales tendría que estudiarse el sumario de uno de los juicios más grandes de la historia de la lucha contra la mafia. Y puede ocurrir que algún conflicto burocrático dificulte aún más el proceso, como acaba de decirle a su jefe.

–Ya. –Carnevale reflexiona–. Dime, ¿cuándo te jubilas?

–El 6 de enero próximo, dentro de siete meses.

–No pasa nada. Basta que fijemos la vista en noviembre y listo.

Pero ocurre que la motivación del recurso de casación aún no se ha presentado, con lo que el Tribunal Supremo no puede empezar a trabajar. A eso se suman los recursos que interpongan, que retrasarán aún más la vista. Hasta finales de otoño, pues, no se podrá hacer nada.

–Ahí tienes el sumario. –Carnevale señala la estantería que tiene detrás, en cuyas baldas hay una serie de abultadas carpetas–. Ya puedes empezar a estudiarlo.

Molinari se levanta suspirando.

–Aprovecharé para hacerlo estas vacaciones. –Se va a Calabria, donde nació.

–Gracias.

Carnevale se levanta y le estrecha la mano. Con gestos amables lo acompaña a la puerta, lo despide. Vuelve al sillón, desde el que se ve el Tíber.

La espuma ha desaparecido, arrastrada por la corriente. Unas gaviotas se disputan unas sobras de comida.

62. NO LO DIGAS

Roma, 1991

Se nota bastante que se ha arreglado la casa solo. Pero nadie se lo dice: en parte por el cariño que le tienen, en parte porque está muy orgulloso de ese apartamento que se ha amueblado y decorado tan bien sin la ayuda de una mujer (aparte de la de Liliana Ferraro, pero tampoco esto se lo dicen). Incluso ha colgado unos cuadros en las paredes y de vez en cuando los endereza con un golpecito, como si ponerlos rectos, con el borde inferior bien paralelo al suelo, bastara para que todo esté en orden. «*Voilà*», dice enderezando un cuadrito o dos, y todo –se supone– queda en perfecta armonía.

Lo ha hecho un par de veces en presencia de su colega Sinisi, otro par de veces en presencia de Ferraro y ahora lo hace de nuevo.

Entra, deja la bolsa de piel en el suelo, camina hasta la pared de la que cuelgan los cuadros, endereza uno y dice, todo orgulloso: «*Voilà*».

–Impresionante. Te felicito –le dice Francesca.

–No te burles.

–No me burlo. Tienes una casa de soltero joven preciosa.

–Capto mucha ironía.

–¿Por lo de joven? No, aparte de eso –le señala la tripa–, se te ve en forma.

Ha ido a recogerla al aeropuerto –esta vez en un coche blindado– y la ha traído aquí, a su nueva casa de la calle del Cacco. El plan es pasar el resto de la jornada juntos, tomarse un respiro curativo, sobre todo él, después del día que lleva.

Por la mañana, el ministro Martelli lo saludó en el pasillo y, antes de que entrara en su despacho, le mostró una carta que acababan de recibir en la calle Arenula. Es un comunicado de cuarenta y cinco líneas que han enviado desde Turín a todos los juzgados de Italia y que firman sesenta y tres magistrados que se oponen a la creación de la Superfiscalía. Unos dicen que es «inadecuada, peligrosa y contraproducente», otros que es «extravagante», otros se muestran alarmados por el «intento de injerencia del poder político en el judicial» y otros, por último, hablan de «grave ataque a la democracia». «No nos mueve la voluntad de crear polémica», dice la carta, «sino la intención y la esperanza de contribuir a que las sacrosantas esperanzas del país tengan respuestas adecuadas y no ilusorias, objetivo para cuya consecución deseamos que se abandone la vía del decreto ley y se abra inmediatamente un debate parlamentario.»

En realidad, el debate ya se había tenido, aunque no en el Parlamento, sino en la sala del Tribunal Supremo. Aquí, durante la asamblea de la Asociación Nacional de Magistrados, Raffaele Bertoni, que hasta pocos meses antes presidía esta asociación, dijo ante los colegas presentes que la Dirección Nacional Antimafia «será a la justicia lo que la Cúpula es a la mafia, con una diferencia: por encima de la Cúpula, según Falcone, no hay gente extraña que la dirija, mientras que la Superfiscalía la dirigirán sin duda órganos ajenos al poder judicial». La reacción de Bertoni, como la de Giacomo Caliendo, el vicepresidente de la misma asociación, la del secretario Cicala y la de la jueza del Consejo Superior de la Magistratura Elena Paciotti, y muchas críticas que se han vertido se explican porque son muchos los que, más o menos abiertamente, ven en Falcone a una persona ávida de foco mediático, de protagonismo, de medro profesional. Pues está claro que él, con algunos otros como Piero Luigi Vigna, Paolo Borsellino, Francesco Saverio Borrelli, es el candidato lógico al cargo de superfiscal.

Pero la razón por la que esta mañana se quedó Giovanni estupefacto ante Martelli al ver la segunda hoja, la hoja en la que figuraba la lista de los firmantes, es otra. No es tanto el contenido de la carta, ni el hecho de que esa asociación de jueces convoque una huelga contra, entre otras cosas, la creación de la Superfiscalía. Lo que lo dejó petrificado en medio del pasillo fue ver quiénes figuraban en esa lista. Entre los sesenta y tres jueces que suscriben el comunicado, que va dirigido a Andreotti, al presidente de la Comisión Interparlamentaria para el Código de Procedimiento Penal, Marcello Gallo, y al mismo ministro Martelli, Giovanni vio los nombres de Paolo Borsellino, Giuseppe di Lello, Gioacchino Natoli, Giacomo Conte, Antonino Caponnetto, Mario Almerighi, Gian Carlo Caselli y Libero Mancuso, además –cosa lógica– del de Vincenzo Geraci.

–Es curioso... –balbució Falcone–, es curioso que Paolo, Nino, Mario... Giuseppe... firmen contra mí en una lista en la que figura Geraci.

–No firman contra ti –dice Martelli.

–¿Ah, no?

–No. Sabes muy bien que Borsellino, Caponnetto, Di Lello, Almerighi... Espera, entremos. –Entraron en el despacho de Falcone y se sentaron en las butacas bajas–. Sabes que nunca firmarían nada contra ti. En ti tienen plena confianza, lo que creo que los preocupa es la persona que podría venir después de ti, con los mismos poderes y la misma capacidad de... de meter mano donde quiera, hablemos claro. No dudan de ti, de Giovanni Falcone. De quien no se fían es de mí. Ni de mí ni del gobierno.

Giovanni sacó un cigarrillo del paquete, se fumó la mitad de un tirón, calada tras calada, en silencio, mientras Martelli lo observaba, expectante. Al final, saliendo de su ensimismamiento, le preguntó al ministro:

–Claudio, ¿estás seguro de que debo presentarme al cargo?

–Segurísimo.

–Yo tengo muchas dudas.

–Yo no tengo ninguna.

–Pues nada... Ya veo que no te hago falta –comenta Francesca mirando a un lado y a otro–. Te las apañas muy bien.

–Lo único que falta eres tú.

–Sí, eso dicen todos.

–¿Todos tus amantes?

–Mis muchísimos amantes, exacto.

Se tumban en el sofá, con la cabeza una al lado de la otra. Observan el techo. Está claro que Giovanni quiere quitar hierro al asunto, pero que la procesión va por dentro. De camino a casa, ella también le ha dicho que no debe tomárselo como si fuera un ataque personal. Y él le ha contestado: «Ya, lo sé». Lo ha dicho tan rápido, tan maquinalmente, antes casi de que ella terminara de hablar, que se ha visto clarísimo que piensa lo contrario.

–Giovanni. –Ella preferiría no hablar del tema, pero tiene que hacerlo. Porque, si no, se crearía un malentendido.

–Yo no necesito a nadie –dice él, como si ya supiera lo que va a decirle.

–Lo sé.

–Solo te necesito a ti.

–Giovanni, Paolo es tu amigo. Y Nino. Y Mario.

–Hagamos algo irresponsable: vayamos al cine.

–Giovanni...

–¡A pie! Sin decírselo a la escolta.

–No puedes tomártelo todo como si fuera un ataque personal y lo sabes. Lo sabes porque aprecias a Paolo, a Nino y a los demás. Sabes que no protestan contra ti, sino que defienden sus ideas.

–Ideas que van contra mí.

–¡No! Escúchame. –Francesca se da la vuelta y quedan frente a frente, pero invertidos, como si uno tuviera los pies en el cielo y la otra bien plantados en la tierra–. Tú aprecias a estos hombres porque son honestos, porque son incorruptibles. Si hubieran querido actuar por partidismo, por oportunismo, te habrían apoyado. Son tus mejores amigos: si tú eres superfiscal, ellos no sacan más que beneficios, ¿no? Te habrían seguido y punto. Habrían hecho lo que esperabas, lo que todos, incluso los que están contra ti, esperaban, ¿no? –Giovanni no responde–. Pero eso se llama corporativismo. Eso es... sectarismo. Y vosotros siempre habéis luchado contra esta forma de actuar. Se actúa por las ideas, no por los amigos, no por intereses personales.

El razonamiento de Francesca es impecable. Paolo Borsellino no tiene la culpa de que el mundo vaya contra él. Ni la tienen Caponnetto, Almerighi... Pero es que, cuando a uno le llueven las flechas, no es fácil saber qué arco las dispara. Ni siquiera es fácil saber si van dirigidas a nosotros o a quien está detrás de nosotros.

–Ahora mírame a la cara y dime que no estás enfadado con Paolo.

–Ya estoy mirándote a la cara.

–Vale. Pues dilo.

–No... ¡Uf!

–¡Dilo!

–No estoy enfadado con Paolo. No podría enfadarme con él. Paolo es mi hermano. Y aunque estuviera enfadado, seguiría siendo mi hermano.

–Pero no estás enfadado con él.

–No.

–Bien. –Lo besa–. Muy bien.

Es verdad. Giovanni no está enfadado con Paolo, ni con Nino, ni con Mario. Pero está enfadado con alguien. Y es que, cuando vio sus firmas en la carta, le entró una duda. Y esa duda tiene que ver consigo mismo. Ya no está tan convencido de haber tomado la decisión correcta. Está convencido de que no hay alternativa, de que no puede seguir en Palermo, de que el cargo en el ministerio le permitirá...

Ni él sabe ya de qué está convencido y de qué no, ni si debe presentarse al cargo de superfiscal o no. Al final, ¿qué más da?

–Además, me da igual ser superfiscal. Qué puede importarle ser superfiscal a alguien como yo, que ya sabe que lo van...

–No lo digas. –Le tapa la boca–. No debes decirlo.

Él no lo dice. Pero se queda callado y la abraza.

–¿Quieres venirte a vivir aquí? –le pregunta con la barbilla sobre su hombro. No quieren mirarse a la cara porque los dos saben que el otro está llorando y, aunque esta pequeña, repentina muestra de fragilidad es un secreto confesable, el motivo que hay detrás de las lágrimas, la razón profunda, no lo es.

–Sí.

La estrecha más fuertemente.

–Estupendo. Y ahora al cine.

63. EN DIRECTO

Roma, 1991

–¿Me das otro sobre?

–¿Otro? Ya van tres, Giovanni.

–Sí, tres. Se pueden tomar hasta diez.

–¿Te lo ha dicho el médico? –Sinisi coge un sobre de Maalox de su bolsa y se lo da.

–Nosotros somos nuestro mejor médico.

Allí, entre bastidores, todo está oscuro. Solo se ve una luz enfrente, que tapa parcialmente una cortina negra. Parece una luz intensa, de foco. Y se oyen voces. A la derecha de ellos hay un hombre que lleva una sudadera oscura. No saben quién es, pero trabaja allí y estará acostumbrado a ver a gente tan nerviosa como ellos.

–Entráis dentro de un momento –dice, usando el «vosotros» pero dirigiéndose a Falcone. Este asiente. La frente le brilla, a ratos se la enjuga con un pañuelo.

–¿Y Claudio? ¿No viene? –pregunta a Sinisi–. ¿Ni siquiera a mirar?

–No creo. Pero tú sabes más.

Martelli, el ministro, tenía que estar allí en su lugar, pero en el último momento declinó la invitación. Por eso le ha tocado a

Giovanni. Sinisi había quedado a cenar, pero Giovanni no lo sabe. No sabe que el colega lo vio tan asustado que se ofreció a acompañarlo, aunque no podía. Llegaron al teatro Parioli una hora antes de lo debido y estuvieron dando vueltas en el coche, hablando. Al final se decidieron, aparcaron y entraron.

–Pero tú sales conmigo, ¿no? –le pregunta ahora–. ¿Él sale conmigo? –le pregunta también al de la sudadera.

–No, al escenario solo sale usted.

–De eso ni hablar. –Se vuelve de nuevo a Sinisi–. Tú sales conmigo.

–¿Puedo? –Mira con aire interrogativo al otro, que menea la cabeza–. ¿Lo ves? No puedo.

–De eso ni hablar –repite Falcone–. Yo tengo que verte. ¿Qué es lo que podemos hacer? –le pregunta al de la sudadera–. Él tiene que estar.

–Señoría, no es posible.

–Pues que se quede aquí. –Señala el suelo–. Aquí mismo. Así podemos mirarnos. ¿Puede quedarse aquí? –le pregunta al encargado. Este parece desconcertado. No lo sabe. Tiene que preguntar. Va a buscar a un responsable–. ¿Te importa? –le pregunta a Sinisi.

–No... no, claro. Si se puede...

Maurizio Costanzo, el presentador del programa, está de pie delante de él, que se sienta en primera fila, en el proscenio. En el escenario hay tres filas de butacas. Entre los invitados está Rita dalla Chiesa, hija del general, y hay jueces y otros familiares de víctimas de la mafia. El programa está dedicado a Libero Grassi, el propietario de la empresa Sigma que no se dejó extorsionar por la mafia. En enero publicó una carta en el *Giornale di Sicilia*:

> Quiero decirle a nuestro desconocido extorsionador que se ahorre las llamadas telefónicas en tono amenazador y el gasto

en mechas, bombas y proyectiles porque no estamos dispuestos a pagar y nos hemos puesto bajo tutela de la policía.

El castigo fue ejemplar: Grassi fue asesinado a pistoletazos la mañana del 29 de agosto cuando se dirigía al trabajo.

En el escenario se halla también Alfredo Galasso, que de 1981 a 1986 fue miembro del Consejo Superior de la Magistratura y hasta hace unos meses era diputado regional por Sicilia del Partido Socialista. En una gran pantalla que hay a la derecha de las filas de butacas, se ve la cara de Leoluca Orlando, que se atusa el flequillo moreno y continúa hablando.

–La rabia no es un pasatiempo. La rabia es consecuencia de que demasiados crímenes queden impunes. La rabia es ver que políticos que representan a Sicilia, nuestra tierra, y a este país figuran en actas parlamentarias y en sumarios como cómplices de la mafia y siguen en su puesto. La rabia es saber, como dice el juez Falcone, que su señoría Salvo Lima usaba un coche de los Salvo de Salemi y ver a estos en su puesto y a Salvo Lima en el Parlamento Europeo representando a Italia. Esta es la rabia. He leído estas declaraciones en la *Stampa* de Turín y seguro que el juez Falcone puede confirmarlas.

–Sí. ¿Y qué? –dice él. Esboza una media sonrisa. Podría parecer una muestra de arrogancia, pero en realidad es de tensión, de la enorme tensión que siente. La televisión no es lo suyo, aunque muchos lo acusen de amarla tanto. Ya se ha metido otras veces en la boca del lobo, pero no contaba con hacerlo de nuevo en la tele y en directo por la renuncia del ministro de Justicia.

–¿Y qué? Pues que Salvo Lima es parlamentario, los Salvo de Salemi son más poderosos que nunca y la gente...

–Pero ¿por qué lo atribuye al juez Falcone? –lo interrumpe Giovanni, sin objetar, por culpa de esa misma tensión, de esa falta de lucidez, que Nino Salvo murió hace años y no es, por tanto, un hombre poderoso. Y tampoco tiene en cuenta que la reducción de pena de siete a tres años de Ignazio Salvo fue decisión del tribunal de apelación, no suya–. ¿Tenía que decirlo yo para que se conociera la relación entre los Salvo y Lima?

–¡Ya está! –Orlando abre los brazos–. ¡Queda confirmado! ¡Queda confirmado! –Se arregla la corbata, satisfecho. Se oye un nutrido aplauso del público, no se sabe si por la pregunta de Falcone o por lo que acaba de decir Orlando. De rato en rato, cuando la cámara no lo enfoca, Giovanni lanza una mirada a Sinisi, que, fuera del escenario, se ha sentado de tal manera que lo vea y le hace señas de que aguante.

Después del alcalde de Palermo, toma la palabra el abogado Galasso.

–Quiero decirle aquí públicamente a Giovanni Falcone que, a mi juicio, haría bien en salir cuanto antes de los ministerios, porque parece que ese aire no le sienta bien, nada bien.

El público aplaude.

Galasso está sentado detrás de Falcone, junto a su espalda. Para responderle, Giovanni tiene que volverse.

–Eso es lo que tú opinas.

La sonrisa, aunque fuera nerviosa, se ha borrado. Su expresión se ha endurecido. Ya no consigue ocultar ni disimular su disgusto, aunque trate de poner buena cara.

–Sí, es lo que yo opino.

–Eso significa que no tienes sentido de Estado –le dice secamente Giovanni.

–No, significa que tengo sentido de la independencia y autonomía de los jueces. –Otro aplauso del público–. Porque los políticos que...

Falcone se vuelve bruscamente, como si le hubieran tirado una piedra.

–El cargo que yo ocupo está pensado para jueces. En nada merma la autonomía y la independencia... –Lanza una mirada a Sinisi, su ángel de la guarda oculto, que, sin embargo, en ese momento nada puede hacer para ayudarle.

–Sí, pero se ocupa con el beneplácito del ministro –insiste Galasso.

–Eso lo dirás por ti.

–¿Por mí? Yo nunca lo he ocupado.

–Pues a lo mejor es problema tuyo, desde luego no mío.

–No, no es problema mío porque no he ido al Ministerio de Gracia y Justicia. –La cámara enfoca en primer plano a Falcone, que ahora tiene la cara apoyada en la palma de la mano y una mirada herida, ausente, perdida–. Por eso creo –prosigue Galasso– que habría que recapacitar, y no lo digo solo por Giovanni Falcone, sino por todos los jueces que desempeñan cargos de cierto relieve en el ministerio...

–En el Ministerio de Gracia y Justicia –lo interrumpe Giovanni–, hay cargos expresamente pensados para magistrados. ¿No ves que lo que dices no tiene ni pies ni cabeza?

–Bueno, acabas de decir que es mi opinión. Pues sí, es mi opinión y quiero expresarla públicamente.

–Pues permíteme que diga públicamente que no estoy de acuerdo.

–No entiendo por qué te enfadas.

–Porque me sorprende que un jurista como tú diga esas cosas.

–Un jurista como yo piensa que la independencia y la autonomía...

–En todos los países del mundo hay un Ministerio de Gracia y Justicia. –Falcone acompaña sus frases con amplios gestos de las manos. La rabia ya no se le pinta solo en el semblante. Simular ya no tiene sentido–. Y en todos los países del mundo hay magistrados en ese ministerio.

–Eso no es verdad. Además, en un país como este, en el que hay conexiones estrechísimas entre la mafia, los negocios, la política y los gobernantes, los magistrados no deben responder más que ante el Consejo Superior de la Magistratura.

–¡Tú confundes independencia con irresponsabilidad, con arbitrariedad!

–No, la independencia para mí es algo muy concreto: no tener que responder ante nadie, ni antes, ni durante, ni después.

–Un juez independiente debe responder siempre.

–No, no, digo responder de lo que decida. Los magistrados no tienen que responder ante nadie. ¿Convendrás en que los magistrados no...?

–¿Cómo que no? Hay una preciosa ley sobre responsabilidad civil...

–Los magistrados responden ante el pueblo en nombre del cual administran justicia...

–Conforme.

–Y por eso existe un órgano soberano que se llama Consejo Superior de la Magistratura que, en nombre del pueblo, debe garantizar esa independencia... Además, Giovanni, no me gusta que estés con el gobierno. ¡No me gusta!

Se levanta una verdadera tempestad de aplausos que hacen vibrar el teatro. Unas notas de piano acompañan el triunfo de Galasso. Al rostro de Falcone ha vuelto la sonrisa, pero ya no es la sonrisa nerviosa de antes. Es una sonrisa resignada.

Mira por última vez a Sinisi, que menea la cabeza con desánimo.

No importa. Pronto se acabará. Pronto subirán al coche y volverán a casa.

Al final, Maurizio Costanzo, con un gesto simbólico, prende fuego a una camiseta en la que pone: «Mafia. Made in Italy». El programa termina y la cámara enfoca el rostro de los invitados que van desapareciendo tras las llamas.

64. UN LUGAR SEGURO

Roma-Palermo, 1991

El coche ha tomado ya tantas curvas que el abogado Enzo Gaito siente unas náuseas fortísimas. Teme vomitar de un momento a otro y no sería un bonito espectáculo, teniendo en cuenta adónde va y a quién va a ver. El chófer, por cierto, habla poco. Se llama Francesco Messina y le llaman Maestro Ciccio. Ha ido a recogerlo al hotel Villa Igiea, uno de los mejores de la ciudad de Palermo. Antes han tenido una breve conversación telefónica.

–Buenos días, abogado, soy Messina.

–Buenos días, Messina. Dígame.

–Tengo que pedirle un favor, si puede.

–Diga.

–Hay una persona, un buen amigo mío, que lo necesita a usted por una cuestión legal.

–Pues claro, dígale que se pase por mi despacho, puedo darle ci...

–No, no, eso no es posible.

–¿Por qué?

–Porque este amigo mío... está huido de la justicia. El favor que le pido es que venga usted.

–¿Que vaya adónde?

–A Sicilia.

Y eso ha hecho. Llevan un buen rato dando vueltas por Palermo, detrás de un coche que los escolta. Dan vueltas y más vueltas, pero el abogado no quiere preguntar a Maestro Ciccio, porque en estas ocasiones las preguntas nunca son bienvenidas. Con algunos clientes, la curiosidad sobra. Es mejor hacer pocas preguntas, bien pensadas y limitadas estrictamente a las cuestiones que permitan construir una buena defensa. Si se trata de esto, porque tampoco lo sabe.

Por fin se detienen delante de un edificio.

–Hemos llegado –dice el chófer–. Es ahí. –Señala un semisótano–. Pero ahora no podemos entrar, hay que esperar.

–Sin problema –dice al abogado–. Pero ¿podría bajar un momento?...

–Claro, claro, faltaría más –dice Messina.

Gaito se apea, el aire fresco es el único remedio que se le ocurre contra las náuseas.

Entran en el despacho del semisótano, pero tienen que esperar otro poco. A qué o a quién, no se sabe. Pero basta aguardar unos minutos para descubrirlo. Por una puerta que hay al fondo entra un hombre.

El abogado no tarda en reconocerlo: ya lo defendió cuando el recurso de apelación del Maxiproceso. Su figura, por otro lado, es inconfundible. Es Totò Riina, el Corto.

–Perdone usted que lo reciba en un lugar tan poco apropiado –dice Riina–, pero es lo que hay.

–Descuide, señor Riina.

El Corto parece tranquilo. A pesar de la situación, de que esto «es lo que hay», conserva un gran aplomo. Se muestra amable y hasta obsequioso. Aunque las formalidades acaban pronto. El Corto quiere sabe quién presidirá el tribunal que se pronunciará sobre el recurso de casación del Maxiproceso.

–No puedo decirle nada, porque no sé nada. Ni siquiera han presentado la motivación de la sentencia...

–Ya, pero ¿no tiene usted alguna idea? ¿No ha oído nada?

–Nada. Solo conjeturas.

–Las conjeturas también valen, abogado. Si no son muy absurdas.

–Es solo mi impresión personal, no tiene fundamento. No sé nada seguro, solo puedo decirle lo que pienso, pero es una opinión personal.

–Muy bien. Yo solo quiero saber si el presidente será Carnevale.

–Pues, puestos a suponer, yo creo que no. –Riina suspira, se vuelve del otro lado, mira de nuevo al abogado–. Ha habido un gran revuelo por las últimas excarcelaciones que ha dictado. El gobierno ha emitido un decreto que las anula. El Maxiproceso llama muchísimo la atención. Es difícil que pueda desmontarse, muy difícil. –Gaito menea la cabeza.

–Si me permiten –tercia Maestro Ciccio–, un amigo mío que trabaja allí me dice que van a cambiar la ley. –Con «allí» se refiere Messina al Tribunal Supremo: conoce muchas noticias de primera mano por un amigo secretario, siciliano también, que trabaja en ese tribunal–. Al parecer quieren implantar un turno rotatorio y asignar los casos a tribunales distintos, si no me equivoco.

Riina mira al abogado para ver si lo confirma.

–Podría ser –dice Gaito encogiéndose de hombros–. Es lo que he oído yo también.

Riina se da una palmada en la frente.

–Nos ha jodido este Martelli.

*

Al principio creen que el individuo en traje de baño que grita como un poseso por la playa del Gabbiano es un loco. Pero luego ven quién es y comprenden que no es eso. No es un loco. El que corre por entre los bañistas voceando: «¡Rápido! ¡Idos, idos todos!» es el juez Antonino Scopelliti.

Muchos se levantan de las toallas en las que toman el sol tumbados, otros se quedan desconcertados; las familias intercambian miradas de estupor, jóvenes y viejos se preguntan qué hacer. Scopelliti, que es conocido en la zona –una especie de santo al que recurre quien no tiene medios para pagar un abogado–, corre de sombrilla en sombrilla agitando los brazos y sin parar de gritar:

–¡Idos todos! ¡Hay una bomba! ¡Me han puesto una bomba! ¡Idos!

En los arrecifes que rodean la playa hay una bolsa de plástico blanca. Pero no es una bomba, sino basura que seguramente dejó allí alguien que acababa de pasar en barca frente al chalé que el juez tiene alquilado para el verano en Campo Calabro.

Últimamente, Scopelliti no es el hombre tranquilo y sereno que sus familiares, amigos y conciudadanos conocen. Parece que está siempre con el alma en un hilo. Algo ha cambiado en él desde que sabe que tendrá que ejercer la acusación en el último asalto del Maxiproceso, el decisivo. A los amigos de confianza les dice en voz baja que ese juicio «será el apocalipsis, el apocalipsis».

Hace dos días, volviendo de la playa, creyó que lo seguían. Mirando por el retrovisor de su BMW 318 azul oscuro nuevo flamante, vio un automóvil que iba detrás y no se despegaba. Empezó a hacer una serie de maniobras extrañas, reducir, acelerar, reducir de nuevo, luego zigzaguear, pero hiciera lo que hiciera, el coche lo seguía. Describía eses, aceleraba, seguía trayectorias extrañas, y siempre que miraba por el retrovisor lo veía.

De pronto el conductor del coche sacó el brazo por la ventanilla y lo saludó. Era Angelo Calveri, un conocido.

–¿Va todo bien, Antonino? He visto que conducías como si fueras borracho y me he dicho: a ver si se encuentra mal.

Sin embargo, aunque llegó a casa avergonzado, esa noche Scopelliti siguió haciendo cosas muy raras. Llamó a su hija Rosanna, que estaba de vacaciones con su madre y sus abuelos, y dijo que se trataba de algo urgente. Cuando la joven se puso al aparato, le pidió una serie de cosas curiosas: «Come mucho chocolate», «Déjate el pelo largo, por favor», «Prométeme que serás valiente. Prométeselo a tu padre». Su mujer, Anna Maria, que oyó la conversación y se alarmó, pidió a la hija que le pasara el teléfono.

–¿Ocurre algo? Te noto muy raro...

–Ocurren cosas muy gordas –le contestó Antonino–, pero que muy gordas. –Y no dio más explicaciones.

Y de pronto se pone a gritar como un loco en la playa del Gabbiano.

Cuando ve que en la bolsa blanca solo hay basura, Scopelliti, con semblante sombrío, recoge sus cosas, enrolla la toalla y se pone los vaqueros y la camisa de color rosa oscuro. La gente sigue mirándose y riendo cuando el juez pliega la sombrilla, se la pone bajo el brazo y sube la escalera en mal estado que lleva a la carretera. Aquí, libre por fin de las miradas, mete las cosas en el maletero, sube al coche, arranca y toma el camino a casa. El sol de agosto juega malas pasadas.

El miedo, en cambio, no juega en absoluto. Sube como la marea, es un líquido oscuro y corrosivo que inunda el cerebro, gasta las células, erosiona los ganglios, ataca al huésped hasta neutralizarlo. Se alimenta de momentos felices como un día en la playa en traje de baño y chanclas.

Pero no es avaricioso, el miedo. Sabe lo que hace. Sabe cómo derrotar a adversarios más fuertes que él: se deja intimidar por grandes despliegues de fuerza, espera a que el enemigo, ufano y triunfante, baje la guardia y entonces lo golpea en las piernas. El miedo hace eso cuando se ve derrotado: se finge muerto. Se queda tendido en el suelo como un cadáver. Y en medio de la alegría y la celebración de su muerte, de pronto saca con sigilo su pequeña y afilada cuchilla y, ¡zas!, corta el tendón de Aquiles.

Y es espantadizo, cobarde por naturaleza. Sabe disfrazarse de mil maneras: de alegría, de arrogancia, de excentricidad, de desenfado. Y, así disfrazado, nadie lo ve.

Para acceder a la nacional 18 que comunica Reggio Calabria y Nápoles, Scopelliti toma una carreterita a la altura de Ferrito, un barrio de Villa San Giovanni: la misma que recorre cuando vuelve de la playa. Es un atajo que usan los lugareños para evitar el tráfico, él lo toma desde hace un año. Es una costumbre que no tiene intención de cambiar, aunque esté muy nervioso, aunque últimamente le aconsejen que tome precauciones. Después de todo, allí está «en lugar seguro», como dice muchas veces.

La realidad es que no se lo cree ni él. Si se lo creyera, no saltaría como un resorte cuando ve una bolsa de basura en los arrecifes, no circularía con el coche haciendo eses como si fuera borracho, no haría muchas cosas que hace. No se lo cree, pero no le importa. Debe sentirse en lugar seguro, debe hacerlo. Un hombre honrado no puede tener miedo porque le pidan que ejerza el ministerio público en un juicio. Por eso se niega a llevar escolta. Cristales ahumados, automóviles blindados, un séquito de agentes con chaleco antibalas... «Es un símbolo de estatus. No quiero», le dijo a un colega romano.

Vuelve a la casa de sus ancianos padres y pone una cinta de Ornella Vanoni. Empieza a tararear, quiere relajarse un poco, calmar los nervios que le han entrado en la playa. Debe dejar de ver fantasmas por todas partes. O empezar a llevar escolta. Una de dos.

«¿Crees en los fantasmas, Nino?»

Cree en los fantasmas. Y a la vez cree también que vivir con miedo es una derrota y que la derrota de uno siempre es la victoria de otro.

Conque de ahora en adelante se acabaron las paranoias. El sol de Calabria le acaricia la frente mientras tararea a Vanoni y lleva la camisa color fresa desabotonada y el pecho al descubierto. En días como estos cuesta creer que los fantasmas existan.

Pero existen. Están esperando cerca del pequeño cementerio de Cannitello. Cuando ven pasar su BMW, arrancan la moto y lo siguen. Esta vez, sin embargo, el juez no da bandazos, no hace eses como si fuera borracho. Conduce con normalidad. Está harto de temer a los fantasmas.

El coche entra en un túnel, la moto lo sigue. Toma una curva y entonces la moto adelanta. El primer disparo destroza la ventanilla y lo alcanza en la cabeza. Es una escopeta de cañones recortados cargada con cartuchos de perdigones. Scopelliti muere en el acto. No hace falta disparar más. Pero estas cosas hay que hacerlas bien. Se juegan la buena relación que tienen con los primos sicilianos, con Totò. Disparan de nuevo, el ruido es ensordecedor. Pero Antonino no puede oírlo. Al menos le ahorran esa molestia. El coche avanza otros veinte metros, se estrella contra una valla de madera, se la lleva por delante, arranca dos postes de cemento y cae por un barranco sobre matorrales secos y viñedos.

El coche parece ahora el único lugar seguro: tan seguro que los bomberos tienen que cortar la chapa para acceder a su cadáver. No se ven por allí muchos más lugares seguros. Tanto es así que solo él creía que estaba en uno.

65. SUPERCOSA

Palermo, 1991

Mala tempora currunt para el Corto. No lo ha estudiado en la escuela, pero sabe lo que significa. Aunque no es un experto latinista, las cuestiones esenciales las entiende muy bien y sabe cómo resumirlas. Por eso comprende que lo del Maxi se pone feo.

De Roma llegan malas noticias. Ya parece clara la salida del juez Carnevale. Este quiso volver a encargarse del recurso de casación del Maxiproceso. Cuando el presidente del Tribunal Supremo, Antonio Brancaccio, fue a verlo y le recordó que el tiempo apremiaba, que no podían correr riesgos, que si su sustituto, Molinari, se jubilaba antes de acabar tendrían que empezar de cero y los mafiosos serían excarcelados por prescripción de plazos, Carnevale lo tranquilizó. No había que preocuparse. Molinari es un hombre responsable, hará lo que tenga que hacer y a tiempo.

–Sí, pero seguro que la defensa pone algún obstáculo para retrasarlo todo y conseguir las excarcelaciones.

–No pondrá ningún obstáculo. Conozco a esos abogados. Podemos estar tranquilos.

Pero Brancaccio no estaba tranquilo y le insistió, lo convocó en varias ocasiones para hablar del tema y hasta le envió una carta oficial para que constara por escrito. Tanto lo presionó que al final Carnevale pensó si no sería mejor encargarse él de lo del Maxi. Luego recapacitó: por una parte, quitarle a Molinari el sumario que él mismo le había dado sería una gran falta de respeto, sería como tenerlo por un incompetente; por otra, se armaría otra vez un escándalo en torno a su persona, se levantaría una tempestad de polémicas y acusaciones que amenazaría con llevárselo por delante. Y al final se inhibió. Presidirá el juicio de tercera y última instancia del Maxiproceso Arnaldo Valente, que acaba de pasarse a la sala de lo penal, igual que hizo Alfonso Giordano, el juez que presidió el juicio de primera instancia. Es una analogía que no escapa a las sinapsis del Corto.

Falcone se ha salido con la suya: él tiene toda la culpa. Totò no lo duda. Falcone ha sabido manejar a su títere, el ministro Martelli, primero para hacer que prepare un decreto que vuelve a meter en la cárcel a los mafiosos que salieron en libertad, y luego para influir en la composición del tribunal del Maxiproceso.

Y es que todo empezó con él. Falcone ha llegado adonde no debía llegar de ninguna de las maneras. Allí, desde aquel despacho de la calle Arenula, puede hacer más daño de cuanto ha hecho hasta ahora.

–Se acabó –dice el Corto a los capos de barrio que se sientan con él a la mesa de una casa de campo–. Se acabó. Hay que eliminarlo. ¿Quieren hacer la Superfiscalía? Pues nosotros vamos hacer la «Supercosa».

Se suceden las reuniones, en esta y en aquella casa. Tienen cuidado, pero tampoco mucho, porque no parece que a la policía siciliana le preocupe gran cosa atrapar al gran prófugo. Esta vez con el Corto están los fidelísimos de la provincia de Trapani y del barrio de Brancaccio: Matteo Messina Denaro, Mariano Agate, los hermanos Filippo y Giuseppe Graviano, Vincenzo Sinacori.

–Esto de buscar a Falcone por aquí y por allá, en Palermo,

en Addaura, en Roma, tiene que acabar –dice el corleonés–, porque nos jode allí donde va. Ya está bien. Hay que reaccionar y con energía. Hay que ir a por el primero que pillemos, Falcone, Martelli, el cabrón ese de Maurizio Costanzo... –Este último, el presentador de televisión, quemó en directo una camiseta en la que ponía «Mafia. Made in Italy», les deseó «enfermedades incurables» a los capos que tan fácilmente consiguen que los ingresen en el hospital y hasta se atrevió a invitar a su programa a Carla Cottone, nuera de un capo de los Madonia, que atacó abiertamente a la familia de su marido. Demasiado para no estar en el punto de mira de la mafia–. Y a ese Andrea Barbato, el de la segunda edición del telediario. –Barbato ya no dirige la segunda edición del telediario, pero lo hizo; dirigió también el diario *Paese Sera* y fue diputado de Izquierda Independiente. Su delito es haber defendido en la tele la iniciativa de Costanzo–. Y tenemos que librarnos también de los inútiles.

–¿Como su señoría? –pregunta Messina Denaro.

–Como su señoría, sí. –Hablan de Salvo Lima, que les garantizó personalmente que entre el recurso de apelación y el de casación las cosas se «arreglarían», que les caerían algunos años de cárcel pero que al final todo iría bien. Y, sin embargo, nada parece ir bien. Nada de nada. Además de las condenas de cárcel y a cadena perpetua, el capo ha prometido personalmente a mafiosos y capos que él se encargaba de todo. Ha dado su palabra de honor–. Vamos a joderlo a él y al capullo ese de Ignazio Salvo también. Nos evita y cuando lo ves y le preguntas dice que la cosa se ha complicado, que no es como antes, que hasta su señoría está en apuros... Ya verás tú los apuros que les vamos a dar a estos hijoputas. –Los muchachos se miran. Cuando sea. Ellos están dispuestos–. Si el Maxi sale mal... –prosigue Riina, pero no termina la frase, no hace falta. Se da una palmada en el muslo–. Venga, a organizarse.

Ruido de sillas arrastradas. Los huéspedes se levantan y empiezan a organizarse.

66. GRAN PROBLEMA

Roma, 1992

En el despacho de Giovanni Falcone, en la cuarta planta del edificio de la calle Arenula, están todos pendientes del televisor. Nunca antes un discurso de Giulio Andreotti había despertado tanto interés. Si se tiene en cuenta que es un discurso de fin de mandato, entonces se comprenderá que este no sea el motivo por el que tantos ojos miran la pantalla.

Este 30 de enero de 1992, las noticias que realmente interesan no vienen del gobierno, sino de la justicia. Hace una semana, los fiscales adjuntos Vito D'Ambrosio, Giovanni Tranfo y Vittorio Martusciello, miembros del ministerio público, pidieron que se restablecieran las penas a las que fueron condenados los capos y que la sentencia de apelación del Maxiproceso anuló. Tras lo cual los jueces se reunieron a deliberar. Ha pasado una semana y se espera que de un momento a otro se informe por televisión del fallo del Tribunal Supremo con el que concluye el mayor juicio contra la mafia de la historia de Italia.

Falcone mira el televisor en el que Giulio Andreotti habla con extraña calma de reformas de consenso, de deseos, de resultados. El discurso del presidente es larguísimo. En algún momento parece una letanía.

Giovanni se desliza lentamente hacia el recuerdo. Paolo Borsellino, Leonardo Guarnotta, Giuseppe di Lello, Rocco Chinnici, Giuseppe Ayala, Nino Caponnetto... Sabe que los vivos están pensando en él y que también «papá Rocco», de algún modo, espera algo. Como lo espera Antonino Scopelliti. Están todos unidos por un hilo que va de Sicilia a Roma. Falcone no espera que nadie lo entienda ni que a nadie le importe. Al poco del asesinato de Scopelliti, llamó al juez que lo sustituyó. Pidió noticias, dio algún consejo. Tal vez fue esto lo que molestó al colega, no que le pidiera noticias, sino que le diera consejos. Le contestó: «Déjame en paz, colega, que aquí hay mucho trabajo. No empeores la situación». Y la comunicación se cortó. El fiscal adjunto le colgó el teléfono. Parece mentira que la cercanía de la muerte, ese siniestro parentesco que da escalofríos y une a unos cuantos desheredados, marginados, suscite tanta envidia y rencor. Parece casi un «estatus». Por eso hacía bien Antonino Scopelliti en rechazar el estigma del condenado, en rechazar la escolta, los cristales ahumados y el coche blindado. Es mejor morir mientras nos aman, después de todo.

Y por eso miran todos al presidente del gobierno: porque esperan que de un momento a otro ocurra algo, que empiece el telediario y se sepa el desenlace de esa larga novela que ha sido el Maxiproceso. Pero las novedades no llegan por la tele.

De pronto suena el teléfono. Falcone hace un gesto irritado, está a punto de pedir que desenchufen el maldito aparato. Pero al final lo coge.

–¿Sí?

–Hemos ganado. –Es Vito d'Ambrosio. Giovanni nota que el corazón empieza a latirle con fuerza.

Sin que se dé cuenta, en su rostro se pinta una sonrisa. Los demás lo ven. Comprenden.

–Buena noticia –dice, procurando contener la emoción–. ¡Gran noticia!

–Esto hay que celebrarlo –contesta D'Ambrosio.

–Claro. Ahora... Gracias, Vito. Mil gracias por la noticia.

Cuelga.

Quedan confirmadas todas las condenas que se dictaron en primera instancia. Quedan anuladas todas las absoluciones por asesinato de personas importantes, como Dalla Chiesa, Boris Giuliano, Paolo Giaccone. Se celebrará un nuevo juicio para establecer las penas de los capos. El «teorema Buscetta» ha pasado la prueba del Tribunal Supremo, mientras que los argumentos que, en el recurso de apelación, llevaron a aligerar penas y a absolver y excarcelar a acusados quedan refutados.

Ahora Cosa Nostra tiene un gran problema. El Corto, sobre todo, tiene un gran problema.

67. LA «DOLCE VITA»

Roma, 1992

Los siete integrantes de la Supercosa ya están en Roma. Como lo están el Parlamento, el gobierno, la televisión pública. Ellos también son expresión de un poder. Ellos también son un órgano de representación. Tienen el poder de decidir el destino del país. Son embajadores armados que vienen del sur pero sobre cuyo cometido están de acuerdo muchas personas. Garantizan intereses transversales.

El comando del Corto salió de Sicilia y quedó en reunirse dos días después en la Fontana di Trevi. Unos volaron en avión con nombre falso, otros fueron en un Fiat Uno diésel y otros en un Audi 80.

Matteo Messina Denaro, alias el Seco, es una figura emergente de Cosa Nostra, un *enfant prodige*. Fidelísimo de Riina, tiene menos de treinta años pero ya ha cometido varios asesinatos –el primero a los veinte años– y tiene fama de ser un capo del que la Cúpula puede fiarse. Ha asesinado, estrangulado, quemado a personas. Lo ha hecho por los corleoneses, para ayudarles a ganar la guerra contra la vieja mafia palermitana, pero también por gusto, como cuando mató al dueño de un hotel de Castelvetrano que se atrevió a decirle a una de sus camareras, con la que el Seco tenía una relación, que estaba harto de ver por allí a aquellos «mafiosillos».

Francesco Geraci es joyero de profesión. Y, en efecto, por sus manos pasan muchos objetos valiosos. En su casa tiene varios lingotes de oro del Corto y los pendientes, collares y pulseras de la mujer y las hijas del capo. Y en la caja fuerte de la tienda guarda el dinero en efectivo que Messina Denaro le entrega regularmente. En premio de la confianza que Totò tiene depositada en él, le ha regalado un reloj Rolex Daytona a Salvo, hijo del capo. No es un asesino, pero lo han implicado porque necesitan a alguien que tenga un trabajo de verdad y pueda alquilar coches, firmar documentos y realizar todas las demás operaciones legales.

Antonio Scarano es calabrés, reside en Roma y conoció a Matteo Messina Denaro por un excompañero de celda siciliano que se lo presentó cuando salieron de la cárcel. El Seco comprendió enseguida que se podía fiar de él y por eso, cuando se conocieron en Sicilia, le regaló cinco litros de vino de la tierra antes de que regresara a Roma. Conoce la capital y puede suministrar apoyo logístico.

Vincenzo Sinacori es un hombre de honor muy respetado en la provincia de Trapani. Es muy amigo de Mariano Agate, capo de Mazara del Vallo, que no puede participar en la misión romana porque, con la sentencia del Tribunal Supremo sobre el Maxiproceso, le queda un resto de pena que cumplir y, como es poco tiempo, prefiere cumplirla en lugar de huir de la justicia. Agate se lo presentó al Corto. Es hombre de fiar.

Fifetto Cannella y Lorenzo Tinnirello son dos hombres de honor del barrio de Brancaccio. Los presentó el capo de barrio Giuseppe Graviano, integrante de la Supercosa –y residente también en Roma–, durante una reunión en casa del capo Salvatore Biondino. También son personas fiables y con iniciativa.

–¿Llegan o no llegan los congelados? –pregunta Sinacori lanzando de espaldas una moneda a la fuente. Junto a él está

Messina Denaro: vaqueros ajustados, Ray-Ban de aviador, un pie apoyado en el borde de la fuente.

–Llegan.

–¿Y no se descongelarán? –pregunta Fifetto, pero nadie ríe la gracia. Están muy ocupados mirando a las turistas que pasean y se hacen fotos delante de la fuente.

> «El valor tiene los huesos frágiles y un corazón que siempre palpita. Lo sabes, Giovanni. El valor tiene miedo, es como un hámster enjaulado. Se acurruca en el pecho del hombre normal, de la mujer normal, y teme los ataques. Pero les hace frente, porque es lo único que se le pide: que avance, que siga adelante, con el miedo a un paso. ¿Cuánto dista de ti el miedo, Giovanni? ¿Lo notas cuando paseas por Roma desafiando al destino? ¿Te habla al oído cuando finges que todo es normal, que tu vida no está hipotecada?
>
> »Alza la mirada ahora. Deja que este buen día de sol sea una travesía sin consecuencias. Deja que tu sombra gris te abandone un momento o se parezca a lo que es: una sombra, mero reflejo de un objeto físico. Y deje de ser un presagio, una alegoría, una inminencia de catástrofe. Finge que ser valiente nada te cuesta.»

–Madame... Madame... –dice Sinacori, haciendo el gesto de llamar a un gato. Dos chicas altas y rubias lo fulminan con la mirada y pasan de largo.

–Miss, mejor –lo corrige Fifetto.

–Ni miss ni pollas. Estaos quietos –dice el Seco tranquilamente, con un cigarrillo colgando de los labios–. No la liemos. Cogemos los congelados y nos vamos.

Los llaman «congelados» porque vienen en un furgón frigorífico. Los transporta un tal Battista, que salió también de Sicilia con su hijo camino de Roma. En un doble fondo del vehículo, entre los asientos delanteros y el espacio de carga, lleva pistolas, kaláshnikovs, explosivos y detonadores. Un verdadero arsenal.

Las armas funcionan perfectamente. Las probaron en una casa de campo próxima a Mazara antes de salir. Las limpiaron con gasolina, las engrasaron y las metieron en un par de bolsos que Battista cargó en su furgón frigorífico.

–Si tuvieras que elegir a uno... ¿a quién matarías? –pregunta Tinnirello–. El primero de la lista.

–Pues... –Sinacori los cuenta con los dedos–: Maurizio Costanzo, Pippo Baudo, Barbato, el cabrón de Falcone... ¿Quién más hay?

–Enzo Biagi –contesta Graviano–, Michele Santoro...

–¡Coño! Cualquiera vale. ¿Tú a quién elegirías?

–¡Yo a todos! –tercia Scarano.

–Meterlos a todos en un coche –añade Fifetto.

Esta vez la salida provoca la hilaridad general. El único que no ríe es Messina Denaro. Aplasta el cigarrillo con el pie y dice:

–Eso es lo de menos. Lo que importa es enviar una señal, reaccionar ante el Estado, reaccionar con fuerza.

–¡Más fuerza que eso! –comenta Fifetto–. ¡Todos en un coche!

Y ríen.

> «Sin miedo no hay valor. Van juntos. Como ahora, Giovanni. Es la carga que llevas encima, el clavo que se te clava en el pie, lo que te mutila. Te sentirías más ligero si tuvieras menos de una cosa y de otra: menos miedo y menos valor. Imagínate que ahora pudieras tumbarte sobre la hierba de Villa Borghese, asomarte a la terraza del Pincio sin mirar atrás varias veces. Ojalá el éxtasis no degenerara en vértigo, la embriaguez en náusea. Ojalá esto, ojalá lo otro, ojalá el valor...
>
> »Si no dejas de darle vueltas, te olvidarás hasta de respirar. Estás acelerando el paso. Así no se pasea por Roma. Las personas libres no hacen eso. ¿Has olvidado lo que hacen las personas libres? Mira a tu alrededor. Veamos si hay alguna. Cuando encuentres una, imítala.»

Las tripas les gruñen. Desayunaron unos cruasanes que compró Scarano y desde entonces no han tomado nada. Aún no han comido, pero esperan el furgón a primera hora de la tarde en una travesía de la circunvalación y lo primero es lo primero, ya pensarán luego en lo demás: comer, chicas, bares. El Seco les dijo que trajeran ropa de vestir.

Se alojan en varios apartamentos. Francesco Geraci y Vincenzo Sinacori fueron primero a uno de la avenida Alessandrino que les prestó un contacto romano de Mariano Agate, un dentista; al entrar vieron que no había ni luz ni agua y se trasladaron con los demás al piso de la calle Martorelli: como faltaban camas, Scarano se agenció dos más y los acomodó en sendas habitaciones. Fifetto Cannella y Giuseppe Graviano fueron a casa de una familia siciliana conocida del capo de Brancaccio, en las afueras.

El furgón frigorífico llega a la hora prevista. Pero no hacen el trasbordo en plena calle. El comando escolta al vehículo hasta una vieja nave industrial y allí trasladan las armas a un Lancia Y10 que ha alquilado Geraci. Se dirigen entonces a casa de Scarano, aparcan, abren el maletero y llevan los bolsos al sótano. Meten también en estos una escopeta de repetición y varios chalecos antibalas que han traído de Sicilia ocultos en el interior de las portezuelas.

> «El escaparate de un bar, un semáforo en rojo, un taxista que aparca en la acera. Roma se hace la tonta, y también Milán, Palermo, Nápoles. Ya no se sabe quién lucha y por qué se lucha. Se sacan la lengua de un edificio a otro, todos enemigos y todos hermanos. El edificio arde y nadie se da cuenta. El valor arde, pero no es cosa suya. Giovanni el fenómeno, el histrión, la estrella. Ojo que te han reconocido, mejor será que te desvíes, sé valiente.
>
> »Aguanta un poco más y tendrás el cargo debido. Sé valiente. Y desde allí podrás sacar la artillería pesada. Sé valiente.

Francesca vendrá también tarde o temprano. Sé valiente. Pasará la tormenta, dejarás de llevar escolta. Sé valiente.»

Como los gustos estéticos del Seco y de los demás no coinciden, han ido a una tienda de la calle Condotti y se han comprado ropa de marca con la tarjeta de crédito de Ciccio Geraci, el joyero.

Geraci y Sinacori, pues, observan vestidos con mucha elegancia la entrada del edificio de la calle Arenula, sede del Ministerio de Gracia y Justicia, en cuya cuarta planta está el despacho de Giovanni Falcone.

Es la tercera vez que van y tampoco hoy lo ven claro. Hay guardias por todas partes, en uniforme y de paisano. El portal está vigiladísimo. Entre otros inconvenientes, tendrían que aparcar el coche a mucha distancia, de manera que, después de disparar contra Falcone o contra el ministro Martelli, les sería imposible huir sin que hubiera un tiroteo, del que saldrían malparados.

Un informante romano les ha dicho que Falcone come a menudo en el restaurante Il Matriciano. El comando fue varias veces, pero la vigilancia resultó infructuosa. Al final comprendieron por qué: el restaurante se llama en realidad La Carbonara. La confusión ha costado a los sicilianos varias largas caminatas, pues los locales están cada uno en una punta de la ciudad.

Eliminar a Giovanni Falcone es una tarea menos sencilla de lo que el Corto creía. Será verdad, como se dice, que se pasea por el centro de la ciudad sin tomar demasiadas precauciones, pero es evidente que no lo hace a menudo.

Lo mismo ocurre con Claudio Martelli: también es difícil de alcanzar sin desencadenar un tiroteo digno del lejano oeste. Podrían ponerle una bomba, claro, pero Riina ha sido terminante: si podéis matarlo a tiros, adelante; pero si hay que usar bombas, primero venid a hablarlo.

«¿Cuánto cuesta el valor? ¿A cuánto va el gramo?
¿De qué está hecho para que queme tanto?
¡Qué vanidoso es el valor! ¡Cuánto alardea!
¿Te llena el pecho o por lo menos la almohada?
¿Es tan mullido que puedes dormir sobre él?
¿Revenderlo te sale a cuenta o sales perdiendo?
¿Cuándo decidiste tenerlo? ¿Lo recuerdas?
¿Lo maldices a veces? Claro que sí. Es evidente.
¿Cuánto has pagado por tu querido valor?
Aún no lo sabes. Crees que sí, pero no.
¿Qué ruido hace el valor cuando cae?»

Dada la larga y costosa serie de tentativas vanas que han hecho Sinacori y Geraci, que se recorren bares y restaurantes sin concluir nada, Matteo Messina Denaro toma una decisión: pasar a los demás nombres de la lista. El siguiente es el periodista Maurizio Costanzo. Se ha pronunciado muchas veces contra la mafia y además es muy famoso. Sale en la tele todos los días dirigiéndose a los italianos. Matarlo sería enviar una potente señal. Y si es con dinamita –con la aprobación del Corto–, aún más potente, aún más sensacional. El corleonés quiere que la gente tenga miedo, que los italianos entiendan una cosa y se la metan bien en la cabeza: el Estado es débil, el Estado no puede protegeros.

–Va, va –mete prisa el Seco–, ¡rápido!

Están delante del teatro Parioli y Costanzo acaba de subir a un coche que arranca. También ellos arrancan.

–Esta vez no se nos escapa.

Las primeras tres veces lo siguieron un trecho y al final, para no despertar sospechas, desistieron. Ahora, en cambio, están decididos a seguirlo hasta su casa. Es de noche, alumbran las calles de Roma las farolas y las luces de los automóviles que de cuando en cuando se interponen entre el suyo y aquel al que siguen. Están a punto de perderlo varias veces. Es mejor esto que no que los descubran, porque entonces se frustraría no solo el atentado, sino todo el plan. Y Cosa Nostra tendría que estarse quietecita en Roma una buena temporada, lo que no gustaría nada al jefe.

–Va a girar, ha puesto el intermitente.

–Tranquilo.

Lo siguen a una distancia de unos cincuenta metros.

–Seguro que es un coche blindado –dice Sinacori–. Me apuesto lo que sea.

El coche en el que va Costanzo llega al barrio de Prati y se detiene delante de un portal. El chófer espera a que el periodista se apee y lo acompaña a la puerta sin separarse de él.

–Siempre van pegados –dice Sinacori. Messina Denaro suspira, se quita las gafas graduadas, que se pone por la noche en lugar de las Ray-Ban, y las deja en el salpicadero. Han visto que hay una comisaría cerca y comprenden que allí no pueden cometer un asesinato y pasar desapercibidos.

–Vámonos –dice.

–¿Qué? –preguntan los que van sentados detrás.

–Que nos vamos –repite el jefe–. No se puede. Demasiado arriesgado. Necesitamos ayuda.

Y desisten también esta vez.

Ciro Nuvoletta es el único capo de la Camorra que forma parte de la Cúpula de Cosa Nostra. Conoce personalmente a Totò, porque el mismo Vincenzo Sinacori se lo presentó. Antes de eso la relación entre el capo de Marano y los corleoneses ya era buena: los del clan Nuvoletta son socios de una empresa de Mazara del Vallo que gestiona un testaferro de Riina. Con motivo de la operación de Roma, el Corto le dijo a don Ciro: «Si este señor va a veros», señalando a Sinacori, «tenéis que poneros a su disposición».

Los Nuvoletta conocen bien Roma, donde tienen muchos intereses. Y, por lo demás, ya contaban con ellos.

Don Ciro llega a la estación de Termini acompañado de un sujeto al que presenta por su nombre de pila: Armando. Le dicen a Messina Denaro que esa misma noche irán al teatro Parioli para verlo con sus propios ojos y hacerse una idea.

–Esta noche no –les contesta el jefe.

–¿Por qué no? –pregunta Nuvoletta.

–Porque hoy es jueves y los jueves no emiten.

Hay que esperar al día siguiente. Pero pronto el capo napolitano comprende que no se puede. La casa de Costanzo no solo la vigilan los hombres que vieron los integrantes de la Supercosa. Hay muchos más. Van y vienen varios coches, dan vueltas al edificio, que está cerca de la plaza Cavour, circulan despacio, inspeccionan la zona. La casa de Maurizio Costanzo está tan vigilada que no es posible dispararle. Además, no es la casa de Maurizio Costanzo, sino la del ministro del Interior, Vincenzo Scotti, que lo recibe todas las noches porque están preparando un nuevo programa televisivo contra la mafia.

–No se puede –repite, desconsolado, Ciro Nuvoletta–. Así no se puede. Hay que ponerle una bomba.

–Eso es –conviene Sinacori–. Hay que ponerle una bomba. Siempre hace el mismo trayecto.

–Podemos meterla en un contenedor –dice el Seco– y, cuando veamos pasar al coche, ¡bum! O –se rasca la barbilla– podemos ponerle un coche bomba. Lo aparcamos allí...

–Como a Chinnici –dice Scarano.

–Como a Chinnici.

Pero para poner una bomba necesitan la autorización del Corto.

–Ve tú –le dice el jefe a Sinacori–. Ve a decírselo a Totò.

Él saluda a lo militar, como diciendo: «A sus órdenes». Se levanta y se pone en marcha.

–Por cierto –dice Geraci–, ¿a que no sabéis a quién vi el otro día en un bar de la calle Veneto? –Los demás lo miran–. A Renzo Arbore, el cantante, o presentador, o lo que sea. Era el bar Doney, junto al hotel Excelsior. Y pensé: ¡joder!, si estuviera en la lista, mira qué fácil.

Nada más llegar al aeropuerto de Punta Raisi, Vincenzo Sinacori ha llamado al capo Salvatore Biondino y, sin darle muchas explicaciones, le ha dicho que tiene que hablar con el jefe de algo urgente. Ahora van en coche. Circulan por carreteras en pleno campo con las ventanillas un poco abiertas. El aire tibio y perfumado se cuela tímidamente en el habitáculo y pugna con el humo del tabaco. Es marzo, llega la primavera. Pero él, Vincenzo, tendrá que disfrutarla en Roma si el Corto da luz verde. La primavera de 1992 será memorable.

Llegan a un chalé. Biondino va delante. Recorren el camino que conduce a la entrada. La puerta se abre antes de que llamen. Entran. Los esperan dos hombres. Uno es Salvatore Cancemi, Sinacori lo reconoce enseguida. Tras la detención, en 1985, de Pippo Calò, el cajero de Cosa Nostra, Riina nombró a Cancemi, afiliado por un tal Vittorio Mangano, capo del barrio de Porta Nuova.

–¿Qué? –le pregunta Cancemi–. ¿Qué tal las vacaciones en Roma?

–¿Vacaciones? ¡Nada de vacaciones! –responde él, que aún lleva la panza llena de vino romano, la boca manchada de carbonara y zapatos de marca.

–Tomad un trago –dice el capo descorchando una botella de vino de la tierra.

–Estoy bien, gracias.

–Bueno, pues cuéntanos...

Antes de que termine la frase baja del piso superior Giovanni Brusca. Desciende la escalera en silencio, mirándolos con una expresión gélida.

Biondino se vuelve a Sinacori y le dice:

–Ya puedes subir.

Él sube la escalera y llega al piso de arriba.

En un cuarto lo espera el Corto.

–Pues nada, Totò. –Abre los brazos–. Así están las cosas. En el ministerio no se puede, lo de Falcone es muy complicado. Demasiada policía. Y lo mismo con Martelli. Lo de Costanzo, se puede. Pero hay que ponerle una bomba, porque también está difícil.

–Hum –gruñe el Corto.

–¿Qué dice usted, Totò? ¿Lo hacemos?

Riina reflexiona otro poco, menea la cabeza.

–No. No hagáis nada. Volveos.

–O sea, ¿hay que...?

–Volveos. Aquí hay que hacer cosas más gordas.

Sinacori se despide del capo, baja, sube al coche con Biondino y se dirige al aeropuerto de Punta Raisi. Tiene que darles a los muchachos la buena noticia, o la mala, según se mire. Lástima. No le habría importado quedarse más tiempo en Roma.

Nada más salir él del chalé, Giovanni Brusca sube al piso de arriba. Coge una silla y se sienta junto al Corto. Se quedan así, sin hablar, unos minutos. Tienen la mirada perdida. Oyen el motor del coche que se aleja.

–Nada, no han hecho una mierda –dice el Corto–. Pero ni una mierda. Solo quieren divertirse. –Brusca escucha sin decir nada–. Quiero a Falcone. Se acabaron las tonterías: Costanzo, Martelli... Eso es perder el tiempo. Hay que ir a por Falcone.

–Yo estoy dispuesto. –El capo lo mira. Primero lo de Addaura, ahora estos inútiles que no piensan más que en pegarse la gran vida. Y Brusca siempre ahí, paciente. Se ha ofrecido una y otra vez, pero, por un motivo o por otro, aún no le ha llegado su oportunidad. Razón de más para no desperdiciarla cuando se presente.

–Lo veremos. –El Corto le da una palmada en el hombro–. Lo veremos.

68. PRONÓSTICOS

Il Giornale, 26 de febrero de 1992

«Que gane la independencia»
por Vincenzo Geraci

Contra muchas de las predicciones hechas estos días, el comité para el nombramiento de cargos directivos del Consejo Superior de la Magistratura ha decidido someter a la aprobación del ministro de Justicia el nombre del fiscal de Palmi, Cordova, para el cargo de fiscal nacional antimafia. Giovanni Falcone, que parecía el candidato con más posibilidades, no ha obtenido más que dos de los seis votos del comité. Los pronósticos a su favor se debían al hecho de que la ley con la que se creaba la Superfiscalía contemplaba criterios de nombramiento que parecían hechos a su medida.

En efecto, la nueva ley cambiaba los criterios tradicionales seguidos para el nombramiento de cargos directivos (que buscaban un equilibrio entre la antigüedad, las aptitudes y el mérito) y pasaba a valorar más la aptitud y experiencia adquiridas en la instrucción de causas contra el crimen organizado. Exigía asimismo haber desempeñado durante al menos diez años (aunque no de manera continuada) funciones de ministerio público o de juez instructor, lo que, en particular, parecía responder a la condición de Falcone, sobre todo después de que, en el trámite del decreto ley, no prosperara una enmienda para reducir ese tiempo.

¿Qué ha podido llevar al comité del Consejo Superior de la Magistratura a proponer, contra todo pronóstico, el nombre de Agostino Cordova? Además de que es también un magistrado con mucha experiencia y probada capacidad en la lucha contra la mafia (el mismo ministro Martelli se ha deshecho en elogios de su persona), y además de su mayor antigüedad, consideramos que ha sido decisiva la absoluta independencia que ha demostrado en las innumerables y graves causas judiciales en las que ha entendido.

Quede claro que no dudamos de la no menos cierta independencia de Giovanni Falcone, pero creemos que esta última ha podido verse afectada por el cargo de director general de asuntos penales que desde hace poco ocupa en el Ministerio de Gracia y Justicia y, por tanto, por su inevitable participación en las decisiones sobre política judicial de Martelli, cuyo más autorizado y asiduo consejero se considera [...].

69. ESCARAMUZAS

Roma, 1992

–Va contra mí, Giovanni. Va contra mí y contra el partido. Tú no tienes nada que ver. Si yo, en vez de apoyarte a ti, hubiera apoyado a... no sé...

–No, Claudio. El problema se llama Giovanni Falcone.

–¡Que no!

–Además, no se da cuenta, el colega, de que así me expone. Me presenta como la persona que está detrás de las decisiones del ministerio, como el único culpable. Van a por mí, Claudio, van a por mí.

No se sabe quién de los dos tiene razón, si el ministro Martelli o Giovanni Falcone. Sería interesante saberlo, pero no muy útil, porque la realidad es la que es. El Consejo Superior de la Magistratura se ha reunido para examinar las candidaturas al puesto de fiscal nacional antimafia, es decir, de jefe del órgano que la prensa ha dado en llamar Superfiscalía.

Dos días antes, el 24 de febrero, fueron convocados al Palacio de los Mariscales los nueve aspirantes: Francesco Amato, Luigi Lombardini, Italo Ormanni, Domenico Signorino, Giancarlo Armati, Antonio Marini, Antonino Loiacono, Agostino Cordova y Giovanni Falcone. En realidad, los favoritos eran tres: Falcone, el fiscal de Civitavecchia, Antonino Loiacono, y el de Palmi, Agostino Cordova. Aparte de la autoridad y experiencia que tuvieran los candidatos, enseguida pareció claro que Falcone era «el candidato del ministro» y que los otros dos representaban una alternativa al poder del gobierno, sospechoso de querer controlar la vida judicial del país con un magistrado «amigo», un magistrado que, como dijo en la tele el abogado Galasso, ahora está con el gobierno.

Que lo esté porque ha sido víctima de una especie de juego de las sillas en el que, una tras otra, le han quitado todas de debajo del trasero, poco importa. Gran parte del país está convencida de que Falcone habría hecho mejor en estarse quieto y maniatado ocupándose de casos de enganches de luz ilegales y no meterse en política, en esa política sucia, llena de conexiones siniestras, amiga del poderoso y verdugo del débil, que nada hace por limpiar su imagen, sino todo lo contrario.

A todo esto, el 17 de febrero detuvieron en Milán a Mario Chiesa, un político socialista –del mismo partido que Martelli y Bettino Craxi–, con una mordida de siete millones de liras. El dinero se lo dio el propietario de una empresa de limpieza que quería adjudicarse el contrato de Pio Albergo Trivulzio, una residencia de ancianos en Milán que Chiesa dirige. Chiesa no sabía que el empresario estaba en contacto con un juez, Antonio di Pietro, y que lo habían dispuesto todo para echarle el guante en cuanto recibiera el dinero. Como ocurrió. Pero la cosa no acabó ahí. La detención de Chiesa parece ser el comienzo de una operación mucho más vasta con la que se espera escarbar en la ciénaga de la política italiana, que implica a varios partidos del gobierno y salpica incluso a la oposición. Los jueces la llaman Manos Limpias. Para colmo, pocos días antes del arresto de Chiesa, el presidente de la República, Francesco Cossiga –otro enemigo del Consejo Superior de la Magistratura, contra el que los últimos años no ha ahorrado ataques–, disolvió las cámaras: la campaña electoral ha empezado. El tándem formado por el Partido Socialista Italiano y Democracia Cristiana es un viejo trasto en cuyas ruedas hay que poner palos. Tiene que romperse, irse a la chatarra. Y con él, todos lo que montaron en él, aunque solo fuera para dar una pedalada.

–Te lo repito: el problema soy yo. Pero la suerte aún no está echada.

–¿Qué quieres decir?

–Que el nombramiento debe hacerse de acuerdo con el ministro o no vale.

–¿Y?

–Pues que dentro de dos días me traerán a esta mesa, en una carpeta, el expediente y los informes del Consejo Superior de la Magistratura sobre los tres candidatos favoritos. Yo tengo que firmar y devolverlo a ese órgano para que proceda al nombramiento.

–Sí, eso lo sé, pero sigo sin entender.

–Pues que antes de firmar quiero informarme. En lugar del expediente firmado, enviaré al Consejo Superior de la Magistratura una carta pidiendo toda la documentación. Es una situación delicada: quiero decidir con el máximo rigor. Quiero saber con qué criterios se evalúa. Quiero ver la documentación que los candidatos aportan. Quiero las actas completas de todas las sesiones. Y también las cintas que se han grabado. Y entonces sí, el ministro podrá aprobar el nombramiento.

–Pero con eso vas a desencadenar una guerra... –dice Giovanni.

–No, con eso solo cumplo mi deber. Además, si hay una guerra, no soy yo quien la ha desencadenado. Si hay una guerra y, te lo repito, no hay ninguna guerra, sería de idiotas quedarse parados mientras nos disparan. Eso si hay una guerra. Que no la hay.

70. SIN ABSOLUCIÓN

Palermo, 1992

Giovan Battista Ferrante tiene la cara ancha y redonda, la nariz respingona y una ligera papada que vuelve amable su rostro. Si hubiera que compararlo con un animal, sería un simpático cerdito.

Lo es incluso cuando tiene el ceño fruncido, como ahora, que sujeta unos prismáticos y resopla, con una docena de colillas a los pies. Está mirando una casa pintada de rosa de la calle Danae, en Mondello. Cerca del mar, que puede ver desde donde está, en lo alto del monte Pellegrino.

Nada ocurre en esa casa. Nadie entra, nadie sale. Calma chicha. Es así desde hace varios días. Su trabajo requiere paciencia, paciencia y dedicación. Cualquier novedad, cualquier imprevisto se agradece. Como, por ejemplo, que suene un teléfono, el suyo.

–¿Sí? –Arroja la colilla al suelo y la apaga con el pie. En torno a él hay unos cuantos árboles, un poco de hierba y mucho monte pelado.

–¿Me oyes?

–Sí, sí. Por aquí bien.

–Por aquí bien también. –La comunicación no siempre es

buena con estos primeros móviles. A veces se interrumpe cuando menos se espera, dejándonos en la estacada.

–Hablemos un poco a ver si funciona.

–Funciona, funciona.

–Pero ¿bien?

–Bien.

–¿Bien o muy bien?

–¡Que te den! –Giannino Ferrante suelta una carcajada y se guarda el teléfono. Seguro que esos dos capullos se aburren también. Francesco Onorato y Giovanni d'Angelo miran la casa del mar y lo hacen también con prismáticos, pero desde mucho más cerca. Enfrente de la casa están de obras y ahí es donde se esconden. Por lo menos pueden salir de vez en cuando a comerse un bocadillo, tomarse una cerveza. Vamos, no están en lo alto de una montaña.

En los últimos días parecía que algo se movía. Se veía movimiento en torno al chalé y él iba y venía tan campante, sin escolta ni nada. Parecía el momento de pasar a la acción, porque las órdenes eran claras. Salvatore Biondino dijo: «Estamos quedando fatal. Totò está esperando». Y entonces Onorato, que en este momento está escondido con D'Angelo en la casa en obras, se decidió: «¡Mañana mismo!». Lo dijo pronto. Y ahora hay que darse prisa.

Giannino ve a los compañeros escondidos. Los ve a ellos, ve el chalé, las calles aledañas y el mar, que forma con el cielo un único fondo azul. Ve también el cruce en el que han quedado con él, aunque él no sabe que han quedado.

Su señoría Salvo Lima se levantó temprano, como todas las mañanas, y empezó a «despachar». En el salón de su chalé de la calle Danae, muy bien decorado, donde ha colgado un dibujo preparatorio de la *Vucciria* de Renato Guttuso y las llaves de la ciudad de San Francisco que le dio el alcalde estadounidense, los criados filipinos le llevan café y hacen pasar uno tras otro a los visitantes que van llegando. El primero fue, bien temprano, Mario d'Acquisto, expresidente regional y exvicepresidente de la Cámara de los Diputados; después, el democristiano Calogero Pumilia y luego el profesor Alfredo li Vecchi, que da clases en la Facultad de Economía y Comercio y forma parte del consejo de administración de la compañía de ferrocarriles del Estado. Por último, después del profesor, llega el concejal provincial de Patrimonio, Leonardo Liggio.

Liggio entra en el salón, precedido de un sirviente, y se dirige al largo sofá de piel. D'Acquisto y Pumilia se han ido ya. Su señoría está con el profesor, que es un viejo amigo suyo.

–Profesor –saluda Liggio. Y a Lima–: ¿Cómo andamos?

–Pues unas veces a pie y otras en coche –contesta su señoría.

–Muy gracioso. Ya quiero verte dentro de dos semanas.

En menos de dos semanas, el 23 de marzo, Giulio Andreotti asistirá a una cena en el hotel Palace en apoyo de los candidatos democristianos a las próximas elecciones. Su señoría tiene que recibirlo y velar por que todo salga bien: la organización, los invitados, el ambiente. Cada vez que Andreotti se presenta en Palermo, es como si una mano de santo se posara sobre la cabeza de su señoría y se echara un poco de pegamento en las alianzas que tienen políticos, empresarios y amigos varios. Las alianzas viven del prestigio. Del prestigio y la fiabilidad. ¿Y quién más fiable que una persona que camina del brazo de Andreotti?

–Ven tú también –le propone su señoría–. Es en el Palace, nada menos.

–¿En el Palace? El caso es que... –suspira el concejal Liggio– no tenía planeado...

–¡Qué planeado ni qué ocho cuartos! Olvídate de planear. Disfruta de la vida, acepta lo imprevisto...

Liggio mira a Lima y a Li Vecchi, frunce el ceño y se encoge de hombros.

–Bueno, vale, iré.

–Y sonríe, hombre; ya sabes, a mal tiempo buena cara.

–¿Por qué mal tiempo?

–¡¿Por qué?! –pregunta escandalizado Lima–. El Palermo ha perdido en casa contra el Lecce, un poco más y somos los colistas de segunda, ¿y preguntas por qué?

–El camión ha salido con tres sacos de arena –dice Giannino por el móvil. Siente una descarga de adrenalina. Él tiene que quedarse en el monte observando, lejos de la carretera, pero se excita de todas formas.

–OK –le contestan por el otro lado de la línea.

Giannino oye el ruido de una moto que arranca; aprieta el botón rojo y se mete el teléfono en el bolsillo. Giovanni d'Angelo, que conduce, y Ciccio Onorato, que va sentado detrás, han arrancado la Honda 600 y se dirigen lentamente al chalé de Salvo Lima. Llevan casco integral y no se les ve la cara. Su señoría ha subido con Leonardo Liggio y Alfredo li Vecchi en el Opel Vectra del profesor y este último se ha puesto al volante. Pero hay un contratiempo, el primero.

Cuando llegan al chalé, D'Angelo y Onorato ven que junto al coche al que ha subido Lima hay otro coche. Alguien se ha parado a saludar a su señoría, que, como siempre, no se niega. Pasan de largo para no llamar la atención. Onorato rechina los dientes y suelta una maldición. Se paran un poco más adelante, donde los del Vectra no pueden verlos.

–¿Y ahora? –pregunta Onorato. Sus palabras suenan sordas, ahogadas por el casco.

–A esperar –contesta el otro por debajo de su casco oscuro.

No tienen que esperar mucho. Pasan unos minutos, suena el teléfono. Es Ferrante, que desde el monte Pellegrino lo ve todo.

–El camión arranca.

El coche, con Li Vecchi al volante, Lima sentado al lado y Liggio detrás, se dirige a la avenida Principessa Maria. Ahora, según lo observado en los últimos días, tendría que girar a la izquierda. Ahí lo espera Onorato, empuñando una 38. Pero hay un segundo imprevisto.

El Opel Vectra gira a la derecha por la avenida delle Palme. D'Angelo ve por el retrovisor que se le escapa.

–¡Coño! –gruñe.

–¡Va! –le grita Onorato, dándole un golpe en la espalda como si arreara a un caballo–. ¡Va! –La moto da media vuelta y corre hacia la avenida–. ¡Va! –le mete prisa Onorato.

Pero le mete demasiada, porque, con las ganas de alcanzar al coche, D'Angelo no frena y lo adelanta. Onorato, sin embargo, con los nervios de punta y los ojos desorbitados tras la visera oscura, tiene tiempo de apuntar y disparar dos tiros. Una bala hace añicos la ventanilla, la otra se incrusta en una rueda.

–¡Da la vuelta! –grita Onorato dándole otro puñetazo–. ¡Da la vuelta! ¡Rápido!

Mientras, el Opel Vectra de Li Vecchi se ha detenido. Ni él ni el concejal, sentado detrás, entienden lo que pasa. Pero Lima sí. Él lo entiende perfectamente.

–¡Dios! –grita–. ¡Que vuelven! –Ase la manivela, abre la puerta. El abrigo verde que se echó por los hombros al salir de casa se enreda en la portezuela–. ¡Ah! –grita, desesperado. Tira del abrigo, intenta soltarlo, pero no puede. Le tiemblan las manos, los brazos le dan como sacudidas–. ¡Ahhh! –exclama de nuevo, como si alguien pudiera o quisiera oírlo. En un momento de lucidez, decide dejar el abrigo y echa a correr. Corre hacia el mar. Si consigue zambullirse en el agua, nadie podrá hacerle nada. El mar siempre nos salva. Nos salva a todos. O eso creemos, pero eso ya es otra historia.

Lima corre, los pies se le resbalan por la avenida desierta. Se cae un par de veces, se levanta. La moto, entretanto, se ha detenido. Onorato ha desmontado y lo sigue. También corre. Tiene que alcanzarlo antes de que llegue al mar, antes de que salga del círculo de los condenados. Ya le pisa los talones. Lima corre, pero su asesino es más rápido y dispara, una, dos, tres veces. Son las campanas que tocan a muerto antes de tiempo. La muerte no necesita mucho para hacer su trabajo. Le basta con llegar a una distancia razonable, proyectar su sombra.

Cuando está a tres metros de su señoría, Onorato dispara un tiro que lo alcanza en la espalda. Lima cae sobre el asfalto delante de una verja, el pecho se le hincha y se le deshincha con el ritmo de una danza tribal.

Mira a lo alto, al cielo. Pero no puede alcanzarlo. Nunca podrá. Para él no habrá absolución. Tiene la cabeza del verdugo encima. Es el último tiro.

Liggio y Li Vecchi se han escondido detrás de un contenedor de la basura. También tiemblan como un azogado. Si salen corriendo, les pasará lo que al amigo. Si se quedan donde están, el asesino los encontrará. Le será muy fácil. No son hombres de acción.

Y, en efecto, Onorato no tiene más que darse la vuelta. Camina hacia el contenedor, llega, se detiene. Los otros se agitan detrás del contenedor metálico, puede verles los pies. Se mueven como hámsteres en una jaula, no saben qué hacer. Tienen el mar justo detrás y no saben qué hacer.

También les late el corazón como le late a un hámster. Onorato mira la pistola: ya no le sirve, está descargada. La guarda. Pero tiene otra en el otro bolsillo. La empuña, apunta al contenedor, da unos pasos en torno a él.

De pronto se detiene. Algo sucede en su cabeza. Guarda también la segunda pistola, sube a la moto que dejó en la carretera y escapa haciendo rechinar las ruedas.

71. BASTA DE MEDIADORES

Roma, 1992

–Enciende la tele. –Falcone irrumpe en el despacho de su colega Giannicola Sinisi sin llamar a la puerta. Este salta de la silla, se lleva la mano al pecho...

–¡La Virgen, Giovanni! ¿Qué...?

–¡Enciende la tele! ¡Corre!

Sinisi coge el mando y enciende el televisor sin dejar de mirar a Falcone, que tiene la cara desencajada, se arregla el pelo nerviosamente, se pasea por el despacho a pasos cortos y nerviosos...

–¿Quieres decirme qué pasa?

–Que han matado a Lima.

El colega sigue mirándolo, no entiende por qué tanta excitación. Claro, es una cosa muy seria. Salvo Lima, como es sabido, era el hombre de Andreotti en Sicilia. Era persona próxima a los primos Salvo y a muchos otros que habrán ido a pedirle explicaciones después de la sentencia del Tribunal Supremo sobre el Maxiproceso. Pero ¿por qué está Falcone tan asustado? ¿Por qué parece que la tumba que están cavando es para él y no para otro?

Por la tele no dicen nada que Giovanni no sepa. Tampoco en Palermo, desde donde lo han llamado para darle la noticia, saben mucho más. Hay que esperar. Pero no es fácil hacerlo cuando uno camina por un campo minado.

–Ven, vamos a mi despacho –le dice a Sinisi.

–La verdad, estaba...

–Sí, vamos. –No se lo ordena, se lo pide. Sinisi comprende que Giovanni halla consuelo en él, que por alguna razón lo utiliza, en el buen sentido de la palabra, para relajarse. Tienen una relación simbiótica que nació hace poco pero que se ha desarrollado rápidamente. Se levanta del sillón y sigue a Falcone a su despacho.

Llegan, Giannicola se sienta en el pequeño sofá que hay en el centro del despacho y Giovanni permanece de pie; se toca la barbilla, va y viene, a ratos susurra palabras que el amigo no entiende.

–Tengo que llamar a Liliana –dice de pronto. Va a la mesa, coge el teléfono, abre la agenda con la otra mano, busca el número del hotel de Kentucky, Estados Unidos, donde se aloja su colega, que ha ido con Franco Castiglione, subsecretario de Estado, a informarse sobre técnicas de grabación que se usan en los juzgados de allí y que podrían ser útiles en Italia. El teléfono suena varias veces, al final contesta una voz soñolienta.

–Hola, Liliana, perdona que te llame a estas horas... Lo sé, lo sé... Pero tenía que decírtelo. Han matado a Salvo Lima. Sería mejor que volvieras a Roma. Sí, en cuanto puedas. Sí, haz la maleta y vente... Pues porque ahora puede ocurrir cualquier cosa. Te lo explico mejor cuando vuelvas, ven a mi despacho.

Poco después entra el ministro Martelli en el despacho de Falcone.

–Giovanni... –Mira a Sinisi, que sigue sentado en el sofá del centro, y lo saluda con un gesto–. ¿Me explicas lo que pasa?

–Han matado a Lima.

–Sí, lo sé, pero...

–Se ha roto un mecanismo delicadísimo, Claudio. Las consecuencias pueden ser muy graves. Esto ha dado un vuelco. Se acabaron... –Martelli se sienta al lado de Sinisi, apoya los codos en las rodillas y escucha. Está serio, pero no alarmado como Falcone–. Se acabaron los mediadores... Se ha roto un equilibrio y todo el edificio puede venirse abajo. Están diciendo que ahora hay un enfrentamiento directo entre Cosa Nostra y el Estado. Y eso quiere decir que apuntarán cada vez más alto si no hacemos lo que quieren. Cada vez más alto.

–¿Más alto?

–Sí, te apuntarán a ti, Claudio. Perdona que te sea franco, pero esa gente... Creo que ahora irán a por un político, un político mucho más importante que Lima. No será un mediador, sino una figura importante de la política, del Estado. Y, para ellos, el responsable del cambio de rumbo, de todos sus males recientes, eres tú.

–¿Y no crees que...? –No termina la frase, pero está claro lo que quiere decir.

–No, no, antes matarán a un político. Después me tocará a mí.

Martelli lo mira. Ya no tiene sentido combatir ese fatalismo. Es una idea fija.

El análisis de Falcone podría ser correcto o podría ser equivocado. Si hay alguien que sabe de estas cosas es él. Pero si es correcto, tal vez ni él sabe hasta qué punto es correcto. Porque la cuestión es esta: que todos los hombres demasiado honestos, todos los espíritus puros y en cierto sentido infantiles, cuando se trata de sí mismos, de su relación con el mundo o, mejor, de la relación que el mundo tiene con ellos, pecan de ingenuos.

Por eso a Giovanni Falcone se le escapa un detalle: el de que fuera de su cabeza, fuera de ese despacho, de ese edificio, fuera del concepto mismo de Estado, son muchos los que ya no ven en él a un magistrado, sino a un político.

*

Dos hombres acaban de salir del despacho de Falcone. No es momento para hablar de ciertas cosas, pero hay que hacerlo. Son los temas de actualidad en el país. Son días esquizofrénicos, en los que se pasa de una cosa a otra con la misma facilidad con la que los locutores de los telediarios, después de hablar de una matanza, dicen «cambiamos de tema» y se ponen a hablar de la fiesta de la castaña. Hay que tener esa misma frialdad. Los nervios se los deja uno en casa.

Giovanni está intentándolo. Lo ha intentado hace unos minutos y, en la medida de lo posible, lo ha conseguido.

–¿Y bien? ¿Qué me dices? –le pregunta a Sinisi, que ha estado presente.

–Pues no sé.

–A mí me parecen bastante convencidos.

Eran dos miembros del Consejo Superior de la Magistratura. Sacaron un cuaderno del bolso de uno de ellos y empezaron a anotar números, nombres, a unirlos con flechas, a trazar círculos, signos de interrogación. La cuestión es, una vez más, la elección del jefe de la dirección nacional antimafia. La conclusión de los dos jueces es que, al final, de alguna manera, por una ajustada mayoría, Giovanni Falcone será elegido jefe de la Superfiscalía.

–No es tan fácil, hoy por hoy. Ya sabes por qué. –Sinisi no se refiere solo al Consejo Superior de la Magistratura y a sus precarios equilibrios internos, sino a todo lo que está ocurriendo en el ministerio, en el Palacio de los Mariscales, en la justicia y, sobre todo, en el gobierno y en el Quirinal, la residencia del presidente de la República.

Dentro de poco se celebran las primeras elecciones generales desde la caída del muro de Berlín. El eje formado por Democracia Cristiana y el Partido Socialista Italiano está muy desgastado y el Partido Comunista, escindido en Partido Democrático de la Izquierda y Refundación Comunista, ya no existe. Incluso la elección del nuevo presidente de la República es una incógnita. Andreotti parece abrirse paso, pero todos los partidos, Democracia Cristiana, Partido Democrático de la Izquierda, Partido Socialista, Liga Norte, Refundación Comunista y Movimiento Social Italiano, presentarán candidato propio. Y los pactos aún parecen lejanos.

Si la composición del Consejo Superior de la Magistratura es reflejo de la situación política del país, y así es, es evidente que en el Palacio de los Mariscales reina el caos. También es evidente que algunas de las alianzas y acuerdos que ahora existen, firmados en algún caso con muchas dudas, pueden romperse a la menor señal de cambio político. Encima, la Asociación Nacional de Magistrados le ha declarado la guerra al ministro Martelli, y no se trata solo de una guerra política: el ministro nunca ha ocultado su preferencia por Falcone como jefe de la Superfiscalía, por méritos profesionales que ningún otro candidato iguala. Pero buena parte de los magistrados, sin poner en duda la valía de Falcone, ven en este a un ser bicéfalo sobre cuyos hombros están las cabezas del ministro Martelli y de Cossiga, a los que acusan de querer controlar a los jueces y de haber atacado al Consejo Superior de la Magistratura en innumerables ocasiones. Giannicola Sinisi sabe todo esto. Y sabe también que Falcone ha sido sacrificado por componendas políticas, cuando no abiertamente postergado, primero en la elección al puesto de fiscal adjunto de Palermo y luego en la de miembro del Consejo Superior de la Magistratura. Sabe asimismo que uno de los candidatos rivales, Agostino Cordova, acaba de dar por conclusa una causa en Calabria en la que están implicados numerosos militantes del Partido Socialista, el partido de Martelli.

–A ellos les parecía cosa hecha –dice Giovanni, expulsando una nube de humo del puro que sujeta entre los dientes.

–No sé –repite el colega. No quiere rebajar su optimismo, bastante infrecuente en él, pero tampoco que se llame a engaño–. Queda mucha batalla, Giovanni.

–En fin. –Falcone se reclina en el sillón. Observa el humo que se eleva. Su mesa, cosa extraña, está en orden. Últimamente lo han notado muchos. De unos días a esta parte dispone sus papeles con sumo cuidado: apila las carpetas, tritura los viejos documentos y los tira a la papelera, hace sitio en la mesa, reordena incluso la colección de patos, que se ha traído de Palermo y ha aumentado con regalos de amigos y colegas. «Está hecho una mujer de la limpieza», dijo maliciosamente un colega hace unos días. A quien recuerda el crónico caos anterior y le pregunta la razón de este prurito de orden, le contesta simplemente que quiere «dejarlo todo atado»–. Además –prosigue, moviendo un poco la cabeza–, sé que van a matarme en cualquier momento, ¿qué más me da ser o no ser superfiscal?

–Giovanni, ¿por qué siempre dices...?

–No tengo nada. –Mira a Sinisi con una sonrisa triste, la misma que ponía en el programa de Maurizio Costanzo cuando lo atacaban por todos lados–. No tengo ni casa propia. Lo único que tengo es mi trabajo. Mi trabajo y mi dignidad. Y esta... Lo siento por ellos, pero esta no van a quitármela.

72. NACIDO DOS VECES

Palermo, 1992

Esta noche, la libertad ha ido a esconderse detrás del monte Cuccio. Ha pasado en silencio, a toda velocidad, sobre sus patas de guepardo, por debajo de los balcones de la calle Notarbartolo. Corriendo en medio del calor insípido de mediados de mayo, ha ido alejándose sin ser vista hasta convertirse en un puntito. Y de pronto ha desaparecido detrás de la montaña. Allí debe de estar ahora, piensa Giovanni.

La sábana blanca yace al pie del lecho. Francesca duerme a su lado, el pelo suelto sobre la almohada deja ver el cuello, ese fiordo sonrosado de perfumes y esperanzas. Se han acostado escuchando el *Rinaldo* de Händel. El volumen está muy bajo. La voz de la soprano es como una cuchilla. Inflige heridas de las que brotan lágrimas saladas y maravillosas:

> *Lascia ch'io pianga*
> *mia cruda sorte*
> *e che sospiri*
> *la libertà* [...].

Sin embargo, esta noche la libertad se ha escondido detrás

del monte. Tenía que estar aquí, al alcance de la mano: en el cuello de Francesca, entre sus cabellos suaves y revueltos. Pero no está. Ha escapado con brincos de felino y se ha alejado sin que nadie se diera cuenta, sin que nadie la viera. Giovanni puede extender el brazo y tocar el cuello de su mujer, pero no la libertad.

Está jugando a un juego amargo. Ahora que vive en Roma, podrá perseguir la libertad, pero no cogerla. La libertad es para él algo tangencial. Solo puede perseguirla, olerla, desearla.

Il duolo infranga queste ritorte
de' miei martìri sol per pietà
de' miei martìri sol per pietà [...].

Si ella despertara ahora, le preguntaría por qué llora. Se lo preguntaría una vez, luego otra y ya no volvería a preguntárselo. Se conocen muy bien. Bastarían estas notas que desgarran la piel y este vacío, esta leve idea de ausencia que flota en el aire y revela su trama secreta.

Ella entendería por qué llora. La oscuridad deslumbra en noches como esta. Hay que encender la luz para no ver en ella o esperar al sol clemente.

Francesca susurra algo en el sueño, pero son palabras incomprensibles. Vuelve la cabeza hacia Giovanni. Tiene los labios entreabiertos. Él le sonríe con los ojos arrasados en lágrimas. Se incorpora y estira el brazo para apagar la música. Pero desiste. Que acabe. Llegados aquí, sería absurdo apagarla antes. Las notas se atenúan y de pronto se elevan, surten como un chorro hacia el cielo negro. Y cuando caen es imposible resguardarse.

[...] *e che sospiri*
e che sospiri
la libertà [...].

Giovanni va a acariciarla, pero detiene la mano justo encima de la cabeza y la deja así, suspendida en el aire. No quiere despertarla, no esta noche. Se pregunta dónde está en ese momento la libertad, si sigue escondida detrás de la montaña o han podido atraparla.

Pero no, no. Seguro que sigue detrás del monte Cuccio lamiéndose las patas, agazapada con sus muchas caras, sus innumerables guiños: la libertad de creernos eternos, la libertad de poseer un espacio propio, de ser dueños de él, o por lo menos de poder serlo. La libertad de no llevar un blanco cosido en la espalda.

Giovanni mira de nuevo a su mujer. Los párpados le tiemblan levemente.

«Ve a buscar la libertad por mí, amor mío. Cógela de las orejas. Tráeme su cabeza.»

*

–Tendríamos que comprarnos una casa –le dice a Francesca en voz baja, mientras las demás personas que hay sentadas a la mesa, en el Charleston, arman bulla. Es 18 de mayo y Giovanni tiene la impresión de haber vuelto a los viejos tiempos. Están allí celebrando su cumpleaños muchos de sus amigos palermitanos. Está Antonio Ingroia, joven magistrado, y hay muchos otros colegas de la vieja y de la joven guardia. También está Paolo Borsellino, que se ha venido a Palermo. Giovanni nunca lo confesaría, porque alguien –quizá no Paolo, que al final apoya su candidatura a superfiscal y con quien ya ha tenido ocasión de explicarse– podría reprocharle haberse ido, pero la verdad es que siente nostalgia, nostalgia pura y dura. Tal vez por eso, porque quiere desechar esta idea, porque quiere cortar definitivamente los lazos que lo atan a la ciudad en la que nació, le repite a su mujer–: Una casa nuestra, en Roma. Podríamos comprar una más grande, por ejemplo.

–Sí –asiente Francesca. La idea le gusta–. Podríamos.

Gracias a Ernesto Stajano, juez de Magistratura Independiente y uno de los pocos amigos que tiene Giovanni en el Consejo Superior de la Magistratura, Francesca ha conseguido que la destinen a la comisión examinadora de auditores judiciales. Stajano ha hecho todo lo posible para que uno de los puestos que normalmente se reservan a las distintas corrientes fuera para la corriente a la que él pertenece. Y ahora este puesto le corresponde a Francesca, que por fin puede mudarse a Roma con su marido.

Ahora, en este maravilloso día de primavera, en este restaurante palermitano decorado con estilo modernista, los cubiertos tintinean en los platos, se habla de las próximas elecciones, de los candidatos a presidente de la República que podrían suceder a Cossiga, de los juegos de poder entre partidos. Y se habla de Lima, de lo que ocurrirá ahora, de que en adelante todos han de andarse con mucho ojo, porque nadie que trabaje en causas mafiosas estará a salvo.

Interrumpe la conversación la llegada del postre. A Giovanni se le ilumina la cara: es tarta de fresa, su preferida. Todos lo felicitan, sonríen, aplauden. Mientras el camarero sirve el dulce, Giovanni cruza un momento la mirada de Paolo Borsellino y lo ve algo melancólico. Su abuelo, que se llamaba como él, murió bastante joven, a los cincuenta y dos años. Su padre, Diego, nació en 1910 y murió en 1962, también a los cincuenta y dos años. Paolo tiene cincuenta y dos y por eso se muestra irónicamente fatalista.

–Querido Giovanni –le dice dándole una palmada en la espalda–, me has ganado.

–¿Cómo ganado?

–Has superado los cincuenta y dos años. Enhorabuena. Me das mucha envidia. Yo no sé si lo conseguiré.

Ingroia y los demás se miran con desconcierto. Algunos esbozan una sonrisa, pero nadie ríe realmente el chiste de Borsellino.

–¡Así que presentador de televisión! –dice un colega desde la otra punta de la mesa, para cambiar de tema. La RAI le ha propuesto a Falcone colaborar en un programa de televisión dedicado a Cosa Nostra. La idea es que hable en la pequeña pantalla de la lógica mafiosa, desvele lo que para muchos sigue siendo un misterio y confirme, a quienes ya conocen ese misterio, que el país está atento y alerta. Cuantos más lo sepan, mejor. Por eso ha aceptado, aunque tampoco esta vez desaprovechen algunos la ocasión de atacarlo.

–Hablamos donde podemos –ironiza Falcone–. Donde nos dejan. En los tribunales, cuando es posible. Y, cuando no, en la prensa, en la tele... –Desde hace un tiempo escribe también en el diario *La Stampa* una columna en la que analiza el fenómeno mafioso y contesta a quienes lo critican. Pero es una empresa ciclópea, es como querer parar un río con las manos. Además, ha sacado tiempo para escribir un libro de entrevistas sobre la mafia con la periodista francesa Marcelle Padovani, *Cosas de Cosa Nostra*.

Por suerte, en la mesa vuelve a hablarse de la elección a jefe del Estado. Las primeras tres votaciones han fracasado, como era de prever, dada la falta de acuerdo entre los distintos partidos. Pero a partir de la cuarta votación, que se hace con menos cuórum, las cosas empiezan a aclararse. Los partidos desvelan a sus verdaderos candidatos. El candidato democristiano es Arnaldo Forlani, secretario de su partido: pese a los compañeros que han roto la disciplina de voto y a los andreottianos, que han impedido que saliera elegido en las tres primeras votaciones, su candidatura se mantiene. Sin embargo, tras el último intento fallido, él mismo la retira. Empiezan entonces a proponerse una serie de nombres: Giovanni Conso, exvicepresidente del Consejo Superior de la Magistratura; Giuliano Vassalli, predecesor de Martelli al frente del Ministerio de Justicia; Francesco de Martino, líder del Partido Socialista antes de Bettino Craxi; Leo Valiani, senador vitalicio que estuvo en la cárcel por su oposición al fascismo. Al final,

Forlani, muy contrariado, dimite de su cargo de secretario de Democracia Cristiana.

Uno de los nombres que se han barajado, en parte por broma, en parte por rabia, y en parte también seriamente, es el del caballero que está sentado a la izquierda de Giovanni Falcone: Paolo Borsellino. Ha obtenido cuarenta y siete votos que, si bien no bastan para que salga elegido, tampoco son poca cosa. Los amigos del Movimiento Social Italiano, partido en el que milita desde joven, han querido premiar a un magistrado que es «un símbolo de las instituciones y de la sociedad civil que lucha contra la mafia». El mismo secretario del partido, Gianfranco Fini, pidió a sus compañeros que lo votasen a él.

–¿Y tú, Paolo? –Giovanni le devuelve la palmada en la espalda–. ¡Ahora tendremos que llamarte al Quirinal!

Esta vez sí ríen. Ríen porque no hay peligro de que Borsellino –que acaba de ser nombrado fiscal adjunto en Palermo y se ha trasladado desde Marsala– participe en la carrera por la presidencia. A los periodistas que le preguntan sobre el particular, les contesta simplemente que «hay que elegir cuanto antes al presidente de la República» y «votar por candidaturas serias y no simplemente testimoniales».

–¿Y Peppino? ¿Cómo puede nuestro querido Ayala resistir sin panelle?

–Está muy bien. Otro que se ha vendido a la política.

–¡Por su culpa no tenemos aún presidente de la República! –le toma el pelo uno de los colegas. Ayala y Falcone se vieron en los últimos días. Peppino, al que nombraron consejero de la comisión parlamentaria antimafia, se presentó a las elecciones por el Partido Republicano Italiano, salió diputado y, como los demás, está liado estos días con la elección del jefe del Estado.

–Con Peppino precisamente he quedado mañana en Roma –dice Giovanni–. Para celebrar mi cumpleaños.

–¿Otra vez? –pregunta Ingroia.

–Sí. Es que nací dos veces. ¿A que sí, Francesca?

Ella asiente solemnemente.

–Dos veces. –Y saca dos dedos.

En el registro civil, Giovanni Falcone figura como nacido el 20 de mayo, aunque en realidad nació el 18, es decir, hoy. Como Ayala, por cierto, solo que este nació seis años después. Han quedado para cenar en el restaurante La Carbonara de Campo de' Fiori.

73. VIAJE DE AMOR

Roma, 1992

A principios de mayo, los atunes dejan las aguas del Atlántico, cruzan el estrecho de Gibraltar, llegan a las costas de Liguria y desde allí, mar Tirreno abajo, alcanzan los mares de Sicilia. A este larguísimo viaje, a esta interminable ruta migratoria que enormes bancos de atunes, grandes pelágicos que obedecen las leyes naturales, siguen de una punta a otra de Italia, lo llaman muchos «viaje de amor». Lo llaman así porque obedece a la llamada de la reproducción. Las tranquilas aguas de las islas Ágatas son el lugar ideal para desovar.

Desde los albores de la humanidad, con los primeros asentamientos costeros, el hombre viene pescando para sobrevivir. Pesca de día y de noche, solo o en grupo, con anzuelo e hilo y, sobre todo, con arpón y red. Aprendió a capturar, por rudimentaria que fuera la técnica, los peces que nadaban en grandes bancos, como los atunes rojos, botín precioso. Así es desde hace milenios en Sicilia: el hombre sabe que el atún es una presa fácil y que el mar lo ofrece en abundancia. El viaje de amor se transforma en una carrera hacia la muerte. Es el juego del vivir y del morir.

Los atuneros empiezan a prepararse ya en abril. Echan al mar las redes, que pueden llegar a medir varios kilómetros, y forman con ellas un pasillo de cámaras comunicantes. Cuando, en mayo, el jefe atunero da la orden, las barcas zarpan: los pescadores llegan mar adentro, se disponen en círculo alrededor de las redes y, al son de cantos de pesca tradicionales, las suben tirando de ellas, un poco cada vez, con la sola fuerza de sus brazos. Y entonces sobre los atunes se abaten los arpones. La promesa de nueva vida se convierte en una danza de muerte, una danza que era anuncio de saciedad para aquellos que no tenían qué comer y con aquellos atunes de más de cien kilos vivirían los meses siguientes.

El rito se repite todas las primaveras. Al acabar la pesca, el mar queda teñido de rojo.

–¿Vamos a ver la pesca del atún? –Giovanni vive entre dos mundos. Quiere olvidar los venenos, pero no quiere olvidar Palermo, Trapani, Sicilia. Sabe que a Francesca también le hace ilusión volver a casa, estar con su madre. Y él puede ver a sus hermanas, a sus sobrinos, quedar con Paolo y demás colegas que siguen siendo sus amigos.

Este año la pesca del atún de Favignana, la más famosa, es el 23 de mayo, dentro de dos días, pero para llegar a tiempo tienen que estar en Palermo la noche anterior, el viernes. Últimamente, Giovanni viaja de Roma a Palermo y vuelta una vez por semana. Por razones de seguridad, el ministerio pone a su disposición un trimotor Falcon 50 y evita así tener que tomar vuelos regulares, lo que, con todas las precauciones que debe tomar, sería complicadísimo.

–Vale, sí. Bueno, no lo sé. –Francesca duda. Apura de un trago el vino de la copa. Están sentados a la mesa, él con la camisa abierta, la corbata colgada del respaldo de la silla; ella descalza, con las piernas estiradas por debajo de la mesa y los pies puestos en un taburete. La ventana del balcón está abierta. La brisa primaveral entra en la casa de la calle del Cacco. Pero esta noche la música de Verdi suena muy grave:

In quel momento che potrò dire io, misero,
chi chiamerò a difendermi,
quando a malapena il giusto potrà dirsi al sicuro?

Giovanni se levanta, también descalzo, y va a bajar el volumen.

–Veré si puedo –dice Francesca–. Creo que sí, pero a ver mañana.

–Vale. –Giovanni está aún de pie cuando suena el teléfono. Es su colega Pietro Grasso, que fue el juez adjunto de Alfonso Giordano en el primer juicio del Maxiproceso y al que ha vuelto a ver en el Ministerio de Justicia en los últimos meses.

–¿Aún lo tienes? –le pregunta Giovanni de repente.

–Lo tengo, lo tengo. Estate tranquilo, que te lo trato bien. Esta noche le cantaré una nana.

Durante un vuelo de Roma a Palermo, Giovanni se sacó de pronto su mechero Dunhill del bolsillo de los pantalones y se lo dio. «No es un regalo», le dijo. «Es que he decidido dejar de fumar. Me lo devuelves si cambio de idea.»

–¿Cuándo vas tú a Palermo? –le pregunta el colega. Grasso también es palermitano. Nació en la provincia de Agrigento, pero siendo muy pequeño la familia se trasladó a Palermo. Era juez de primera instancia en Barrafranca cuando mataron a Pietro Scaglione, a cuyo entierro no acudieron ni el presidente del gobierno, que estaba en Sicilia por otros motivos, ni el ministro del Interior, ni el de Justicia. Grasso decidió pedir el traslado primero a Palermo y luego a Roma, como Giovanni.

–Mañana, en cuanto Francesca pueda.

–¿Puedo irme con vosotros?

–Claro, pero luego hablamos, porque todo depende de Francesca.

Desde la cocina, ella agita el brazo reprochándole que la cargue con toda la responsabilidad. Él abre los brazos como diciendo que, después de todo, es la verdad, la culpa es suya. Y ella le hace el gesto de los cuernos.

Apenas cuelga y da unos pasos hacia la mesa, el teléfono suena otra vez. Giovanni se detiene, da media vuelta, tieso como un maniquí, y alarga el brazo para cogerlo.

–¡Ciccio!

Francesca, en la cocina, se da una palmada en la frente. Es Francesco la Licata. Desde que convenció a Giovanni de que colaborara con él como columnista en *La Stampa*, hablan mucho. La cosa va para largo.

–Yo te desaconsejo vivamente que te metas a presentador de televisión, Giovanni.

–¡Vete a cagar, hombre! –Se echa a reír.

–¿Qué es eso de las *Lecciones de mafia*?

–Menudo lío habéis armado.

–¿Quién, yo?

–Tú a lo mejor no, pero tus colegas sí.

–Yo no tengo nada que ver.

–Tú eres culpable por carambola.

–Y dime, ¿cuándo empieza el programa?

–Pronto. Pero, hablando en serio, hay colegas tuyos que no entiendo si lo hacen de buena fe o es que quieren aprovechar la situación. Que no quieren enterarse, vamos.

–Capullos hay en todas partes.

–El periodista Alberto la Volpe me propuso que lo asesorara y yo acepté, punto, no hay más. Pero tus colegas dicen «Falcone quiere ser como Mike Bongiorno». Ya no sé en qué idioma tengo que deciros las cosas.

–¿Decirnos?

–Bueno, decirles.

–¿Y lo de la Superfiscalía?

–Pues que elegirán a Cordova seguro.

–¿Cómo lo sabes?

–Porque sí. Yo lo que tengo que hacer es pedir el traslado a una fiscaliíta tranquila de algún lugar perdido donde se viva bien y olvidarme de todo.

Francesca, en la cocina, se golpea la sien con el dedo y menea la cabeza.

–¡Vamos, hombre! –La Licata ríe–. ¡Ni me lo imagino!

–Francesca y yo nos vamos a ver la pesca del atún. Nos vemos la semana que viene a mi vuelva.

–Muy bien. Disfruta. ¡Y haz fotos!

–Seguro.

74. LA CARNE HA LLEGADO

Palermo, 1992

¡Cuántas veces han tenido que bajar la voz Raffaele Ganci y familia, en la carnicería familiar de la calle Lo Jacono, junto a la calle Notarbartolo, en la que vive el juez y a la que vuelve una vez a la semana! ¡Cuántas veces, viendo pasar al chófer del juez por delante para ir a por el coche con el que lo lleva al aeropuerto de Punta Raisi, han tenido que contenerse el capo Raffaele Ganci y sus hijos, Mimmo y Calogero, para no insultar y maldecir en voz alta al hijoputa de Giovanni Falcone! ¡Cuántas veces no han podido más que gruñir, susurrar, rechinar los dientes como perros rabiosos, bisbisear como serpientes, gemir como ratones! Muchas veces, habida cuenta de que el chófer siempre aparca el Fiat Croma blindado allí cerca y pasa por delante de la carnicería cada vez que lo coge.

No pierden de vista el Croma desde que Totò dio la orden: «Después de Lima, Falcone».

Y cada vez que el chófer lo coge, se pone en marcha una carrera de relevos: una moto sigue al coche un trecho hasta que, para no llamar la atención, abandona, no sin antes llamar por teléfono al compañero que, en otra moto, sigue al coche desde el punto exacto en el que el primero dejó de seguirlo. Y así, relevándose dos o tres veces más, siguen al Croma blanco hasta el aeropuerto. Lo han hecho tantas veces que saben varias cosas fundamentales. La primera: si el coche se dirige al aeropuerto, es que Falcone viene a Palermo; si toma otra dirección, es que Falcone se queda en Roma o, en cualquier caso, no viene a Palermo. La segunda: el chófer de Falcone es siempre el mismo y conduce siempre el mismo automóvil. La tercera: normalmente el juez viene para el fin de semana, llega el viernes o a veces el sábado. La cuarta: suele llegar a primera hora de la tarde, rara vez coge un vuelo que llegue por la mañana.

Es una información preciosa. Será utilísima cuando llegue el momento, el día en el que puedan hablar libremente en la carnicería, dejar de gemir como ratones.

A Pietro Rampulla lo llaman «el artificiero» por lo bien que maneja los explosivos. Voló la sede de Democracia Cristiana en Monreale, destrozó media Universidad de Messina con grupos neofascistas para forzar la asignación del servicio de comedor a empresas de la 'Ndrangheta, militó en la organización terrorista de extrema derecha Orden Nuevo y es hijo de un importante mafioso de Mistretta muy unido a Nitto Santapaola.

Ya ha trabajado con Giovanni Brusca, conoce las bombas, los detonadores, sabe cómo usarlos y dónde conseguirlos. Brusca no lo duda: Rampulla es el mejor. Tan convencido está que lo ha llevado a una reunión que el Corto ha tenido en Palermo con los capos Salvatore Biondino, Raffaele Ganci y Salvatore Cancemi. Todos están de acuerdo: es un trabajo complicado, hay que hacerlo bien, conseguir trilita, colocarla en el lugar debido. Y habrá que fabricar artefactos, conectar los detonadores a un telecomando, asegurarse de que todo funcione. Porque no pueden fallar. Por eso se necesita a un artificiero como Rampulla.

Brusca dispone ya de una buena cantidad de explosivo. Lo ha conseguido por una feliz circunstancia: un pariente suyo trabaja en una cantera de Roccamena, provincia de Palermo, y tiene licencia para volar la roca con dinamita. Doscientos kilos de explosivo de cantera repartidos en cuatro sacos de cincuenta kilos tenía ya listos en su casa de campo Mezzanasca, hombre de honor a las órdenes de Brusca. Han molido el explosivo con una hormigonera y han llenado dos bidones de cien kilos. Ahora hay que transportar estos bidones a Altofonte y de allí a Capaci, por donde pasa la autopista que comunica el aeropuerto de Punta Raisi con Palermo. Una vez allí, será el capo de la zona, Antonio Troia, quien se encargue de todo.

–Va a ciento cincuenta, ciento sesenta...

–Lo mismo he visto yo. Ciento sesenta, ciento cincuenta, ciento setenta...

Mimmo y Calogero Ganci, los hijos de don Raffaele, están detrás del mostrador de la carnicería. Uno lleva el mandil blanco manchado de sangre y sujeta la cuchilla con la mano derecha, el otro está apoyado con el codo en el mostrador y se rasca la barbilla.

–Corre bastante –dice Mimmo, cortando las costillas del trozo de carne que tiene delante, una tras otra, con cuchilladas resueltas.

–Bastante, sí –conviene su hermano.

Esta vez han dejado las motos y han ido en coche. Han seguido al Croma de Falcone y a los dos coches de la escolta –uno delante, otro detrás– por una carretera paralela a la autopista desde la que los veían perfectamente y han sabido la velocidad por el cuentakilómetros de su propio coche.

–Tenéis que mirar los periódicos –dice don Raffaele, que, también con mandil de carnicero, deja en el mostrador un ejemplar del *Giornale di Sicilia*–. Tenéis que mirar esto. –Posa el dedo gordo y agrietado en una página y deja una marca roja. Es el anuncio de una conferencia que dará Falcone próximamente en el instituto Gonzaga.

–Es que aún no estamos listos –dice Nino Galliano, que está también en la carnicería de los Ganci y es sobrino de don

Raffaele. Trabaja de conserje en la sucursal de Sicilcassa de la calle Cordova, pero es un soldado de la banda de la Noce y lo han reclutado para que ayude a los hermanos Ganci en las tareas de seguimiento.

–Ya sé que no estamos listos –reponde don Raffaele–. Hablo en general, para que sepamos cuándo viene. Y atentos siempre al coche.

Y con los ojos señala la calle, donde el chófer aparca el Croma blindado cuando no transporta a Falcone.

Madre Natura le ha dicho que hay que esperar. Lleva años diciéndoselo y él lo escucha. Para él, Giuseppe Graviano es protección, es Dios, lo es todo. Por eso lo llama Madre Natura. Sus órdenes son como leyes de la naturaleza a las que hay que someterse.

Gaspare Spatuzza siente veneración por Giuseppe Graviano. Nada haría sin su consentimiento. Ni siquiera cumplir la misión de su vida: vengarse de Totuccio Contorno, que mató a un hermano suyo por orden de Stefano Bontate. Se ha hecho hombre de honor para eso, para matar a Contorno, para disponer de los medios y las alianzas que necesita para hacerlo. Pero debe esperar. No es el momento.

Eso sí, piensa ahora Gasparino, Madre Natura lo ha puesto en el buen camino. Después de todo, si Totuccio Contorno ha dejado de ser un blanco fácil, si goza de la protección de la que gozan los traidores, es también por culpa de Giovanni Falcone. Por eso no le repugna hacer lo que Madre Natura le ha pedido que haga. Va también en la buena dirección. Sigue paralelamente a su venganza como los hermanos Ganci siguen a esos coches blindados que van por la autopista.

Gaspare Spatuzza ha ido al puerto de Porticello y ha subido a un barco pesquero con un hombre de honor de la familia de Corso dei Mille, Cosimo lo Nigro. En el barco, atados con sogas, hay dos grandes bidones y, dentro de estos, sendas bombas. Son como las bombas que lanzaron en la guerra mundial, grandes huevos de dragón que llovían del cielo; como las que Giovanni Riina buscaba en el campo, inclinado entre frutales; como las que cargó en su carro, llevó a casa y lo mandaron al otro barrio delante del pequeño Totò, que se salvó milagrosamente de aquel apocalipsis que exterminó a su familia, voló su casa y le dejó un infierno de fuego en la cabeza. Solo que esta vez las bombas salen del mar, no de la tierra. Las lanzaron a montones en 1943 los cuatrimotores Boeing, fortalezas volantes que venían de Malta, surcaban el cielo de Isola delle Femmine, Sferracavallo, Mondello y atacaban el puerto. Cayeron y se hundieron en la arena, arena que, acumulándose en el fondo, las devuelve ahora a la superficie, donde los pescadores, muchas veces sin saberlo, las sacan con la pesca. Son amigas y enemigas de quienes navegan estos mares, que las usan en la pesca furtiva después de extraerles la pólvora y fabricar artefactos más pequeños. Pero otras veces no. Otras veces no son los peces los que saltan por los aires. Los hombres del corleonés, que han surcado estas aguas muchas veces, lo saben.

Cosimo d'Amato, primo de Lo Nigro, era pescador. Ya no lo es, pero aún conoce a los que buscan restos bélicos que sirven en la pesca furtiva. Por eso, cuando en una red que pesaba un poco más de lo normal sacaron un par de bombas, lo avisó: «Tengo un cajón de pescado».

El explosivo que Giovanni Brusca ha conseguido es mucho, pero no suficiente para lo que Totò tiene pensado. Doscientos kilos de trilita no bastan para volar una autopista y en la ciudad no puede usarlos porque causarían demasiadas víctimas. O tal vez sí, tal vez sí bastan, pero esta vez el corleonés no quiere fallar. Si Falcone se salva, será inalcanzable. Lo enviarán a Alaska, si es preciso. Lo meterán en una fortaleza militar. O lo nombrarán fiscal nacional antimafia, que es casi lo mismo. Hay que acabar con él ahora que es vulnerable: que es vulnerable y tiene a media Italia en contra. Ahora que está solo. Por eso no bastan doscientos kilos.

Spatuzza ha cogido las bombas que los pescadores encontraron en el mar y, con Lo Nigro, las ha llevado a un almacén del barrio de Brancaccio. Ahora ambos están cortando el metal de los viejos artefactos, sacando la pólvora, moliéndola con un martillo y pasándola por un tamiz, rellenando con ella unas fundas de cojín y metiendo estas fundas en bolsas de basura que cierran con cuerda y cinta adhesiva. Luego llevarán estas bolsas a casa de una tía de Spatuzza, adonde otro amigo de la banda, Fifetto Cannella, irá a recogerlas con su Volkswagen. Cannella se las llevará entonces a Giuseppe Graviano. Madre Natura, a su vez, las transportará a Capaci.

–¡Perfecto, perfecto! –dice excitado Giovanni Brusca. Por fin han encontrado el sitio. Es un pequeño conducto que corre por debajo del asfalto y llega al centro de la carretera. Canales, túneles, pasos subterráneos, ya habían probado con varios, él, Salvatore Biondino, Giovan Battista Ferrante, Raffaele Ganci y Pietro Rampulla, pero ninguno valía. Algunos no se veían bien desde lejos, otros eran muy anchos –no aptos para una deflagración potente–, otros, poco profundos. Los coches de la escolta de Falcone van siempre por el carril de adelantamiento: a esa velocidad, tienen que colocar el explosivo justo debajo del centro de la calzada. Justo debajo del Croma. Ha encontrado la solución alguien que conoce bien la zona: el capo del lugar, Antonio Troia.

Pasean por la montaña hasta que Brusca dice: «Desde aquí se ve bien». Y después de cortar algunas ramas con una sierra, la autopista aún se ve mejor. Toca hacer las pruebas.

Rampulla, el artificiero, lleva dos aparatos de los que salen una antena y la palanquita de un interruptor. Estos aparatos recibirán la señal del telecomando y activarán los detonadores. Pero ahora, para probarlos, lo que ha conectado a los receptores no son los detonadores, sino unos flashes, de esos cuadrados que se ponen en las cámaras fotográficas. Los aparatos los tienen Nino

Gioè y Gino la Barbera, que se han agazapado en la boca del pequeño túnel, debajo de la carretera. Brusca, desde su posición en lo alto del monte, accionará el telecomando. Si los flashes se encienden, es que funciona.

Salvatore Biondino y Giovan Battista Ferrante suben a un Mercedes y se incorporan a la autopista a la altura del letrero del bar Johnnie Walker. Ferrante conduce. Casi no hay tráfico. Pisa el acelerador, la manecilla del cuentakilómetros sube hasta los ciento cincuenta kilómetros por hora. Brusca, desde el monte, ve que el Mercedes se acerca. Cuando pasa justo por delante, acciona el telecomando.

Allá abajo, agachado ante el antro oscuro que llega al centro de la autopista, Gino la Barbera oye un ruidito sordo y ve que el flash se enciende.

–¿Qué? –pregunta Ferrante por teléfono.

–Perfecto –dice Brusca–. Probemos otra vez. Ahora más rápido.

La Barbera cambia el flash quemado por uno nuevo. Llevan varias cajas. Ferrante y Biondino toman la salida de Isola delle Femmine y dan la vuelta, pasan otra vez por delante del bar y se incorporan a la autopista. Ahora el Mercedes circula a ciento sesenta kilómetros por hora.

–¿Y ahora?

–Perfecto. Otra vez.

El Mercedes sale de nuevo de la autopista, recorre el tramo en sentido contrario, vuelve a incorporarse y acelera hasta los ciento setenta kilómetros por hora.

–Otra vez. –Y luego–: Otra vez. Otra vez. Otra vez. –Así se pasan casi toda la mañana.

Cuando queda claro que el artilugio de Rampulla funciona y responde en tiempo real, pintan de rojo un trecho del guardarraíl: marca el punto exacto en el que deberá hallarse el Croma de Falcone cuando Giovanni Brusca accione el mando.

–Más adentro, más adentro –dice Giovanni Brusca.

–Toma, ¿quieres hacerlo tú? –La voz de Nino Gioè sale del túnel con un eco que las paredes estrechas ahogan.

–Más adentro –insiste Brusca. Gioè está tumbado boca abajo en un carrito que parece un monopatín y lleva una larga cuerda atada por las axilas. Con las manos se impulsa y con los pies empuja los bidones del explosivo, que han repartido en tubos más pequeños y fáciles de manejar. Se desliza hasta mitad del túnel, es decir, hasta el centro de la carretera: está oscuro, pero sabe que está en el centro por la luz tenue que entra por la otra boca del túnel y porque se alumbra con una de las linternas que han traído. Da un tirón a la cuerda: es la señal para que tiren de ella y lo saquen.

Él, Brusca, La Barbera, Rampulla y Leoluca Bagarella, el cuñado de Totò Riina, se turnan en la operación, que dura un buen rato. Van cogiendo los bidones de trilita que han dejado allí, en un olivar, y los introducen en el túnel deslizándose sobre el carrito. Nada se mueve y, aunque hay muchos mosquitos, estos no son un problema.

Pero, de pronto, el cuñado del Corto susurra:

–¡Quietos! ¡Quietos!

–¡Qué coño!... –dice uno asomando del túnel. Enseguida entiende. Apagan las linternas. No se oyen más que las cigarras, en medio de la oscuridad, y el chasquido del seguro de las metralletas. Todos llevan una, menos Bagarella, que lleva un kaláshnikov. Allí delante, a unos cien metros de distancia, ha parado un coche de carabineros.

–Lo que nos faltaba –dice Brusca, acariciando el cañón del arma–. ¡Joder, lo que nos faltaba!

–Chis –dice Bagarella.

Se abre la portezuela del coche, baja un carabinero. Mira a un lado y otro. Parece desorientado. Ellos se agazapan, quietos como estatuas, y se preparan para abrir fuego.

El carabinero da unos pasos entre los olivos. Se detiene junto a un árbol, se queda allí unos segundos, vuelve al coche, sube y se va.

–Venía a mear –dice La Barbera, que respira–. Solo a mear.

–¡Cabrón!

Meten en el túnel el bidón en el que han puesto el detonador. De él sale un cable de varios metros que pegan con masilla a la pared del túnel y llega hasta la salida, donde lo conectan al receptor que fabricó Rampulla. Cuando colocan el último bidón de explosivo son las cuatro de la mañana. Con ramas, hierbajos, basura, un colchón, lo que encuentran, tapan la boca del túnel. Se van llevándose todas las herramientas, menos un tubo de cola y una pila eléctrica, que se olvidan allí.

Mimmo Ganci lleva dos minutos largos mirando una yegua que pasta. La observa por la ventana de la casa de campo de Antonio Troia, donde se han reunido.

–¡Tú! –le dice por detrás La Barbera–. ¿Es que quieres tirártela? Porque si es eso, aquí Antonio...

–Lo que querrá es llevársela a su carnicería.

–¡A tomar por culo! –replica el hijo de don Raffaele.

–¿Sabes o no sabes lo que tienes que hacer? –pregunta Brusca.

–Tranquilo. Cuando vea desde la carnicería que cogen el coche, os llamo a ti y a Giannino.

Giovan Battista Ferrante asiente.

–Y yo voy a Punta Raisi a ver cuándo aterriza el avión de ese hijoputa.

–Y yo espero en la autopista a que pasen los coches –dice La Barbera. Tiene que seguirlos por la carretera que corre paralela a la autopista a la misma velocidad que ellos y comunicar esa velocidad a los que esperan apostados en el monte. Cuando hicieron las últimas pruebas, vieron que pasaba un brevísimo intervalo entre el momento en el que apretaban el botón y el momento en el que se encendía el flash, y tienen que accionar el telecomando algunas fracciones de segundo antes de que el Croma pase por el punto exacto en el que están los explosivos. Para mayor precisión, además de pintar de rojo el guardarraíl, han puesto un viejo frigorífico: indicará también el punto en el que deberá hallarse el coche del juez cuando accionen el telecomando.

–Yo iré al túnel –dice Rampulla.

–Acuérdate de sacar la antena –le dice Brusca.

Pietro asiente. Tiene que sacar el receptor del túnel y activarlo.

–Él y yo –Brusca señala a Nino Gioè– estaremos en el monte, esperando a que llaméis. –Cuando suene el teléfono, apretarán el botón. Hasta entonces esperarán en la casa de Troia, en Capaci; la misma en la que están ahora y la yegua pasta.

–Pero yo el domingo no puedo –dice Ferrante. Los demás lo miran desconcertados.

–¿Cómo dices? –pregunta Brusca.

–Que el domingo, 24, no puedo.

–¡Pero coño! –Brusca se pasa la mano por la cara–. ¿Qué tienes que hacer el domingo?

–Es la comunión de mi hijo. No puedo.

–Pero ¡qué...! –Brusca se ha puesto rojo.

–Tranquilo, tranquilo... –lo calma Biondino–. De todas maneras, el domingo no puede ser. ¿Sabes la gente que circula por la autopista los domingos?

En la carnicería de los Ganci han dado orden a los muchachos de no circular por la autopista a la altura de Capaci. Esos días es peligroso andar por allí. Lo saben ellos y lo ha sabido también el Corto.

En la tienda hablan aún más flojo. Murmuran y tienen los ojos abiertos. Los que parecen que pasan calor son Mimmo y Calogero, los hijos de don Raffaele, que están siempre en la calle, sentados en una Vespa, observando. Ha habido varias falsas alarmas. Cada vez que el Croma blanco se mueve, los Ganci llaman por teléfono: Brusca y los demás se dirigen a sus puestos, pero entonces el coche coge otra carretera en lugar de la del aeropuerto. Fin de semana que pierden, semana entera que pierden, porque los días laborables Falcone se queda en Roma. La excepción fue el lunes pasado, cuando el juez vino a Palermo a celebrar su cumpleaños sin que nadie lo supiera. Los mafiosos se enteraron por la prensa.

En un arranque de celo, Ferrante –quizá por temor a que, si desaprovechan una ocasión, tenga que abandonar la operación para asistir a la comunión de su hijo– se ha apostado permanentemente en el aeropuerto de Punta Raisi. Así ve aterrizar todos los aviones procedentes de Roma.

La jornada laboral dura desde la mañana hasta el momento en que aterriza el último avión, tras lo cual todo vuelve a empezar al día siguiente. Son muchas las horas que los hermanos Ganci pasan con el trasero posado en el sillín de la Vespa, charlando, pero sin perder de vista la calle. También son muchas las horas que Giovanni Brusca pasa en la casa de Antonio Troia, entre olivos y poco más. Son muchas las horas que Giovan Battista Ferrante pasa en el aeropuerto de Punta Raisi, con un ojo puesto en la página del *Giornale di Sicilia* en la que figuran los horarios de llegada y el otro en las puertas por donde salen los pasajeros, por si acaso. Y son muchas las horas que Totò Riina pasa encerrado en su casa, delante del televisor, viendo con su hijo Salvuccio las regatas de la Copa América, porque en la final compite Il Moro di Venezia, y durmiéndose a ratos.

Son horas de inútil expectación, de espera frustrada, pero en las que todos tienen una compañera fiel, una compañera que siempre está despierta y atenta: la esperanza.

¿De qué le sirven a ese hijoputa de Giovanni Falcone tres coches blindados, si tiene a un país en contra?

Hasta que una tarde, Mimmo y Calogero Ganci ven a su padre, don Raffaele, y al capo de Porta Nuova, Salvatore Cancemi, que vienen corriendo del bar Ciro's. Caminan un trecho y corren otro. Van ligeros, pero sin exagerar. No quieren llamar la atención.

–¡Vamos, vamos! –les dicen a los muchachos–. ¡Rápido!

Por el escaparate del bar han visto que el Croma blanco

arrancaba. Y han echado a correr. Apenas sube Mimmo en la moto y Calogero en el coche, ven pasar el Croma. Uno lo sigue, el otro no: va directamente al aeropuerto. Porque aquí se dirige el coche, a Punta Raisi. Mimmo, en la moto, lo sigue de cerca y llama a Ferrante. Avisan también a los que esperan en casa de Troia.

En Capaci, en cierta zona sembrada de olivos, las cigarras no han empezado aún a cantar. Son poco más de las cinco de la tarde. Es primavera. El sol ilumina tiernamente los campos, las libélulas van y vienen de arbusto en arbusto. Dos hombres suben a un monte. Otro manipula algo delante de un montón de basura y broza.

Calogero aparca su Alfa 155 en Punta Raisi, baja del coche y espía la carretera. El chófer de Falcone llega con el Croma, hace una seña al guardia y continúa hacia las pistas de aterrizaje.

El teléfono de Mimmo Ganci, quien dejó de seguir al Croma poco antes de que llegara al aeropuerto, empieza a sonar. Es Calogero, su hermano carnicero.

–La carne ha llegado.

75. LOS VALIENTES ESTÁN SOLOS

Palermo, 1992

Maria lo espera en casa mientras el destino corre junto a él por la carretera paralela a la autopista, a poco más de cien kilómetros por hora. El Lancia Delta de La Barbera ajusta su velocidad a la del coche del juez y a los dos de la escolta. Extrañamente, el Quarto Savona 15, nombre en clave del Croma de Falcone, circula hoy a una velocidad que oscila entre los cien y los ciento veinte kilómetros por hora. Falcone ha querido conducir. Él y Francesca van delante y el chófer, Giuseppe Costanza, va sentado detrás. El juez circula despacio, mucho más despacio de lo habitual, y La Barbera se pregunta si no será un problema.

Es como si el Fiat Croma se resistiera a recorrer el trayecto que tiene que recorrer, a describir toda la parábola hasta su fatal conclusión.

Giovanni le ha dicho a su hermana que ya no van a Favignana. La pesca del atún fue al amanecer y no han podido librar hasta la tarde. Francesca ha pedido a su madre que compre algo rico para comer al día siguiente, que es domingo. Será un placer juntarse todos a la mesa.

El otro Giovanni –Brusca, al que los compinches llaman, cuando no los oye, el Verru, el cerdo– está en el monte observando la autopista. Lleva un telecomando en la mano. A su lado está Nino Gioè, que mira por unos prismáticos: observa a los tres coches que circulan uno tras otro por la autopista yendo en medio el blanco del juez y de su mujer.

Bostezan a cada rato. Están hartos. Quieren terminar de una vez e irse a casa. El tocapelotas está dando mucho trabajo. No ven la hora de despacharlo, bajar del monte e ir a decirle a Totò: hecho. Y tomarse, quizá, unos días de vacaciones, que por algo es primavera. Quieren disfrutar del campo florido y del buen tiempo.

El teléfono de Gioè suena.

–Ah, vale. ¿Y cómo...? Ah, muy bien. Perfecto, perfecto. Eso, a pasar buen día. Adiós. Recuerdos a la familia también. ¿Los pequeños bien? Me alegro. Adiós, adiós. –Se vuelve a Brusca–: Dice que van despacio, mucho más despacio que otras veces.

Brusca asiente, da una calada al cigarrillo y lo tira al suelo, a sus pies.

–Pues venga –dice, expeditivo, con la voz ronca. Está destrozado. No aguanta más tiempo apostado en el monte.

–Ahora llegamos a casa, dejamos a Francesca y voy a comprar unas cosas.

–Muy bien, señoría. –Delante va el Croma marrón de los agentes Antonio Montinaro, Vito Schifani y Rocco Dicillo; detrás, en el tercer coche, el Croma azul, van Paolo Capuzza, Gaspare Cervello y Angelo Corbo–. ¿Y cuándo se vuelven? –pregunta desde el asiento trasero Giuseppe Costanza.

–El lunes, nos volvemos el lunes.

El lunes se encontrará el despacho más ordenado que nunca, porque ayer se pasó todo el día poniendo orden. Liliana Ferraro le dijo que los de los despachos contiguos se quejaban del ruido que hacía con tanto mover cosas de sitio y triturar papeles inútiles. Pero él se empeñó, quería dejarlo «todo atado» y siguió. Por eso está ahora cansado, cansado y distraído.

–Pues entonces acuérdese de darme luego las llaves del coche –prosigue su razonamiento Costanza.

Giovanni, ensimismado, saca las llaves del contacto y hace por dárselas.

–¡Pero ¿qué hace?! –grita Costanza. El coche se frena en seco, aunque sigue rodando–. ¡Que nos matamos!

–Perdonad, perdonad –dice Giovanni.

E introduce de nuevo la llave en el contacto.

–¡Pero qué coño!... –exclama Nino Gioè, que sigue mirando por los prismáticos. El coche ha reducido bruscamente y casi parece que se para–. ¿Querrán tomarse un café en medio de la autopista?

Pero el coche sigue avanzando. Se mueve poco a poco hacia el frigorífico que yace a la vera de la carretera. Se acerca lentamente.

–¡Ahora! –dice Gioè. Pero el Verru no se mueve–. ¡Ahora! –repite Gioè–. ¡Va! –Pero el Puerco sigue sin moverse. Ha comprendido que, a esa velocidad, si sigue el plan al pie de la letra, el Croma blanco puede librarse. Y está harto. Quiere acabar de una vez e irse a su casa–. ¡Ahora! –grita otra vez Gioè. Ya puede. Brusca acciona la palanca.

A las 17 horas, 56 minutos y 48 segundos, en la autopista Palermo-Mazara del Vallo, se abre un agujero que parece un cráter lunar. El observatorio geofísico del monte Cammarata, a más de cien kilómetros de distancia, registra la explosión. Los sismógrafos trazan líneas que podrían ser de un terremoto y todos se apresuran a avisar a Protección Civil.

Giuseppe Costanza ve por la ventanilla una lluvia de piedras que caen sobre el coche y lo cubren. Cree que es una erupción volcánica, pero se equivoca.

Giovanni y Francesca ven que el mundo se da la vuelta. Y ellos no, ellos no se equivocan.

El mundo se ha dado la vuelta, se ha girado de espaldas, como una tortuga moribunda.

La explosión los sacude como si fueran hojitas, pequeñas hojas de carne en medio de un vendaval de fuego y chatarra cortante. Todo se hace añicos, los cristales, el hierro, sus huesos, sus cuerpos. La potencia de la explosión no admite réplica. Nada se salva en esa trampa de chapa.

El capó del coche se abre como si fuera una lata de conservas; marañas de tubos, hierros y cables eléctricos se mezclan con el asfalto. Es el cielo mismo el que se mezcla con la tierra. El ataúd de metal blanco cae como salió despedido hacia arriba. Cuando llega al suelo, un alud de tierra lo sepulta.

*

Antonio Vassallo tiene veinticinco años. Vive con su familia en una casa de campo que está situada entre el monte y la autopista que comunica Punta Raisi con Palermo. Es fotógrafo de profesión, tiene un permiso de la policía de Palermo y ha fundado una asociación que se dedica a defender el territorio y sensibilizar a los habitantes de la zona contra la especulación urbanística de la mafia. El trabajo de fotógrafo no es fácil, pero el de la asociación aún es más difícil. A pocos metros de su casa vive Giovanni Battaglia, amigo y compinche de Giovanni Brusca, que lo llama el Loco, porque es un sujeto bastante nervioso. Pues bien, nervioso y todo, el Loco ha descubierto que tiene una afición. Es lo que cree Antonio Vassallo, que además de hacer fotos tiene un estudio. Battaglia, con el que guarda las distancias y al que se limita a hacer esos mínimos gestos de saludo que no pueden negarse a los vecinos, fue un día a pedirle flashes de cámara fotográfica. Es una petición extraña no solo porque Antonio no lo ha visto nunca hacer fotos, sino porque esas bombillas de un único uso pasaron de moda hace tiempo.

–Te aconsejo que te compres una cámara con flash integrado –le dijo.

Pero el otro insistió:

–No, necesito esos flashes.

Le pidió varias cajas y Antonio tuvo que encargarlas.

A las 17 horas, 56 minutos y 48 segundos, Antonio oye una gran explosión y cree que se ha producido en una cantera que por allí conocen con el nombre de «la cementera». Sale de casa corriendo con la cámara al cuello, monta en la moto y se dirige a toda velocidad hacia el lugar del que ve elevarse una columna de humo negro. Tarda poco en llegar.

Antonio Vassallo baja de la moto a unos cien metros de distancia. Ya ha comprendido que la cementera nada tiene que ver, pero no puede llegar a donde quiere porque la carretera está cubierta de escombros. Se dirige andando hacia lo que parece el cráter de un volcán, en cuya cima hay un Croma blanco. Un poco más allá hay otro azul.

Han acudido también dos hombres, dos campesinos que trabajaban por allí. No se conocen, desconfían. Ninguno de los tres se dirige a los otros. Antonio es joven e imprudente. Trepa al montón de tierra, asfalto y escombros sobre el que está el Croma humeante. Acerca la cara a la ventanilla del conductor. Dentro hay un hombre. Mueve débilmente el tronco y tiene los ojos entreabiertos. Lo mira. Sus miradas se cruzan. El hombre tiene la cara cubierta de sangre y llena de heridas. No podrían reconocerlo.

Así se miran él y Antonio, que cree ver en su cara una sonrisa triste. El tronco del hombre oscila a un lado y a otro, como su cabeza. No puede hablar o por lo menos Antonio no lo oye. Pero sus ojos dicen: «Ya está. Bravo. Al final lo habéis conseguido». El hombre del coche no sabe quién es Antonio. Debe de confundirlo con otra persona, con alguno de los que ya se han ido del monte.

Si llevara móvil, pediría ayuda, pero no lleva. Así que, oyendo a lo lejos las sirenas de los coches que vienen, hace lo que sabe hacer: fotos.

De pronto se oye un ruido. Uno de los pasajeros del otro coche ha abierto la portezuela de una patada y ha salido. Antonio lo ve acercarse. El hombre tiene una tupida mata de pelo rizado sobre la que, al salir del vehículo, le ha caído tierra. Lleva tierra en el pelo, en los ojos, parece que acaba de salir de la tumba. Empuña una metralleta y apunta al fotógrafo. Camina tambaleándose como un zombi, se tropieza con los escombros. Es el agente Angelo Corbo y, con los ojos llenos de tierra, apenas ve. Cree que la cámara fotográfica es una pistola y que Antonio ha ido a rematar a las víctimas. Empieza a apretar el gatillo. Antonio no sabe lo cerca que está de la muerte. Está tan cerca de ella que puede sentir su aliento. Dista quizá medio milímetro, la distancia que le queda por recorrer al gatillo para que se dispare la ráfaga. Antonio huye. La muerte, extrañamente, no corre tras él. Se queda allí, flotando sobre el Croma blanco.

El primer coche, el que abría la marcha, no se ve. Se habrá librado, piensa Corbo. Los colegas habrán llegado ya a la ciudad, habrán pedido ayuda. Entretanto, los otros dos agentes, Paolo Capuzza y el jefe de la escolta, Gaspare Cervello, han salido también del coche, heridos y ensangrentados, y, metralleta en mano, han rodeado el coche de Falcone. Uno de ellos apunta con el arma al campesino que se acercó al coche a la vez que el fotógrafo. El hombre grita:

–¡Vengo a ayudar!

–¡Retírate! –le gritan–. ¡Retírate!

Los que han volado la autopista, piensan, vienen a rematar la faena.

Pero el otro sigue acercándose, abre las manos, repite que solo quiere ayudar. Se llama Salvatore Gambino: él abre el Croma blanco. El hombre que va sentado detrás está herido, pero parece consciente. Gambino y los escoltas sacan a Francesca de entre la chatarra. La cogen en brazos. Tiene una pierna rota. Ya llegan las ambulancias, se acercan las sirenas. Por el hombre que conducía el Croma y tiene el rostro cubierto de sangre nada pueden hacer: el volante le oprime el pecho. Tienen que esperar a que los bomberos corten la chapa con motosierra y lo saquen. En el otro carril también hay heridos, aunque no parecen graves.

Pero el Croma marrón de los otros escoltas no ha llegado a la ciudad. No han sido ellos quienes han llamado a las ambulancias, que en ese momento llegan acompañadas de policías, carabineros, montones de periodistas. El coche salió despedido y cayó a unos diez metros de la carretera, en medio de los olivos, donde yace del revés. Tiene el techo completamente aplastado. Ninguno de los tres ocupantes, Antonio Montinaro, Vito Schifani y Rocco Dicillo, se ha salvado.

Antonio Vassallo está también haciendo fotos de este coche, escondido entre los olivos. Ha vuelto en cuanto ha visto llegar los primeros auxilios. En esto está cuando se le acercan dos hombres de paisano; caminan con paso resuelto y le enseñan una placa que no llega a leer.

–Denos el carrete –le dicen secamente.

–Tengo permiso... –Antonio se apresura a sacar el permiso de fotógrafo que le extendió la policía. Pero uno de ellos le coge el brazo y se lo retuerce en la espalda.

–¡El carrete!

Antonio no sabe si son carabineros, policías o qué. Pero se asusta. Con mucho cuidado, rebobina el carrete, lo saca de la cámara y se lo da. Los hombres desaparecen. Y, con ellos, para siempre, sus fotos.

*

–¡Tendría que ser usted el presidente de la República, señoría Borsellino!

–Eso me faltaba, eso.

Veintidós años lleva el barbero Paolo Biondo metiendo mano en la cabeza de Borsellino, desde que este era juez de primera instancia en Piana degli Albanesi. Se conoce de memoria cada centímetro de ese pelo, cada remolino. Como se conoce las arrugas de la cara, la barbilla, los pómulos, las mejillas, sobre los que ha extendido litros de espuma de afeitar.

Le lanzó una mirada de inteligencia al verlo entrar en la barbería. Con ella le decía: si quiere, pase delante. Los demás clientes lo conocen también, saben que, con tanta escolta y tanto ir y venir, podría llevar prisa. Nadie habría protestado si se hubiera saltado la cola. Pero él dio las gracias y rehusó. Y esperó dos horas a sentarse en la butaca, desde la que, a través de los cristales del establecimiento, se ve la calle, los coches y las motos que pasan, las personas que caminan por la acera y se asoman un momento.

Paolo acaba de cortarle el pelo y está secándoselo cuando el móvil, que el juez dejó encima del banco, empieza a sonar. Borsellino lo coge y contesta. Se queda en silencio unos segundos, inmóvil, petrificado. El barbero ve que su cara, esa cara que conoce tan bien, palidece.

–¿Puedes...? –dice Borsellino con voz quebrada–. Quítame el peinador, por favor.

–¿Pasa algo, señoría? –El barbero apaga el secador.

–Por favor... quítame el peinador.

Busca el corchete que cierra la prenda detrás del cuello. El barbero obedece y se lo quita.

–Señoría, pero ¿qué...? –Borsellino se levanta, da unos pasos hacia la puerta. De pronto cae en la cuenta de que no ha pagado, se saca la cartera del bolsillo trasero de los pantalones y deja un billete de veinte mil liras en el banco de mármol–. Pero ¿quiere decirme qué pasa? –insiste el barbero.

–Han atentado contra Giovanni.

No hace falta que diga el apellido. El barbero sabe que, para

Borsellino, solo hay un Giovanni y es Giovanni Falcone, el muchacho del barrio de la Kalsa que vivía a un paso de su casa.

–¿Dónde está Giovanni? –pregunta Francesca con un hilo de voz, tendida en una cama de la unidad de neurocirugía del hospital de Palermo. Los médicos no saben dónde está Giovanni. Alguien dice: «Está bien». Pero ella sigue preguntando–: ¿Dónde está Giovanni? –No sabe decir otra cosa. Tiene lesiones internas gravísimas. Lo único que piensa, lo único que acierta a decir, es esa pregunta–: ¿Dónde está Giovanni?

Angelo Corbo, Paolo Capuzza y Gaspare Cervello están heridos, pero vivos, como Giuseppe Costanza. Son los únicos que han visto el mundo saltar por los aires y podrán contarlo. Podrán contar que la tierra tembló y se abrió bajo sus pies, y que el Croma blanco de Giovanni Falcone y Francesca Morvillo salió despedido hacia arriba y cayó. Podrán contar que nadie quería trabajar con aquel juez y que, cuando el jefe de la policía judicial quiso asignarle escolta, tuvo que agotar la lista de los agentes disponibles; que tuvieron que hacer de escoltas aunque ninguno conocía el oficio, pero que enseguida lo aprendieron y formaron un equipo, una piña en torno al juez Falcone, aunque nada puede hacerse cuando la tierra se abre bajo los pies. Podrán contar que vieron el coche de los colegas Antonio Montinaro, Vito Schifani y Rocco Dicillo volcado entre los olivos y un humo negro que se elevaba como un huracán de destrucción.

En el pasillo de urgencias hay varios colegas. Está Paolo Borsellino, que apoya la espalda en la pared, tiene la mirada apagada, los ojos fijos en el suelo y la cabeza le cuelga como si fuera una fruta que está a punto de desprenderse de la rama.

Alfredo Morvillo también ha acudido al hospital. Van a operar a su hermana Francesca de un momento a otro.

Paolo no dice nada. Acaba de llamarlo Nino Caponnetto desde Florencia. Le preguntó cómo estaba Giovanni y él no pudo contestarle. Nino lo oía llorar y, cuanto más lloraba Paolo, más se alarmaba él, porque en la televisión solo habían dicho que había habido un atentado contra Falcone y su mujer y que los dos estaban gravemente heridos.

–Contesta, Paolo –insistía–. Contéstame. ¿Cómo está Giovanni?

Y entonces Paolo se lo dijo.

–Ha muerto ahora mismo, entre mis brazos.

Nino no respondió. Se oyó un golpe y la comunicación se cortó.

*

El despacho de Giovanni Falcone está en orden. Lo ha dejado todo atado. Se equivocaban los colegas que veían en esto un último adiós. Si hubiera creído que iban a matarlo, no se habría llevado consigo a la mujer de su vida. Estaba convencido de que aún le quedaba otro poco de vida, de vida que disfrutar y que destrozarse. Por eso es un misterio para todos este cuidado, este último afanarse.

Para todos menos para Paolo Borsellino.

Él sabe bien a qué se refería Giovanni cuando decía que quería dejar las cosas bien atadas. Estaba convencido de que pronto ocuparía otro cargo, de que sería nombrado fiscal nacional antimafia. Nunca dejó de esperar que las cosas se arreglaran, que le dieran la posibilidad de arrojar luz, pero esta vez de verdad, una luz que disipara las tinieblas y permitiera ver claro. Lo había esperado muchas veces y siempre había salido derrotado, traicionado, humillado. Y entonces lo había esperado de nuevo con más fuerza, no solo una vez, sino muchas, sin parar, con su formidable y eterna obsesión. La idea de un mundo sin mafia ardía en su pecho y cuando una idea habita los cuerpos, puebla las mentes, un día u otro puebla también el mundo.

Paolo Borsellino sabe todo esto. Él también es así. Por eso de pronto la emprende a puñetazos con la pared del salón de casa y grita: «¡Giovanni! ¡Giovanni!», mientras las lágrimas le resbalan por las mejillas, se abren paso por la piel afeitada y caen sobre sus zapatos negros. Él tampoco ha dejado de creer.

Pero ahora se siente solo. Y es inevitable que así sea, porque los valientes están solos.

© Angelo Palma / A3 / Contrasto

BIBLIOGRAFÍA

ADVERTENCIA

Para contar la historia de Giovanni Falcone he tenido que estudiar, consultar y examinar fuentes cuyo número resultaba a veces vertiginoso. En cambio, sobre algunos aspectos de la vida privada de Giovanni Falcone y Francesca Morvillo, debido a la gran reserva de ambos, faltan documentos y testimonios. Pero como el verbo «recordar» contiene la raíz latina *cor*, «corazón», y todo acto de memoria es un «devolver al corazón», he pensado que era necesario mirar más allá de esas lagunas y dejarme guiar por los materiales de que disponía. En el espacio íntimo, donde nos movemos a salvo de la mirada ajena, tomamos las decisiones cruciales, sentimos el dolor más profundo, gozamos de la embriaguez más plena. Para contar lo que pasa en ese espacio hay que seguir el curso de las decisiones, de las razones, hasta llegar al lugar en el que se concibieron. Es lo que la literatura puede hacer para hablar de la soledad y del valor.

La bibliografía que viene a continuación da cuenta de la labor preparatoria de la escritura y del conjunto de textos, referencias y materiales audiovisuales en los que se basan las escenas de la novela.

Todos los enlaces web están actualizados con fecha de finales de marzo de 2022.

1. FUEGO

Para contar la muerte del padre y del hermano de Totò Riina he seguido las reconstrucciones de Attilio Bolzoni y Giuseppe d'Avanzo, *Il capo dei capi. Vita e carriera criminale di Totò Riina*, Rizzoli, Milán, 1993, y de John Follain, *Gli ultimi boss. Ascesa e caduta della più importante famiglia mafiosa*, trad. it. de Elisabetta Valdré, Mondadori, Milán, 2012 (traducción española: *Los últimos mafiosos*, trad. de Efrén del Valle, Mosaico de Gen, Barcelona, 2011).

Sobre los bombardeos que, durante el desembarco aliado, hubo sobre Palermo y alrededores, véase Enrico Deaglio, *Il raccolto rosso 1982-2010. Cronaca di una guerra di mafia e delle sue tristissime conseguenze*, Il Saggiatore, Milán, 2010.

La alusión a que los carabineros ficharon a Giovanni Riina como «sujeto capaz de causar daño a personas y patrimonios ajenos» está sacada de Attilio Bolzoni y Giuseppe d'Avanzo, *Il capo dei capi*, cit., y de Attilio Bolzoni, «Quell'erede feroce ma troppo sfacciato per piacere al padre», *La Repubblica*, 6 de diciembre de 1996. La alusión a las tierras que las familias señoriales poseían generación tras generación está sacada de Enrico Deaglio, *Il raccolto rosso 1982-2010*, cit.

2. EL AGUAFIESTAS

Sobre los requerimientos que, a principios de los años ochenta, envió Giovanni Falcone a los directores de banco sicilianos, véanse Francesco la Licata, *Storia di Giovanni Falcone*, Feltrinelli, Milán, 2012; Giuseppe Ayala, *Chi ha paura muore ogni giorno. I miei anni con Falcone e Borsellino*, Mondadori, Milán, 2017, y la colección de entrevistas de Marcelle Padovani a Giovanni Falcone, *Cose di Cosa Nostra*, Rizzoli, Milán, 2017 (traducción española: *Cosas de la Cosa Nostra*, trad. de Miquel Izquierdo, Barataria, Barcelona, 2006). Es el principio de lo que luego se llamó el «método Falcone», consistente en seguir el movimiento del dinero para dar con el capital de origen mafioso.

De la importancia que tienen las técnicas de investigación patrimonial en la lucha contra el fenómeno mafioso hablaron aquellos mismos meses de 1982 Giovanni Falcone y Giuliano Turone, a la sazón juez instructor de Milán, en el informe *Tecniche di indagine in materia di mafia,* que presentaron en Castel Gandolfo durante la reunión de la Comisión para la Reforma Judicial y la Administracion de Justicia. «El verdadero "talón de Aquiles" de las organizaciones mafiosas», se lee en el informe de los dos jueces, «es el rastro que dejan los grandes movimientos de dinero ligados a las actividades criminales más lucrativas.» El texto del informe puede leerse en *Riflessioni ed esperienze sul fenomeno mafioso*, Cuadernos del Consejo Superior de la Magistratura, Roma, 1983, y en Giovanni Falcone, *La posta in gioco*, Rizzoli, Milán, 2011.

Los nombres de bancos que se citan en el capítulo están extraídos del sumario del proceso Spatola que puede consultarse aquí: https://archiviopiolatorre.camera.it/img-repo/fondo_zupo/Sez._I_serie_0001_Vol_025.pdf.

El diálogo que mantienen Rocco Chinnici y el fiscal jefe Giovanni Pizzillo está escrito a partir de un apunte del diario personal de Chinnici, con fecha de 18 de mayo de 1982, que puede leerse íntegramente aquí: https://www.archivioantimafia.org/libri/diario_chinnici.pdf. Sobre la acusación de llevar «la economía de Palermo a la ruina» y el «consejo» de «sobrecargar» de procesos a Falcone para que «no descubra nada, porque los jueces instructores nunca descubren nada», véase también Francesco la Licata, cit.

Sobre la vida de Rocco Chinnici, la importancia que tuvo en la lucha contra el crimen organizado y su nombramiento tras la muerte del juez Terranova, véanse Francesco la Licata, cit., y Fabio de Pasquale y Eleonora Iannelli, *Così non si può vivere. Rocco Chinnici: la storia mai raccontata del giudice che sfidò gli intoccabili*, Castelvecchi, Roma, 2013. Véase también https://www.csm.it/web/csm-internet/aree-tematiche/per-non-dimenticare/rocco-chinnici.

Para describir el despacho de Giovanni Falcone me he inspirado en la decoración y mobiliario del cuarto que hoy forma parte del

Museo Falcone y Borsellino, reconstruido y conservado en el Palacio de Justicia de Palermo: https://ca-palermo.giustizia.it/it/museo_falcone_e_borsellino.page.

El nombre cariñoso de «plasmonianos» con el que Chinnici llamaba a sus jóvenes colegas, que veían en él un modelo y referente, está citado en Pietro Grasso, *Storie di sangue, amici e fantasmi. Ricordi di mafia*, Feltrinelli, Milán, 2017.

3. LA NOTA

Sobre los asesinatos de Cesare Terranova y de Lenin Mancuso, he consultado la crónica de sucesos del momento: Francesco Santini, «Terranova ucciso con il suo autista. Confidò: "Liggio mi vuole morto"», *La Stampa*, 26 de septiembre de 1979; los dos artículos de *L'Unità* del 26 de septiembre de 1979, «L'atroce scalata mafiosa: 49 morti in 9 mesi» y «Lenin Mancuso, da anni scorta e amico fedele», y Ulderico Munzi, «Killer della mafia uccidono il giudice Terranova a Palermo», *Corriere della Sera*, 26 de septiembre de 1979.

Sobre la reacción de los magistrados de Palermo al asesinato, véanse Giuseppe Ayala, *Chi ha paura muore ogni giorno. I miei anni con Falcone e Borsellino*, Mondadori, Milán, 2017, y Francesco la Licata, *Storia di Giovanni Falcone*, Feltrinelli, Milán, 2012.

Sobre la labor de Cesare Terranova, precursor de una forma de lucha contra la mafia entonces casi desconocida y el primero que comprendió las transformaciones que se operaron aquellos años en el seno del crimen organizado, véase https://www.csm.it/web/csm-internet/aree-tematiche/per-non-dimenticare/cesare-terranova, https://centrostudicesareterranova.blogspot.com/2016/; el artículo de *La Repubblica* «40 anni fa il delitto del giudice Terranova», 25 de septiembre de 2019, y el del *Blog Mafie* de Domani de la Associazione Cosa Vostra «Era il nemico numero uno di Luciano Liggio, il boss di Corleone», 27 de septiembre de 2021, https://www.editorialedomani.it/fatti/blog-mafie-cesare-terranova-nemico-luciano-liggio-boss-corleone-w7zkmy98.

El episodio del joven Borsellino que comparece ante el juez por una pelea entre estudiantes comunistas y fascistas y es absuelto está extraído de Umberto Lucentini, con Agnese, Lucia, Manfredi y Fiammetta Borsellino, *Paolo Borsellino. Il valore di una vita*, Mondadori, Milán, 1994.

El informe de 1976 de la comisión parlamentaria antimafia que firmaron, entre otros, Pio la Torre y el juez Cesare Terranova, y que puso de manifiesto los vínculos entre la mafia y la política italiana, está disponible en el siguiente enlace: https://archiviopiolatorre.camera.it/img-repo/documentazione/Antimafia/03_rel.pdf.

El dibujo de Bruno Caruso puede verse en este artículo del blog *Mafie* de *La Repubblica* de Attilio Bolzoni, https://mafie.blogautore.repubblica.it/2019/09/30/3577/, que trae, entre otras cosas, la última entrevista a Terranova de la periodista palermitana Anna Pomar.

La carta de testamento de Cesare Terranova puede leerse íntegra en el blog *Mafie* de *La Repubblica*: https://mafie.blogautore.repubblica.it/2019/10/04/3589/.

4. UNA LARGA CARRERA DE RELEVOS

El diálogo en el que Rocco le explica a Giovanni la importancia que tiene para los jueces trabajar en equipo para luchar contra la mafia lo escribí después de consultar los libros de Fabio de Pasquale y Eleonora Iannelli, *Così non si può vivere. Rocco Chinnici: la storia mai raccontata del giudice che sfidò gli intoccabili*, Castelvecchi, Roma, 2013, y de Caterina Chinnici, *È così lieve il tuo bacio sulla fronte*, Mondadori, Milán, 2021. Sin la labor de Rocco Chinnici –que se basaba en compartir la información, mantener a todos los jueces al corriente de las instrucciones que estaban en marcha y coordinar la acción policial–, el llamado «grupo antimafia» nunca habría visto la luz.

Para las escenas que se desarrollan en los pasillos del tribunal de Palermo he consultado las memorias de Giuseppe Ayala, *Chi ha paura muore ogni giorno. I miei anni con Falcone e Borsellino*, Mondadori, Milán, 2017; el libro de Giuseppe di Lello, *Giudici. Cinquant'anni di processi di mafia*, Sellerio, Palermo, 1994; el ensayo biográfico de Francesco la Licata, *Storia di Giovanni Falcone*, Feltrinelli, Milán, 2012; el libro de Pietro Grasso, *Storie di sangue, amici e fantasmi. Ricordi di mafia*, Feltrinelli, Milán, 2017; el de Leonardo Guarnotta, *C'era una volta il pool antimafia. I miei anni nel bunker*, Zolfo, Milán, 2020, y la entrevista que le hicieron en *La Voce di New York*, «I ricordi di Leonardo Guarnotta, magistrato antimafia nel Pool con Falcone e Borsellino», 22 de enero de 2019, disponible aquí: https://www.lavocedinewyork.com/news/primo-piano/2019/01/22/i-ricordi-di-leonardo-guarnotta-magistrato-antimafia-nel-pool-con-falcone-e-borsellino/.

5. REHÉN

Para reconstruir la escena en la que Vincenzo Oliva toma de rehén a Falcone en la cárcel de Favignana, parto de los artículos del 9 de octubre de 1976 de *L'Unità* «Coltello alla gola. Detenuto sequestra giudice per un giorno» y de *La Stampa*, «Detenuto sequestra il giudice Giovanni Falcone sette ore e minaccia d'ucciderlo». Véanse también los testimonios que cita Francesco la Licata en *Storia di Giovanni Falcone*, Feltrinelli, Milán, 2012.

6. TRIBUNAL DE MUERTOS

Los datos fundamentales del caso Spatola, que Rocco Chinnici asignó al juez Giovanni Falcone, están en Francesco la Licata, *Storia di Giovanni Falcone*, Feltrinelli, Milán, 2012, y en Giuseppe Ayala, *Chi ha paura muore ogni giorno. I miei anni con Falcone e Borsellino*, Mondadori, Milán, 2017.

Sobre los nombres que se mencionan en el texto, véase el sumario de la causa en el archivo digital dedicado a la memoria de Pio la Torre: https://archiviopiolatorre.camera.it/imgrepo/fondo_zupo/Sez._I_serie_0001_Vol_025.pdf.

Sobre la relación entre Rosario Spatola y Michele Sindona, el falso secuestro de este último y la muerte del abogado Giorgio Ambrosoli, véase «Quando organizzò il finto sequestro di Michele Sindona», *La Repubblica*, 5 de enero de 1990; Vincenzo Vasile, «Torna Spatola, il boss amico di Sindona», *L'Unità*, 31 de marzo de 1991; «Arrestato a New York il boss amico di Sindona», *La Repubblica*, 21 de enero de 1999; Enrico Deaglio, *Il raccolto rosso 1982-2010. Cronaca di una guerra di mafia e delle sue tristissime conseguenze,* Il Saggiatore, Milán, 2010; el blog *Mafie* de *La Repubblica*, «Il finto rapimento di Michele Sindona», 21 de enero de 2021, https://mafie.blogautore.repubblica.it/2020/01/21/3976/.

7. EL AGENTE AMERICANO

Este capítulo dedicado a las pesquisas de Boris Giuliano es fruto del estudio de numerosos textos que han sido las valiosísimas piezas con las que he compuesto el mosaico de la escena, entre ellos: Giovanni Falcone y Marcelle Padovani, *Cose di Cosa Nostra*, Rizzoli, Milán, 1991(traducción española: *Cosas de la Cosa Nostra*, trad. de Miquel Izquierdo, Barataria, Barcelona, 2006); Attilio Bolzoni y Giuseppe d'Avanzo, *Il capo dei capi. Vita e carriera criminale di Totò Riina*, Rizzoli, Milán, 1993; Francesco la Licata, *Storia di Giovanni Falcone*, Feltrinelli, Milán, 2012, y Giuseppe Ayala, *Chi ha paura muore ogni giorno. I miei anni con Falcone e Borsellino*, Mondadori, Milán, 2017.

Para contar la historia de Thomas Tripodi y Boris Giuliano, me he inspirado en lo que cuenta Ennio Caretto en «"Ecco l'Italia di mafia e P2." Confessioni di uno 007 USA», *La Repubblica*, 23 de abril de 1993; véase también Attilio Bolzoni y Giuseppe d'Avanzo, *Il capo dei capi*, cit. Los diálogos son de mi invención. Como en el caso de otros capítulos, los datos relativos al tráfico de droga entre Sicilia y Estados Unidos y el lavado de dinero sucio están sacados del sumario del proceso Spatola, que puede consultarse aquí: https://archiviopiolatorre.camera.it/img-repo/fondo_zupo/Sez._I_serie_0001_Vol_025.pdf.

La frase sobre «esa barrera fina y maleable que es el secreto bancario [...] como una olla que nadie quiere destapar» es un guiño a lo dicho por Falcone en una entrevista con Francesco la Licata, en *Rapporto sulla Mafia degli anni '80. Gli atti dell'Ufficio istruzione del Tribunale di Palermo: Giovanni Falcone intervista-racconto*, Lucio Galluzzo, Francesco la Licata y Saverio Lodato, eds., Flaccovio, Palermo, 1986.

La alusión a que Boris Giuliano recogía en su casa a los chavales que se encontraba en la comisaría se basa en una entrevista de Fabio Tonacci al hijo de Boris, Alessandro, «Mio padre Boris Giuliano, il nemico dei boss che apriva la nostra casa ai bambini poveri», *La Repubblica*, 19 de mayo de 2016.

La dinámica del asesinato está documentada en artículos de prensa de aquellos años, como el de Bruno Tucci, «Stava indagando su mafia e droga: ucciso il vice questore di Palermo», *Corriere della Sera*, 22 de julio de 1979, y el de Francesco Fornari, «Il capo della Mobile di Palermo assassinato da un killer al bar», *La Stampa*, 22 de julio de 1979. Véase también lo que cuenta Attilio Bolzoni sobre Giuliano en «Quel killer dalle mani tremanti», *La Repubblica*, 9 de agosto de 2002.

8. AVISPERO

Sobre el proceso Spatola, que tuvo su origen en un informe que la policía judicial presentó al fiscal de la República, Gaetano Costa, en el que se recogían las investigaciones de Bruno Contrada, Ferdinando Imposimato y Giuliano Turone, y sobre las impresiones de Falcone acerca de ese «mundo inmenso lleno de territorios sin explorar», véase el *Rapporto sulla Mafia degli anni '80. Gli atti dell'Ufficio istruzione del Tribunale di Palermo: Giovanni Falcone intervista-racconto*, Lucio Galluzzo, Francesco la Licata y Saverio Lodato, eds., Flaccovio, Palermo, 1986.

Sobre los asesinatos de Gaetano Costa, Emanuele Basile y Pio la Torre he usado la información recogida por Francesco la Licata,

Storia di Giovanni Falcone, Feltrinelli, Milán, 2012; Giuseppe Ayala, *Chi ha paura muore ogni giorno. I miei anni con Falcone e Borsellino*, Mondadori, Milán, 2017, y John Follain, *Gli ultimi boss. Ascesa e caduta della più importante famiglia mafiosa*, trad. it. de Elisabetta Valdré, Mondadori, Milán, 2012 (traducción española: *Los últimos mafiosos*, trad. de Efrén del Valle, Mosaico de Gen, Barcelona, 2011).

Sobre la foto, ya emblemática de aquel periodo, de Rocco Chinnici, Giovanni Falcone y Ninni Cassarà en el lugar de la muerte de Pio la Torre, véase Attilio Bolzoni, «Falcone, Chinnici e Cassara un presagio nella scena del delitto», *La Repubblica*, 29 de abril de 2015.

Las amenazas que recibió en su época de Marsala las cuenta Falcone a Marcelle Padovani en *Cose di Cosa Nostra*, Rizzoli, Milán, 1991 (traducción española: *Cosas de la Cosa Nostra*, trad. de Miquel Izquierdo, Barataria, Barcelona, 2006).

Sobre la separación de Falcone de su primera mujer, Rita Bonnici, y el posterior matrimonio de ella con el presidente del tribunal de Trapani, Cristoforo Genna, véase Francesco la Licata, *Storia di Giovanni Falcone*, cit.

9. EL ANIMAL SOCIAL

Para describir la vida de Falcone y Rita Bonnici en Trapani, me he basado en Francesco la Licata, *Storia di Giovanni Falcone*, Feltrinelli, Milán, 2012, y en Salvatore Mugno, *Quando Falcone incontrò la mafia. I primi processi del magistrato a Cosa Nostra nel Palazzo di giustizia di Trapani ed altre singolari vicende (1967-1978)*, Di Girolamo, Trapani, 2014.

La afición a la literatura de aventuras, y en particular a Conrad, se la cuenta Falcone a Francesco la Licata en *Rapporto sulla Mafia degli anni '80. Gli atti dell'Ufficio istruzione del Tribunale di Palermo: Giovanni Falcone intervista-racconto*, Lucio Galluzzo, Francesco la Licata y Saverio Lodato, eds., Flaccovio, Palermo, 1986.

Las referencias a Saverio Malizia están sacadas de las actas de la sesión parlamentaria del 21 de junio de 2005 que pueden consultarse aquí: https://www.camera.it/_dati/leg14/lavori/stenbic/57/2005/0621/s030.htm.

Sobre los recuerdos de Falcone del juicio a Mariano Licari he consultado el *Rapporto sulla Mafia degli anni '80. Gli atti dell'Ufficio istruzione del Tribunale di Palermo: Giovanni Falcone intervista-racconto*, cit., y Francesco la Licata, *Storia di Giovanni Falcone*, cit.

Véase también el reportaje del periódico trapanense *Tp24*, «Mafia a Marsala: la storia di Mariano Licari. Affari, crimini, condanne e proscioglimenti", 13 de diciembre de 2019, disponible aquí: https://www.tp24.it/2019/12/13/inchieste/mafia-marsala-storia-mariano-licari-affari-crimini-condanne-proscioglimenti/142904.

10. DESAFÍO ENTRE CABALLEROS

Las frases del diálogo están sacadas de la última entrevista que concedió el gobernador Carlo Alberto dalla Chiesa al periodista Giorgio Bocca el 10 de agosto de 1982. Puede leerse íntegramente en Giorgio Bocca, *È la stampa, bellezza! La mia avventura nel giornalismo*, Feltrinelli, Milán, 2014.

11. A QUIÉN LLAMARÉ QUE ME DEFIENDA

Sobre las charlas acerca de la mafia y la droga que dio Rocco Chinnici a los estudiantes, véase Fabio de Pasquale y Eleonora Iannelli, *Così non si può vivere. Rocco Chinnici: la storia mai raccontata del giudice che sfidò gli intoccabili*, Castelvecchi, Roma, 2013.

La cita del discurso de Chinnici está tomada de Rocco Chinnici, *L'illegalità protetta. Le parole e le intuizioni del magistrato che credeva nei giovani*, Glifo, Palermo, 2017.

Para contar los entresijos del proceso Spatola (Nino e Ignazio Salvo, los «recaudadores de Salemi», Totuccio Contorno, John Gambino, la muerte de Inzerillo) he consultado Attilio Bolzoni y Giuseppe d'Avanzo, *Il capo dei capi. Vita e carriera criminale di Totò Riina*, Rizzoli, Milán, 1993; Francesco la Licata, *Storia di Giovanni Falco-*

ne, Feltrinelli, Milán, 2012; Giuseppe Ayala, *Chi ha paura muore ogni giorno. I miei anni con Falcone e Borsellino*, Mondadori, Milán, 2017; Enrico Deaglio, *Il raccolto rosso 1982-2010. Cronaca di una guerra di mafia e delle sue tristissime conseguenze*, Il Saggiatore, Milán, 2010, y Giovanni Bianconi, *L'assedio. Troppi nemici per Giovanni Falcone*, Einaudi, Turín, 2017.

El informe «Michele Greco + 161», que redactaron, entre otros, el comisario de la policía judicial Ninni Cassarà, el comandante de la sección anticrimen de Palermo Angiolo Pellegrini y el policía Calogero Zucchetto, está disponible en este enlace: http://www.prefettura.it/fil es/AllegatiPag/1203/Stralcio_del_Rapporto_dei_161.pdf.

Para recrear el encuentro entre Falcone y Francesca Morvillo, me he inspirado en lo que cuenta Francesco la Licata in *Storia di Giovanni Falcone*, cit.

Sobre la predilección de Falcone por Mozart y Verdi, véase, entre otros, Maria Falcone, *Giovanni Falcone. Un eroe solo* (entrevista con F. Barra), Rizzoli, Milán, 2013. En *Chi ha paura muore ogni giorno*, cit., Giuseppe Ayala cuenta que oyó muchas veces a Giovanni poner como música de fondo para trabajar el *Réquiem* del compositor de Parma.

12. DESVENTURADA LA TIERRA QUE NECESITA HÉROES

Sobre la historia de amor entre Giovanni Falcone y Francesca Morvillo, el regreso a Palermo, la casa de la calle Notarbartolo y las quejas de los vecinos, véase Francesco la Licata, *Storia di Giovanni Falcone*, Feltrinelli, Milán, 2012.

Por exigencias narrativas, he fechado la carta que envió la vecina al *Giornale di Sicilia* (14 de abril de 1985) en 1982: el caso es que, desde que se trasladó a Palermo en 1978, Falcone vivió desagradables episodios de hostilidad por parte de los vecinos, como puede leerse en Giovanni Falcone y Marcelle Padovani, *Cose di Cosa Nostra*, Rizzoli, Milán, 1991 (traducción española: *Cosas de la Cosa Nostra*, trad. Miquel Izquierdo, Barataria, Barcelona, 2006).

Las referencias al pasado trapanense de Falcone están tomadas del ya citado Salvatore Mugno, *Quando Falcone incontrò la mafia. I primi processi del magistrato a Cosa Nostra nel Palazzo di giustizia di Trapani ed altre singolari vicende (1967-1978)*, Di Girolamo, Trapani, 2014.

La historia de las escuchas telefónicas de Roberto, seudónimo de Tommaso Buscetta, y del asesor fiscal milanés se inspira en lo que cuenta Giuseppe Ayala en *Chi ha paura muore ogni giorno. I miei anni con Falcone e Borsellino*, Mondadori, Milán, 2017.

13. COMO UN MOSAICO

Por exigencias narrativas, en este capítulo imagino que la tarde del atentado contra Dalla Chiesa, el 3 de septiembre de 1982, Falcone y Chinnici se quedaron en el despacho trabajando; quería que la noticia del asesinato llegara de repente a conocimiento de dos predestinados que estuvieran juntos. En realidad, según cuenta Giuseppe Ayala en *Chi ha paura muore ogni giorno. I miei anni con Falcone e Borsellino*, Mondadori, Milán, 2017, Falcone estaba cenando con su compañera Francesca Morvillo, Giuseppe Ayala y la mujer de este.

Sobre lo que se dice en este capítulo de la guerra contra la mafia y de la figura de Salvatore Totuccio Contorno, véase Attilio Bolzoni y Giuseppe D'Avanzo, *Il capo dei capi. Vita e carriera criminale di Totò Riina*, Rizzoli, Milán, 1993, y Enrico Deaglio, *Il raccolto rosso 1982-2010. Cronaca di una guerra di mafia e delle sue tristissime conseguenze*, Il Saggiatore, Milán, 2010. Sobre la captura de Contorno, véase Massimo Luglio, «"Il cavallo scalciò a terra e trovammo le armi del boss"», *La Repubblica*, 6 de agosto de 2002.

Acerca del funeral de Pietro Scaglione y la ausencia de representantes del Estado, véanse Attilio Bolzoni y Giuseppe d'Avanzo, *Il capo dei capi*, cit., y Vittorio Nistico, *Accadeva in Sicilia. Gli anni ruggenti dell'«Ora» di Palermo*, Sellerio, Palermo, 2001.

Sobre la relación entre mafia, política y masonería en Trapani, véanse *Tp24*, «I trent'anni della Loggia Scontrino di Trapani. Affari e protezione per i mafiosi», 14 de abril de 2016, y el reportaje de Attilio Bolzoni «L'ultima frontiera di Cosa Nostra», disponible en la página web de *La Repubblica*, 4 de marzo de 2016, https://inchieste.repubblica.it/it/repubblica/rep-it/2016/03/04/news/inchiesta_mafia-134782402/#danaro.

Sobre la amistad y la colaboración entre Falcone y Ninni Cassarà, véase Luca Rossi, *I disarmati. Falcone, Cassarà e gli altri*, Mondadori, Milán, 1992; Francesco la Licata, *Storia di Giovanni Falcone*, Feltrinelli, Milán, 2012; Giuseppe Ayala, *Chi ha paura muore ogni giorno*, cit.

14. PODERES ESPECIALES

Este capítulo sobre el atentado de la calle Carini lo he escrito consultando los libros de Nando dalla Chiesa, *Delitto imperfetto. Il generale, la mafia, la società italiana*, Mondadori, Milán, 1984; de Enrico Deaglio, *Il raccolto rosso 1982-2010. Cronaca di una guerra di mafia e delle sue tristissime conseguenze*, Il Saggiatore, Milán, 2010; de Antonio Calabro, *I mille morti di Palermo. Uomini, denaro e vittime nella guerra di mafia che ha cambiato l'Italia*, Mondadori, Milán, 2016, y de Andrea Galli, *Dalla Chiesa. Storia del generale dei carabinieri che sconfisse il terrorismo e morì a Palermo ucciso dalla mafia*, Mondadori, Milán, 2017.

15. COGER ROSAS

Para escribir este capítulo me he inspirado en lo que cuenta Caterina Chinnici en *È così lieve il tuo bacio sulla fronte,* Mondadori, Milán, 2021, sobre los veranos que la familia Chinnici pasaba en la casa de San Ciro. En este mismo libro de Caterina se habla de las costumbres de Rocco, del jardín de rosas y de los macarrones «a la Chinnici».

La pasión de Giuseppe Ayala por las motos era conocida de todos sus colegas. La menciona él mismo en *Chi ha paura muore ogni giorno. I miei anni con Falcone e Borsellino*, Mondadori, Milán, 2017.

16. VIDA PRIVADA

El episodio de la comparecencia de Giovanni Falcone y Francesca Morvillo ante el fiscal jefe Pizzillo, porque, según este, la relación de aquellos «era un escándalo», ocurrió realmente, como puede leerse en Francesco la Licata, *Storia di Giovanni Falcone*, Feltrinelli, Milán, 2012. En este mismo libro se describe el protocolo que seguían los escoltas de Falcone.

17. HEROÍNA

Rocco Chinnici daba charlas en colegios y universidades para sensibilizar a los jóvenes acerca del problema de la mafia y de la droga, como puede leerse en Fabio de Pasquale y Eleonora Iannelli, *Così non si può vivere. Rocco Chinnici: la storia mai raccontata del giudice che sfidò gli intoccabili*, Castelvecchi, Roma, 2013.

El discurso se inspira en el que pronunció en un congreso del club Rotary de Palermo el 29 de julio de 1981. Véase Rocco Chinnici, *L'illegalità protetta. Le parole e le intuizioni del magistrato che credeva nei giovani*, Glifo, Palermo, 2017.

La charla que da el médico en el aula magna es un ejemplo de las muchas que se daban entonces para sensibilizar a los jóvenes sobre el problema de la heroína. Aquí he aprovechado para pintar un panorama histórico y geográfico del opio, hablar del origen de la heroína y de la morfina, de su difusión en Estados Unidos durante la posguerra, de los clanes de Cosa Nostra que sustituyeron a los marselleses, de Palermo como foco del tráfico internacional de heroína y de los efectos que produce esta droga en el organismo. Para escribirlo, he consultado los textos de Salvatore Lupo, *Quando la mafia trovò l'America, Storia di un intreccio intercontinentale 1888-2008*, Einaudi, Turín, 2008; John Dickie, *Cosa Nostra. Storia della mafia siciliana,* trad. it. de Giovanni Ferrara degli Uberti, Laterza, Roma-Bari, 2009 (traducción española: *Cosa Nostra: historia de la mafia siciliana,* trad. de Francisco Ramos, Debolsillo, Barcelona, 2021) y *Mafia Republic. Cosa Nostra, camorra e 'ndrangheta dal 1946 a oggi,* trad. it. de Fabio Galimberti, Laterza, Roma-Bari, 2016 (traducción española: *Historia de la mafia: Cosa Nostra, Camorra y N'dranghetta desde sus orígenes hasta la actualidad,* trad. de Jaime Collyer, Debate, Barcelona, 2015), y Ugo Leonzio, *Il volo magico. Storia generale delle droghe,* Il Saggiatore, Milán, 2020 (traducción española: *El vuelo mágico. Historia general de las drogas,* trad. de Juan Moreno, Plaza & Janés, Barcelona, 1971). Un texto útil, escrito por quienes luchan todos los días contra la drogadicción, puede consultarse en la página web de la Comunidad de San Patrignano, https://www.sanpatrignano.org/hai-bisogno-aiuto/info-droghe/eroina-e-oppiacei/.

En la página web Geoverdose.it pueden verse estadísticas históricas de muertes por sobredosis y otros efectos mortales relacionados con la dependencia de la heroína.

18. EL INFILTRADO

La historia de Rosaria, Frank Rolli, los Gambino y los hermanos Adamita cobró forma tras la lectura de diversas fuentes, entre ellas los documentos del proceso Spatola, que pueden consultarse aquí: http://archiviopiolatorre.camera.it/img-repo/fondo_zupo/Sez._I_serie_0001_Vol_025.pdf; los artículos de *L'Unità* de Saverio Lodato, «Anche a Roma indagini per l'omicidio Costa: c'e una cantante, forse "corriere" della droga», 12 de agosto de 1980, y de Vincenzo Vasile, «Ha parlato un "pentito" del racket della droga», 5 de febrero de 1982; del *Corriere della Sera* de Sandro Acciari, «Sullo sfondo dell'omicidio Costa una cantante in carcere per eroina e un oscuro traffico di miliardi», 12 de agosto de 1980, y de *La Stampa,* «L'inchiesta a Palermo sull'uccisione del giudice Costa: forse in un documento segreto USA i nomi dei "killers" del magistrato», 12 de agosto de 1980; Franco Nicastro, «Voleva diventare una star del rock. Incontrò invece il clan della droga», *Giornale di Sicilia*, 23 de diciembre de 1982; por último, el libro de Marina Pino, *Le signore della droga. Storie scellerate di casalinghe palermitane*, La Luna, Palermo, 1988. El nombre de Rosaria es inventado: he sustituido el que figura en el sumario por respeto a una mujer que fue explotada y engañada, y salió limpia del caso en el que se vio envuelta. En realidad, «Rosaria» es una cantante de música ligera, no de jazz, como he querido imaginarla. La joven fue juzgada y absuelta en segunda instancia.

19. SUEÑOS

Las costumbres de Falcone en aquellos años se describen en Francesco la Licata, *Storia di Giovanni Falcone*, Feltrinelli, Milán, 2012.

Sobre Palermo como foco del tráfico de droga internacional, sobre el ascenso de la mafia gracias a los beneficios de este negocio transatlántico y sobre la investigación Pizza Connection, véase John Dickie, *Cosa Nostra. Storia della mafia siciliana,* trad. it. de Giovanni Ferrara degli Uberti, Laterza, Roma-Bari, 2009 (traducción española: *Cosa Nostra: historia de la mafia siciliana*, trad. de Francisco Ramos, Debolsillo, Barcelona, 2021) y *Mafia Republic. Cosa Nostra, camorra e 'ndrangheta dal 1946 a oggi*, trad. it. de Fabio Galimberti, Laterza, Roma-Bari, 2016 (traducción española: *Historia de la mafia: Cosa Nostra, Camorra y N'dranghetta desde sus orígenes hasta la actualidad*, trad. de Jaime Collyer, Debate, Barcelona, 2015).

La muerte por sobredosis de la hija de los vecinos de Rocco Chinnici se cuenta en Caterina Chinnici, *È così lieve il tuo bacio sulla fronte,* Mondadori, Milán, 2021.

20. SIN PROTECCIÓN

Sobre las amenazas e intimidaciones que precedieron el asesinato del jefe del juzgado de instrucción de Palermo Rocco Chinnici, véase Fabio de Pasquale y Eleonora Iannelli, *Così non si può vivere. Rocco Chinnici: la storia mai raccontata del giudice che sfidò gli intoccabili*, Castelvecchi, Roma, 2013, y Caterina Chinnici, *È così lieve il tuo bacio sulla fronte,* Mondadori, Milán, 2021.

Sobre los detalles del asesinato del magistrado Giangiacomo Ciaccio Montalto, véase Enrico Deaglio, *Il raccolto rosso 1982-2010. Cronaca di una guerra di mafia e delle sue tristissime conseguenze*, Il Saggiatore, Milán, 2010, y Giuseppe Ayala, *Chi ha paura muore ogni giorno. I miei anni con Falcone e Borsellino*, Mondadori, Milán, 2017. Véase también el artículo de Rino Giacalone, «Un omicidio antico, ma i fatti sembrano di oggi», en la página web del Ayuntamiento de Trapani, https://www.comune.trapani.it/montalto/un-omicidio-antico-ma-i-fatti-sembrano-di-oggi/.

El discurso de Chinnici citado al final del capítulo lo pronunció el 17 de diciembre de 1981 en el congreso «Cristiani e uomini di buona volonta di fronte alla mafia», en la Facultad de Magisterio de Palermo. El texto completo puede leerse en Rocco Chinnici, *L'illegalità protetta. Le parole e le intuizioni del magistrato che credeva nei giovani*, Glifo, Palermo, 2017.

21. CRÁTER

Para escribir este capítulo sobre la muerte de Rocco Chinnici he partido de los artículos de Vincenzo Vasile, «Terrore mafioso: Palermo come Beirut. Strage per uccidere il giudice Chinnici», *L'Unità*, 30 de julio de 1983, y Andrea Purgatori, «Strage della mafia, ucciso un giudice. Esplode a Palermo un'autobomba radiocomandata, quattro morti e 14 feriti», *Corriere della Sera*, 30 de julio de 1983. También he consultado los libros de Francesco la Licata, *Storia di Giovanni Falcone*, Feltrinelli, Milán, 2012, y Giuseppe Ayala, *Chi ha paura muore ogni giorno. I miei anni con Falcone e Borsellino*, Mondadori, Milán, 2017; de Caterina Chinnici, *È così lieve il tuo bacio sulla fronte,* Mondadori, Milán, 2021, y de Fabio de Pasquale y Eleonora Iannell, *Così non si può vivere. Rocco Chinnici: la storia mai raccontata del giudice che sfidò gli intoccabili*, Castelvecchi, Roma, 2013; y de Angiolo Pellegrini y Francesco

Condoluci, *Noi, gli uomini di Falcone. La guerra che ci impedirono di vincere*, Sperling & Kupfer, Milán, 2015.

El chófer de Chinnici, Giovanni Paparcuri, que sobrevivió al atentado, colaboró con Falcone y Borsellino y hoy gestiona el museo que hay dedicado a estos en el tribunal de Palermo, cuenta lo que ocurrió el día del asesinato en esta entrevista del programa *Siamo noi* de tv2000, disponible aquí: https://www.youtube.com/watch?v=I09RoEmj9js.

Véase también Attilio Bolzoni, «L'autista di Falcone che visse due volte», *La Repubblica*, 9 de mayo de 2017.

Sobre el sumario del asesinato de Rocco Chinnici y su escolta, así como sobre su vida profesional, véase https://www.csm.it/web/csm-internet/aree-tematiche/per-non-dimenticare/rocco-chinnici.

22. EL MONJE

Antonino Caponnetto cuenta su llegada a Palermo en su libro *I miei giorni a Palermo. Storie di mafia e di giustizia raccontate a Saverio Lodato*, Garzanti, Milán, 1993. Para crear la escena he consultado también Antonino Caponnetto, *Io non tacerò. La lunga battaglia per la giustizia*, Melampo, Milán, 2013.

Los fragmentos de las *Confesiones* de san Agustín están tomados de la edición de Rizzoli de 1997 traducida por Carlo Vitali. (Para la edición española se ha seguido la traducción de Alfredo Encuentra Ortega: Gredos, Barcelona, 2010.)

23. POCOS AMIGOS

Al diario de Rocco Chinnici, que se hizo público tras su muerte, dedican un capítulo Fabio de Pasquale y Eleonora Iannelli, *Così non si può vivere. Rocco Chinnici: la storia mai raccontata del giudice che sfidò gli intoccabili*, Castelvecchi, Roma, 2013. Véase también Bruno Miserendino, «Il caso Chinnici investe il CSM. Sfilano i colleghi del giudice ucciso», *L'Unità*, 7 de septiembre de 1983.

Sobre las alusiones del «diario» a las desavenencias con Falcone, Fabio de Pasquale y Eleonora Iannelli, en *Così non si può vivere*, cit., dicen lo siguiente: «Da la impresión de que la mafia, con injerencias indirectas, quería poner a prueba la confianza y la amistad entre Chinnici y su colega». Caterina Chinnici, en su libro *È così lieve il tuo bacio sulla fronte*, Mondadori, Milán, 2021, habla de «sensaciones que ponía por escrito para no volverse loco». Véase también Francesco la Licata, *Storia di Giovanni Falcone*, Feltrinelli, Milán, 2012.

El diario de Chinnici –apuntes que el fiscal jefe anotó en unas cuantas páginas de una agenda de Banca Sicula de Trapani– se publicó en transcripción taquigráfica en el acta de la sesión del 28 de septiembre de 1983 de la comisión parlamentaria sobre la mafia y puede consultarse aquí: http://legislature.camera.it/_dati/leg09/lavori/stencomm/0002/Leg/Serie130/1983/0928P/stenografico.pdf.

El texto manuscrito original se encuentra disponible en la página web del Consejo Superior de la Magistratura: https://www.csm.it/documents/21768/2450973/diarioper+web.pdf/27bfb75c-44c5-b7dc-9e36-c076756d447d.

La toma de posesión de Antonino Caponnetto, su primer encuentro con Giovanni Falcone, el episodio del telegrama amenazador y la formación del equipo de trabajo están narrados en Antonino Caponnetto, *I miei giorni a Palermo. Storie di mafia e di giustizia raccontate a Saverio Lodato*, Garzanti, Milán, 1993.

Para reconstruir la escena he consultado también Antonino Caponnetto, *Io non tacerò. La lunga battaglia per la giustizia*, Melampo, Milán, 2013. Véase asimismo el libro editado por el presidente de la Fundación Caponnetto Salvatore Calleri, *Antonino Caponnetto. Eroe contromano in difesa della legalità*, con una introducción de Andrea Camilleri, Diple Edizioni, Florencia, 2003.

Como cuenta Enrico Deaglio en *Il raccolto rosso 1982-2010. Cronaca di una guerra di mafia e delle sue tristissime conseguenze*, Il Saggiatore, Milán, 2010, tanto en la biblioteca de Falcone como de Leonardo Sciascia había una copia del libro de Dashiell Hammett

Red Harvest (*Cosecha roja*), traducido entonces en italiano con el título de *Plomo y sangre*. El mismo Falcone lo cita en un pasaje de *Cose di Cosa Nostra*, Rizzoli, Milán, 1991 (traducción española: *Cosas de la Cosa Nostra*, trad. de Miquel Izquierdo, Barataria, Barcelona, 2006).

24. ADELANTE

Este capítulo, que habla de la estrecha colaboración entre Ninni Cassarà y Giovanni Falcone, de las investigaciones que condujeron a la elaboración del informe denominado «Michele Greco + 161», y del asesinato de Calogero Zucchetto, lo he escrito basándome en Giuseppe Ayala, *Chi ha paura muore ogni giorno. I miei anni con Falcone e Borsellino*, Mondadori, Milán, 2017; Enrico Deaglio, *Il raccolto rosso 1982-2010. Cronaca di una guerra di mafia e delle sue tristissime conseguenze*, Il Saggiatore, Milán, 2010; Giovanni Bianconi, *L'assedio. Troppi nemici per Giovanni Falcone*, Einaudi, Turín, 2017; *Morire di mafia. La memoria non si cancella*, editado por la Asociación Cosa Vostra, vol. I, Sperling & Kupfer, Milán, 2020. Véase también el artículo de Roberto Greco en el periódico en línea *Antimafia Duemila*, «Si chiamava Calogero Zucchetto ed è stato ucciso dalla mafia il 14 novembre 1982», 14 de noviembre de 2019, https://www.antimafiaduemila.com/home/di-la-tua/239-parla/76556-si-chiamava-calogero-zucchetto-ed-e-statoucciso-dalla-mafia-il-14-novembre-1982.html.

El extracto del informe «Michele Greco + 161» puede consultarse aquí: http://www.prefettura.it/files/AllegatiPag/1203/Stralcio_del_Rapporto_dei_161.pdf.

El atestado del interrogatorio que Giovanni Falcone, con la ayuda de Vincenzo Pajno, le hizo a Tommaso Buscetta el 25 de julio de 1984 puede leerse aquí: https://archiviopiolatorre.camera.it/imgrepo/fondo_zupo/Sez._I_serie_0001_Vol_021.pdf.

25. DON MASINO

El diálogo imaginario entre Tommaso Buscetta y su mujer Cristina de Almeida Guimarães se basa en una larga serie de testimonios, artículos de prensa y entrevistas. Sobre la manera como se desarrolló exactamente la captura en Brasil de Tommaso Buscetta existen diferentes versiones que a menudo no coinciden. Yo he querido dar una que siguiera el hilo narrativo sin traicionar los aspectos fundamentales del caso.

Estas son las fuentes que he utilizado para reconstruir el diálogo y la escena: Saverio Lodato, *La mafia ha vinto. Intervista con Tommaso Buscetta*, Mondadori, Milán, 2007; Pino Arlacchi, *Addio Cosa nostra. La vita di Tommaso Buscetta*, Rizzoli, Milán, 1994; Enzo Mignosi, *«Cose loro». Storia di boss che le sparano grosse*, prólogo de Pietro Grasso, Novantacento, Palermo, 2008, y Saverio Lodato, *Quarant' anni di mafia. Storia di una guerra infinita*, Rizzoli, Milán, 2012. Véase también el artículo de G. C., «Don Masino, boss dei due mondi. Così lo chiamava la malavita», *La Repubblica*, 30 de septiembre de 1984.

La digresión de don Masino sobre el ascenso de Totò Riina dentro de la mafia siciliana se ha escrito siguiendo a Attilio Bolzoni y Giuseppe d'Avanzo, *Il capo dei capi. Vita e carriera criminale di Totò Riina*, Rizzoli, Milán, 1993; Enrico Deaglio, *Il raccolto rosso 1982-2010. Cronaca di una guerra di mafia e delle sue tristissime conseguenze*, Il Saggiatore, Milán, 2010, y John Follain, *Gli ultimi boss. Ascesa e caduta della più importante famiglia mafiosa*, trad. it. de Elisabetta Valdré, Mondadori, Milán, 2012.

Sobre la confusión del apellido de Buscetta, véase Franco Recanatesi, «Conclusa la missione in Brasile», *La Repubblica*, 23 de noviembre de 1984, y Saverio Lodato, *La mafia ha vinto. Intervista con Tommaso Buscetta*, cit.

26. CONSONANCIAS

Para escribir la escena del primer cara a cara entre Giovanni Falcone, Vincenzo Geraci y Tommaso Buscetta en la Corte Federal de Brasilia, me he basado en Pino Arlacchi, *Addio Cosa nostra. La vita di Tommaso Buscetta*, Rizzoli, Milán, 1994; Saverio Lodato, *La mafia ha vinto. Intervista con Tommaso Buscetta*, Mondadori, Milán, 2007, y, del mismo autor, *Quarant'anni di mafia. Storia di una guerra infinita*, Rizzoli, Milán, 2012. Véase también el artículo de Franco Recanatesi, «Buscetta ci disse: "Non sono un nemico"», *La Repubblica*, 2 de octubre de 1984, y Enzo Mignosi, «*Cose loro*». *Storia di boss che le sparano grosse*, prólogo de Pietro Grasso, Novantacento, Palermo, 2008.

El encuentro de Buscetta con su segunda mujer, Vera Girotti, lo cuenta Pino Arlacchi, *Addio Cosa nostra*, cit. Véase también Franco Recanatesi, «Scomparsa prima di deporre l'ex compagna di Buscetta», *La Repubblica*, 24 de agosto de 1989.

27. NINNI

Para describir el verano que Falcone y Borsellino pasaron en Asinara con la familia mientras preparaban el Maxiproceso he consultado: Antonino Caponnetto, *I miei giorni a Palermo. Storie di mafia e di giustizia raccontate a Saverio Lodato*, Garzanti, Milán, 1993; Francesco la Licata, *Storia di Giovanni Falcone*, Feltrinelli, Milán, 2012; Giuseppe Ayala, *Chi ha paura muore ogni giorno. I miei anni con Falcone e Borsellino*, Mondadori, Milán, 2017; Alessandra Ziniti y Francesco Viviano, *Visti da vicino. Falcone e Borsellino: gli uomini e gli eroi*, Aliberti, Reggio Emilia, 2012; Cetta Brancato, *Canto per Francesca*, Melampo, Milán, 2017, y Attilio Bolzoni, *Uomini soli. Pio La Torre e Carlo Alberto dalla Chiesa, Giovanni Falcone e Paolo Borsellino*, Melampo, Milán, 2017.

Sobre los homicidios de Beppe Montana, de Ninni Cassarà y de Roberto Antiochia, véase Antonino Caponnetto, *I miei giorni a*

Palermo, cit.; Francesco la Licata, *Storia di Giovanni Falcone*, cit.; Enrico Deaglio, *Il raccolto rosso 1982-2010. Cronaca di una guerra di mafia e delle sue tristissime conseguenze*, Il Saggiatore, Milán, 2010; Angiolo Pellegrini y Francesco Condoluci, *Noi, gli uomini di Falcone. La guerra che ci impedirono di vincere*, Sperling & Kupfer, Milán, 2015; Giovanni Bianconi, *L'assedio. Troppi nemici per Giovanni Falcone*, Einaudi, Turín, 2017.

La parte del capítulo que trata del caso de Salvatore Marino la he escrito partiendo de Leonardo Coen, «"Salvatore massacrato di botte"», *La Repubblica*, 6 de agosto de 1985; Alexander Stille, *Nella terra degli infedeli. Mafia e politica*, trad. it. de Paola Mazzarelli, Garzanti, Milán, 2007; Enrico Deaglio, *Patria 1978-2010*, Il Saggiatore, Milán, 2010; Francesco la Licata, *Storia di Giovanni Falcone*, cit.; y John Dickie, *Mafia Republic. Cosa Nostra, camorra e 'ndrangheta dal 1946 a oggi*, trad. it. de Fabio Galimberti, Laterza, Roma-Bari, 2016 (traducción española: *Historia de la mafia: Cosa Nostra, Camorra y N'dranghetta desde sus orígenes hasta la actualidad*, trad. de Jaime Collyer, Debate, Barcelona, 2015).

28. QUEMAR SANTOS

Las confesiones de Tommaso Buscetta suponen un antes y un después en la historia de la lucha contra la mafia. Gracias a él los investigadores conocieron los entresijos de Cosa Nostra, su estrucura, sus familias, sus prácticas y el lenguaje explícito e implícito del crimen organizado siciliano: por decirlo con las palabras de Falcone, Buscetta fue «como un profesor de idiomas que nos permite ir al extranjero sin tener que hablar por señas».

Como dice John Dickie en *Cosa Nostra. Storia della mafia siciliana*: «Hoy nos damos cuenta de hasta qué punto ignorábamos lo que era la mafia antes de que Tommaso Buscetta hablara con Giovanni Falcone. La primera revelación fue la del nombre con el que sus miembros llamaban a la organización: Cosa Nostra. Hasta ese momento, incluso los pocos magistrados, investigadores y policías que se tomaban en serio esta denominación estaban convencidos de que solo se aplicaba al crimen organizado americano. Buscetta también reveló a Falcone la estructura jerárquica de la organización». Los interesados en leer los apuntes que tomó Falcone, ayudado por Vincenzo Pajno, en el curso de los numerosos encuentros con el «capo de los dos mundos», pueden consultar el atestado del interrogatorio en este enlace: https://archiviopiolatorre.camera.it/imgrepo/fondo_zupo/Sez._I_serie_0001_Vol_021.pdf.

En nombre de la ley (1949) de Pietro Germi, basada en la novela *Piccola pretura* de Giuseppe Guido LoSchiavo, fue «la primera película sobre la mafia del cine italiano». En su momento tuvo un gran éxito de público y, como cuenta Maria Falcone en Francesco la Licata, *Storia di Giovanni Falcone*, Feltrinelli, Milán, 2012, dio ocasión a que Anna, Maria y Giovanni hablaran por primera vez en familia de la mafia. La comparación que hace Buscetta entre Falcone y el protagonista de la película *En nombre de la ley* de Pietro Germi, así como la alusión a la «fuerza tranquila» del juez, está tomada de Pino Arlacchi, *Addio Cosa nostra. La vita di Tommaso Buscetta*, Rizzoli, Milán, 1994.

John Dickie hace un interesante análisis de la película en *Mafia Republic. Cosa Nostra, camorra e 'ndrangheta dal 1946 a oggi*, trad. it. de Fabio Galimberti, Laterza, Roma-Bari, 2016 (traducción española: *Historia de la mafia: Cosa Nostra, Camorra y N'dranghetta desde sus orígenes hasta la actualidad*, trad. de Jaime Collyer, Debate, Barcelona, 2015), poniendo de manifiesto su novedad y ambigüedad.

29. SOLOS

Sobre la estancia de Falcone y Borsellino y respectivas familias en Asinara, véanse los textos citados en el primer párrafo de la nota bibliográfica del capítulo «Ninni».

La anécdota de que Falcone encerró a La Licata en su despacho para que no diera al traste con la importante redada antimafia la cuenta Francesco la Licata, *Storia di Giovanni Falcone*, cit.

30. MAXI

El arranque de este capítulo quiere homenajear a tres periodistas que aquellos años cubrieron con valor y abnegación todos los atentados y asesinatos cometidos por la mafia, las peripecias del grupo antimafia y del Maxiproceso, y son verdaderos referentes para quien estudia el crimen organizado: me refiero a Attilio Bolzoni, Francesco la Licata y Saverio Lodato. Sin los testimonios que recogieron sobre el terreno, a veces con gran riesgo de su integridad personal, hoy no dispondríamos de tanta información.

El Maxiproceso fue el mayor juicio contra la mafia de la historia occidental. Para contarlo me he basado en las fuentes, consultado sumarios, atestados y documentos. De este trabajo nació, entre otras cosas, el podcast *Maxi. Il processo che ha sconfitto la mafia*, de diez episodios, producido por Audible Originals y que escribí en colaboración con Massimiliano Coccia, con dirección de Niccolò Martin.

Para hacer la crónica y reconstruir los hechos más relevantes del Maxiproceso, las impresiones, testimonios y declaraciones del momento, me he servido de los siguientes textos: Giuseppe Ayala y Felice Cavallaro, *La guerra dei giusti: i giudici, la mafia, la politica*, Mondadori, Milán, 1993; Giuseppe di Lello, *Giudici. Cinquant'anni di processi di mafia*, Sellerio, Palermo, 1994; Giuseppe Ayala, *Chi ha paura muore ogni giorno. I miei anni con Falcone e Borsellino*, Mondadori, Milán, 2017; Alfonso Giordano, *Il Maxiprocesso venticinque anni dopo. Memoriale del Presidente*, Bonanno, Acireale, 2011; Salvatore Lupo, *1986 Il Maxiprocesso*, en *Novecento Italiano*, Laterza, Roma-Bari, 2012; Lirio Abbate, «Cos'è rimasto del primo Maxiprocesso alla mafia», *L'Espresso*, 28 de enero de 2016; Pietro Grasso, *Storie di sangue, amici e fantasmi. Ricordi di mafia*, Feltrinelli, Milán, 2017, y Leonardo Guarnotta, *C'era una volta il pool antimafia. I miei anni nel bunker*, Zolfo, Milán, 2020.

Para la escritura de estos capítulos han sido fundamentales las imágenes de archivo de los documentales *Maxi. Il grande processo alla mafia*, dirigido por Graziano Conversano, y *Maxi + 25. Anatomia di un processo*, dirigido por Alessandro Chiappetta y Graziano Conversano, que pueden verse en RAIPlay, en los enlaces, respectivamente, https://www.raiplay.it/programmi/maxi-ilgrandeprocessoallamafia y https://www.raicultura.it/storia/articoli/2019/01/Maxi25-c7e1b707-e269-4fdc-8d37-2958ee7571a8.html.

Dos de los periódicos que llevaron a cabo una campaña rabiosamente hostil contra el Maxiproceso y los jueces fueron *Il Giornale* de Indro Montanelli y el *Giornale di Sicilia* de Antonio Ardizzone, como atestiguan Giuseppe Ayala y Felice Cavallaro, *La guerra dei giusti*, cit.; Maria Falcone, *Giovanni Falcone un eroe solo* (entrevista con F. Barra), Rizzoli, Milán, 2012, y Antonino Caponnetto, *I miei giorni a Palermo. Storie di mafia e di giustizia raccontate a Saverio Lodato*, Garzanti, Milán, 1993. Los artículos contra el Maxiproceso del magistrado Vincenzo Vitale se citan en Antonino Caponnetto, *I miei giorni a Palermo*, cit.

La pasión de Giovanni Falcone por los patos, de los que tenía una gran colección, la atestiguan Maria y Anna Falcone en Leone Zingales, *Giovanni Falcone. Un uomo normale*, Aliberti, Reggio Emilia, 2007; Maria Falcone, *Giovanni Falcone un eroe solo*, cit., y Alessandra Ziniti y Francesco Viviano, *Visti da vicino. Falcone e Borsellino: gli uomini e gli eroi*, Aliberti, Reggio Emilia, 2012.

31. EL SECRETARIO

Este capítulo se basa en un episodio que cuenta Francesco la Licata en *Storia di Giovanni Falcone*, Feltrinelli, Milán, 2012: en tiempos del Maxiproceso, una conocida figura democristiana visitó a Maria Falcone y, en un tono entre insinuante, recomendatorio y amenazador, le dio a entender que Giovanni haría bien en irse de la ciudad, para concluir con un: «O aquí se lo cargan».

32. GIUSEPPE DI FRESCO

Para narrar la captura de Michele Greco he partido de varios artículos, entre ellos: Adriano Baglivo, «Preso in Sicilia il boss dei boss», *Corriere della Sera*, 21 de febrero de 1986; Felice Cavallaro, «Con la cattura di Greco più vicini al "terzo livello"», *Corriere della Sera*, 21 de febrero de 1986; Saverio Lodato, «Preso il più potente dei mafiosi», *L'Unità*, 21 de febrero de 1986; Attilio Bolzoni, «La vendetta della mafia», *La Repubblica*, 29 de noviembre de 1986; y Lirio Abbate, «Così arrestai Michele Greco, il "papa" di Cosa nostra che riceveva a casa la "Palermo bene"», *L'Espresso*, 22 de enero de 2019. Véase también Francesco Viviano, *Michele Greco. Il memoriale*, Aliberti, Reggio Emilia, 2008.

El texto de la nota, el del anuncio, la elección del periódico, la cita en el jardín botánico de Palermo son elementos que he inventado para dar cuerpo al relato, a falta de datos precisos sobre el particular.

33. TODOS SOMOS SICILIANOS

Para escribir este capítulo, que trata de la declaración decisiva de Salvatore Contorno en el Maxiproceso, he consultado Alfonso Giordano, *Il Maxiprocesso venticinque anni dopo. Memoriale del Presidente*, Bonanno, Acireale, 2011. Sobre las imágenes y los audios de archivo, véase el tercer episodio del documental *Maxi. Il grande processo alla mafia* de Graziano Conversano, disponible aquí: https://www.raiplay.it/programmi/maxi-ilgrandeprocessoallamafia.

Sobre el uso por parte de la mafia de las novelas de *I Beati Paoli* de Luigi Natoli «como una especie de fundamento literario mítico», véase Enrico Deaglio, *Il raccolto rosso 1982-2010. Cronaca di una guerra di mafia e delle sue tristissime conseguenze*, Il Saggiatore, Milán, 2010; Francesco Benigno, *La mala setta. Alle origini di mafia e camorra (1859-1878)*, Einaudi, Turín, 2015, y Emiliano Morreale,

La mafia immaginaria. Settant'anni di Cosa Nostra al cinema (1949-2019), Donzelli, Roma, 2020.

La anécdota del Laphroaig, el whisky preferido de Falcone, y la del atraco en el que interviene Giuseppe Ayala están sacadas de Giuseppe Ayala, *Chi ha paura muore ogni giorno. I miei anni con Falcone e Borsellino*, Mondadori, Milán, 2017.

El artículo del *Observer* sobre la carne humana que se sirve en los restaurantes de Palermo se cita en Alfonso Giordano, *Il Maxiprocesso venticinque anni dopo*, cit.

34. GRAND GUIGNOL

La mayor parte de los hechos citados en este capítulo están sacados de Alfonso Giordano, *Il Maxiprocesso venticinque anni dopo. Memoriale del Presidente*, Bonanno, Acireale, 2011, y de los episodios 3, 4 y 5 del documental *Maxi. Il grande processo alla mafia* de Graziano Conversano, que pueden verse aquí: https://www.raiplay.it/programmi/maxi-ilgrandeprocessoallamafia.

Los obstáculos que pusieron los abogados defensores para entorpecer el desarrollo del Maxiproceso, como la recusación del presidente del tribunal o la petición de que se leyeran las setecientas mil y pico páginas del sumario, así como las dificultades que se presentaron en el curso del juicio, la resistencia a colaborar y aun la complicidad de muchos con la mafia se citan en Antonino Caponnetto, *I miei giorni a Palermo. Storie di mafia e di giustizia raccontate a Saverio Lodato*, Garzanti, Milán, 1993; en Francesco la Licata, *Storia di Giovanni Falcone,* Feltrinelli, Milán, 2012; en Giuseppe Ayala, *Chi ha paura muore ogni giorno. I miei anni con Falcone e Borsellino*, Mondadori, Milán, 2017; en Leonardo Guarnotta, *C'era una volta il pool antimafia. I miei anni nel bunker*, Zolfo, Milán, 2020, y en Lirio Abbate, «Cos'è rimasto del primo Maxiprocesso alla mafia», *L'Espresso*, 4 de febrero de 2016.

La historia de Salvatore Ercolano, llamado Turi, el imputado del Maxiproceso que se presentó en la sala con la boca grapada, es verdadera: la cuenta Alfonso Giordano en *Il Maxiprocesso venticinque anni dopo*, cit.

Sobre el episodio de Vincenzo Sinagra, que se traga dos clavos y hace que salte la alarma del detector de metales, lo que obliga a los jueces a suspender la vista, véase Corrado de Rosa y Laura Galesi, *Mafia da legare. Pazzi sanguinari, matti per convenienza, finte perizie, vere malattie: come Cosa Nostra usa la follia*, Sperling & Kupfer, Milán, 2013, y el artículo de *La Repubblica* «Ingoia due chiodi, l'udienza è rinviata» del 6 de marzo de 1986.

La irrupción de la mujer, la hija y las cinco hermanas de Vincenzo Buffa en la sala la recuerda Alfonso Giordano en *Il Maxiprocesso venticinque anni dopo*, cit.; véase también el artículo de Attilio Bolzoni, «Sette donne urlano: "Il nostro uomo non è un traditore"», *La Repubblica*, 18 de marzo de 1987.

Sobre el caso del policía que tuvo un ataque de nervios en la sala, véase Alfonso Giordano, *Il Maxiprocesso venticinque anni dopo*, cit.

La anécdota de Giordano, el yoga y los ejercicios de respiración la refiere el mismo Giordano en *Il Maxiprocesso venticinque anni dopo*, cit., pero se halla también en Saverio Lodato, *Quarant'anni di mafia. Storia di una guerra infinita*, Rizzoli, Milán, 2012, y en un artículo de la época, también de Saverio Lodato, «"Lo Stato è tiepido, i boss rialzano la testa"», *L'Unità*, 29 de julio de 1988.

Sobre la «cámara de la muerte» de Filippo Marchese, véanse Giuseppe Spadaro, «Un mafioso pentito rivela: "Così i Marchese uccidevano nella camera della morte"», *La Repubblica*, 23 de octubre de 1984; Alfonso Giordano, *Il Maxiprocesso venticinque anni dopo*, cit., y el ya citado documental. La historia de Vincenzo Sinagra, que luego colaboró con la justicia, la cuenta, además de las fuentes antes citadas, Alexander Stille, *Nella terra degli infedeli. Mafia e politica*, trad. it. de Paola Mazzarelli, Garzanti, Milán, 2007.

35. SU SEÑORÍA

Sobre la relación entre los primos Nino e Ignazio Salvo, Salvo Lima y Giulio Andreotti, véase Giovanni Falcone y Marcelle Padovani, *Cose di Cosa Nostra*, Rizzoli, Milán, 1991 (traducción española: *Cosas de la Cosa Nostra*, trad. de Miquel Izquierdo, Barataria, Barcelona, 2006); Attilio Bolzoni y Giuseppe d'Avanzo, *Il capo dei capi. Vita e carriera criminale di Totò Riina*, Rizzoli, Milán, 1993; Giuseppe Ayala, *Chi ha paura muore ogni giorno. I miei anni con Falcone e Borsellino*, Mondadori, Milán, 2017; Francesco la Licata, *Storia di Giovanni Falcone*, Feltrinelli, Milán, 2012, y Giovanni Bianconi, *L'assedio. Troppi nemici per Giovanni Falcone*, Einaudi, Turín, 2017.

Sobre el detalle de la bandeja de plata, véanse Enrico Bellavia, «Quando Andreotti regalò il vassoio ai Salvo», *La Repubblica*, 20 de febrero de 1999, y Saverio Lodato, *Quarant'anni di mafia. Storia di una guerra infinita*, Rizzoli, Milán, 2012.

Sobre la especulación urbanística que se desató en Palermo entre los años cincuenta y setenta –el llamado «saqueo de Palermo»– gracias a Ciancimino y Lima y sobre la aparición de los primeros «mafiosos empresarios», véase Enrico Deaglio, *Il raccolto rosso 1982-2010. Cronaca di una guerra di mafia e delle sue tristissime conseguenze*, Il Saggiatore, Milán, 2010, y John Dickie, *Mafia Republic. Cosa Nostra, camorra e 'ndrangheta dal 1946 a oggi*, trad. it. de Fabio Galimberti, Laterza, Roma-Bari, 2016 (traducción española: *Historia de la mafia: Cosa Nostra, Camorra y N'dranghetta desde sus orígenes hasta la actualidad*, trad. de Jaime Collyer, Debate, Barcelona, 2015).

36. EL ZAPATO

El artículo de Guido lo Porto citado al comienzo de este capítulo, «Se la lotta alla mafia diventa un grande spettacolo», que se publicó en el *Giornale di Sicilia* el 16 de noviembre de 1986 en la sección de cartas y comentarios, aparece en Giommaria Monti,

Falcone e Borsellino. La calunnia, il tradimento, la tragedia, Editori Riuniti, Roma, 2006.

El episodio del lanzamiento del zapato en pleno juicio y el asesinato del abogado Nino d'Uva se cuentan en el episodio 4 del documental *Maxi. Il grande processo alla mafia* de Graziano Conversano, que puede verse aquí: https://www.raiplay.it/programmi/maxi-ilgrandeprocessoallamafia. Véanse también Antonio Ravidà, «Avvocato ucciso a Messina», *La Stampa*, 7 de mayo de 1986; Nino Amante, «L'assassinio dell'avvocato blocca il processo alla mafia», *La Stampa*, 8 de mayo de 1986; Michele Ruggiero, «L'avvocato stava telefonando alla polizia quando l'hanno ucciso?», *L'Unità*, 8 de mayo de 1986; Nuccio Anselmo, «Una scarpa volò dalle gabbie: ordine di morte per D'Uva», *I Quaderni de L'Ora*, año 1, mayo de 2011, y Rosaria Brancato, «Quando, il 6 maggio 1986, una scarpa lanciata da un boss firmò la morte di Nino D'Uva», *Tempo Stretto*, 6 de mayo de 2016, https://www.tempostretto.it/news/omicidio-penalista-quando-6-maggio-1986-scarpa-lanciata-boss-firm-morte-nino-d-uva.html.

El golpe de Estado lo organizó el neofascista Junio Valerio Borghese con el apoyo de grupos de extrema derecha y de algunos círculos militares. En diciembre de 1970, cuando todo estaba preparado, se dio la contraorden: las razones aún se ignoran. Como dice Saverio Lodato en *La mafia ha vinto. Intervista con Tommaso Buscetta*, Mondadori, Milán, 2007, «está históricamente demostrado que quienes tramaron el golpe de Estado tenían previsto la participación directa de la mafia siciliana». Los vínculos entre el plan golpista y Cosa Nostra salieron a la luz gracias a las confesiones primero de Tommaso Buscetta y luego de Antonino Calderone. Véase también Pino Arlacchi, *Gli uomini del disonore. La mafia siciliana nella vita del grande pentito Antonino Calderone*, Il Saggiatore, Milán, 2010, y Saverio Lodato, *Quarant'anni di mafia. Storia di una guerra infinita*, Rizzoli, Milán, 2012. El texto de la proclama está sacado de Luca Telese, *Cuori neri*, Sperling & Kupfer, Milán, 2015.

La frase «calmar y hacer ver al pueblo siciliano que estábamos de acuerdo, cada cual en su esfera de influencia» es de varios años después y se cita en el alegato de los fiscales Scarpinato y Lo Forte durante el llamado «proceso Andreotti». Buscetta ya había declarado en el mismo sentido en diciembre de 1984.

Para una reconstrucción del golpe de Estado de Borghese, véase Camillo Arcuri, *Colpo di Stato. Storia vera di una inchiesta censurata*, Rizzoli, Milán, 2004.

Sobre el asesinato del pequeño Claudio Domino, ocurrido durante el Maxiproceso, cuando Cosa Nostra dio orden de no matar en la ciudad, se investiga desde hace treinta años. Aún no se ha llegado a ninguna conclusión. Para esta parte del capítulo, he consultado Saverio Lodato, *Quarant'anni di mafia*, cit.; Attilio Bolzoni, *Parole d'onore*, Rizzoli, Milán, 2008, y «La mafia ha ucciso il piccolo Claudio Domino e ha confessato di esistere», *Domani*, 7 de octubre de 2021.

Sobre las últimas novedades del caso, véase Lirio Abbate, *Faccia da mostro*, Rizzoli, Milán, 2021; el artículo de Stefano Baudino en el periódico en línea *Antimafia Duemila* «Il brutale omicidio del piccolo Claudio Domino: 35 anni senza una verità», 7 de octubre de 2021; Francesco Patane, «Palermo, nuove indagini sull'uccisione di Claudio Domino: spunta l'ombra di "Faccia da mostro"», *La Repubblica*, 21 de mayo de 2021, y la intervención de Lirio Abbate en el programa *Atlantide* del canal de televisión La7 que puede verse aquí: https://www.la7.it/atlantide/video/lintervista-a-lirio-abbate-chi-era-faccia-da-mostro-associato-a-tantissimi-omicidi-ha-sparato-al-05-05-2021-379544.

37. QUIERES

La boda de Falcone y Francesca Morvillo, celebrada en mayo de 1986 y oficiada por Leoluca Orlando, se describe en Francesco la Licata, *Storia di Giovanni Falcone*, Feltrinelli, Milán, 2012.

Como le cuenta Maria Falcone a Francesco la Licata, las únicas personas presentes en la ceremonia eran los dos testigos, Antonino Caponetto y Rosangela Maira. Al convite asistió también otra amiga de Francesca cuyo nombre no se cita. Le he puesto el nombre de Cetta en honor de Cetta Brancato, autora de un bello y emocionado librito que también he usado como testimonio de la historia de amor entre Giovanni y Francesca, *Canto per Francesca*, Melampo, Milán, 2017, escrito en el marco de un proyecto patrocinado por la sección palermitana de la Asoaciación Nacional de Magistrados con motivo del veinticinco aniversario del atentado mortal contra Giovanni Falcone.

38. VISTOS LOS ARTÍCULOS DEL CÓDIGO PENAL

Sobre las cifras del Maxiproceso, véanse los textos y el material audiovisual citados en la bibliografía de los capítulos «Maxi», «Todos somos sicilianos» y «Grand Guignol».

La página web de la Fundación Falcone pone a disposición de quienes quieran consultarlo, entre otras cosas, el sumario del caso: https://www.fondazionefalcone.org/Maxiprocesso/, en la sección «Documentos».

La escena del despacho del ala sur de la sala búnker donde los jueces esperan la sentencia es imaginaria, como lo son los diálogos: quería que estuvieran todos juntos, reunidos en un cuarto pequeño –como entre los bastidores de un teatro–, en un momento tan importante para el futuro del país, esperando a ver el resultado de una labor de tantos años.

39. NOCTURNO

En este capítulo he querido recrear un momento de melancólica ternura entre Francesca y Giovanni. El soneto de Shakespeare en el que piensa Francesca viendo a Giovanni dormido es el número 9.

El artículo de Leonardo Sciascia «Los profesionales de la antimafia» que se menciona en este capítulo se publicó en el *Corriere della Sera* el 10 de mayo de 1987. El ataque afectó también a Borsellino y enseguida fue usado contra los jueces del grupo antimafia. Sobre el tema véase también Antonino Caponnetto, *I miei giorni a Palermo. Storie di mafia e di giustizia raccontate a Saverio Lodato*, Garzanti, Milán, 1993; Francesco la Licata, *Storia di Giovanni Falcone*, Feltrinelli, Milán, 2012, y Giommaria Monti, *Falcone e Borsellino. La calunnia, il tradimento, la tragedia*, Editori Riuniti, Roma, 2006.

El diálogo entre Giovanni Falcone y Saverio Lodato se inspira en la lectura del *Rapporto sulla Mafia degli anni '80. Gli atti dell'Ufficio istruzione del Tribunale di Palermo: Giovanni Falcone intervista-racconto*, Lucio Galluzzo, Francesco la Licata y Saverio Lodato, eds., Flaccovio, Palermo, 1986.

Sobre el traslado de Paolo Borsellino a Marsala, véase Umberto Lucentini y Agnese, Lucia, Manfredi y Fiammetta Borsellino, *Paolo Borsellino. Il valore di una vita*, Mondadori, Milán, 1994; Antonino Caponnetto, *I miei giorni a Palermo*, cit., y Giommaria Monti, *Falcone e Borsellino*, cit.

La expresión «desmovilización de la antimafia» la usó Borsellino en la presentación del libro *Mafia e il processo di Agrigento* de Giuseppe Arnone en julio de 1988 y por tanto unos meses antes del momento del relato; pero visto el ambiente que se creó los meses siguientes al fallo del Maxiproceso, resulta plausible que Borsellino pensara ya en el inminente golpe mortal que iba a propinarse al grupo antimafia. Véase Saverio Lodato, *Quarant'anni di mafia. Storia di una guerra infinita*, Rizzoli, Milán, 2012.

La acusación de protagonismo, oportunismo y afán de poder perseguía injustamente a Falcone desde los años ochenta, como se pone de manifiesto en *Rapporto sulla Mafia degli anni '80*, cit.

Las dinámicas internas del Consejo Superior de la Magistratura se describen bien en Giuseppe Ayala y Felice Cavallaro, *La guerra dei giusti. I giudici, la mafia, la politica*, Mondadori, Milán, 1993; Francesco la Licata, *Storia di Giovanni Falcone*, cit.; y Giommaria Monti, *Falcone e Borsellino*, cit.

41. EL CONSEJO APRUEBA

Las intervenciones del pleno del Consejo Superior de la Magistratura en el que se votó el nombramiento del jefe del juzgado de instrucción de Palermo están sacadas del *Resoconto integrale della seduta del CSM del 19 gennaio 1988*.

Sobre la división que se dio en el seno de los grupos presentes en el Consejo Superior de la Magistratura he consultado también Antonino Caponnetto, *I miei giornia Palermo. Storie di mafia e di giustizia raccontate a Saverio Lodato*, Garzanti, Milán, 1993; Francesco la Licata, *Storia di Giovanni Falcone*, Feltrinelli, Milán, 2012, y Giommaria Monti, *Falcone e Borsellino. La calunnia, il tradimento, la tragedia*, Editori Riuniti, Roma, 2006.

Para describir la sala de reuniones del Consejo Superior de la Magistratura del Palacio de los Mariscales me he basado en las fotos del archivo histórico que pueden verse en la página web de dicho órgano: https://www.csm.it/web/csm-internet/aree-tematiche/archivio-storico/foto.

42. TIRO AL BLANCO

La conversación telefónica entre Falcone y D'Ambrosio la cuenta el mismo D'Ambrosio en la entrevista que concedió a Paola Filippi y a Roberto Conti, «Falcone e quella notte al Consiglio Superiore della Magistratura. Vito d'Ambrosio», que puede consultarse en la plataforma *Giustizia insieme*, 9 de julio de 2020, https://www.giustiziainsieme.it/it/le-interviste-di-giustizia-insieme/1210-falcone-equella-tragica-notte-al-consiglio-superiore-della-magistratura-iv-vito-d ambrosio?hitcount=0.

Para escribir este capítulo y sus diálogos me he inspirado en los testimonios de Giuseppe Ayala con Felice Cavallaro en *La guerra dei giusti. I giudici, la mafia, la politica*, Mondadori, Milán, 1993, y en *Chi ha paura muore ogni giorno. I miei anni con Falcone e Borsellino*, Mondadori, Milán, 2017; de Antonino Caponnetto en *I miei giorni a Palermo. Storie di mafia e di giustizia raccontate a Saverio Lodato*, Garzanti, Milán, 1993; de Francesco la Licata en *Storia di Giovanni Falcone*, Feltrinelli, Milán, 2012, y de Maria Falcone, en *Giovanni Falcone. Un eroe solo* (entrevista con F. Barra), Rizzoli, Milán, 2013.

Las anécdotas del telegrama del traslado de Caponnetto, del papel en el que Giovanni anotaba los votos favorables y contrarios antes del pleno del Consejo Superior de la Magistratura y de la bandeja de plata están tomadas de Antonino Caponnetto, *I miei giorni a Palermo*, cit.

Vincenzo Geraci explicó las razones de su voto al periodista Alberto Spampinato en «Perché ho votato contro Falcone», *L'Ora*, 29 de enero de 1988. Véase también Luca Rossi, *I disarmati. Falcone, Cassarà e gli altri*, Mondadori, Milán, 1992.

Sobre el periodista que escribía los artículos directamente en el despacho de Geraci y las intrigas en el seno del órgano supremo de los jueces para que votaran a Meli, véase Giuseppe Ayala con Felice Cavallaro, *La guerra dei giusti*, cit.

La mesa de pimpón estaba en realidad en el chalé de Giuseppe Ayala en Mondello. He querido imaginarlos a todos juntos en un momento de juego y camaradería, como ocurría a menudo, y que el teatro de esta unión fraterna fuera la casa de Giovanni y Francesca.

La frase de Giovanni Borrè: «Si nombramos a Falcone en Palermo, dentro de diez años lo tenemos de presidente del Tribunal Supremo» se cita en Antonino Caponnetto, *I miei giorni a Palermo*, cit.

Sobre Antonino Meli, que durante una sesión del Consejo

Superior de la Magistratura dijo que no quería saber nada del «método Falcone», véase el artículo de Gian Carlo Caselli en el periódico en línea *Antimafia Duemila* «Quando Falcone iniziò a morire», 20 de noviembre de 2014, https://www.antimafiaduemila.com/home/opinioni/234-attualita/52455-quando-falcone-inizio-a-morire.html.

A Falcone y a Ayala, que aún abrigaban la esperanza de que no desmantelaran el grupo antimafia, una desencantada Francesca Morvillo les dijo de verdad que eran unos «visionarios», como cuenta Giuseppe Ayala en *Chi ha paura muore ogni giorno*, cit.

44. CALDERONE

Sobre el caso de los «cuatro jinetes del cemento», he consultado Giovanni Falcone y Marcelle Padovani, *Cose di Cosa Nostra*, Rizzoli, Milán, 1991 (traducción española: *Cosas de la Cosa Nostra*, trad. de Miquel Izquierdo, Barataria, Barcelona, 2006); Enrico Deaglio, *Il raccolto rosso 1982-2010. Cronaca di una guerra di mafia e delle sue tristissime conseguenze*, Il Saggiatore, Milán, 2010; Saverio Lodato, *Quarant'anni di mafia. Storia di una guerra infinita*, Rizzoli, Milán, 2012; Angiolo Pellegrini y Francesco Condoluci, *Noi, gli uomini di Falcone. La guerra che ci impedirono di vincere*, Sperling & Kupfer, Milán, 2015. En abril de 1991, el juez instructor de Catania Luigi Russo, que debía juzgar a los constructores Pasquale y Carmelo Costanzo y Gaetano Graci, «declaró que el hecho no constituía delito, pues los empresarios actuaron obligados por la necesidad». Véase Attilio Bolzoni, «Assolti i "cavalieri dell'Apocalisse"», *La Repubblica*, 5 de abril de 1991, y Enrico Deaglio, *Il raccolto rosso*, cit.

La cita de Giuseppe Fava está tomada del artículo «I quattro cavalieri dell'apocalisse mafiosa», publicado en *I Siciliani*, enero de 1983. Sobre el asesinato y la vida de Pippo Fava, remito a *La mafia comanda a Catania. 1960-1991*, Laterza, Roma-Bari, 1991, y a Massimo Gamba, *Pippo Fava. Un antieroe contro la mafia*, Sperling & Kupfer, Milán, 2018. Quien quiera conocer al extraordinario Pippo

Fava novelista, puede leer *Prima che vi uccidano*, Bompiani, Milán, 2013, cuyo prólogo escribí yo.

El diálogo entre Giovanni Falcone y Antonino Meli lo he reconstruido basándome en las fuentes consultadas, que coinciden en considerar tensa y difícil la relación entre ambos. Sobre el choque entre Falcone y Meli a propósito de los Costanzo, véase Francesco Vitale, «L'accusa di Meli alla Procura: "Dovevate incriminare i Costanzo"», *L'Unità*, 8 de noviembre de 1988; Antonino Caponnetto, *I miei giorni a Palermo. Storie di mafia e di giustizia raccontate a Saverio Lodato*, Garzanti, Milán, 1993; Giuseppe Ayala, con Felice Cavallaro, *La guerra dei giusti. I giudici, la mafia, la politica*, Mondadori, Milán, 1993; Francesco la Licata, *Storia di Giovanni Falcone*, Feltrinelli, Milán, 2012, y Giuseppe Ayala, *Chi ha paura muore ogni giorno. I miei anni con Falcone e Borsellino*, Mondadori, Milán, 2017.

La carta de Antonino Meli a Falcone citada al final del capítulo está sacada de Francesco la Licata, *Storia di Giovanni Falcone*, cit.

Sobre las declaraciones de Antonino Calderone, véase Attilio Bolzoni, «Cantieri dalla Sicilia al Venezuela, un impero fondato sul sospetto», *La Repubblica*, 11 de abril de 1990, y Pino Arlacchi, *Gli uomini del disonore. La mafia siciliana nella vita del grande pentito Antonino Calderone*, Il Saggiatore, Milán, 2010.

Sobre la detención de los periodistas Attilio Bolzoni y Saverio Lodato, al final puestos en libertad, por «apropiación indebida», véase Giuseppe Ayala y Felice Cavallaro, *La guerra dei giusti*, cit.; Saverio Lodato, *Quarant'anni di mafia*, cit., y Giuseppe Ayala, *Chi ha paura muore ogni giorno*, cit.

45. SÍSIFO

Este capítulo, en el que cuento que Giuseppe di Lello, Leonardo Guarnotta y Giacomo Conte abandonaron el grupo antimafia, lo he escrito basándome en Giuseppe Ayala con Felice Cavallaro, *La guerra dei giusti. I giudici, la mafia, la politica*, Mondadori, Milán,

1993, y en Giuseppe Ayala, *Chi ha paura muore ogni giorno. I miei anni con Falcone e Borsellino*, Mondadori, Milán, 2017.

Sobre el «blitz de las Madonie», sobre el pariente político de Antonino Meli detenido por mafioso y sobre la historia del matrimonio reparador, véase Attilio Bolzoni, «Palermo, l'ultima sfida è il blitz delle Madonie», *La Repubblica*, 14 de septiembre de 1988; Umberto Rosso, «Meli vuole incontrarsi con Falcone e il pool: "Parliamone tra noi"», *La Repubblica*, 26 de noviembre de 1988; «Politici nella lista nera», *La Repubblica*, 30 de marzo de 1988, y Giommaria Monti, *Falcone e Borsellino. La calunnia, il tradimento, la tragedia*, Editori Riuniti, Roma, 2006.

46. DESMANTELAMIENTO

Sobre las circunstancias y el estado de ánimo en los que Paolo Borsellino hizo sus declaraciones a Attilio Bolzoni y a Saverio Lodato, y el terremoto que siguió, véase Umberto Lucentini, con Agnese, Lucia, Manfredi y Fiammetta Borsellino, *Paolo Borsellino. Il valore di una vita*, Mondadori, Milán, 1994, y Saverio Lodato, *Quarant'anni di mafia. Storia di una guerra infinita*, Rizzoli, Milán, 2012. Las dos entrevistas salieron al mismo tiempo el 20 de julio de 1988, en *La Repubblica* y en *L'Unità*: Attilio Bolzoni, «"Lo Stato si è arreso. Del pool antimafia sono rimaste macerie"», *La Repubblica*, 20 de julio de 1988, y Saverio Lodato, «"Vogliono smantellare il pool antimafia"», *L'Unità*, 20 de julio de 1988.

El diálogo ha sido construido a partir del texto de la entrevista de Attilio Bolzoni.

47. FENÓMENO

El artículo de Marco Ventura que se menciona al principio del capítulo es «Così Falcone è diventato un simbolo», publicado en *Il Giornale* el 31 de julio de 1988.

Para los diálogos entre Giovanni y Francesca me he inspirado en los libros de Francesco la Licata, *Storia di Giovanni Falcone*, Feltrinelli, Milán, 2012; Maria y Anna Falcone con Leone Zingales, *Giovanni Falcone, un uomo normale*, Aliberti, Reggio Emilia, 2007, y Maria Falcone, *Giovanni Falcone. Un eroe solo* (entrevista con F. Barra), Rizzoli, Milán, 2013. Otro testimonio sobre el amor que los unía es el de Cetta Brancato, *Canto per Francesca*, Melampo, Milán, 2017.

Giovanni Falcone escribió su carta de renuncia el 30 de julio de 1988 estando en Palermo; al día siguiente varios telediarios se hicieron eco de ella. Para dramatizar el momento, he querido que sea el mismo Falcone el que la lea ante el Consejo Superior de la Magistratura. Lo mismo vale para la introducción del presidente Cesare Mirabelle, que he elaborado basándome en las crónicas de la época.

Sobre el texto de la carta, véase Giommaria Monti, *Falcone e Borsellino. La calunnia, il tradimento, la tragedia*, Editori Riuniti, Roma, 2006, y Maria Falcone, *Giovanni Falcone*, cit.

48. RECONCILIACIÓN

A esta reconciliación entre Falcone y Meli que propició el presidente del tribunal de apelación se refiere Giuseppe Ayala con el término dialectal *paciata*, en *La guerra dei giusti. I giudici, la mafia, la politica*, Mondadori, Milán, 1993.

El texto de la relación del inspector jefe del Ministerio de Gracia y Justicia Vincenzo Rovello está tomado de Giommaria Monti, *Falcone e Borsellino. La calunnia, il tradimento, la tragedia*, Editori Riuniti, Roma, 2006.

Sobre el deseo de Giovanni de trasladarse a Roma y su intención de optar al cargo de alto comisario antimafia, véase Francesco la Licata, *Storia di Giovanni Falcone*, Feltrinelli, Milán, 2002; Giuseppe Ayala, *Chi ha paura muore ogni giorno. I miei anni con Falcone e Borsellino*, Mondadori, Milán, 2017, y Maria Falcone, *Giovanni Falcone. Un eroe solo* (entrevista con F. Barra), Rizzoli, Milán, 2013.

Sobre la captura de Tano Badalamenti y su posible colaboración con la justicia, véase Giuseppe Ayala con Felice Cavallaro, *La guerra dei giusti*, cit. La noticia de que Badalamenti estaba arrepintiéndose trascendió en mayo de 1989. Aquí, a efectos narrativos, he preferido que las negociaciones duraran ya un tiempo.

49. PERDEDORES

El capítulo concentra en un par de escenas los meses que van de la toma de posesión de Domenico Sica como alto comisario antimafia y la filtración de información que, según Giuseppe Ayala, hizo que Gaetano Badalamenti cambiara de idea y no colaborara con la justicia.

El nombramiento de Sica como alto comisario antimafia se cuenta en Rita di Giovacchino, *Il libro nero della Prima Repubblica*, Fazi, Roma, 2005, y en Giuseppe Ayala con Felice Cavallaro, *La guerra dei giusti. I giudici, la mafia, la politica*, Mondadori, Milán, 1993. Sobre la rueda de prensa que dio Sica tras tomar posesión del cargo, veáse Saverio Lodato, *Quarant'anni di mafia. Storia di una guerra infinita*, Rizzoli, Milán, 2012, y de los detalles que figuran en su artículo «Sica all'esordio: "La mafia? Son qui per capire che cos'è"», *L'Unità*, 14 de agosto de 1988.

El diálogo entre Ayala y Falcone está inspirado en lo que cuenta de aquellos meses Giuseppe Ayala en *Chi ha paura muore ogni giorno. I miei anni con Falcone e Borsellino*, Mondadori, Milán, 2017.

La historia de cómo Sica abortó la colaboración de Gaetano Badalamenti la cuenta Giuseppe Ayala con Felice Cavallaro en *La guerra dei giusti*, cit. Las indiscreciones sobre Badalamenti cuando este estaba a punto de colaborar con la justicia son de mayo de 1989, como se lee en Sandra Bonsanti, «Badalamenti vuota il sacco?», *La Repubblica*, 9 de mayo de 1989. En el capítulo, como ya digo, supongo que se negociaba hacía meses. Sobre el particular, véase también Luca Tescaroli, *Obiettivo Falcone. Dall'Addaura a Capaci.*

Misteri e storia di un delitto annunciato, Rubbettino, Soveria Mannelli, 2011.

Sobre el interrogatorio al ministro del Interior Antonio Gava por parte del juez Alemi, remito a un artículo de Giuseppe Francaviglia en el periódico en línea *The Vision*, «Quando lo Stato trattava con i terroristi chiedendo aiuto alla camorra», 22 de enero de 2019, y a otro de Andrea di Consoli, «Quando la DC decise di trattare con le BR per liberare Ciro Cirillo», *Il Sole 24 Ore*, 18 de enero de 2019. Véase también John Dickie, *Mafia Republic. Cosa Nostra, camorra e 'ndrangheta dal 1946 a oggi*, trad. it. de Fabio Galimberti, Laterza, Roma-Bari, 2016 (traducción española: *Historia de la mafia: Cosa Nostra, Camorra y N'dranghetta desde sus orígenes hasta la actualidad*, trad. de Jaime Collyer, Debate, Barcelona, 2015). Sobre las declaraciones de Sica, véase Saverio Lodato, *Quarant'anni di mafia*, cit.

Acerca de los sucesos que menciono de pasada (el secuestro del pequeño Marco Fiora, la sentencia del atentado de Bolonia, la primera feria del libro de Turín), véase «Libero dopo 520 giorni di catene», *Corriere della Sera*, 3 de agosto de 1988; Cinzia Venturoli, *Storia di una bomba. Bologna, 2 agosto 1980: la strage, i processi, la memoria*, Roma, Castelvecchi, 2020, Leonardo Grassi, *La strage alla stazione: in quaranta brevi capitoli*, CLUEB, Bolonia, 2020, y Roberto Moisio, *Un romanzo di carta. Storia del Salone del libro di Torino*, Marsilio, Venezia, 2014. Massimiliano Fachini y Sergio Picciafuoco, condenados a cadena perpetua en primera instancia, fueron absueltos unos años después.

50. EL CUERVO

Para redactar este capítulo he partido de Francesco Vitale, «È tornato dall'America per vendicare i suoi», *L'Unità*, 27 de mayo de 1989, y Attilio Bolzoni, «Superpentito con la licenza di uccidere», 28 de mayo de 1989; véase también Saverio Lodato, *Quarant'anni di mafia. Storia di una guerra infinita*, Rizzoli, Milán, 2012.

Sobre la historia de las cartas anónimas escritas por el llamado

Cuervo he consultado Francesco la Licata, *Storia di Giovanni Falcone*, Feltrinelli, Milán, 2012; Saverio Lodato, *Quarant'anni di mafia*, cit., y Riccardo Rosa y Matteo Zilocchi, *Il corvo di Palermo*, Glifo, Palermo, 2021. El texto de la carta citada está tomado de Giommaria Monti, *Falcone e Borsellino. La calunnia, il tradimento, la tragedia*, Editori Riuniti, Roma, 2006.

51. SIEMPRE PIENSO EN TI

Tuve la inspiración de redactar este capítulo después de ver el precioso y conmovedor documental de Davide Lorenzano *L'abbraccio* (2020). Muchos de los detalles que he utilizado para reconstruir la escena están tomados de ahí.

El asesinato de Antonino Saetta y de su hijo Stefano se cuenta en Lillo Granata, «Agguato a mezzanotte», *L'Ora*, 26 de septiembre de 1988; Saverio Lodato, «Torna il mitra contro i giudici», *L'Unità*, 27 de septiembre de 1988; «Mafia scatenata, ucciso un giudice», *Corriere della Sera*, 27 de septiembre de 1988, y Giampaolo Pansa, «Due delitti annunciati», *La Repubblica*, 27 de septiembre de 1988. Para la biografía del magistrado, remito también a Carmelo Sciascia Cannizzaro, *Antonino Saetta. Il primo magistrato giudicante assassinato dalla mafia*, Paoline, Milán, 2008.

52. EL BOLSO AZUL

El fallido atentado de Addaura, verdadero punto de inflexión en la vida de Giovanni, coincide con el periodo más sombrío de su existencia. Para contarlo he consultado Luca Tescaroli, *I misteri dell'Addaura.... ma fu solo Cosa Nostra?*, Rubbettino, Soveria Mannelli, 2001; *Perché fu ucciso Giovanni Falcone*, Rubbettino, Soveria Mannelli, 2001; Francesco la Licata, *Storia di Giovanni Falcone*, Feltrinelli, Milán, 2012; Giuseppe Ayala, *Chi ha paura muore ogni giorno. I miei anni con Falcone e Borsellino*, Mondadori, Milán, 2017; Attilio Bolzoni, *Parole d'onore*, Rizzoli, Milán, 2008; Luca Tescaroli, *Obiettivo Falcone. Dall'Addaura a Capaci. Misteri e storia di un delitto annunciato*, Rubbettino, Soveria Mannelli, 2011; John Follain, *I 57 giorni che hanno sconvolto l'Italia. Perché Falcone e Borsellino dovevano morire?*, trad. it. de Lucilla Luni, Newton Compton, Roma, 2012; Giuseppe Ayala, *Troppe coincidenze. Mafia, politica, apparati deviati, giustizia: relazioni pericolose e occasioni perdute*, Mondadori, Milán, 2012; Claudio Martelli, *Ricordati di vivere*, Bompiani, Milán, 2013, y Giovanni Bianconi, *L'assedio. Troppi nemici per Giovanni Falcone*, Einaudi, Turín, 2017.

Véanse también los atestados de lo ocurrido en Addaura que están disponible en los siguientes enlaces: https://www.csm.it/web/csm-internet/aree-tematiche/giurisdizione-e-societa/mafie?show=-true&title=Cosa%20Nostra&show_bcrumb=Cosa%20Nostra y https://www.archivioantimafia.org/atti_falcone.php.

Andrea Purgatori reconstruye la historia con Saverio Lodato en el episodio de *Atlantide* disponible en https://www.la7.it/atlantide/video/il-fallito-attentato-delladdaura-a-giovanni-falcone-nella-ricostruzione-di-andrea-purgatori-con-05-05-2021-379546.

Sobre las primeras impresiones de Falcone después de lo de Addaura, remito a las entrevistas de Paolo Graldi, «Falcone racconta l'attentato», *Corriere della Sera*, 23 de junio de 1989, y de Saverio Lodato, «Nella villa sul mare di Falcone», *L'Unità*, 10 de julio de 1989.

El episodio de Liliana Ferraro y la «limpieza» del despacho está sacado de Giovanni Bianconi, *L'assedio*, cit.

Tras el fallido atentado de Addaura, Giovanni Falcone se planteó seriamente separarse de Francesca Morvillo para protegerla. La frase que le dice a su hermana Maria («Soy hombre muerto») expresa toda la inquietud de aquellos días. Véase Francesco la Licata, *Storia di Giovanni Falcone*, cit., y Maria Falcone, *Giovanni Falcone. Un eroe solo* (entrevista con F. Barra), Rizzoli, Milán, 2013.

Sobre la felicitación de Andreotti por haberse librado del peligro, véase el testimonio de Mario Almerighi en Francesco la Licata, *Storia di Giovanni Falcone*, cit., y el de Maria Falcone en *Giovanni Falcone*, cit.

Las citas de Giuseppe Tomasi di Lampedusa que abren el capítulo están tomadas de *El gatopardo* (traducción española de Ricardo Pochtar, Anagrama, Barcelona, 2019).

53. EL MATACRISTIANOS

Cuento el fallido atentado de Addaura desde el punto de vista de Riina y demás mafiosos basándome en las reconstrucciones de Luca Tescaroli, *I misteri dell'Addaura. ...ma fu solo Cosa Nostra?*, Rubbettino, Soveria Mannelli, 2001, y *Perché fu ucciso Giovanni Falcone*, Rubbettino, Soveria Mannelli, 2001; de Giuseppe Ayala, *Troppe coincidenze. Mafia, politica, apparati deviati, giustizia: relazioni pericolose e occasioni perdute*, Mondadori, Milán, 2012; de John Follain, *I 57 giorni che hanno sconvolto l'Italia. Perché Falcone e Borsellino dovevano morire?*, trad. it. de Lucilla Luni, Newton Compton, Roma, 2012; de John Dickie, *Mafia Republic. Cosa Nostra, camorra e 'ndrangheta dal 1946 a oggi*, trad. it. de Fabio Galimberti, Laterza, Roma-Bari, 2016 (traducción española: *Historia de la mafia: Cosa Nostra, Camorra y N'dranghetta desde sus orígenes hasta la actualidad*, trad. de Jaime Collyer, Debate, Barcelona, 2015), y de Giovanni Bianconi, *L'assedio. Troppi nemici per Giovanni Falcone*, Einaudi, Turín, 2017. Véanse también las actas procesales del atentado de Addaura disponibles en la página web del Consejo Superior de la Magistratura y en https://www.archivioantimafia.org, en los enlaces, respectivamente, https://www.csm.it/web/csm-internet/aree-tematiche/giurisdizione-e-societa/mafie?show=true&title=Cosa%20Nostra&show_bcrumb=Cosa%20Nostra y https://www.archivioantimafia.org/atti_falcone.php.

Sobre los extraños movimientos que se registraron en torno a los arrecifes el día anterior al atentado y sobre la información aparecida estos últimos años, véase Attilio Bolzoni, «Addaura, nuova verità sull'attentato a Falcone», *La Repubblica*, 7 de mayo de 2010, y «Fra topi, muffa ed escrementi le carte di Capaci e via D'Amelio», *La Repubblica*, 15 de mayo de 2010, y Luca Tescaroli, *Obiettivo*

Falcone. Dall'Addaura a Capaci. Misteri e storia di un delitto annunciato, Rubbettino, Soveria Mannelli, 2011, Giuseppe Ayala, *Troppe coincidenze*, cit.

54. EL HOMBRE DE LA PIPA

Para la conversación entre Mario Almerighi y Giovanni Falcone me he inspirado en el testimonio de Almerighi en Francesco la Licata, *Storia di Giovanni Falcone*, Feltrinelli, Milán, 2002. Está documentado que Falcone adoraba a Valeria, la hija pequeña de Almerighi. Los detalles del oso de peluche y de las frases cariñosas me los he inventado, pero lo he hecho convencido de no ser injusto con ellos, y con la idea de transmitir al lector la ternura de Falcone y la simpatía que la pequeña Valeria sentía por él.

Sobre las circunstancias que llevaron a la escisión de Unidad por la Constitución y al nacimiento del Movimiento por la Justicia, véase Giovanni Bianconi, *L'assedio. Troppi nemici per Giovanni Falcone*, Einaudi, Turín, 2017.

Las diferencias entre Falcone y el fiscal Giammanco están documentadas en Giuseppe Ayala con Felice Cavallaro, *La guerra dei giusti. I giudici, la mafia, la politica*, Mondadori, Milán, 1993; Francesco la Licata, *Storia di Giovanni Falcone*, cit.; Giuseppe Ayala, *Chi ha paura muore ogni giorno. I miei anni con Falcone e Borsellino*, Mondadori, Milán, 2017, y Giovanni Bianconi, *L'assedio*, cit.

Sobre la toma de posesión de Pietro Giammanco como fiscal jefe de Palermo, remito a Attilio Bolzoni, «Palermo, Falcone dà il benvenuto al nuovo procuratore Giammanco», *La Repubblica*, 20 de junio de 1990.

55. BATTAGLIA

Que en el verano de 1990 hubiera en Palermo una muestra de Letizia Battaglia es una conjetura mía, pero la justifica el hecho de que llevaba veinte años fotografiando Sicilia. En esta novela no podía yo dejar de homenajear el espíritu ético, político y cívico con el que Battaglia se dedicó siempre a su arte. Para quien quiera conocer mejor el trabajo mencionado en este capítulo y otros, remito a Giovanni Calvenzi, *Letizia Battaglia. Sulle ferite dei suoi sogni*, Bruno Mondadori, Milán, 2010; *Letizia Battaglia. Fotografia come scelta di vita*, Francesca Alfano Miglietti, ed., Marsilio, Venecia, 2019, y Letizia Battaglia y Sabrina Pisu, *Mi prendo il mondo ovunque sia. Una vita da fotografa tra passione civile e bellezza*, Einaudi, Turín, 2020.

La anécdota sobre Battaglia y Boris Giuliano está sacada de Michela Tamburrino, «Sangue e gioia nelle foto di Letizia Battaglia», *La Stampa*, 23 de noviembre de 2011.

La alusión a la amistad entre Mario d'Acquisto, hombre cercano al entonces eurodiputado Lima, y Piero Giammanco está en Francesco la Licata, *Storia di Giovanni Falcone*, Feltrinelli, Milán, 2012. Véanse también Felice Cavallaro, *Sciascia l'eretico. Storia e profezie di un siciliano scomodo*, Solferino, Milán, 2019, y Antonino Caponnetto, *I miei giorni a Palermo. Storie di mafia e di giustizia raccontate a Saverio Lodato*, Garzanti, Milán, 1993.

La presencia de Giulio Andreotti y Nino Salvo en el hotel Zagarella durante un acto electoral en 1979 está inmortalizada en la famosa foto levemente desenfocada de Letizia Battaglia, que se publicó con el artículo de Antonio Calabrò «"Io in pensione? Nel Duemila ci saro ancora…"», *L'Ora*, 8 de junio de 1979. En el curso del «proceso Andreotti», el expresidente del gobierno negó siempre que tuviera amistad con los Salvo. Véase también Attilio Bolzoni, «"Il senatore cenò con Nino Salvo"», *La Repubblica*, 16 de diciembre de 1993.

El fallido nombramiento de Falcone se cuenta en Francesco la Licata, *Storia di Giovanni Falcone*, cit. Véanse también «Il CSM ora va a più sinistra», *L'Ora*, 3 de julio de 1990, y Francesco Vitale, «Il giorno dopo la sconfitta. Falcone: "Pago sempre io"», *L'Ora*, 3 de julio de 1990.

Para la escena del encuentro en Addaura, los detalles de la pistola y del licor de pera, parto del testimonio de Francesco la Licata en *Storia di Giovanni Falcone*, Feltrinelli, Milán, 2012. La visita a Addaura se produjo algún tiempo después del fallido atentado, mientras que La Licata se pasó a la *Stampa* en la segunda mitad de los años ochenta. He situado los episodios unos meses después por exigencias narrativas.

Sobre la posibilidad de que los asesinos de Piersanti Mattarella fueran terroristas de extrema derecha, he consultado Giovanni Bianconi, *L'assedio. Troppi nemici per Giovanni Falcone*, Einaudi, Turín, 2017, y Giuseppe lo Bianco y Sandra Rizza, *Ombre nere. Il delitto Mattarella tra mafia, neofascisti e P2*, Rizzoli, Milán, 2018. Véase también Lirio Abbate y Paolo Biondani, «Piersanti Mattarella e Mario Amato uccisi dalla stessa pistola. "Due delitti fascio-mafiosi"», *L'Espresso*, 23 de diciembre de 2019.

Sobre el caso de Giuseppe Pellegriti, véase Attilio Bolzoni, «Un grande imbroglio nato dietro le sbarre», *La Repubblica*, 6 de octubre de 1989, y «Ecco la confessione di Pellegriti», *La Repubblica*, 13 de octubre de 1989; Giuseppe Ayala con Felice Cavallaro, *La guerra dei giusti. I giudici, la mafia, la politica*, Mondadori, Milán, 1993; Francesco la Licata, *Storia di Giovanni Falcone*, cit., y Giuseppe Ayala, *Chi ha paura muore ogni giorno. I miei anni con Falcone e Borsellino*, Mondadori, Milán, 2017.

Sobre la aparición de Leoluca Orlando en el episodio de *Samarcanda* del 17 de mayo de 1990, he seguido a Francesco la Licata, *Storia di Giovanni Falcone*, cit., y Maria Falcone, *Giovanni Falcone. Un eroe solo* (entrevista con F. Barra), Rizzoli, Milán, 2013. Sobre la transcripción del texto, véase Giommaria Monti, *Falcone e Borsellino. La calunnia, il tradimento, la tragedia*, Editori Riuniti, Roma, 2006.

57. DUOMO CONNECTION

Para escribir este capítulo ambientado en Milán he partido de Ilda Boccassini, *La stanza numero 30. Cronache di una vita*, Feltrinelli, Milán, 2021; Piero Colaprico, Luca Fazzo y Riccardo Mannelli, *Duomo connection. Indagine sulla fine della capitale morale*, Sisifo, Siena, 1991, y Mario Portanova, Giampiero Rossi y Franco Stefanoni, *Mafia a Milano. Sessant'anni di affari e delitti*, Editori Riuniti, Roma, 1996.

El viaje a Argentina de Ilda Boccassini y Giovanni Falcone fue en junio de 1991. Por exigencias narrativas y para no romper el carácter lineal del relato, he imaginado que se produjo en el verano del 90, antes de la sentencia del Maxiproceso.

58. EN SEGUNDA INSTANCIA

Este *j'accuse* de Antonino Caponnetto está extraído de su libro *I miei giorni a Palermo. Storie di mafia e di giustizia raccontate a Saverio Lodato*, Garzanti, Milán, 1993.

En la sección «Documentos» de la página web de la Fundación Falcone están disponibles los documentos principales del Maxiproceso, entre ellos la sentencia del tribunal de apelación. Véase https://www.fondazionefalcone.org/Maxiprocesso/.

Sobre la sentencia en segunda instancia del Maxiproceso, remito a Alfonso Giordano, *Il Maxiprocesso venticinque anni dopo. Memoriale del Presidente*, Bonanno, Acireale, 2011.

Sobre la reacción de Falcone a la sentencia y a las declaraciones de Vincenzo Palmegiano, véase Attilio Bolzoni, «"Io non lotto, faccio solo sentenze"», *La Repubblica*, 12 de diciembre de 1990.

59. PERO ¿QUÉ MAFIA?

Sobre la sentencia de excarcelación dictada por la sala primera del tribunal de apelación presidido por Corrado Carnevale en febrero de 1991 y sobre el decreto ley que Claudio Martelli preparó en respuesta a ella, véanse Giovanni Bianconi, *L'assedio. Troppi nemici per Giovanni Falcone*, Einaudi, Turín, 2017; Attilio Bolzoni y Giuseppe d'Avanzo, *La giustizia è Cosa nostra. Il caso Carnevale tra delitti e impunità*, Mondadori, Milán, 1995; Corrado Carnevale y Andrea Monda, *Un giudice solo. Una vicenda esemplare*, Marsilio, Venecia, 2006, y Claudio Martelli, *Ricordati di vivere*, Bompiani, Milán, 2013.

Entre la excarcelación, el decreto ley del gobierno que anuló la sentencia del Tribunal Supremo y el regreso a la cárcel de los excarcelados pasaron unas tres semanas. La comparecencia en comisaría, pues, no tuvo lugar el mismo día de la entrevista que Michele Greco concedió al periodista Lino Jannuzzi. Aquí he acortado el tiempo para que la narración sea más lineal. Sobre este episodio, véase Giovanni Bianconi, *L'assedio*, cit.; Giuseppe lo Bianco, «Il "maxi" in fumo. Tutti liberi i boss», *L'Ora*, 12 de febrero de 1991; Attilio Bolzoni, «Escono dal carcere i mafiosi "graziati"», *La Repubblica,* 19 de febrero de 1991; Umberto Rosso, «Il "Papa" sotto scorta», *La Repubblica*, 28 de febrero de 1991, y «"Io, Michele Greco un sequestrato come Cesare Casella"», *La Repubblica*, 1 de marzo de 1991.

Las preguntas que Lino Jannuzzi le hace a Michele Greco las recreo a partir de las fuentes disponibles.

Parte de las declaraciones que Michele Greco le hace al periodista son en realidad frases que dijo la primera vez que lo detuvieron y durante el Maxiproceso, como puede leerse en Saverio Lodato, *Quarant'anni di mafia. Storia di una guerra infinita*, Rizzoli, Milán, 2012.

Sobre los mafiosos que quedaban a «comer» y a «hablar» en la finca de la Favarella, véase Attilio Bolzoni, *Parole d'onore*, Rizzoli, Milán, 2008.

El proceso que condujo al decreto de urgencia del ministro Martelli se describe detalladamente en Giovanni Bianconi, *L'assedio*, cit. Véase también Silvana Mazzocchi, «Troppo pericolosi per tornare liberi", *La Repubblica*, 26 de febrero de 1991.

Sobre el traslado de Giovanni Falcone a Roma, Giovanni Bianconi escribe en *L'assedio*, cit.: «La decisión de trasladarse al ministerio la tomó en medio del escándalo que provocó la puesta en libertad de los mafiosos y al descubrir que en la lista de los imputados que iban a ser excarcelados figuraba un tal Giuseppe Lucchese y dos capos más cuya prisión preventiva no había prescrito». Véanse también las declaraciones que aquellos días le hizo Falcone a Attilio Bolzoni: «Falcone: "Non me ne vado per paura"», *La Repubblica*, 1 de marzo de 1991.

60. EJERCICIOS DE NORMALIDAD

Para contar las primeras semanas de Falcone en Roma, la amistad con Liliana Ferraro, el desacuerdo entre Falcone y Borsellino a propósito de la Superfiscalía, he partido de Giovanni Bianconi, *L'assedio. Troppi nemici per Giovanni Falcone*, Einaudi, Turín, 2017.

La frase de Falcone sobre la posibilidad de acabar ocupándose de enganches de luz ilegales está tomada de la entrevista que le hizo Marcelle Padovani en *Cose di Cosa Nostra*, Rizzoli, Milán, 1991, (traducción española: *Cosas de la Cosa Nostra*, trad. de Miquel Izquierdo, Barataria, Barcelona, 2006).

Las funciones del fiscal nacional antimafia, llamado superfiscal, que Falcone le lee a Borsellino están sacadas del texto del decreto ley que luego se convirtió en ley el 20 de noviembre de 1991 y puede consultarse aquí: https://www.senato.it/service/pdf/pdfServer/df/269154.pdf.

61. CENICIENTA

El episodio con el que arranca el capítulo –los disparos de arma de fuego efectuados contra los escoltas que vigilaban el chalé de la avenida Appia en el que vivía Martelli– se cita en Claudio Martelli, *Ricordati di vivere*, Bompiani, Milán, 2013, y Giovanni Bianconi, *L'assedio. Troppi nemici per Giovanni Falcone*, Einaudi, Turín, 2017.

Para contar la vida romana de Falcone con Sinisi y la dinámica interna de los despachos del Ministerio de Gracia y Justicia, he consultado Francesco la Licata, *Storia di Giovanni Falcone*, Feltrinelli, Milán, 2012, y Giovanni Bianconi, *L'assedio*, cit.

Sobre las invectivas de Corrado Carnevale contra Falcone, remito a Attilio Bolzoni, «"Falcone? Un cretino"», *La Repubblica*, 21 de enero de 1995; a Attilio Bolzoni y Giuseppe d'Avanzo, *La giustizia è Cosa nostra. Il caso Carnevale tra delitti e impunità*, Mondadori, Milán, 1995; a Corrado Carnevale y Andrea Monda, *Un giudice solo. Una vicenda esemplare*, Marsilio, Venecia, 2006, y a Attilio Bolzoni, «La toga ammazzaprocessi che non credeva alla Cupola», *La Repubblica*, 31 de octubre de 2002.

Sobre el turno rotatorio entre las diversas salas del Tribunal Supremo y la propuesta de Carnevale de poner a Pasquale Vincenzo Molinari al frente del tribunal del recurso de casación del Maxiproceso de Palermo, remito a Attilio Bolzoni y Giuseppe d'Avanzo, *La giustizia è Cosa nostra*, cit., y a Giovanni Bianconi, *L'assedio*, cit. Carnevale anunció que Molinari presidiría dicho tribunal en el curso de una reunión de la sala primera de lo penal convocada por Antonio Bracaccio sin consultarlo previamente. Solo después tuvieron un encuentro privado en el que trataron la cuestión.

62. NO LO DIGAS

Sobre la carta de los sesenta y tres magistrados contra la creación de la Superfiscalía, las críticas de Bertoni, de Caliendo, de Cicala y de Paciotto, y el consiguiente malestar de Falcone, véase «Martelli accusa la Barreca: "Adesso ho la prova..."», *La Repubblica*, 30 de octubre de 1991; Franco Coppola, «I magistrati tentano di silurare la Superprocura», *La Repubblica*, 29 de octubre de 1991; Francesco la Licata, *Storia di Giovanni Falcone*, Feltrinelli, Milán, 2012, y Giovanni Bianconi, *L'assedio. Troppi nemici per Giovanni Falcone*, Einaudi, Turín, 2017.

63. EN DIRECTO

El capítulo se centra en el episodio del programa de televisión *Maurizio Costanzo Show* del 26 de septiembre de 1991 que, con ocasión de la velada organizada en honor del empresario Libero Grassi –asesinado por la mafia el mes anterior–, se emitió al mismo tiempo que *Samarcanda*. La transcripción completa del episodio está en Salvatore Costantino y Gianfranco Badami, *Et lux fuit? La lunga notte di Samarcanda. Un'analisi critica*, Giappichelli, Turín, 1992.

Sobre las circunstancias en las que se emitió el episodio, la renuncia en el último momento de Martelli, el nerviosismo de Falcone y «los litros de Maalox», la presencia de Sinisi tras los bastidores, las declaraciones de Leoluca Orlando y el debate con Alfredo Galasso en directo, véase Francesco la Licata, *Storia di Giovanni Falcone*, Feltrinelli, Milán, 2012.

Por exigencias internas del relato, he situado el episodio de *Maurizio Costanzo Show* un mes después de la carta de los sesenta y tres firmantes contra la Superfiscalía; por último, también para condensar la escena, he dado inmediatamente paso al encendido debate entre Galasso y Falcone, obviando una pregunta del público y otras intervenciones de los invitados.

El audio del programa puede escucharse en este enlace: https://www.radioradicale.it/scheda/43914/samarcanda-e-costanzo-show-sullassassinio-di-libero-grassi.

Para ahondar en la historia de Libero Grassi, remito a Marcello Ravveduto, *Libero Grassi. Storia di un'eresia borghese*, Feltrinelli, Milán, 2012.

64. UN LUGAR SEGURO

El encuentro de Messina Denaro y Enrico Gaito se cita en Giovanni Bianconi, *L'assedio. Troppi nemici per Giovanni Falcone*, Einaudi, Turín, 2017, que a su vez se basa en la declaración del abogado Enzo Gaito en el juicio a Corrado Carnevale. En los juicios por complicidad con asociación mafiosa, Gaito fue absuelto en primera instancia, condenado en segunda y finalmente absuelto por el Tribunal Supremo.

Sobre el asesinato de Antonino Scopelliti, cuya autoría aún se desconoce, véase Antonio Cipriani, «La mafia uccide un giudice in Calabria», *L'Unità*, 10 de agosto de 1991; F. Diano, «Scopelliti lavorava già al Maxiprocesso», *L'Ora*, 10 de agosto de 1991, y Felice Cavallaro, «Esecuzione firmata dalla mafia», *Corriere della Sera*, 10 de agosto de 1991.

Sobre la carrera del magistrado Scopelliti, los meses anteriores al asesinato, el atentado de Campo Calabro y las investigaciones consiguientes, véase Aldo Pecora en *Primo sangue*, Rizzoli, Milán, 2010.

65. SUPERCOSA

Las reuniones de los capos mafiosos, la creación de la Supercosa y la deliberación de los posibles objetivos se cuentan en Giovanni Bianconi, *L'assedio. Troppi nemici per Giovanni Falcone*, Einaudi, Turín, 2017, y en las declaraciones y los interrogatorios de los colaboradores de la justicia Vincenzo Sinacori, Antonino Giuffre y Giovanni Brusca.

66. GRAN PROBLEMA

Acerca del fallo definitivo del Tribunal Supremo sobre el Maxiproceso, véase Alexander Stille, *Nella terra degli infedeli. Mafia e politica*, trad. it. de Paola Mazzarelli, Garzanti, Milán, 2007; Alfonso Giordano, *Il Maxiprocesso venticinque anni dopo. Memoriale del Presidente*, Bonanno, Acireale, 2011; Giovanni Bianconi, *L'assedio. Troppi nemici per Giovanni Falcone*, Einaudi, Turín, 2017, y Attilio Bolzoni y Giuseppe D'Avanzo, *La giustizia è Cosa nostra. Il caso Carnevale tra delitti e impunità*, Mondadori, Milán, 1995.

67. LA «DOLCE VITA»

La reunión de la Supercosa en la Fontana di Trevi, el transporte de las armas, los seguimientos y la elección de los objetivos, los cuenta Giovanni Bianconi en *L'assedio. Troppi nemici per Giovanni Falcone*, Einaudi, Turín, 2017. Para escribir este capítulo me he basado en su minuciosa reconstrucción de los hechos.

Sobre la afiliación de Salvatore Cancemi por Vittorio Mangano, véase Corrado de Rosa y Laura Galesi, *Mafia da legare. Pazzi sanguinari, matti per convenienza, finte perizie, vere malattie: come Cosa nostra usa la follia*, Sperling & Kupfer, Milán, 2014.

68. PRONÓSTICOS

El artículo de Vincenzo Geraci «Que gane la independencia» se publicó en *Il Giornale* el 26 de febrero de 1992. Para contextualizar el artículo, véanse, entre otros, Francesco la Licata, *Storia di Giovanni Falcone*, Feltrinelli, Milán, 2012, y Giommaria Monti, *Falcone e Borsellino. La calunnia, il tradimento, la tragedia*, Editori Riuniti, Roma, 2006.

69. ESCARAMUZAS

Para el diálogo entre Falcone y Martelli, la situación política y la dinámica interna del Consejo Superior de la Magistratura en los meses de febrero y marzo de 1992, me he servido de los testimonios y crónicas contenidos en Francesco la Licata, *Storia di Giovanni Falcone*, Feltrinelli, Milán, 2012, y en Giovanni Bianconi, *L'assedio. Troppi nemici per Giovanni Falcone*, Einaudi, Turín, 2017.

70. SIN ABSOLUCIÓN

Para narrar lo ocurrido horas antes del asesinato de Salvo Lima, parto de la crónica de sucesos de aquellos días, como «La mafia alle urne, ucciso Lima», *Corriere della Sera*, 13 de marzo de 1992; Felice Cavallaro, «Ore 9.40. morte dell'"intoccabile"», *Corriere della Sera*, 13 de marzo de 1992; Saverio Lodato, «Terremoto mafioso: ucciso Lima», *L'Unità*, 13 de marzo de 1992; Lucio Luca, «"L'ho visto morire sotto i miei occhi"», *La Repubblica*, 14 de marzo de 1992, y del libro de Giovanni Bianconi, *L'assedio. Troppi nemici per Giovanni Falcone*, Einaudi, Turín, 2017.

71. BASTA DE MEDIADORES

La alarma de Falcone por el asesinato de Lima, la irrupción en el despacho de Giannicola Sinisi, la profunda inquietud confesada a Liliana Ferraro y a Claudio Martelli, la visita de los dos colegas del Consejo Superior de la Magistratura, el hecho de que Falcone sea sacrificado por componendas políticas, son episodios que se cuentan en Francesco la Licata, *Storia di Giovanni Falcone*, Feltrinelli, Milán, 2012, y en Giovanni Bianconi, *L'assedio. Troppi nemici per Giovanni Falcone*, Einaudi, Turín, 2017.

72. NACIDO DOS VECES

Para contar la comida de cumpleaños de Giovanni Falcone en Palermo con viejos y nuevos colegas, parto de Umberto Lucentini, con Agnese, Lucia, Manfredi y Fiammetta Borsellino, *Paolo Borsellino. Il valore di una vita*, Mondadori, Milán, 1994; Gian Carlo Caselli y Antonio Ingroia, *L'eredità scomoda. Da Falcone ad Andreotti, sette anni a Palermo*, Feltrinelli, Milán, 2001; Giorgio Bongiovanni, Lorenzo Baldo y Antonio Ingroia, *Gli ultimi giorni di Paolo Borsellino*, Aliberti, Reggio Emilia, 2010; Antonio Ingroia, *Nel labirinto degli dèi. Storie di mafia e di antimafia*, Il Saggiatore, Milán, 2010, y Agnese Borsellino con Salvo Palazzolo, *Ti racconterò tutte le storie che potrò*, Feltrinelli, Milán, 2013.

El cumpleaños se celebró el 18 de mayo de 1992, pero algunos de los acontecimientos que se citan, como que Borsellino obtuvo cuarenta y siete votos durante la elección del presidente de la República, ocurrieron los días siguientes.

Lo de que el padre y el abuelo de Borsellino murieron a los cincuenta y dos años se cita en Umberto Lucentini con Agnese, Lucia, Manfredi y Fiammetta Borsellino, *Paolo Borsellino*, cit. La amarga frase de Borsellino «Enhorabuena. Me das mucha envidia. Yo no sé si lo conseguiré» se cita en Giorgio Bongiovanni, Lorenzo Baldo y Antonio Ingroia, *Gli ultimi giorni di Paolo Borsellino*, cit., y en Antonio Ingroia, *Nel labirinto degli dèi*, cit.

El traslado de Francesca a Roma por su condición de miembro de la comisión examinadora de auditores judiciales está documentado en John Follain, *I 57 giorni che hanno sconvolto l'Italia. Perché Falcone e Borsellino dovevano morire?*, trad. it. de Lucilla Luni, Newton Compton, Roma, 2012, y en Giovanni Bianconi, *L'assedio. Troppi nemici per Giovanni Falcone*, Einaudi, Turín, 2017.

La pasión de Falcone por la tarta de nata y fresas se cita en Mariay Anna Falcone con Leone Zingales, *Giovanni Falcone. Un uomo normale*, Aliberti, Reggio Emilia, 2007.

Sobre las elecciones al Quirinal de 1992, los votos obtenidos por Borsellino, la fecha de nacimiento de Falcone inscrita en el registro civil dos días después y el «segundo cumpleaños» con Ayala en Roma, véase Giovanni Bianconi, *L'assedio*, cit.

El libro *Cose di Cosa Nostra*, escrito por Giovanni Falcone con Marcelle Padovani, se publicó en la editorial Rizzoli en noviembre de 1991 (traducción española: *Cosas de la Cosa Nostra*, trad. de Miquel Izquierdo, Barataria, Barcelona, 2016).

El proyecto del programa *Lezioni di mafia* nació en 1992 a raíz de un encuentro entre el entonces director de la segunda edición del telediario, Alberto la Volpe, y Giovanni Falcone. El primer episodio estaba previsto para el jueves 28 de mayo. Después del atentado mortal contra Falcone, La Volpe decidió emitirlo el 16 de junio de 1992 y colocó una silla vacía en medio del plató. Sobre esta anécdota, remito al testimonio de Alberto la Volpe, disponible aquí: https://www.rainews.it/archivio-rainews/media/Capaci-23-maggio-

1992-Alberto-La-Volpe-Lezioni-di-mafia-e-quella-sedia-vuota-24ae98c9-2817-4ef0-b372-3aed14a2863d.html.

73. VIAJE DE AMOR

Sobre la intención de Giovanni Falcone y de Francesca Morvillo de asistir a la tradicional pesca del atún de Favignana, véase Francesco la Licata, *Storia di Giovanni Falcone*, Feltrinelli, Milán, 2012.

La llamada telefónica y el diálogo entre Falcone y Francesco la Licata los he escrito a partir de *Storia di Giovanni Falcone*, cit.

Sobre la anécdota del mechero Dunhill y el propósito de Falcone de dejar de fumar, véase Pietro Grasso en *Liberi tutti. Lettera a un ragazzo che non vuole morire di mafia*, Sperling & Kupfer, Milán, 2012.

74. LA CARNE HA LLEGADO

Sobre la preparación y pruebas previas del atentado de Capaci, he partido de los textos de Giovanni Bianconi y Gaetano Savatteri, *L'attentatuni. Storia di sbirri e di mafiosi*, Mondadori, Milán, 2006; Giovanni Bianconi, *L'assedio. Troppi nemici per Giovanni Falcone*, Einaudi, Turín, 2017; Luca Tescaroli, *Obiettivo Falcone. Dall'Addaura a Capaci. Misteri e storia di un delitto annunciato*, Rubbettino, Soveria Mannelli, 2011, y Saverio Lodato, *Ho ucciso Giovanni Falcone. La confessione di Giovanni Brusca*, Baldini & Castoldi, Milán, 1998.

La conferencia la dio Falcone en el instituto Gonzaga el 8 de mayo: en este capítulo, me convenía usarla para ilustrar una de las maneras como los mafiosos controlaban los desplazamientos de Falcone y la he pospuesto unos días; véase Giovanni Bianconi, *L'assedio*, cit.

Sobre Antonino Galliano, sobrino del capo Raffaele Ganci, véase «L'attentato di via D'Amelio. "Sentiti 'u buotto"», *Gazzetta del Sud*, 10 de julio de 2014.

Sobre los bombardeos americanos de Sicilia en 1943, remito a Enrico Deaglio, *Il raccolto rosso 1982-2010. Cronaca di una guerra di mafia e delle sue tristissime conseguenze*, Il Saggiatore, Milán, 2010. Véase también Alessandro Bellomo y Clara Picciotto, *Bombe su Palermo. Cronaca degli attacchi aerei 1940-1943*, Associazione Culturale Italia, Génova, 2008, y Amelia Crisantino, «Le bombe del 9 maggio 1943 che distrussero Palermo", *La Repubblica*, 9 de mayo de 2013.

El detalle de Totò Riina encerrado en casa viendo con su hijo las regatas de la Copa América está sacado de Giovanni Bianconi, *L'assedio*, cit.

75. LOS VALIENTES ESTÁN SOLOS

Para narrar el atentado de Capaci he consultado Giovanni Bianconi, *L'assedio. Troppi nemici per Giovanni Falcone*, Einaudi, Turín, 2017; Luca Tescaroli, *Obiettivo Falcone. Dall'Addaura a Capaci. Misteri e storia di un delitto annunciato*, Rubbettino, Soveria Mannelli, 2011; Giovanni Bianconi y Gaetano Savatteri, *L'attentatuni. Storia di sbirri e di mafiosi*, Baldini & Castoldi, Milán, 1998; Giorgio Bongiovanni, Lorenzo Baldo y Antonio Ingroia, *Gli ultimi giorni di Paolo Borsellino*, Aliberti, Reggio Emilia, 2010; Attilio Bolzoni y Francesco Viviano, «Capaci 23 maggio 1992. Dettagli di una strage ore 17:56':48"», *La Repubblica*, 22 de mayo de 2012; Angelo Corbo, *Strage di Capaci, paradossi, omissioni ed altre dimenticanze. Intervista di Domenico Billotta*, Diple, Figline e Incisa Valdarno, 2016; Saverio Lodato, *Ho ucciso Giovanni Falcone. La confessione di Giovanni Brusca*, Mondadori, Milán, 2017, y Nando dalla Chiesa, *Una strage semplice*, Melampo, Milán, 2017.

Sobre la visita que Giovanni Falcone y Francesca Morvillo iban a hacer a Maria Falcone la tarde del 23 de mayo de 1992, véase Francesco la Licata, *Storia di Giovanni Falcone*, Feltrinelli, Milán, 2012.

Antonio Vassallo cuenta lo que hizo ese día (la llegada en moto pocos minutos después de la explosión, los flashes de un solo uso que le vendió a Giovanni Battaglia, el misterio del carrete que le quitan) en un precioso testimonio grabado durante una visita a Capaci de unos alumnos: https://www.youtube.com/watch?-v=2at-7GxE4AxI. Véase también Francesco Cortese, «I misteri della strage di Capaci, un testimone: "Le mie foto scomparse dopo l'attentato"», en *Fanpage.it*, https://www.fanpage.it/attualita/i-misteri-della-strage-di-capaci-un-testimone-le-mie-foto-scomparse-dopo-lattentato/.

Sobre el vecino de Antonio Vassallo, véase Adriana Falsone, «Mafiosi da legare. Quando il boss arrestato disse: "Sono Napoleone"», *La Repubblica*, 17 de mayo de 2013.

La llegada de los primeros auxilios y la historia de Salvatore Gambino, el primer testigo que se encontraba con su coche a pocos metros de la explosión, se cuentan en «Sangue, panico e un "muro d'asfalto": cosa ho visto coi miei occhi quel giorno a Capaci», *Vice*, 23 de mayo de 2016, https://www.vice.com/it/article/9k73dy/intervista-primo-testimone-strage-capaci.

Sobre los agentes que iban ese día y sobre el hecho de que nadie quería escoltar a Falcone, remito a la entrevista a Angelo Corbo en el periódico en línea *Antimafia Duemila*, disponible aquí: https://www.antimafiaduemila.com/home/rassegna-stampa-sp-2087084558/cronache-italia/78946-strage-di-capaci-intervista-ad-angelo-corbo.html.

En los días siguientes a la muerte de Francesca Morvillo, circuló en el hospital de Palermo el rumor de que sus últimas palabras habían sido las que refiero en este capítulo: «¿Dónde está Giovanni?», en lo que coincide Isabella Bossi Fedrigotti (como puede leerse en este artículo en línea del portal de *Reti di giustizia*, «"Erano nostri amici, lei disse 'rimarro a Roma', poi per amore tornò a Palermo con lui" Mariella racconta le ultime ore dei due giudici», https://www.retidigiustizia.it/leggi-e-diritto/erano-nostri-amici-lei-disse-rimarro-a-roma-poi-per-amore-torno-a-palermo-con-lui-mariella-racconta-le-ultime-ore-dei-due-giudici-p). Aunque no he podido confirmarlo oficialmente, me ha parecido justo incluir en la novela el detalle de este postrer suspiro, completamente acorde con el amor que siempre sintió por su marido Giovanni y, estoy seguro, la acompañó hasta el último instante de su vida. Sobre la muerte de Francesca Morvillo, véase también Francesco Viviano, «Due ore di agonia per la moglie del giudice», *La Repubblica*, 23 de mayo de 1992.

Para la escena del momento en el que Paolo Borsellino se entera del atentado cuando está cortándose el pelo, he partido de dos videoentrevistas hechas a su barbero Salvatore Biondo, una en el programa *Siamo noi* de tv2000, https://www.youtube.com/watch?v=6QPWL0dWcQs, y la otra en *BlogSicilia.it*, https://www.youtube.com/watch?v=DqeudumjGss. Véase asimismo Fiammetta Borsellino con Salvo Palazzolo, *Ti racconterò tutte le storie che potrò*, Feltrinelli, Milán, 2013.

He escrito el final del capítulo, con la dramática llamada telefónica de Antonino Caponnetto y el llanto de Paolo Borsellino, basándome en lo que refieren Giorgio Bongiovanni, Lorenzo Baldo y Antonio Ingroia en *Gli ultimi giorni di Paolo Borsellino*, Aliberti, Reggio Emilia, 2010, y en lo que cuenta conmovido el mismo Borsellino en un reportaje del difunto David Sassoli que puede verse aquí: https://www.raiplay.it/video/2020/07/28-anni-fa-Via-DAmelio-Le-parole-di-Borsellino-una-settimana-dopo-la-morte-di-Falcone-32412fa5-8cfe-4696-8f43-85c608245b57.html. Narro estos momentos compartiendo de todo corazón la tristeza y el dolor inmensos que debió de sentir un hombre al ver que le arrebataban a su mejor amigo de la manera más bárbara, un hombre consciente de que no tardaría en correr la misma suerte. En este acto final con el que se cierra el telón, he querido que Paolo Borsellino apareciera solo con su dolor; solo, sobre todo, con su valor.

ÍNDICE